TÜRKISCHE RIVIERA KAPPADOKIEN

MICHAEL BUSSMANN | GABRIELE TRÖGER

Türkische Riviera

Kartenverzeichnis

Alles im Kasten

Ein herzliches Dankeschön gilt folgenden Lesern für Ihre Tipps und Anregungen: Kai Prager (Frankfurt), Birgit Murke (Berlin), Martina Blesenohl, Christina Ketterl (Bonn), Michaela Micke (Wuppertal), Sylvia Trippensee, Rainer Börner (Wiesbaden), Dieter Storck, Tanja Schäfer und Fehmi Özdemir, Kerstin Wolf (Bad Orb), Werner Bronner (Kernen), Heijo und Brigitte Paesler, Sabine Junginger, Rüdiger Picker, Michaela Linde (Kelheim), Ursula und Luitpold Lässer (A-Innsbruck), J. Renardy, Prof. Dr. Jürgen Schwabe (Buxtehude), Andreas Holzner, Klaus Gattringer (A-Innsbruck), Dr. Elfi Schneidenbach (Berlin), Helga Siebelink (Dortmund), Erika Nadler (Heidelberg), Karin Klosterhuis, Willi Metzler, Wolfgang Schwaab, Christine Loeffler (Reutlingen), Marion und Ludwig Lamberti (Kempten), Christa Landmesser, Toni Schwamberger (Bad Schwartau), Marlis Schäckermann (Lüdenscheid), Ludwig Clauss (A-Kössen), Ute Stabnow (Pfungstadt), Karin Schmidt (Köln), Rupert Hafner, Josef Sauter (Großaitingen), Claudia Hiestand, Silviane Scharl, Ines und Stefan Geier (Kirchdorf am Inn), Franz Werner (Hannover), Rainer Ortmann (F-Saint Louis), Joseph Lammers, Bernhard Hellberg (Hannover), Dr. Ulrich Bosler (Frankfurt), E. Schmidt, Gabriela und Rolf Menzel, Monika und Gerd Helbig, Peter und Evelyn Sommer, Anja Köstner (Ulm), Benjamin Knör, Dr. Heinrich Briner (CH-Bellikon), Luzia Blankenberger, Sabine Rott, Gesa Chomé (Berlin), Heinz und Esra Ehrensberger, Alex Reinshagen, Christiane Schneider, Helga und Michael Wilutzki, Johann und Irene Leu, Dr. Ulf Feuerstein (Asendorf), Ute und Horst Loos, Lutz Schneider, Johannes Eckstein und S. Dahlke (Dresden).

Mit dem grünen Blatt haben unsere Autoren Betriebe hervorgehoben, die sich bemühen, regionalen und nachhaltig erzeugten Produkten den Vorzug zu geben.

Zeichenerklärung für die Karten und Pläne

- Autobahn
- asphaltierte Verbindungsstraße
- asphaltierte Straße
- Nebenstraße
- Grünanlage
- Berggipfel
- Aussicht
- Weinanbau
- Campingplatz
- Windmühle
- Schloss/Burg
- Kloster/Kirche
- Moschee
- Flughafen/-platz
- Bushaltestelle
- Taxistandplatz
- Waschsalon
- Information
- Post
- Museum
- Parkplatz
- ärztliche Versorgung
- Reisebüro
- Wechselstube

Ein schönes Erlebnis –
ootstrip rund um den Burgfels von Alanya

Wohin an der Türkischen Riviera

① Von Antalya bis Side → S. 70

Antalya, Millionenmetropole mit pittoresker Altstadt und dem Partybeach Konyaaltı. Östlich davon Belek, das Mekka der Golfer, dazwischen Kundu, wo sich Themenhotels im Stil des Kreml oder des Topkapı-Palasts breit machen. Im Hinterland grandiose Ausgrabungsstätten wie Termessos, Perge oder Aspendos. Dazu der Köprülü-Cañon, die wilde Ader der Rafter.

② Von Side bis Alanya → S. 108

Die Gegend rund um Side ist der touristische Hotspot der Türkischen Riviera. Side selbst war in der Antike eine bedeutende Hafenstadt, fotogen erinnern Tempelruinen vor der Kulisse des türkisfarbenen Meeres daran. Heute prägen Basar- und Feiermeilen das alte Side, Apartmentblocks das neue Side. Im Hinterland lohnt der Oymapınar-Stausee eine Visite.

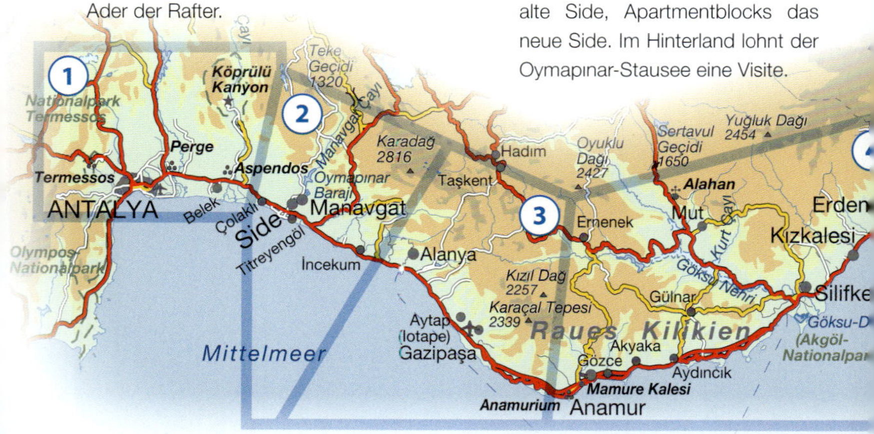

③ Von Alanya bis Anamur → S. 126

Alanya steht in der Gunst der Urlauber Side in nichts nach, nur ist Alanya größer. Millionen Touristen geben sich auch hier alljährlich ein Stelldichein. Alanya, gekrönt von einer seldschukischen Festung, besitzt wie die ganze Region herrlich weite Strände. Ab Gazipaşa wird es ruhiger. Es folgt das Raue Kilikien mit verträumten Orten und abgeschiedenen Buchten.

④ Von Anamur bis Çukurova → S. 142

Nach Anamur, am südlichsten Punkt des Landes, zieht es vor allem türkische Urlauber. Gleiches gilt für Kızkalesi mit einer sagenumwobenen Seeburg davor. Den kurvenreichen Küstenabschnitt dazwischen prägen verschwiegene Orte. Wer dem Meer den Rücken kehrt, kann spannende Ruinen in grandioser Berglandschaft erkunden, allen voran die Klosteranlage Alahan.

…und in Kappadokien?

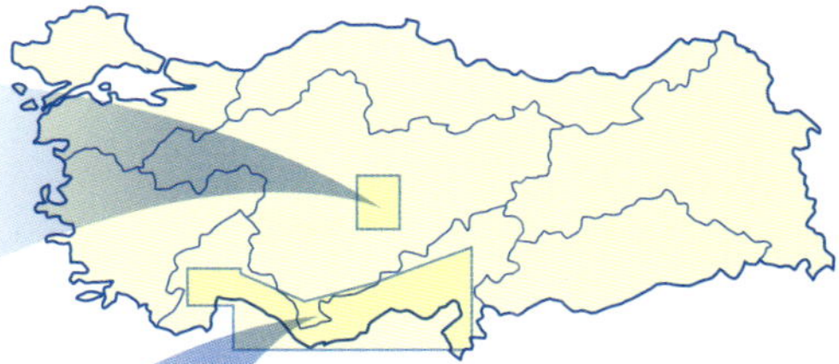

⑥ Hatay → S. 194

Der Zipfel, der sich zwischen Mittelmeer und Syrien gen Süden schiebt, ist multikulturell geprägt. Hier trifft man auf arabische Alawiten und syrisch-orthodoxe Christen, auch ein rein armenisches Dorf ist hier zu finden. Hauptstadt der Provinz ist Antakya. Als die Stadt noch Antiocha hieß, wurde von hier ein Weltreich regiert. Die bergige Landschaft drum herum ist reizvoll, die Küste zum Baden jedoch weniger geeignet.

⑤ Çukurova → S. 170

Die fruchtbare Schwemmlandebene lassen die meisten Touristen links liegen – auf der Autobahn hat man sie auch ganz schnell passiert. Wer von ihr abfährt, kann Burgen besichtigen – die schönste ist Anavarza –, in Tarsus auf den Spuren des Apostels Paulus wandeln, im Karatepe-Nationalpark das Erbe der Hethiter bewundern oder in Mersin und Adana türkische Großstadtluft schnuppern.

⑦ Kappadokien → S. 210

Berauschend und faszinierend, ein versteinertes Wunder der Natur, von Menschenhand in eine Märchenlandschaft verwandelt. Es erwarten Sie bizarre Felsformationen, die uralte Kirchen und Klöster sowie verlassene Höhlenwohnungen beherbergen. Dazu kann man ganze unterirdische Städte erkunden. Wer sich nach Kappadokien aufmacht, sollte Wanderstiefel im Gepäck haben – die Region erkundet man am besten zu Fuß. Zugleich ist Kappadokien bekannt für seine guten Weine.

Türkische Riviera: Die Vorschau

Ruinen über Ruinen

Wieder aufgerichtete Säulenstraßen, überwucherte Brunnenanlagen, verblasste byzantinische Fresken und zersplitterte Mosaike erzählen die Geschichte Pamphyliens und Kilikiens. Etliche überaus imposante Ruinenstätten der Antike befinden sich in Ihrem Reisegebiet. Ein Kassenschlager ist **Aspendos** mit dem besterhaltenen römischen Theater Kleinasiens, in dem im Sommer immer noch regelmäßig Festspielaufführungen stattfinden. Nahebei liegt die antike Stadt **Perge**, die ebenfalls mit einem Superlativ prahlt: einem der größten antiken Stadien Kleinasiens. Die Sarkophage der Nekropole kann man leider nicht mehr vor Ort besichtigen. Sie stehen im **Archäologischen Museum von Antalya**, auch dessen Besuch ist ein kulturelles Highlight. **Side** präsentiert sich als einzigartiges Freilichtmuseum mit in den Dünen verstreuten Ruinen und Tempelsäulen vor der Kulisse des glitzernden Meeres. Weniger leicht zu erreichen ist **Termessos**, eine grandios gelegene Ausgrabungsstätte in den Taurusbergen – Alexander der Große hielt die Stadt für uneinnehmbar. Für jeden, der nicht gut zu Fuß ist, gilt das noch heute.

Sonne, Sand und Meer

850 km liegen zwischen der modernen Großstadt Antalya und der syrischen Grenze. Die schönsten Voraussetzungen zum Baden, Strandwandern und Burgenbauen bietet die Küstenregion zwischen Antalya und Kızkalesi. Wer auf perfekte Infrastruktur Wert legt, chillt mit der Caipirinha in der Hand zum DJ-Sound am **Konyaaltı**, dem Hausstrand von Antalya, oder bucht gleich ein komfortables Clubhotel an den schönen Stränden von **Titreyengöl** oder **Belek**. Belek ist zugleich die Hochburg der Golfer. Kein Reiseveranstalter, der die beiden Ferienorte nicht

„Bizarre Schlucht für Adrenalin-Junkies“

im Programm hat. Am 7 km langen Strand von **Kızılot** hingegen findet man noch Plätze abseits organisierter Badefreuden. So auch bei **Anamur** – die kilometerlangen Strände am südlichsten Punkt der türkischen Küste sind ausgesprochen kinderfreundlich. Als zusätzliche Bonbons winken dort die mittelalterliche Bilderbuchburg Mamure Kalesi und die Überreste des antiken Anamurium. Ganz ruhige Naturen machen sich auf ins **Raue Kilikien**: Zwischen Gazipaşa und Silifke erstreckt sich einer der schönsten Abschnitte der türkischen Küste, wild zerlappt und mit etlichen verschwiegenen Buchten. Manche davon muss man sich jedoch erst verdienen – denken Sie an festes Schuhwerk!

Natur pur erleben

Das herbe Bergland des Lykischen und Kilikischen Taurus mit Gipfeln weit über 3000 m lockt mit eindrucksvollen Schluchten, die von tosenden Flüssen im Laufe der Jahrtausende ins Gestein gegraben wurden, dazu mit kargen Hochebenen und weiten Kiefernwäldern. Wer die Region per pedes erkunden will, hat auf dem „St Paul Trail“ (→ S. 29) beste Gelegenheit. Reizvoll sind auch Touren zum türkisgrünen **Oymapınar-Stausee** oder zu den stets kühlen Tropfsteinhöhlen des karstigen Hinterlandes. Der schön-schattige **Karatepe-Nationalpark** nordöstlich der Çukurova wartet mit einer hethitischen Burganlage auf. In den **Köprülü-Kanyon-Nationalpark** hingegen zieht es die Adrenalin-Junkies – die bizarre Schlucht gilt als Rafter-Eldorado. Vogelbeobachter können ihrem Hobby im **Akgöl-Nationalpark** bei Silifke und in der **Schwemmlandebene der Çukurova** nachgehen – am besten jedoch im Winter, wenn nordeuropäische Zugvögel Urlaub in der Türkei machen oder einen Zwischenstopp auf dem Weg in noch wärmere Gefilde einlegen.

Türkische Riviera: Die Vorschau

Traumlandschaft aus Tuff

Wenn Menschen zu Maulwürfen werden, hinterlassen sie unterirdische Städte, Höhlenkirchen und dergleichen mehr. Nichts wie auf nach Kappadokien! Ein Ausflug in die geheimnisvolle Märchenlandschaft bildet das komplette Gegenprogramm zu den gepflegten Sonnenschirmreihen der Riviera. Je nach Standort an der Küste müssen dafür 250–500 km zurückgelegt werden. Aber allein schon die Anreise über das Taurusgebirge ist ein Erlebnis. Zu den Highlights der kappadokischen Tufflandschaft zählen das **Göreme Open-Air-Museum**, dessen Felskapellen zum UNESCO-Welterbe deklariert wurden, das Höhlendorf **Zelve** und das unterirdische Labyrinth von **Derinkuyu**. In der kappadokischen Peripherie liegt die **Ihlara-Schlucht**, der „Grand Canyon der Türkei". Eine Wanderung durch dieses landschaftliche Grandiosum, vorbei an einer Vielzahl von Höhlenkirchen, kann zum Höhepunkt Ihres Türkeiaufenthaltes werden.

Den Aposteln auf den Fersen

Den Spuren des kleinasiatischen Christentums begegnet man allerorts – an der Küste genauso wie in den Berglandschaften des Taurus und selbstverständlich in Kappadokien. Immer mehr Glaubenstouristen fahren in die Çukurova und das Hatay: In **Tarsus** soll der Apostel Paulus das Licht der Welt erblickt, in **Antakya** Petrus die erste christliche Gemeinde der Welt gegründet haben. Auch weniger Fromme können in der weltoffenen Provinzhauptstadt Antakya am Ende der türkischen Welt kurz vor der syrischen Grenze spannende Tage verbringen – es gibt nicht nur Kirchen, sondern auch eines der angesehensten Mosaikenmuseen des Landes zu

besichtigen. Und dazu kann man wunderbar essen, die Küche Antakyas gilt als eine der besten der Türkei. Den Relikten des armenischen Christentums begegnet man auf dem Burgberg von **Anavarza**, schöner können Ruinen kaum liegen. Und wer sich nach Kappadokien aufmacht, kann bei den **Binbirkilise** nördlich von Karaman einen Halt einlegen. Die „1001 Kirchen“ verstecken sich auf einer Anhöhe inmitten einer weiten Ebene. Die Anzahl der byzantinischen Kirchenruinen ist zwar märchenhaft übertrieben, das Gebiet zu durchstreifen aber ein Erlebnis.

Rotznasen willkommen

Die Türkei ist ein wahres Paradies für Reisende mit Kindern: Ob Ihr Nachwuchs im Restaurant Tellersegeln spielt oder längere Zeit im Bus seinen Weltschmerz hinausschreit: Niemand wird sich darüber aufregen, die Scherben werden lächelnd beseitigt, das Kind wird allseits getröstet und mit Bonbons versorgt. Egal ob Sie sich für eine einfache Pension oder ein auf Familienurlaub spezialisiertes Luxushotel entscheiden – überall sind Sie herzlich willkommen. Letztere bieten sog. „Mini-Clubs“ mit Animateuren, die ein buntes Kinderprogramm zusammenstellen, erstere eine oft unglaubliche Herzlichkeit, wo der Hausherr die Kleinen auch mal auf seinem Boot zum Fischen mitnimmt. Für Abwechslung zum Sandburgenbau sorgen Kamelritte am Strand, Aquaparks mit Riesenrutschen, Burgbesichtigungen u. v. m. Und wenn Ihr Kind nicht unbedingt auf Kebab oder Grillfisch steht – alles kein Problem, Pommes mit Ketchup oder Spaghetti mit nichts sind ruck, zuck herbeigezaubert.

Oregano, Paprika & Co.: Spezereien vom Markt

Hintergründe & Infos

Land und Leute unterm Halbmond – die Türkei in Fakten und Zahlen

Offizieller Name: Türkiye Cumhuriyeti (Republik Türkei).

Geografie: Mit einer Fläche von 779.452 km² ist die Türkei gut zweimal so groß wie Deutschland. 3 % der Fläche gehören zum europäischen Kontinent, der Rest – allgemein als Anatolien bezeichnet – zu Asien. Der höchste Berg ist der Ararat (Ağrı Dağı, 5165 m ü. d. M.) ganz im Osten des Landes. Bedingt durch tektonische Aktivitäten mit Grabenbrüchen und Verschiebungen infolge des Aneinanderdriftens der Eurasischen und der Arabischen Platte kommt es immer wieder zu Erdbeben.

Politisches System: Die Türkei ist eine parlamentarische Demokratie. Der Präsident, seit 2007 Abdullah Gül, wird für eine Amtszeit von 5 Jahren vom Volk gewählt. Die Nationalversammlung (Parlament) ist die Legislative und besteht aus 550 Sitzen. Die letzten Wahlen 2011 brachten der regierenden konservativen AKP eine Mehrheit von 326 Sitzen. Die beiden Oppositionsparteien sind die sozialdemokratische CHP (135 Abgeordnete) und die nationalistische MHP (53). Alle anderen Parteien scheiterten an der 10 %-Hürde. Ins Parlament zogen noch 36 unabhängige Kandidaten. Die Legislaturperiode beträgt 4 Jahre. Ministerpräsident ist seit 2003 Recep Tayyip Erdoğan (AKP). Der Laizismus (Trennung von Religion und Staat) ist in der Verfassung verankert.

Päuschen in Ayatekla

Wirtschaft: Die Türkei erlebt einen bereits jahrelang anhaltenden Wirtschaftsboom mit Wachstumsraten zwischen 5 und 10 %. Den Dämpfer durch die Weltwirtschaftskrise 2009 konterte man 2010 schon wieder mit einem Wirtschaftswachstum von über 8 %. Für 2012 lautet die OECD-Prognose 4,5 %, laut OECD belegt die Türkei unter den größten Volkswirtschaften der Welt den 17. Platz. Doch der Boom, so befürchten Experten auch, könnte mit einem bösen Knall enden, die türkische Wirtschaft gilt mehr und mehr als überhitzt. Die Industrie (Textil, Chemie, Elektrobranche, Fahrzeug- und Maschinenbau) trägt 30 % zum BIP bei. Die Landwirtschaft, in der nahezu ein Drittel aller Erwerbstätigen arbeitet, nur 10 %. Den größten Anteil am BIP hat mit rund 60 % der Dienstleistungssektor. Das BIP pro Kopf liegt über dem von Bulgarien. Die Arbeitslosenquote wurde zuletzt mit 9,4 %, das durchschnittliche jährliche Pro-Kopf-Einkommen wird – je nach Quelle – mit 5000–12.000 € angegeben. Aufgrund der beträchtlichen Schattenwirtschaft sind solche Daten niemals exakt zu ermitteln. Beim Einkommen herrschen große Unterschiede zwischen West- und Osttürkei. Im zweiten Halbjahr 2011 mussten als monatlicher Bruttomindestlohn 837 YTL (ca. 335 €) gezahlt werden.

Militär: Die Streitkräfte zählen 515.000 Mann und gehören so zu den größten der Welt. Der Anteil der Militärausgaben am BSP beträgt rund 5 % (in Deutschland ca. 1,5 %). Gründe dafür sind der Krieg gegen kurdische Rebellen im Osten des Landes und waren lange Zeit das Kräftemessen mit Griechenland.

Bevölkerungsstruktur: 2011 hatte die Türkei rund 74 Mio. Einwohner (1960: 28 Mio.), das Durchschnittsalter beträgt 29 Jahre (in Deutschland 42 Jahre), das Bevölkerungswachstum ca. 1 %.

Bevölkerungsgruppen: 85,7 % Türken, 10,6 % Kurden, 1,6 % Araber, 2,1 % Armenier, Griechen, Lasen, Tscherkessen, Georgier und muslimische Bulgaren.

Naturwunder Kappadokien

Religion: 99 % der türkischen Bevölkerung bekennen sich zum Islam. Den verbleibenden Rest stellen Juden sowie armenische, syrisch- und griechisch-orthodoxe Christen.

Gesundheit/Soziales: Auf 1000 Einwohner kommen 1,6 Ärzte (Deutschland 3,6). Die Lebenserwartung liegt für Frauen im Durchschnitt bei 75 Jahren, für Männer bei 70 Jahren. Da etwa die Hälfte der Arbeitnehmer einer informellen Beschäftigung nachgeht und nicht in die Sozialversicherungssysteme einzahlt, haben viele Türken keine Kranken- oder Arbeitslosenversicherung, nur rund 40 % der Türken über 65 Jahre beziehen Leistungen aus der Rentenversicherung. Für die Ärmsten der Armen gibt es die „Grüne Karte", die kostenfreien Zugang zu den staatlichen Krankenhäusern gewährt.

Bildung: Es existiert eine achtjährige Schulpflicht. Das Gymnasium dauert 4 Jahre. Mehr als ein Drittel aller Schulabgänger beginnt ein Hochschulstudium. Es gibt 102 staatliche Universitäten und 62 staatlich anerkannte private Stiftungsuniversitäten. Die Analphabetenquote liegt bei ca. 8 %, davon sind ca. 85 % Frauen. Dabei zeigt sich jedoch ein starkes Ost-West-Gefälle: Im Westen sind vorwiegend ältere Menschen betroffen, im Osten auch Kinder; Kinderarbeit ist dort noch gang und gäbe. Man schätzt, dass rund 600.000 schulpflichtige Mädchen keine Schule besuchen.

Medien und Pressefreiheit: Eine Vielzahl staatlicher und privater Radio- und TV-Sender, dazu Tages- und Wochenzeitungen prägen die Medienlandschaft. Die Pressefreiheit ist zwar in der Verfassung verankert, doch ist das Rechtssystem durch und durch pressefeindlich. So gibt es etliche Paragrafen, die sich nicht mit dem Recht auf freie Meinungsäußerung vertragen wie z. B. der Maulkorb-Paragraf 301 des Strafgesetzbuchs („Herabwürdigung der türkischen Nation"), der fast willkürlich gegen jede Kritik am Staat auslegbar ist. Auch Atatürk darf nicht beleidigt oder veräppelt werden (Paragraf 5816) – ein Grund, weswegen die Internetplattform *Youtube* in der Türkei immer wieder gesperrt wird. Ohnehin wird das Internet zensiert, rund 8000 Domains sind blockiert. Bei der letzten von *Reportern ohne Grenzen* herausgegebenen Rangliste der Pressefreiheit landete die Türkei von 178 Ländern auf dem traurigen 138. Platz (gerade vor Äthiopien). Zu deutsch- und englischsprachigen Zeitungen → S. 59.

Tourismus: 2011 zählte die Türkei 31 Mio. Besucher. Die meisten kamen aus Deutschland (4,8 Mio.) und Russland (3,5 Mio.).

In der kilikischen Einsamkeit

Anreise

Das Gros aller Türkeibesucher reist bequem mit dem Flugzeug an. In ungefähr drei Stunden sind Büroalltag und die nervenden Nachbarn vergessen. Der Zielflughafen für Rivieraurlauber ist **Antalya (AYT)**, seit 2012 wird zudem der östlich von Alanya gelegene neue Flughafen **Alanya-Gazipasa (GZP)** angesteuert. Der Flughafen der Çukurova ist **Adana (ADA)** und jener des Hatay **Hatay (HTY)**. Eine Überlegung wert ist stets ein Gabelflug – hin z. B. nach Antalya, zurück von Kappadokien. Die Zielflughäfen für Kappadokien sind **Kayseri (ASR)** und **Nevşehir (NAV)** bei Gülşehir.

Welche Dokumente Sie für die Einreise in die Türkei benötigen, erfahren Sie unter „Wissenswertes von A bis Z/Reisedokumente“, S. 55.

Airlines im Internet

Air-Berlin: www.airberlin.com, **Anadolu Jet**: www.anadolujet.com, **Atlasjet**: www.atlasjet.com, **Austrian Airlines**: www.austrian.com, **Borajet**: www.borajet.com.tr, **Condor**: www.condor.com, **Easyjet**: www.easyjet.com, **Edelweiss Air**: www.edelweissair.ch, **Germania Airline**: www.flygermania.de, **Germanwings**: www.germanwings.com, **Lauda Air**: www.laudaair.com, **Niki**: www.flyniki.com, **Öger**: www.flyoeger.com, **Onur Air**: www.onurair.com.tr, **Pegasus**: www.flypgs.com, **Sky Airlines**: www.germanskyairlines.com, **Sun Express**: www.sunexpress.com, **Swiss**: www.swiss.com, **THY**: www.turkishairlines.com, **TUIfly**: www.tuifly.com.

Nur-Flug-Angebote sind ideal für alle, die auf eigene Faust unterwegs sein wollen. Um nicht nur zu erfahren, was, wann, wie und wo angeboten wird, sondern auch noch, was am preiswertesten ist, kommt man um einen Gang ins Reisebüro und (!) einen Blick ins Internet kaum herum. Es lohnt zu vergleichen: Nicht jedes Angebot, das Sie im Internet finden, können Sie auch über ein Reisebüro buchen, den umgekehrten Sachverhalt gibt es aber auch, und das sehr oft.

Informationen zu den Flughäfen im Reisegebiet (Geldwechsel, Transfer, Autoverleiher usw.) für **Antalya** auf S. 73, für **Alanya-Gazipaşa** auf S. 140, für **Adana** auf S. 179, für **Hatay** auf S. 202, für **Nevşehir** und für **Kayseri** auf S. 213.

Preise: Je nach Saison und Sondertarif müssen Sie bei den meisten Airlines mit 250–550 € für einen Hin- und Rückflug rechnen. Sie können natürlich auch viel mehr bezahlen (z. B. in der Business Class) aber auch viel weniger (z. B. mit Low-Cost-Airlines, die Flüge nach Antalya zuweilen bereits ab 49 € anbieten). Last-Minute-Tickets bekommt man ab 60 € (one-way) inkl. aller Gebühren.

Pauschalangebote: Um im Dschungel der Saison- und Sonderarrangements die besonders günstigen zu erhaschen, sollte man sich ebenfalls möglichst vielseitig informieren – die Veranstalter haben für ein und dieselbe Leistung z. T. erheblich unterschiedliche Preise. Im Reisegebiet werden in erster Linie große Hotels und All-inclusive-Anlagen rund um Antalya, Belek, Side und Alanya vermittelt. Ausflüge wie nach Kappadokien kann man meist gleich mitbuchen. Die Türkeispezialisten haben auch Tauch-, Wander-, Golf- und Radreisen im Programm, zudem offerieren sie auch kleine, familiäre Hotels. Wenn Sie sich für ein Last-Minute-Pauschalarrangement entscheiden, lassen Sie sich am besten den Katalog mit dem regulären Angebot zeigen – einige findige Geschäftemacher bieten nämlich reguläre Reisen als „Last-Minute-Schnäppchen“ an. Vorsicht zudem vor gewonnenen Reisen oder unglaublich günstigen „Specials“! Kein Veranstalter oder Hotelier hat etwas zu verschenken.

Transport von Gepäck und Sportgeräten: Die Freigepäckgrenze für Flüge in die Türkei liegt für gewöhnlich bei 20 kg für aufgegebenes Gepäck und bei 6 bis 8 kg für Handgepäck, das i. d. R. die Maße von 20 x 40 x 50 cm (nicht bei allen Airlines gleich) nicht überschreiten darf. Wer jedoch Business- anstatt Tourist-Class fliegt, länger als 28 Tage vor Ort bleibt oder in Besitz einer Kundenkarte der Airline ist, darf meist 30 kg mitnehmen – erkundigen Sie sich diesbezüglich bei Ihrer Fluggesellschaft. Achtung aber bei Billigfliegern: So manche Billig-Airline erlaubt nur die kostenlose Mitnahme von Handgepäck. Für die Aufgabe von Gepäckstücken fallen oft schon Gebühren an, bei der Aufgabe von Sportgepäck werden die Billigflieger zuweilen ihrem Namen alles andere als gerecht. Die Gebühren und Freigewichtsgrenzen für Sportgeräte unterscheiden sich von Airline zu Airline z. T. erheblich. Bei der einen gehen Golf- oder Tauchausrüstung bis 15 kg umsonst mit, andere verlangen dafür Gebühren zwischen 30 und 150 €. Rechtzeitige Anmeldung und sachgerechte Verpackung sind obligatorisch.

Rail & Fly: Egal ob Sie ein Nur-Flug-Angebot wahrnehmen oder ein Pauschalarrangement, oft ist das Zugticket zum Airport bereits inbegriffen oder gegen ein geringes Aufgeld erhältlich.

Wenn Karten versagen – die Frage nach dem Weg

Weitere Anreisemöglichkeiten

Mit dem eigenen Fahrzeug: Dafür benötigen Sie einen Reisepass, eine grüne Versicherungskarte und Fahrzeugpapiere, die auf Ihren Namen ausgestellt sind. Lassen Sie sich zudem von Ihrer Kfz-Versicherung schriftlich bestätigen, dass Sie auch einen Versicherungsschutz für den asiatischen Teil der Türkei haben.

Es stehen zwei Routen zur Auswahl: Die eine führt über den Balkan, die bequemere zweite über Italien mit anschließender Fährpassage. Auf der **Balkanroute** müssen Sie bei der Fahrt durch Bulgarien und Serbien mit schikanierenden Grenzbeamten und Polizisten rechnen – halten Sie sich an die Geschwindigkeitsvorgaben! Die Fahrzeit von Frankfurt am Main nach Antalya (2959 km) beispielsweise beträgt ca. 37 Std. (ohne Pausen), hinzu kommen 10–20 Std. Wartezeit an den Grenzen, falls Sie zur Hauptreisezeit der Auslandstürken unterwegs sind. Eine Alternative auf dieser Route bildet der *Optima-Express*, ein Autoreisezug von Villach (Österreich) nach Edirne (Türkei, europäischer Teil).

Wer sich hingegen für die **Italienroute** mit Fährpassage nach Griechenland (seit 2011 keine Fähren mehr direkt in die Türkei) entscheidet, sollte für die Hauptferienzeit früh buchen. Als Abfahrtshäfen in Italien stehen Venedig, Ancona, Brindisi und Bari zur Auswahl. Vom griechischen Fährhafen Igoumenítsa geht es dann auf einer nagelneuen Autobahn weiter in die Türkei. Zig Fährgesellschaften machen sich zwischen Italien und Griechenland Konkurrenz, u. a. *Anek Lines* (www.anek.gr) und *Minoan Lines* (www.minoan.gr). Von Franfurt am Main nach Venedig (937 km) benötigen Sie ca. 9:30 Std, nach Ancona (1087 km) ca. 11 Std., nach Brindisi (1660 km) ca. 15 Std. und von Igoumenítsa nach Antalya (rund 1630 km) weitere 23 Std.

Preise/Dauer Optima-Express Dauer laut Optimatours 34 Std., laut Leserzuschriften ca. 40 Std. Einfach ab 136 €/Pers., Auto ab 259 €, Motorrad 197 € (Stand 2011). Information in jedem türkischen Reisebüro oder direkt bei Optimatours, Karlsstr. 56, 80333 München, ✆ 089/548800111, www.optimatours.de.

Preise/Dauer Fähre Venedig – Igoumenítsa, Fahrtdauer ca. 25 Std., einfache Passage für 2 Pers. mit einem Pkw unter 6 m ab ca. 240 € in der NS, ab ca. 350 € in der HS. Preiswertere und schnellere Verbindungen von den südlicheren Häfen Italiens.

Egal ob mit dem eigenen Fahrzeug, der Bahn oder dem Bus: Erkundigen Sie sich vor Reiseantritt über die Einreiseformalitäten und die Reise- und Sicherheitshinweise für die Transitländer, z. B. unter www.auswaertiges-amt.de, www.bmaa.gv.at bzw. www.eda.admin.ch.

Mit dem Bus: Die *Deutsche Touring GmbH/Eurolines* (www.touring.de) bietet ganzjährig Fahrten von verschiedenen deutschen Städten über Italien (weiter mit der Fähre) und Griechenland nach İstanbul (Dauer 50–60 Std.). *Varan* (www.varan.com.tr) fährt von Berlin (Dauer 38 Std.) und von verschiedenen Städten Österreichs (ab Wien 28 Std.) über den Balkan nach İstanbul. Einen Linienbusverkehr von der Schweiz in die Türkei gibt es nicht. Je nach Abfahrtsort bewegen sich die Preise für ein Retourticket zwischen 150 und 260 €. Endstation ist in İstanbul der *Büyük İstanbul Otogarı* (Großer İstanbuler Busbahnhof), von wo regelmäßige Busverbindungen zu allen Zentren der Südküste (z. B. nach Antalya, Dauer ca. 12 Std.) bestehen.

An der Peripherie Kappadokiens bei Güzelyurt

Mit der Bahn: Wer mit dem Zug in die Türkei reisen will, muss tief in die Tasche greifen, sofern er ein Ticket für die gesamte Strecke im Heimatland bucht – kalkulieren Sie mit dem Doppelten des Bustickets. Infos unter www.bahn.de, www.sbb.ch und www.oebb.at. Billiger wird es, wenn Sie in jedem Land das Ticket einzeln kaufen. Von Wien bis nach İstanbul sind Sie ca. 35 Std. unterwegs, von Zürich ca. 56 Std. Von Deutschland führen die Verbindungen i. d. R. über München (von da noch ca. 43 Std.) und Salzburg nach Wien und von dort weiter über Budapest, Belgrad und Sofia (zuweilen auch über Bukarest) zum İstanbuler Bahnhof Sirkeci auf der europäischen Seite. Von dort gelangen Sie mit der Fähre zum Bahnhof Haydarpaşa auf der asiatischen Seite, von wo Sie in ca. 19 Std. Adana an der Südküste erreichen. Infos unter www.tcdd.gov.tr.

Unterwegs

Mit dem Auto oder Motorrad

Ein eigenes Fahrzeug macht das Reisen an der türkischen Südküste und nach Kappadokien unkompliziert. Vorsicht ist jedoch geboten. Denn so kämpferisch und stolz, wie die Türken einst auf ihren Steppenpferden bis nach Wien jagten, so selbstbewusst geben sich ihre Ur-Ur-Ur-Enkel heute im Straßenverkehr. Nur der Kampfschrei wird durch die Hupe ersetzt. Doch trotz der leicht chaotischen Verhältnisse auf türkischen Straßen – Sorgen brauchen Sie keine zu haben. Mit etwas Selbstvertrauen werden Sie die Sache meistern. Türkeineulingen empfehlen wir jedoch nicht, unmittelbar nach der Ankunft am Flughafen von Antalya mit dem Mietwagen im engen Gassenwirrwarr der Altstadt auf Zimmersuche zu gehen. Nehmen Sie besser ein Taxi und lassen Sie sich die Wagenschlüssel einen Tag später aushändigen.

Besondere Hinweise

- Von **Nachtfahrten** sollte man absehen. Gefahr droht durch mangelhaft beleuchtete Lkws und Pkws, durch unvorhersehbare Schlaglöcher und nur mit Steinen abgesicherte Baustellen. Dazu kommen allzu sorglose Fußgänger.
- Stehen Sie an einer roten **Ampel** in der ersten Reihe, schauen Sie unbedingt nochmals nach rechts und links, wenn das Licht auf Grün springt. Nicht alle Verkehrsteilnehmer interessieren sich für das Farbenspiel.
- Drücken Sie auf die **Hupe**: vor dem Überholen (egal ob Fahrradfahrer oder Lkw – gehen Sie davon aus, dass der Vordermann nie in den Rückspiegel schaut), vor unübersichtlichen Kurven, wenn Kinder am Straßenrand spielen etc.! Mit der Hupe fordert man auch die Vorfahrt ein! Nur nicht schüchtern sein.
- Vorsicht vor **Rollsplitt**, insbesondere auf neu asphaltierten Strecken. Tausende von Frontscheiben gehen dadurch jährlich zu Bruch. Halten Sie hier zu Lkws einen großen Abstand!
- Vorsicht auch **nach Regen**, insbesondere wenn es länger Zeit nicht geregnet hat. Die Straßen sind dann zuweilen spiegelglatt.
- Um die Raserei einzudämmen, werden häufig **Radarkontrollen** durchgeführt (Mindeststrafe für zu schnelles Fahren 55 €, man bekommt jedoch Rabatt, wenn man sofort zahlt), zudem gibt es an Ortseinfahrten und in Wohngebieten vielfach **Bodenwellen**. Für Ortsunkundige sind sie oft heimtückisch, denn i. d. R. macht weder ein Schild auf sie aufmerksam, noch sind sie – bis auf größere Ölflecken – farblich markiert.
- **Verkehrsschilder – Was heißt was? Bozuk satıh** – schlechte Wegstrecke; **Dikkat** – Achtung bzw. Vorsicht; **Dur** – Stop; **Düşük banket** – unbefestigte Straße; **Kaygan yol** – glatte Fahrbahn; **Otopark** – Parkplatz; **Park yapılmaz** – Parken verboten; **Şehir merkezi** – Stadtmitte; **Tamirat** – Straßenarbeiten; **Taşıt geçemez** – Durchfahrt verboten; **Yavaş** – langsam fahren; **Yasak** – verboten.

Mietfahrzeuge: Pkws werden in den Touristenzentren fast an jeder Ecke verliehen, das Angebot an Mopeds, Motorrädern und Fahrrädern ist dagegen bescheiden. Wer ein Fahrzeug mieten will, muss seinen Führerschein und Pass oder Personal-

Unterwegs im Hinterland

ausweis vorlegen. Manche Anbieter setzen voraus, dass der Fahrer mindestens 21 oder 23 Jahre und jünger als 70 Jahre alt ist und seit mindestens einem Jahr den Führerschein besitzt. Da die Treibstoffpreise rund 20–30 % über denen in Deutschland liegen, können sich die Mehrausgaben für ein moderneres und sparsameres (am besten Diesel schluckendes) Fahrzeug schnell amortisieren.

Verkehrsvorschriften **Höchstgeschwindigkeit** in Ortschaften 50 km/h, außerhalb 90 km/h (mit Anhänger oder mit dem Motorrad 70 km/h, Minibusse 80 km/h). Auf mehrspurigen Überlandstraßen jedoch, die durch einen Grünstreifen oder Ähnliches getrennt sind, dürfen Pkw 110 km/h fahren, Minibusse 90 km/h. Auf Autobahnen gelten für Pkw 120 km/h (mit Anhänger oder mit dem Motorrad 80 km/h, Minibusse 100 km/h). Die **Promillegrenze** für Fahrer von Pkws ohne Anhänger liegt bei 0,5, ansonsten herrscht absolutes Alkoholverbot (auch für Motorradfahrer). **Mobiltelefone** dürfen offiziell – auch wenn sich keiner daran hält – während der Fahrt nur mit einer Freisprechanlage benutzt werden.

Autobahnen Sind gebührenpflichtig, seit 2011 kann jedoch nicht mehr bar bezahlt werden. Für die Zahlung der Maut bedarf es nun einer sog. *KGS Kart*, einer kreditkartenähnlichen Karte, die man mit einem gewünschten Guthaben aufladen kann. Beim Auffahren auf die Autobahn hält man die Karte an einen Automaten, der sie abliest, beim Verlassen der Autobahn ebenfalls, dabei wird dann auch die fällige Autobahngebühr abgezogen – wenn man alles richtig macht, piepst es 3-mal und das verbleibende Guthaben auf der Karte wird angezeigt. Die Karte bekommt man an vielen Autobahnauffahrten (dummerweise nicht an allen!), an den Grenzübergängen und bei jeder Bankfiliale der *T.C. Ziraat Bankası* in der Türkei (nach dem KGS-Schalter fragen o. eine Nummer für KGS ziehen). Auch die Ziraat-Bank-Filialen in Deutschland (wo die nächste ist, erfahren Sie unter www.ziraatbank.de) verkaufen KGS-Karten, hier jedoch nur Karten mit 50 TL Guthaben für überzogene 30 €, was für eine Fahrt nach Kappadokien und zurück ohnehin viel zu viel ist. 100 km kosten etwa 1 €.

Tanken Tanken ist kein Problem, das Tankstellennetz ist sehr gut ausgebaut. Die Farbkennzeichnung der Kraftstoffe an den Zapfsäulen entspricht der daheim, Bleifrei heißt *kurşunsuz*, Diesel entweder *dizel* oder *motorin*. Für Autogas: Das LPG-Netz ist sehr gut, Sie benötigen in der Türkei den Dish-Anschluss.

Preise für Mietfahrzeuge Die lokalen Verleiher sind i. d. R. erheblich billiger als die großen internationalen Ketten. Je nach Saison bezahlen Sie bei den Kleinanbietern 20–40 €/Tag. Den Preisvorteil erzielen die lokalen Verleiher durch einen älteren und meist weniger gepflegten Fuhrpark. Die Preise der renommierten Verleiher unterscheiden sich wenig, je nach Saison muss man mit 45–80 €/Tag für das günstigste Modell rechnen. Egal wo, i. d. R. sind alle Kilometer frei. Etwas preiswerter ist es, wenn man bereits von zu Hause aus wochenweise bucht, eventuell gleich in Verbindung mit dem Flugticket. Die Preise für **Motorräder** beginnen bei ca. 30 €/Tag und für **Motorroller** bei 20 €/Tag. Für Wohnmobile → Camping.

Ein empfehlenswerter Autoverleiher ist die **Agentur Say** mit Hauptsitz in Antalya (→ S. 76). 1a-Service (deutschsprachig und deutschsprachige Verträge), gepflegter Fuhrpark, sehr gute Versicherungsleistungen, Kindersitze, gutes Kartenmaterial oder Navigationsgeräte von TomTom, Übergabe des Fahrzeugs auch am Flughafen bzw. Hotel möglich oder kostenloser Flughafentransfer. Büro in der Altstadt von Antalya, Mescit Sok. 37, ✆ 0242/2430923 (24-Std.-Service unter ✆ 0532/2645054), www.say-autovermietung.de. Dazu Partneragenturen an der gesamten Südküste und Buchungsmöglichkeit in Deutschland (Info und Reservierung in Nürnberg, ✆/📠 0911/686266).

Kleingedrucktes Achten sollte man auf den vertraglich festgelegten **Versicherungsschutz**, insbesondere auf den Eigenanteil im Schadensfall. Auch bei Vollkasko sind meist Unterbodenschäden und Reifenpannen nicht mitversichert. Die großen, international operierenden Verleiher untersagen i. d. R. das Verlassen von asphaltierten Straßen, d. h. viele Buchten und Ausgrabungsstätten dürfen Sie theoretisch nicht ansteuern.

Unfall Sollten Sie in einen Unfall verwickelt werden, muss die Polizei gerufen werden (für die Schadensklärung ist ein Polizeiprotokoll erforderlich). Unterschreiben Sie keine Protokolle, die Sie nicht lesen können, oder vermerken Sie auf dem Protokoll, dass Sie es nicht lesen konnten. Der gelegentlich zu hörende Rat, nach einem Unfall mit Personenschaden nicht zu halten, sondern wegen drohender Lynchjustiz Gas zu geben bis zur nächsten Polizeistation, ist schlichtweg Quatsch. Das wäre Fahrerflucht und unterlassene Hilfeleistung, und hat schlimmere Folgen als die Unannehmlichkeiten am Unfallort.

Pannenhilfe Keine Sorge, man lässt Sie nicht im Regen stehen, die Türken sind sehr hilfsbereit. Fragen Sie nach dem **Oto Sanayi**, eine Ansammlung von Werkstätten, meist an den Ein- oder Ausfallstraßen der größeren Ortschaften.

Mit dem Bus

Die Zahl der Busgesellschaften, die das im ganzen Land dichte Netz bedienen, ist nahezu unüberschaubar, die Preisunterschiede sind gering. Bei den meisten Gefährten handelt es sich um moderne Mercedes- oder Mitsubishibusse, die in der Türkei in Lizenz hergestellt werden. Zum Standard gehören Klimaanlage (Pulli mit in den Bus nehmen!), Video und getönte Scheiben. Toiletten gibt es nicht immer, bei renommierten Unternehmen wie *Metro, Ulusoy, Uludağ, Kamil Koç* oder *Pamukkale* aber i. d. R. schon (jedoch zuweilen abgeschlossen). Bei diesen Busgesellschaften bekommen Sie für Ihr verstautes Gepäck auch einen Jeton, mit dem Sie es am Ende der Fahrt wieder einlösen können, im Ganzen eine recht zuverlässige Sache. Unterwegs betreut ein meist jugendlicher Steward oder eine Stewardess die Passagiere. Kostenlos verteilt werden Kekse und Getränke sowie eine türkische Kölnischwasser-Variante *(kolonya)* für verschwitzte und verklebte Handflächen. Rauchen ist in den Bussen verboten, im Abstand von ungefähr zwei Stunden wird jedoch eine Pause eingelegt. Die im Reiseteil angegebenen Fahrtzeiten dienen nur der groben Orientierung und beziehen sich auf die Angaben der größeren Busunternehmen. Kleinere, oft lokale Busgesellschaften, die einer Bummelbahn gleich in unzähligen Orten unterwegs halten, brauchen oft länger. Weitere Informationen zum Reisen mit dem Bus finden Sie unter „Verbindungen“ bei den jeweiligen Städten.

Preise Durchschnittlich werden pro Kilometer 4–5 Cent gezahlt, bei Nobelfirmen etwas mehr. Eine Fahrt von Antalya nach Nevşehir kommt demnach auf rund 26 €. Mit der Buchung ist eine Platzreservierung verbunden, auf die Sie Einfluss nehmen können, indem Sie auf dem Plan den gewünschten Sitz bestimmen – die vorderen sind i. d. R. die besseren, jedoch auch meist dem Zigarettenrauch der Busfahrer (er ist der einzige, der rauchen darf) ausgesetzt!

Busbahnhöfe Die türkischen Busbahnhöfe *(otogar, terminal* oder *garaj)* entsprechen in Funktion und Ausstattung (WC, Wartesäle, Kioske, Restaurant, Geschäfte) unseren Zugbahnhöfen. Falls es keine offizielle Gepäckaufbewahrung gibt, können Sie Ihre Siebensachen i. d. R. am Schalter Ihrer Busgesellschaft abstellen. Meist liegen die Busbahnhöfe einige Kilometer außerhalb des Zentrums, sind jedoch gewöhnlich mit öffentlichen Stadtbussen oder Dolmuşen erreichbar. Renommierte und vor Ort ansässige Gesellschaften bieten zudem oft einen Zubringerservice mit Kleinbussen vom und ins Zentrum. Kleinere Orte verfügen häufig nur über eine Ansammlung von schlichten Büros im Zentrum. In diesen Fällen gehen die Busse von dort ab oder halten kurz an der Umgehungsstraße.

Hinweis An größeren Busbahnhöfen arbeiten Schlepper für diverse Busgesellschaften und werden versuchen, Sie mit irgendwelchen Argumenten an den einen oder anderen Schalter zu führen. Gehen Sie nicht darauf ein! Vergleichen Sie in Ruhe Abfahrtszeiten und Preise!

Achtung, Abfahrt: Gestartet wird pünktlich bis 5 Min. zu früh!

Mit dem Dolmuş (Sammeltaxi)

Das Sammeltaxi zählt im innerstädtischen Verkehr, aber auch auf Fahrten zwischen den Orten zu den wichtigsten Verkehrsmitteln. *Dolmuş* heißt auf Deutsch so viel wie „voll besetzt" – und nennt das wesentliche Kennzeichen der Sammeltaxis, denn ein Dolmuş fährt in aller Regel erst dann ab, wenn alle Plätze belegt sind. Als Dolmuş verkehren Kleinbusse in der Größenordnung eines Ford Transit. Zu erkennen sind sie an ihrem Schild auf dem Dach oder an einer Tafel hinter der Windschutzscheibe, die das Fahrtziel angibt. In Städten gibt es separate Dolmuş-Bahnhöfe für Verbindungen in die Region, ansonsten fahren Sie von zentralen Stellen ab. In Großstädten werden bestimmte Routen bedient, an denen entlang es Haltestellen gibt. Auf dem Land kann man ein Dolmuş aber auch per Handzeichen stoppen und irgendwo unterwegs zusteigen.

Preise: Die Preise liegen im Stadtverkehr etwas höher als bei den Bussen, auf längeren Strecken etwas darunter. Bezahlt wird während der Fahrt. Sofern die Tarife nicht aushängen, ist es ratsam, sich an den Beträgen der Mitreisenden zu orientieren, wenn man keinen Touristenzuschlag zahlen will. Längere Routen sind in Teilstücke gegliedert. Sie zahlen nur den Abschnitt, den Sie mitgefahren sind.

Weitere Verkehrsmittel

Taxi: Ein *Taksi* findet man in den Touristenzentren an jeder Ecke. Die Tarife für längere Fahrten zu den umliegenden Sehenswürdigkeiten sind meist in verschiedenen harten Währungen auf einer Tafel angeschrieben. Für Fahrten innerhalb der Städte wählt man am besten ein Taxi mit Taxameter oder handelt den Preis im Voraus aus.

Achtung: Manchmal drücken Taxifahrer beim Taxameter „versehentlich" auf den Knopf, der zum teureren Nachttarif abrechnet. Tagsüber muss auf dem Display *gündüz* erscheinen (*gündüz* = tagsüber; *gece* = Nacht).

Bahn: Entlang der türkischen Riviera fahren keine Züge. Anders in der Çukurova und im Hatay, hier gibt es einen Schienenstrang von Mersin über Adana nach İskenderun bzw. Osmaniye. Zudem kann man von Adana per Zug über Niğde nach Kayseri (nahe Kappadokien) gelangen. Zugfahren ist recht günstig, aber auch extrem zeitaufwendig: Beispielsweise kostet eine Fahrkarte von İstanbul nach Adana (1116 km, 19 Std.) im Schlafwagen rund 40 €. Infos zur türkischen Bahn auf www.tcdd.gov.tr.

Fährschiff: Es verkehren keine Fährschiffe entlang der Südküste. Fährverbindungen nach Zypern bestehen bislang von Mersin, Alanya und Taşucu, vielleicht eines Tages auch von Antalya (→ Reiseteil).

Flugzeug: Die nationalen Fluggesellschaften nutzen İstanbul oder Ankara als Drehkreuze, d. h., wer z. B. vom Flughafen Hatay nach Antalya will, muss i. d. R. über İstanbul oder Ankara fliegen. Direktflüge zwischen den Ferienflughäfen an der Küste oder von dort nach Kappadokien gibt es bislang nur sehr wenige – im innertürkischen Flugverkehr kommen jedoch ständig neue Verbindungen hinzu. Informieren Sie sich diesbezüglich auf den Webseiten von THY, Atlasjet, Onur Air, Pegasus, Borajet oder Anadolu Jet (→ Airlines im Internet, S. 20).

Fahrrad: Wer Touren entlang der Südküste oder durch Kappadokien plant, bringt am besten sein eigenes Bike mit und dazu einen Helm (unglaublich, aber wahr: eine Pflicht, an die sich jedoch niemand hält!), denn der Radsport steckt hier noch in den Kinderschuhen. Ohnehin gibt es Fahrräder nicht allzu oft zu leihen – und wenn doch, dann meist in Kaufhausqualität. Eine empfehlenswerte Ausnahme ist Martin Türkay aus Alanya (→ Alanya/Zweiradverleih), wo man auch allerlei Ersatzteile auf Lager hat oder besorgen kann. Empfehlenswert ist des Weiteren ein sog. *Dog Chaser,* der dem Reisenden durch Hochfrequenztöne die Hunde der Hirten vom Leib hält.

Trampen ist aufgrund der niedrigen Preise für öffentliche Verkehrsmittel nicht verbreitet, aber grundsätzlich überall möglich. Alleinreisende Frauen sollten davon absehen.

Unter Segel

Sportlich ambitionierte Segeltörns und sog. „Blaue Reisen“, eine Art All-inclusive-Urlaub auf einer *Gulet,* einer schönen, aus Holz gezimmerten, dickbauchigen Jacht, werden entlang der Türkischen Riviera so gut wie nicht angeboten. Dazu reist man an die Ägäis oder an die lykische Küste mit ihren vielen vorgelagerten Inseln.

Organisierte Ausflüge

Per Helikopter nach Kappadokien, mit dem Jeep ins Hinterland oder – wirklich empfehlenswert – mit dem Ausflugsboot in einsame Buchten: Zu Luft, zu Land und zu Wasser werden in allen touristischen Zentren unzählige Halbtages-, Tages- und Zweitagestouren zu den Sehenswürdigkeiten der näheren und weiteren Umgebung angeboten. Für alle, die die Planung und Durchführung eines Ausflugs nicht selbst in die Hand nehmen wollen, eine bequeme Art, mehr von der Türkei kennen zu lernen. Preislich rechnen sich solche Touren insbesondere für Alleinreisende. Zu zweit kann man für das gleiche Geld schon oft einen Mietwagen nehmen. Der große Haken vieler Bustouren oder Bootsausflüge: Die Routen der meisten Veranstalter sind annähernd identisch, und so erleben viele Buchten oder Sehenswürdigkeiten für ein paar Stunden am Tag einen herdenartigen Ansturm. Was wo angeboten wird, erfahren Sie im Reiseteil unter den Stichworten „Organisierte Touren“ und „Bootsausflüge“.

Preise: Große Preisunterschiede gibt es zwischen den meisten Veranstaltern nicht. Sollte jedoch eine Tour erheblich billiger angeboten werden als beim Gros der Veranstalter, sind unter Garantie weitaus mehr Shoppingpausen mit Teppichknüpfvorführungen im Programm als sonst. Bei allem, was Sie kaufen, verdienen die Tourenanbieter mit. Das erklärt so manch niedrige Preise.

Wandern

Im Frühjahr und Herbst gibt es kaum eine schönere Art, die Südküste und Kappadokien zu entdecken. Im Sommer dagegen ist Wandern aufgrund der hohen Temperaturen, zumindest an der Küste, fast unmöglich. Ein eindrucksvolles Trekkingerlebnis ist der St Paul Trail (→ Kasten). Ansonsten findet man an der Küste und im Hinterland kaum ausgeschilderte Wanderwege, in Kappadokien jedoch unzählige Pfade, die sich fast immer zu einem Rundweg kombinieren lassen. Etwas Erfahrung und ein guter Orientierungssinn sind bei allen Touren vonnöten, denn exakte topografische Karten sind nicht erhältlich. Bringt man aber guten Willen, Ausdauer und Kondition mit, dann wird man mit einer Fülle von Naturschönheiten belohnt, seien es kleine versteckte Fjorde, tiefe Schluchten mit tosenden Flüssen oder auch ausgedehnte Blumenteppiche, auf die man v. a. im Frühjahr stößt. Mehr zum Wandern in Kappadokien → Kappadokien im Überblick, S. 214.

Gefahren am Wegesrand: Wirklich gemeine Köter am Wegesrand sind selten, wohl aber gibt es Hütehunde mit ausgeprägtem Beschützerinstinkt. In diesen Fällen tut ein *Dog Chaser* (→ Fahrrad) gute Dienste. Auch die meisten Schlangen sind harmlos und flüchten, wenn sich ein Mensch nähert, es gibt aber auch Vipern und die Taurische Bergotter, deren Biss gefährlich werden könnte. Im Unglücksfall sollten Sie die Schlange, falls Sie sie nicht identifizieren können, töten (leichter gesagt als getan) und zum Arzt mitnehmen. Skorpionstiche sind dagegen zwar schmerzhaft, aber i. d. R. nicht lebensgefährlich. Um Bienenkörbe sollte man stets einen großen Bogen machen. Schützen Sie sich ferner vor Zeckenbissen, sie können das sog. Krim-Kongo-Fieber übertragen (→ Ärztliche Versorgung).

St Paul Trail – Auf Paulus' Spuren wandern

Der von der Britin Kate Clow markierte St Paul Trail ist ein rund 500 km langer Fernwanderweg. Er führt von Perge und Aspendos auf zwei verschiedenen Routen nach Adada, einer kleineren antiken Stätte im Landesinneren ca. 70 km hinter der Küste. Dort treffen sich beide Wege und verlaufen fortan gemeinsam über Eğirdir im westanatolischen Seengebiet zur Ruinenstätte Antiochia in Pisidien beim Landstädtchen Yalvaç (ca. 160 km vom Meer entfernt). Die Trekkingtour ist ein landschaftlicher Traum, aber auch überaus anstrengend, da man nahezu auf Meereshöhe startet und den Taurus überwinden muss. Doch keine Sorge, der Apostel Paulus hat die Strecke auf seinen Missionsreisen schließlich auch geschafft – und das ohne Wanderstiefel. Am Stück dauert die Tour fünf Wochen, man kann jedoch auch nur einzelne Abschnitte gehen. Unterkünfte sind auf der Strecke rar, ein Zelt ist vonnöten. Beste Zeit ist das Frühjahr. Im Sommer ist es zu heiß, im Herbst sind viele Quellen versiegt und man muss zusätzlich literweise Wasser schleppen. Detaillierte Infos zur Route (in Englisch) liefert das Handbuch „St Paul Trail“ von Kate Clow und Terry Richardson (Upcountry 2004, ISBN 0-9539218-1-6), Infos auch unter www.lycianway.com.

Maisverkauf am Strand

Übernachten

Das Angebot an Übernachtungsmöglichkeiten an der Türkischen Riviera und in Kappadokien ist vielseitig. Von Hotels, bei denen im Whirlpool die Caipirinha gereicht wird, bis zu Absteigen, deren Toiletten man ohne Badeschuhe im Leben nie betreten würde, ist alles vorhanden.

Das Zimmerangebot ist gigantisch, jedoch ist nicht überall etwas für jeden dabei: An dem einen Strandabschnitt dominieren All-inclusive-Anlagen, anderswo kleine Pensionen oder einfache Mittelklassehotels. Das gilt für die Küste mehr als für Kappadokien – im Reiseteil erfahren Sie, was Sie wo erwartet. Das Preis-Leistungs-Verhältnis ist – sofern die Türkische Lira nicht wieder anzieht – insgesamt okay und gut in der Nebensaison, wenn vielerorts die Preise purzeln. Zur türkischen Ferienzeit im Juli und August (jedoch nicht während des Ramadan, → S. 50) ist v. a. an Wochenenden in Urlaubsorten, die auch Türken gerne aufsuchen, eine Reservierung empfehlenswert. In Antalya haben viele Unterkünfte ganzjährig geöffnet, in reinen Badeorten schließen viele Unterkünfte Mitte November und öffnen wieder zu Ostern.

Preise und Hinweis: Die im Reiseteil angegebenen Übernachtungspreise beziehen sich auf die Hochsaison (= HS, Nebensaison = NS, Einzelzimmer = EZ, Doppelzimmer = DZ). Frühstück ist – wenn nicht anders angegeben – inbegriffen. Wenn nicht anders vermerkt, verfügen zudem alle Unterkünfte über Zimmer mit privaten Bädern. In Hotels der unteren Preisklasse und in vielen Pensionen müssen Sie sich darauf einstellen, dass es nicht immer heißes Wasser gibt oder die Armaturen nicht einwandfrei funktionieren. Handeln ist prinzipiell möglich, wird aber in kleinen Unterkünften gewöhnlich nicht gerne gesehen.

All-inclusive-Anlagen: Das Gros der All-inclusive-Anlagen im Reisegebiet liegt zwischen Antalya und Alanya, meist in Nachbarschaft zu weiteren Resorthotels, die zusammen oft riesige künstliche Feriensiedlungen bilden. Die stilvollsten Anlagen finden Sie in Belek (→ S. 101) östlich von Antalya und in Titreyengöl (→ S. 119) bei Side. Die oft wie Hochsicherheitstrakte abgeriegelten Ferienanlagen, teils mit Kapazitäten von bis zu 2000 Betten, sind auf Individualreisende nicht eingestellt und daher vor Ort entweder gar nicht oder nur mit viel Aufwand zu buchen. Falls Sie kurzfristig in eine All-in-Anlage einchecken möchten, reservieren Sie ein Zimmer über eine Hotelreservierungsplattform im Internet, das ist billiger und unkomplizierter als an der Rezeption. Der Begriff „all inclusive" ist übrigens nicht eindeutig definiert, und so manches Hotel führt diese Bezeichnung, ohne sie eigentlich zu verdienen. Erkundigen Sie sich daher im Voraus, ob sämtliche gebotenen Aktivitäten im Preis inbegriffen sind. Und auch wenn alles „inclusive" ist, ist das, was „inclusive" ist, nicht immer das Gleiche. Wird der O-Saft frisch gepresst oder als Chemiebrause serviert? Die Geiz-ist-geil-Mentalität vieler Urlauber, die für wenig Geld viel wollen, lässt die Qualität mehr und mehr sinken.

Preise: Die Walk-in-rate liegt nicht selten weit über dem Doppelten des Preises, den man bezahlt, wenn man pauschal oder über Hotelreservierungsseiten wie www.booking.com oder www.hrs.de bucht. Je nach Ausstattung, Service, Umfang des Büfetts, Sportangebot und Anzahl der Animateure 75–300 €/Nacht und DZ.

Hotels: Wer seine Unterkunft nach der Anzahl der Sterne wählt, sollte bedenken, dass sich die Rubrizierung der Hotels durch das Ministerium für Kultur und Fremdenverkehr an der Ausstattung der Unterkünfte (Minibar, Fernseher, Aufzug, Restaurant, Klimaanlage usw.) orientiert und Kriterien wie Lage, Architektur, Sauberkeit oder Freundlichkeit des Personals unberücksichtigt lässt. Hinzu kommt, dass die Kategorisierung bisweilen längst nicht mehr den aktuellen Verhältnissen entspricht. Viele türkische Hotels sind aufgrund ihrer billigen Bauweise und Ausstattung nämlich oft schneller abgewohnt und im Wert gemindert, als die Rückstufung bei der Kategorisierung erfolgt. Das gilt insbesondere bei Drei-Sterne-Hotels. Klassische Boutiquehotels (s. u.) werden nicht nach Sternen kategorisiert.

Noch ein Hinweis: Pauschaltouristen werden von ihrer Reiseleitung zuweilen darauf hingewiesen, dass man besser nie außer Haus etwas essen oder trinken sollte, um Magenproblemen vorzubeugen. Das ist Humbug! Man will Sie mit solchen Aussagen nur an die Hotelbar binden, wo die Bierpreise weitaus höher sind als außerhalb der Anlage.

Preise: Erhebliche regionale Preisunterschiede. Gehobenere Hotels nehmen in der HS pro DZ ab 80 € aufwärts, EZ kosten 30–50 % weniger. Zwischen Sept. und Mai werden die Preise gesenkt, z. T. um 50 %! Kleine, einfache Hotels bieten DZ mit Du/WC ab ca. 40 €. Ein Zimmer in Billigabsteigen ohne Du/WC bekommt man ab 10 €/Pers.

Boutiquehotels und -pensionen: Dabei handelt es sich um kleine stilvolle Unterkünfte, die nicht selten in alten, restaurierten Natursteinhäusern oder osmanischen Stadtvillen untergebracht sind. Teils besitzen sie eine gepflegte Poolanlage, teils nur ein lauschiges Gärtchen. Bei der Unterkunftsauswahl für dieses Buch wurde ein besonderes Augenmerk auf diese Kategorie gelegt. Die meisten Boutiquehotels und -pensionen findet man in Antalya und in Kappadokien. Aber Achtung: Nicht überall, wo „Butik" draufsteht, ist auch Boutique drin. Die große Nachfrage nach Boutiquehotels und -pensionen hat dazu geführt, dass sich mittlerweile auch sterile Stadthotels und einfache Familienpensionen mit dem Beinamen „Butik" schmücken. Einen Überblick über die schönsten Boutiquehotels und -pensionen finden Sie u. a. auch auf www.boutiquesmallhotels.com.

Die Preise hängen zum einen von der Ausstattung ab, zum anderen sind sie extrem saisonabhängig: DZ in der NS ab 40 €, in der HS ab 70 €, EZ 30–50 % weniger.

Pensionen: Im Vergleich zwischen einfacheren Hotels und kleinen Pensionen sind Letztere meist die bessere Wahl, da sich ihre Betreiber i. d. R. mehr um das Wohl der Gäste kümmern. Auch gegenüber manch vornehmem Hotel macht die Freundlichkeit vieler Pensionsbesitzer den fehlenden, nicht selten überflüssigen Luxus wett. Klimaanlage und privates Bad sind nahezu überall Standard, Erstere gilt jedoch nicht unbedingt für das ohnehin kühlere Kappadokien. Nicht jedermanns Sache sind sog. *Aile Pansiyonları* (Pensionen für Familien), die man vorrangig in türkisch geprägten Ferienorten wie Kızkalesi, in der Çukurova oder am Golf von İskenderun findet. Oft handelt es sich dabei um recht konservativ geführte, einfache Unterkünfte mit Gemeinschaftsküche, wo man an ausländischen, Bier trinkenden Travellern nicht sonderlich interessiert ist. Spartanisch ausgestattete, aber meist recht schön gelegene Zimmer, z. T. in Bungalows, vermieten zudem manche Campingplätze (s. u.).

Es gibt erhebliche örtliche Preisunterschiede. Ein DZ mit Du/WC bekommt man in der HS ab 30 €, in der NS ab 20 €. Singles erhalten i. d. R. ein DZ zum ermäßigten Preis.

Aparthotels: Zur Grundausstattung gehören Küchenzeile oder kleine Küche, Salon mit Couch und TV und – je nach Größe – ein oder mehrere Schlafräume. Aparthotels findet man nahezu in allen Ferienorten, wo die türkische Mittelschicht Urlaub macht, wie beispielsweise in Anamur und Kızkalesi.

Die Preise der Aparthotels variieren naturgemäß nach Größe, Ausstattung und Ort erheblich. Ein Apartment für 4 Pers. bekommt man in der HS ab ca. 250 €/Woche. Auch hier fallen die Preise in der NS.

Jugendherbergen: In der gesamten Türkei gibt es nur sehr wenige Jugendherbergen, nicht zuletzt deswegen, weil viele private Pensionen ordentliche und preiswerte Zimmer anbieten. Eine offizielle Jugendherberge findet man im Reisegebiet nicht. An der Türkischen Riviera existieren auch keine hostelähnlichen Travellerherbergen, die für ein paar Euro Betten in Schlafsälen anbieten. Anders dagegen im kappadokischen Göreme, wo sich Rucksackreisende aus aller Welt treffen.

Campingplätze: Einige Campingplätze an der Türkischen Riviera wurden in den letzten Jahren aufgegeben, gewinnträchtigere Hotelanlagen nehmen heute deren Areale ein. Unter denen, die es aber noch gibt, befinden sich ein paar recht nette Anlagen. Gute Plätze findet man rund um Anamur, in Kızılot östlich von Manavgat, im Hatay, aber auch in Kappadokien. Die besseren Campingplätze besitzen warme Duschen, Stromanschlüsse und Restaurants, zuweilen auch Camperküchen. Manche Campingplätze vermieten auch **Bungalows**. Das können einfache Hütten ohne jeden Komfort sein, aber auch gepflegte Häuschen mit Du/WC.

Gecampt werden darf manchmal auch auf diversen, von der Forstverwaltung ausgewiesenen **Picknickplätzen**. Sie sind mit Abfallkörben, Toiletten und Tischen, häufig auch mit bescheidenen Grillmöglichkeiten ausgestattet. **Wildcampen** kann aufgrund von neugierigen Dörflern und Polizeikontrollen zu einem nervigen Unterfangen werden. Wer mit dem Wohnmobil unterwegs ist, kann an Tankstellen und Raststätten jedoch i. d. R. immer für eine Nacht stehen, fragen Sie vorher nach.

Preise Für 2 Pers. mit Wohnmobil oder Zelt sollte man je nach Ausstattung des Platzes mit 6–23 € rechnen.

Öffnungszeiten Die meisten Campingplätze haben nur von Mai–Okt. geöffnet, die einfacheren schließen oft schon mit dem Ende der türkischen Sommerferien Mitte Sept. Großer Andrang herrscht lediglich im Hochsommer.

Leihfahrzeuge Wer den Anfahrtsstress meiden will, aber im Reisegebiet gerne mit dem Camper unterwegs sein möchte, kann sich einen Campingbus oder ein Wohnmobil über **Casavan** mieten. Verleihstationen in İstanbul und Antalya. Billig ist das aber nicht: Bus 130 €/Tag, Wohnmobil 190 €/Tag für 2 Pers. Weitere Infos auf www.casavan.com

Spießgesellen vorm Verzehr: im Restaurant Parlak in Antalya

Essen und Trinken

„Der Imam ist in Ohnmacht gefallen", als er „Frauenschenkel" und den „Nabel der Dame" probieren sollte. „Dem Herrscher hat's gefallen", als man ihm den „Finger des Wesirs" servierte. Mit den Namen türkischer Gerichte lassen sich ganze Dramen inszenieren.

„Leben kommt aus dem Magen" heißt ein türkisches Sprichwort, das deutlich macht, welchen Stellenwert das Essen in der türkischen Kultur und Gesellschaft einnimmt. Dementsprechend besitzt die türkische Küche ein Niveau, das sich mit den besten Cuisines der Welt messen kann – zur Verwunderung jener, die bislang nur den *Döner Kebab* mit der Türkei in Verbindung bringen können. Grundlage der Gerichte ist i. d. R. frisches Gemüse, darunter Sorten, die in Mitteleuropa eher unbekannt oder vergessen sind, z. B. Kichererbsen *(nohut)*, Okraschoten *(bamya)* oder Portulak *(semizotu)*. Anders bei den Kräutern und Gewürzen: Verwendet werden keinesfalls geheimnisvolle orientalische Exoten, sondern in erster Linie die uns vertrauten Klassiker wie Pfeffer, Paprika oder Petersilie. Auch Knoblauch kommt zum Zuge, aber bei Weitem nicht in dem Maß, wie es sich mancher vorstellt.

Wo isst man?

In den großen Touristenzentren gibt es vom Chinarestaurant bis zum bayerischen Biergarten alle erdenklichen Lokalitäten. Bei den türkischen Speiselokalen unterscheidet man in der Hauptsache zwischen *Lokanta* und *Restoran*. Egal wo – überall herrscht Rauchverbot (zumindest offiziell), lediglich auf Terrassen darf geraucht werden.

Lokanta: Hier isst man, um satt zu werden, nicht um seine Verlobte auszuführen. Lokantas sind an jeder Ecke zu finden, sind einfach, gut und günstig: Ab 4 € is(s)t man dabei. Die Innenausstattung gibt sich mit gekachelten Wänden und kaltem Neonlicht äußerst spartanisch. Das vorgekochte Essen *(sulu yemek)* wird in Vitrinen warm gehalten, Sie können wählen zwischen Fleisch- und Gemüsegerichten, Suppen und Eintöpfen. Je besser die Lokanta besucht ist, desto frischer sind i. d. R. die Speisen. Lokanta-Varianten gibt es viele: Je nachdem, worauf sich eine Lokanta spezialisiert hat, heißt sie auch *kebapçı, köfteci* oder *pideci*. Beim *işkembeci* bekommt man Kuttelflecksuppe und andere Innereien. Die meisten Lokantas haben keine Alkohollizenz.

Restoran/Restaurant: Restaurants haben i. d. R. eine Alkohollizenz, die gediegenere Innenausstattung, den besseren Service und so auch die höheren Preise. Nur die Küche unterscheidet sich nicht immer von jener der einfachen Lokantas, das gilt insbesondere für Mittelklasserestaurants. Eine volle Mahlzeit mit einem Getränk beginnt dort bei ca. 8 €. Nach oben sind keine Grenzen gesetzt: Wer sein Candlelight-Dinner in einem eleganten Lokal am Meer genießt, bezahlt schnell 25 € und mehr pro Person (ohne Wein). Auch Fischlokale, die Wildfang statt Zuchtfisch servieren, gehören i. d. R. zu den gehobeneren Restaurants, für ein komplettes Menü sollte man ebenfalls mit 25 € aufwärts pro Person rechnen. Auf sog. *Ocakbaşı*-Restaurants trifft man v. a. in der Çukurova und im Hatay. *Ocakbaşı* heißt „am Herd" – treffender wäre jedoch „am Grill", denn Mittelpunkt dieser Lokale ist ein großer Holzkohlengrill, wo die Rostspezialitäten direkt vom Feuer serviert werden.

Tipping-Tipps: In einfachen Lokantas wird kein Trinkgeld erwartet, wohl aber in Restaurants. Ist der Service noch nicht in der Endsumme verrechnet, was in gehobeneren Restaurants und Touristenlokalen durchaus vorkommt, gibt man etwa 10 %. In Lokalen, die keine Speisekarten haben und in denen auch die Preise nicht aushängen, ist es ratsam, sich vor dem Bestellen nach den Preisen zu erkundigen – Schlitzohren unter den Kellnern gibt es einige.

Was isst man?

Frühstück: Zu einem traditionellen türkischen Frühstück *(kahvaltı)* werden Weißbrot, Marmelade, Ei (meist hart gekocht), Oliven, Gurken, Tomaten, Butter und Schafskäse gereicht. Letzteren genießen Türken zusammen mit Honig auf dem Brot. Dazu trinkt man Tee. Filterkaffee ist nicht üblich, wer will, bekommt Nescafé oder verwandte Surrogate. Für Tee und heißes Wasser (egal ob zum Verdünnen des Tees oder für den Kaffee) steht meist ein Samowar bereit. Türken essen als Brotaufstrich auch *pekmez* (eingedickter Traubensaft) mit *tahin* (Sesammus) zum Frühstück – sehr empfehlenswert, auf den Frühstücksbüfetts der Hotels ist beides allerdings nur selten zu finden. In den großen Hotels der Touristengebiete erwartet Sie am Morgen auch ein europäisches Frühstück – je nach Hotelkategorie als üppiges Büfett oder in der Magervariante mit Kaffee, Konfitüre, Schmelzkäse und Ei.

Vorspeisen: Wählen Sie zwischen pikanten Joghurtcremes *(haydari)*, würzigen Gemüsepürees *(ezme)*, kaltem Gemüse in Olivenöl *(zeytinyağlı)*, gefüllten Weinblättern *(yaprak dolması)*, Melone mit Schafskäse *(peynirli karpuz)* und ähnlichen Köstlichkeiten. *Meze* nennen die Türken solche Vorspeisen, die in Vitrinen zur Auswahl stehen. In besseren Restaurants bereichern auch Fisch und Meeresfrüchte wie *tarama* (rosafarbene Rogenpaste mit Zitrone) oder Krabben *(karides)* die Mezetabletts. Außerdem gibt es hier mit Fleisch zubereitete kalte Leckereien wie z. B. Hühnchensalat *(tavuk salatası)*. Sie können auch auf den Hauptgang verzichten und nur Vorspeisen ordern; in vielen Restaurants ist das kein Problem. Dazu wird stets – wie zu allen Gerichten – frisches Weißbrot *(ekmek)* gereicht.

Suppen nehmen die Türken als Vorspeise außerhalb der eigenen vier Wände eher selten zu sich. Man isst sie als Frühstücksersatz, zwischendurch oder nach durchzechten Nächten. Viele Schnapsnasen schwören auf die Alka-Seltzer-Wirkung von

Reif für den Cocktail am Meer?

Kuttelflecksuppe *(işkembe çorbası)* – nicht jedermanns Geschmack. Wer dennoch als Vorspeise eine warme Suppe vorzieht, sollte die herzhafte Linsensuppe *(merçimek çorbası)* probieren.

Stichwort „Bio"

Die Türkei ist europaweit einer der größten Exporteure von Bioprodukten, daher richtet sich die Bio-Gesetzgebung nach EU-Standards, auch das staatliche Bio-Siegel wurde an das EU-Logo angelehnt. Im Land selbst sind Bioprodukte v. a. unter der jungen reichen Oberschicht hip. Was die meisten Restaurantbesitzer an der Küste aber als „Bio" (türk. *organik*) verkaufen, ist nichts anderes als Gemüse aus dem eigenen Garten!

Fleischgerichte: Am beliebtesten sind *kebap* und *köfte*. *Kebap* ist der Oberbegriff für Fleischgerichte jeglicher Couleur. Diese können gegrillt, geschmort, gebraten oder gebacken sein und stammen vom Lamm *(kuzu)*, manchmal auch Kalb *(dana)* oder Geflügel, dann insbesondere vom Huhn *(tavuk)*. Zu *döner kebap* braucht wohl nichts mehr gesagt zu werden. Beim *şiş kebap* handelt es sich um einen zarten, auf Holzkohleglut gerösteten Fleischspieß, zu dem als Beilage gewöhnlich Reis oder Bulgur (Weizengrütze) gegessen wird. Beim *patlıcan kebap* wird der Spieß mit Hackfleisch und Auberginen bestückt. *Bursa Kebap* (oft auch *İskender Kebap* genannt) verdient seinen Namen nur dann, wenn Dönerfleisch zusammen mit Joghurt und Tomatensoße auf geröstetem Fladenbrot angerichtet wird. Beim *tandır kebap* werden Hammelstückchen im geschlossenen Topf geschmort. Kosten Sie auch den *Adana Kebap*, einen scharf gewürzten Hackfleischspieß, der in der Çukurova am besten schmeckt. Unbedingt probieren sollte man das vielerorts angebotene *güveç*, zartes Schmorfleisch mit Gemüse im Tontopf. Oder *saç kavurma:*

Geschnetzeltes Fleisch wird in einer flachen Blechpfanne (türk. *saç* = Blech) zusammen mit Tomaten, Peperoni und Zwiebeln im eigenen Fett gebraten.

Unter die Bezeichnung *köfte* fallen frikadellenähnliche Hackfleischgerichte aus Hammel, Lamm oder Rind (gebraten oder gegrillt). Die leckeren „Frauenschenkel" *(kadınbudu)*, die mit Reis und Zimt verfeinert und anschließend paniert werden, haben ihren Namen übrigens von der Form der Frikadelle.

Türken lieben zudem Innereien wie gebratene Leber *(ciğer)* oder Nieren *(böbrek)*. Als Innereiensnack wird an vielen Straßenecken *kokoreç* angeboten: gegrillte Därme, die mit Zwiebel und Tomate ins Brot kommen (mancherorts auch *boklu sandviç*, „Sandwich mit Scheiße" genannt). Nebenbei haben Sie auch noch die Möglichkeit, eine Vielzahl anderer Kuriositäten zu probieren, z. B. gegrillte Schafshoden *(koç yumurtası)*, gedünstete Schafsköpfe *(kelle)* oder gekochte Hammelfüße *(paça)*.

Hinweis: Je weiter Sie nach Osten bzw. Südosten fahren, desto schärfer und arabisch beeinflusster wird die Küche! Wundern Sie sich also nicht, wenn man Ihnen den Salat im Hatay mit scharfem Paprikapulver serviert.

Fischgerichte: An Meeresfischen werden häufig Seebarsch *(levrek)* und Goldbrasse *(çupra o. çipura)* angeboten – beide Fischsorten sind relativ preiswert, da sie i. d. R. aus der Zucht kommen. Vor allem als Wildfang und oft nach Gewicht berechnet, stehen Steinbutt *(kalkan)*, Mittelmeermakrele *(kolyos)*, Brauner Zackenbarsch *(orfoz)*, Weißer Zackenbarsch *(lagos)*, Gabelmakrele *(kuzu balığı)*, Makrele *(uskumru)* und fangfrische Sardinen *(sardalya)* auf der Karte. Auch Thunfisch *(palamut* oder *orkinos)* kann in verschiedenen Zubereitungsarten genossen werden. Oktopus *(ahtapot)* und Calamari *(kalamar)* finden auch in leckeren Vorspeisensalaten Verwendung. Unter den Süßwasserfischen ist insbesondere die Forelle *(alabalık)* sehr beliebt, im Hinterland gibt es viele auf Forellen spezialisierte Restaurants.

Beim Fischessen in Narlıkuyu

Gemüsegerichte: Gemüse *(sebze)* ist weniger Beilage als vielmehr die Grundlage türkischer Gerichte. Die Auswahl an Schmortöpfen, Aufläufen und Eintöpfen ist riesig. Beliebt sind insbesondere die Dolma-Gerichte. Dabei handelt es sich um gefülltes Gemüse, z. B. mit Reis und Hackfleisch gefüllte Zucchini *(kabak dolması)* oder Paprikaschoten *(biber dolması)*. I. d. R. wird dazu Joghurt gegessen. Ebenfalls schmackhaft sind diverse Eintöpfe wie *kıymalı ıspanak* (Spinat mit Hackfleisch). Ein Genuss sind aber auch Kichererbsen *(nohut)* oder Okraschoten *(bamya)* mit

Lamm. Achtung: Vielfach schwimmt das Essen in Olivenöl – auf Mägen, die dergleichen nicht gewöhnt sind, kann dies die gleiche Wirkung wie eine gehörige Dosis Rizinusöl haben.

Süßspeisen und Obst: Eine der beliebtesten Süßspeisen *(tatlı)* ist *baklava,* ein Gebäck aus mehreren Teigschichten, zwischen die Mandeln und Pistazien eingestreut sind. Die kleinen Rechtecke werden mit einem Sirup aus Zucker, Zitronensaft und Honig übergossen. Genauso süß und klebrig ist *helva,* eine Kalorienbombe aus Weizenmehl, Sesamöl, Honig und Zucker. Unserem Geschmack vertrauter sind Mandelpudding *(keşkül)* oder Milchreis *(sütlaç).* Experimentierfreudige sollten einmal *aşure* probieren, eine gallertartige Süßspeise, die, in bester Qualität zubereitet, mehr als 40 Zutaten enthalten muss, darunter Rosenwasser, Nüsse, Zimt und sogar Bohnen. Der Legende nach wurde sie auf der Arche Noah kreiert – man schüttete alle Speisereste zusammen und kochte sie auf. Ähnlich seltsam liest sich die Zusammensetzung von *tavuk göğüsü:* Hier werden klein gehackte Hühnerbrust, Reismehl, Milch und Zucker verarbeitet. All das und noch viel mehr bietet der *muhallebici* an, eine Art Süßspeisenschnellimbiss.

Auch mit Obst *(meyve)* schließt man gerne eine Mahlzeit ab. Je nach Jahreszeit werden Melonen, Feigen, Trauben, Pfirsiche, Kirschen, Erdbeeren, Granatäpfel oder Zitrusfrüchte serviert. Gründlich waschen!

Snacks: Nahezu eine komplette Mahlzeit ersetzt *börek,* eine blätterteigähnliche Strudelspezialität, die mit Hackfleisch, Spinat oder Schafskäse gefüllt wird. Mit ähnlichen Zutaten belegt man die *pide,* ein knuspriges Teigschiffchen. Eine Kostprobe wert ist auch *lahmacun,* die türkische Pizza mit Hackfleisch und Kräutern. *Mantı* nennen sich die türkischen Ravioli; man isst sie mit Knoblauchjoghurt, zerlassener Paprikabutter und Minze. Unübersehbar sind die *Simit*-Verkäufer; ihre Sesamkringel sind in der Früh am knusprigsten. Oft sieht man zudem Frauen *gözleme* zubereiten, eine Art Pfannkuchen, der auf verschiedene Arten süß oder herzhaft gefüllt wird. Und: Kosten Sie *kumpir,* wenn sich die Möglichkeit ergibt. Die gefüllten Riesenkartoffeln stopfen für etliche Stunden.

Die Türkei für Vegetarier

Ein müdes Lächeln ist alles, was der gewöhnliche Türke einem Vegetarier entgegenbringt: Denn wer freiwillig auf so leckere Dinge wie *şiş kebap, köfte* oder Kuttelflecksuppe verzichtet, muss krank sein – oder verrückt. Doch keine Sorge: Auch ohne Fleisch kann man in der Türkei Köstlichkeiten genießen. Das Gros der Vorspeisen ist rein vegetarisch, zudem warten schmackhafte Gemüseeintöpfe, sämige Suppen, Salate und gefüllte Teiggerichte auf ihre Entdeckung. Um keine bösen Überraschungen zu erleben, vergewissern Sie sich am besten mit „Etsiz mi?“ („Ist das ohne Fleisch?“, gesprochen: „Ätsis mi?“) und bekräftigen Ihre Frage mit „Et yemiyorum“ („Ich esse kein Fleisch“, gesprochen: „Ät jämijorum“).

Was trinkt man?

Softdrinks: Ob *Pepsi* oder *Coke,* überall werden die auch bei uns bekannten Softdrinks angeboten. Zum Essen wird oft Wasser *(su)* auf den Tisch gestellt. Kommt es aus der Leitung, sollten Sie darauf verzichten. Empfehlenswert sind frisch gepresste Fruchtsäfte *(meyve suyu)*. Auch in der Dose werden überall leckere Fruchtsäfte verkauft. *Ayran* ist ein erfrischendes Mixgetränk aus Joghurt, Salz und kaltem Wasser, das ein wenig an Buttermilch erinnert. *Şalgam*, ein saurer, roter Steckrübensaft, den es auch in einer scharfen *(acılı)* Version gibt, ist gewöhnungsbedürftig, hat aber viele Fans. Besonders gut passt er zu deftigen Kebabgerichten.

Heißgetränke: Das türkische Nationalgetränk ist der *çay*. Der gute schwarze Tee aus den Plantagen der Schwarzmeerküste wird zu jeder Gelegenheit getrunken. Ob beim Frühstück, bei Geschäftsbesprechungen, im Teppichladen oder beim Friseur – nirgends fehlen die kleinen bauchigen Gläser. *Elma çayı* nennt sich der unter Touristen sehr beliebte Apfeltee.

Türkischen Mokka *(Türk kahvesi)*, den man entweder süß *(şekerli)*, mittelsüß *(orta şekerli)* oder ohne Zucker *(sade)* bestellt, trinkt man für gewöhnlich nach einem üppigen Essen. Wer auf Krümel zwischen den Zähnen wenig Wert legt, bestellt *Neskafe*. In schickeren Cafés bekommen Sie auch Cappuccino, Espresso oder Latte Macchiato.

Alkohol: Beliebt ist v. a. der *Rakı*, ein ca. 45 %iger Anisschnaps, der geschmacklich dem griechischen Ouzo ähnelt. Die Türken trinken ihn mit Eis und Wasser verdünnt aus schmalen, hohen 0,2-Liter-Gläsern. Er erhält dann eine milchig-trübe Färbung und wird nicht zuletzt deswegen auch „Löwenmilch" genannt. Rakı gilt als Magenelixier und Heilmittelchen gegen alle möglichen Beschwerden – zum Wohl des Landes werden daher jährlich 70 Mio. Liter abgefüllt. Guter Rakı unterscheidet sich von minderwertigem dadurch, dass er am Glasrand einen Film zieht.

Ein guter Aussichtspunkt

Neben Rakı wird auch gerne ein Bier *(bira)* zum Essen getrunken, am weitesten verbreitet ist das *Efes*. Daneben bekommt man auch das dänische – aber in der Türkei gebraute – *Tuborg*, das etwas herber als *Efes* schmeckt. In Alanya gibt es zudem eine Mikrobrauerei: das Red Tower Brewery Restaurant. Nicht überall wird das Weizenbier *Gusta* ausgeschenkt.

Vielen unbekannt ist der türkische Wein *(şarap)*. Die besseren Sorten können sich jedoch durchaus sehen lassen. Dazu gehören insbesondere Weine der Kellereien „Doluca" und „Kavaklıdere". Türkische Weine sind aufgrund ihres geringen Säuregehaltes ausgesprochen magenfreundlich. Türken trinken Wein insbesondere zu feierlichen Anlässen – bei einem Supermarkt-Flaschenpreis von 4 € aufwärts (ab ca. 7 € aufwärts kauft man genießbare Weine) auch kein Wunder. Die Toskana der Türkei ist übrigens Kappadokien.

Das römische Aquädukt von Aspendos

Wissenswertes von A bis Z

Ärztliche Versorgung

Auch wenn zwischen Ihrem Land (Deutschland, Österreich oder Schweiz) und der Türkei ein Sozialversicherungsabkommen besteht, ist der Abschluss einer privaten **Auslandsreisekrankenversicherung** dringend zu empfehlen. Zum einen haben Sie mit einer privaten Auslandsreiseversicherung eine mehr oder weniger freie Arztwahl (die privaten Krankenhäuser sind oft besser ausgestattet als die staatlichen), zum anderen gewährleistet diese i. d. R. auch den Krankenrücktransport. Das vorgestreckte Geld für Behandlung und Medikamente wird in der Heimat nach Vorlage einer Quittung mit Stempel, Datum und Unterschrift des türkischen Arztes bzw. Apothekers erstattet.

Für leichtere Fälle reicht es häufig auch aus, wenn Sie eine Apotheke aufsuchen und dem Apotheker irgendwie Ihr Leid verdeutlichen. Dieser beherrscht zwar häufig keine Fremdsprache, die Mittelchen gegen die gängigsten Touristenleiden hat er aber schon unzählige Male über den Ladentisch gereicht. Bei Durchfall hilft oft auch schon, einen kleinen Löffel Teeblätter und/oder gesalzenen Schwarzen Tee hinunterzuwürgen.

Deutschsprachige Ärzte oder das jeweils nächstgelegene Krankenhaus sind im Reiseteil unter „Adressen" aufgeführt. Auch die Konsulate und Botschaften des Heimatlandes erteilen Auskünfte über deutschsprachige Ärzte.

Apotheken *(eczane)*: In türkischen Apotheken gibt es kaum etwas, was es bei uns nicht gibt, vieles jedoch unter einem anderen Namen, zudem rezeptfrei und preiswerter. Arzneimittel, auf die Sie ständig angewiesen sind, sollten Sie trotzdem sicherheitshalber von zu Hause mitbringen – im Falle Viagras ist dies übrigens nicht vonnöten. Im Schaufenster ist der nächstgelegene Notdienst *(nöbetçi)* vermerkt.

Schutzimpfungen sind nicht vorgeschrieben. Es wird jedoch geraten, die Standardimpfungen gemäß dem Impfkalender des Robert-Koch-Instituts (www.rki.de) zu überprüfen und zu vervollständigen. Des Weiteren ist eine Impfung gegen Hepatitis A ratsam.

Mückenstiche: Die Malaria gehört im beschriebenen Reisegebiet der Vergangenheit an. Moskitos gibt es mancherorts viele, mancherorts wenige, aber es genügt ja nachts nur ein einziges dieser Biester am Ohr, um verrückt zu werden ... Gegen Moskitos und Zecken hilft z. B. *Nobite* (vor Ort nicht erhältlich) oder *Moustidose* (auch vor Ort erhältlich). Dem quälenden Juckreiz nach Insektenstichen rückt man am besten mit *Stilex* auf den Leib – das türkische Pendant zum *Fenistil*-Gel ist in jeder Apotheke zu bekommen.

Falls Sie während Ihres Aufenthaltes ein Schnupfen plagt: Öffentliches Naseputzen gilt in der Türkei als sehr unfein!

Ausgrabungsstätten

Side oder Aspendos sind antike Ausgrabungsstätten von Weltrang. Entlang der Südküste liegt aber eine Vielzahl weiterer Ausgrabungsstätten, braune Schilder machen auf sie aufmerksam. Die bedeutendsten und sehenswertesten sind im Reiseteil beschrieben.

Kleine antike Baukunde

Agora: Markt und Versammlungsplatz in der griechischen Antike, meist von einem Säulengang mit Geschäften umringt; **Akropolis**: Burgberg, auch Oberstadt; **Andron**: Männerhaus; **Architrav**: auf Säulen ruhender Hauptbalken (meist aus Stein); **Basilika**: zentrale römische Halle, bei der die Seitenschiffe niedriger als das Hauptschiff liegen, erst später für Kirchen verwendet; **Bouleuterion**: Ratssaal des Senats in hellenistischer und römischer Zeit; **Cavea**: Zuschauerraum des antiken Theaters, in römischer Zeit meist halbkreisförmig, in griechischer meist darüber hinausgehend; **Cella**: Hauptraum eines Tempels, meist mit einer oder mehreren Kultstatuen; **Gymnasion**: Zentrum für athletisches Training, ursprünglich Teil einer Schule; **Heroon**: Kultbau zu Ehren eines Helden oder Würdeträgers; **Kapitell**: oberster Abschluss einer Säule; **Nekropole**: Gräberfeld; **Nymphäum**: Brunnenanlage; **Odeion**: theaterähnliches Gebäude für kleinere kulturelle Veranstaltungen; **Orchestra**: Spielfläche des Theaters; **Pantheon**: Tempel für alle Götter; **Peristyl**: Säulenhalle um einen Hof; **Pronaos**: Vorhalle eines Tempels; **Propylon**: Torbau; **Stoa**: Säulenhalle.

Die Eintrittspreise für antike Stätten, archäologische Museen und die kulturhistorischen Highlights Kappadokiens sind nicht einheitlich und werden jährlich neu festgelegt, Preissprünge von 30–50% (nach oben oder unten) sind dabei keine Seltenheit. Grundsätzlich gilt: Je berühmter die Stätte, desto teurer. Ermäßigungen für ausländische Studenten mit einer ISIC-Karte *(öğrenci indirimi)* gab es 2011 nur noch selten – das kann sich jedoch wieder ändern, fragen Sie stets nach. Fotografieren oder Filmen (Video) kostet gelegentlich extra und dann meist nicht wenig (bis zu 10 €). Es gibt aber auch eine Vielzahl von Ausgrabungen, die frei und kostenlos zugänglich sind. Nicht selten versuchen dort allerdings selbst ernannte Aufseher dem Touristen ein paar Lira abzuknöpfen. Lassen Sie sich nicht übers Ohr hauen – wer von offizieller Seite dazu befugt ist, kann Ihnen eine Eintrittskarte aushändigen. Türkische Staatsbürger haben die Möglichkeit, eine sog. *Müze Kart* zu erwerben, die für umgerechnet 11 € für ein Jahr Zutritt zu den meisten Museen des Landes gewährt. Eine *Müze Kart* für Ausländer ist in Planung (Infos unter www.muzekart.com). Für Öffnungszeiten → S. 54.

Baden

Weite Sandstrände und idyllische Buchten mit einem türkisfarbenen Meer davor findet man zuhauf. Die Wasserqualität ist – mit Ausnahme der Buchten rund um die industriellen Großstädte der Çukurova und des Hatay – fast überall sehr gut, viele Strände besitzen die blaue Flagge (Infos unter www.blueflag.org). An nur wenigen Stränden gibt es jedoch ausgebildete Rettungsschwimmer – eine Schande für ein Land, das vom Badetourismus so profitiert. Die hier aufgeführten Wassertemperaturen beziehen sich auf den Golf von Antalya, gen Osten Richtung Alanya liegen sie nicht selten 1–2 °C darüber.

Nacktbaden ist in der Türkei verboten. Oben ohne wird vor den Clubhotels der touristischen Zentren praktiziert, andernorts aber nur von Spannern aus dem Hinterland gern gesehen.

Durchschnittliche Wassertemperatur in °C

Januar	*Februar*	*März*	*April*	*Mai*	*Juni*
15	14	15	16	18	21
Juli	*August*	*September*	*Oktober*	*November*	*Dezember*
24	25	24	22	19	17

Diplomatische Vertretungen

Die Botschaften Deutschlands, Österreichs und der Schweiz befinden sich in Ankara. Alle drei Länder sind jedoch durch Konsulate im Reisegebiet vertreten: Deutschland in Antalya durch eine Außenstelle des Generalkonsulats von İzmir und in Adana mit einem Honorarkonsulat, Österreich durch Honorarkonsulate in Antalya, Mersin und Antakya und die Schweiz durch Konsulate in Antalya und Mersin (Adressen → unter den jeweiligen Städten im Reisegebiet).

Türkische Botschaften **Deutschland**, Rungestr. 9, 10179 Berlin (noch 2012 Umzug in die Tiergartenstr. 19–21, 10785 Berlin), ✆ 030/275850, http://berlin.be.mfa.gov.tr.

Österreich, Prinz-Eugen-Str. 40, 1040 Wien, ✆ 01/5057338, www.viyana.be.mfa.gov.tr.

Schweiz, Lombachweg 33, 3006 Bern, ✆ 031/3597070, www.bern.be.mfa.gov.tr.

Botschaften in der Türkei **Deutsche Botschaft**, Atatürk Bul. 114, 06690 Ankara, ✆ 0312/4555100, www.ankara.diplo.de.

Österreichische Botschaft, Atatürk Bul. 189, 06680 Ankara, ✆ 0312/4055190, www.aussenministerium.at/ankara.

Schweizer Botschaft, Atatürk Bul. 247, 06680 Ankara, ✆ 0312/4573100, www.eda.admin.ch/turkey.

Ein- und Ausfuhrbestimmungen

Zollfrei in die Türkei eingeführt werden dürfen neben Waren des persönlichen Bedarfs 200 g Tabak oder 400 Zigaretten (billiger in den Duty-free-Shops vor der Zollabfertigung auf türkischen Flughäfen), eine 1-l-Flasche oder zwei 0,75-l-Flaschen Spirituosen, max. zehn Zuchtfische sowie Geschenke im Wert bis 300 €.

Für die Ausfuhr antiker Gegenstände aus der Türkei benötigt man die schriftliche Genehmigung eines Museumsdirektors. Das gilt auch für alte Siegel, Orden, Teppiche usw. Bei Zuwiderhandlung drohen hohe Strafen. Die Mitnahme von Mineralien bedarf ebenfalls einer schriftlichen Bestätigung (zuständig dafür MTA in Ankara, ✆ 0312/2873430). Bei der Ausfuhr von Teppichen muss eine Quittung vorgelegt werden. Auf der Rückreise dürfen für den privaten Gebrauch gekaufte Waren (wie z. B. Kleidung) nach Deutschland und Österreich bis zu einem Wert von 430 € (300 € auf dem Landweg) zollfrei eingeführt werden, für Schweizer gilt die Obergrenze von 300 sfr.

Hinweise zum Teppichkauf

Die Türkei ist bekannt als ein Land, in dem man preiswert Teppiche kaufen kann. Das setzt aber voraus, dass man sich mit der Materie auskennt und genau weiß, was man will. Nur dann wird der Teppich zum Schnäppchen. Das Gros der Urlauber jedoch, das sich spontan zu einem Kauf hat überreden lassen, bringt i. d. R. einen überteuerten und dazu noch einen viel zu großen oder viel zu kleinen Teppich mit nach Hause, der zudem oft farblich nicht einmal in die Wohnung passt.

Um einen guten Preis aushandeln zu können, sollten Sie in der Lage sein, Qualität von Billigware zu unterscheiden. Vergessen Sie den Ratschlag, ein Produkt um ein Drittel herunterzuhandeln, um einen guten Preis zu erzielen. Das gelingt jedem beim zehnten Tee. Auch die Händler kennen diesen Ratschlag, und wer sagt Ihnen, dass diese nicht bei einem hundertfach höheren Preis anfangen?

Daher unser Tipp für alle, die keine Ahnung von Teppichen haben: Kaufen Sie, wenn überhaupt, ein billiges Stück als Souvenir, das notfalls in einer Kiste auf dem Dachboden die Motten ernährt, oder gehen Sie zu Hause in ein Fachgeschäft. Dort dürfen Sie den Teppich gegen Pfand mitnehmen und können ihn einmal in Ihren vier Wänden zur Probe auslegen.

Wer dennoch als Ahnungsloser sein Glück versuchen will, sollte wenigstens den Eindruck eines Teppichexperten erwecken. Dazu gehört der fachmännische Blick auf die Dicke der Knoten sowie die Frage nach der Anzahl der Knoten je Quadratzentimeter. Hantieren Sie mit dem Stück unter freiem Himmel etwas herum, teilen Sie gar den Flor mit den Fingern, um die Farbechtheit zu testen. Riechen Sie daran: Um neue Teppiche kostbar alt aussehen zu lassen, werden Sie gerne gechlort. Passen Sie auf, dass Sie beim berüchtigten Gewebetest mit dem Feuerzeug kein Loch in den Teppich brennen, sonst sind Sie unten durch. Fragen Sie zudem, ob der Teppich fliegen kann. Wenn nicht, drücken Sie sofort den Preis um 50 %. Beherzigen Sie die Ratschläge, dann weiß der Händler, dass Sie zumindest gewisse Grundkenntnisse besitzen. Und noch etwas: Lassen Sie sich niemals aus Bequemlichkeit auf das Angebot des Händlers ein, Ihnen den Teppich mit der Post nach Hause zu schicken.

Einkaufen und Handeln

Vieles ist im westeuropäischen Vergleich preiswert, vieles aber auch von minderer Qualität. Lederwaren, Teppiche, Goldschmuck, Keramik, Tee, Gewürze, Onyxprodukte und alle Dinge, die einen Hauch von Orient erwecken, zählen zu den beliebtesten Souvenirs. Dazu T-Shirts, Jacken und Hosen mit dem Schriftzug bekannter Designer – Imitate, die zumindest ihren Zweck erfüllen. Aber Achtung vor den täuschend echt verpackten Parfüms.

Am besten kauft man in Boutiquen und Einkaufszentren der größeren Städte ein. In den Shoppingmalls von Antalya oder Adana bekommt man Markenklamotten z. T. 30 % billiger als daheim. Auf Märkten, wo es keine Festpreise gibt, müssen Sie handeln. Um aber gut handeln zu können, sollten Sie den Wert und die Echtheit einer Ware einschätzen können. Türkische Händler sind leider, ohne es böse zu meinen, fast durch die Bank Schlitzohren. Lassen Sie sich also kein Kunstleder als Nappa verkaufen und glauben Sie nur einen Bruchteil von dem, was Ihnen erzählt wird. Falls Sie schon vor der Abreise wissen, dass Sie sich für Goldschmuck oder einen Teppich interessieren, machen Sie sich am besten bereits zu Hause mit den Produkten und deren Preisen vertraut.

Unter **pazar** verstehen die Türken übrigens einen Wochenmarkt mit Gemüse-, Käse-, Klamotten- und Schuhständen. Feste Einrichtungen wie der Basar von Antakya oder Marktviertel mit richtigen Läden nennt man in der Türkei hingegen **çarşı.**

Mehrwertsteuerrückerstattung: Wer in Geschäften und Boutiquen mit dem Tax-free-Symbol am Schaufenster Waren im Wert von umgerechnet ca. 70 € und mehr einkauft, kann sich bei der Ausreise an sog. „Cash Refund Offices" (am Flughafen Antalya z. B. in Terminal 1 u. 2) die Mehrwertsteuer (uneinheitlich, auf Textilien z. B. 8 %) zurückerstatten lassen. Dafür bedarf es eines vollständig ausgefüllten Tax-free-Schecks vom Verkäufer.

Elektrizität

Die elektrische Spannung beträgt 230 Volt. In der Regel benötigt man für mitgebrachte Geräte keine Adapter. Zur Sicherheit sollte man dennoch einen für Südosteuropa im Gepäck haben.

Feste und Feiertage

Von vielen Feiertagen bekommt man in den Touristenzentren an der Küste nur wenig mit.

1. Januar: Neujahr.

23. April: Unabhängigkeitstag – am 23.4. 1920 versammelte sich das Parlament in Ankara zu seiner ersten Sitzung. Wird heute auch als „Tag der Kinder" gefeiert.

1. Mai: Frühlingsfest (inoffizieller Feiertag, Ersatz für den ehemaligen Tag der Arbeit).

19. Mai: Beginn des nationalen Befreiungskriegs (1919). Heute Tag der Jugend und des Sports.

30. August: Gedenktag anlässlich des Sieges über die Griechen im Jahr 1922.

15.8.2012, 4.8.2013 u. 23.7.2014: Nacht der Kraft *(Kadir Gecesi)*, → S. 50.

19.–21.8.2012, 8.–10.8.2013 u. 28.–30.7. 2014: Zuckerfest *(Şeker Bayramı)*, → S. 50.

Hinweis: Wer während des Opfer- oder Zuckerfestes in der Türkei ist, sollte Zimmer und Tickets frühzeitig buchen – das halbe Land ist dann zur Verwandtschaft unterwegs oder nutzt die Tage für einen Kurzurlaub. Ramadan → S. 50.

29. Oktober: Tag der Republik – am 29.10. 1923 wurde die Türkische Republik ausgerufen. Aufmärsche begleiten das Fest.

10. November: Todestag Atatürks (1938) – quasi ein halbamtlicher Feiertag, aber nicht gesetzlich verankert. Ein Großteil der Bevölkerung gedenkt des Gründers der Türkischen Republik und bleibt der Arbeit fern.

25.–28.10.2012, 15.–18.10.2013, 4.–7.10. 2014: Opferfest *(Kurban Bayramı)*, → S. 50.

Flora und Fauna

Pinien- und Zypressenwälder sowie gestrüppartige Macchia, bestehend aus Oleander, Stechpalme, Kermeseiche, Buchsbaum, Myrte, Lavendel, Johannisbrotbaum usw., prägen die Küste im Süden der Türkei. In höheren Lagen ist die Kiefer die vorherrschende Baumart, vereinzelt finden sich dort auch Tannen, Schwarzföhren und die Libanonzeder. Den Holzreichtum des Taurus schätzte man schon in der Antike, bis nach Ägypten exportierte man Stämme für den Bootsbau. In den Schwemmlandebenen zu Füßen des Taurusgebirges liegen weite Baumwollplantagen. Dazwischen sieht man Bananenhaine und Gewächshäuser für den Gemüseanbau. In der kilikischen Ebene findet man auch Erdnussplantagen.

Unkontrollierte Jagd auf jegliches Wild hat dazu geführt, dass sich die Tierbestände in freier Natur stark dezimiert haben. Die Löwen starben in der Türkei schon im 19. Jh. aus. In den Wäldern des Taurus tummeln sich jedoch noch Rehe und Hirsche, Füchse, Wildschweine, Dachse, Iltisse, Baum- und Steinmarder, die vom Aussterben bedrohten Stachelschweine, aber auch Nagetiere wie das mit dem Murmeltier verwandte putzige Ziesel. Wölfe und Bären kommen nur noch in den abgeschiedensten Regionen des Taurus vor.

Am Boden kriechen Eidechsen, Geckos und Schildkröten (Letztere gibt es zu Land und zu Wasser). Bei Wanderungen begegnet man gelegentlich Schlangen, von den 37 in der Türkei vorkommenden Arten gehören die meisten zu den Familien der Nattern, Vipern und Ottern, und sind größtenteils ungiftig (bezüglich Gefahren am Wegesrand → Wandern, S. 29). Nicht selten sind ferner Chamäleons – allerdings fallen sie naturgemäß wenig auf.

Freiheit für Flipper!

An der türkischen Mittelmeerküste eröffnete bis 2010 ein Delfinarium nach dem nächsten. Viel Geld ließ sich damit verdienen, man sprach von bis zu 20.000 € Tagesumsatz. Die Tiere kamen häufig aus blutigen Treibjagden vor der japanischen Küste. Man schätzt, dass die Japaner rund 20.000 Delfine jährlich abschlachten. Die schönsten Exemplare lassen sie jedoch am Leben, denn der Verkauf der Meeressäuger (bis 150.000 € pro Exemplar) an Delfinarien macht die Treibjagd überhaupt erst lukrativ. In die Schlagzeilen der internationalen Medien kam das Thema durch den Dokumentarfilm *The Cove* (www.thecovemovie.com), daraufhin nahmen diverse Reiseveranstalter den Besuch von Delfinshows aus ihrem Programm. Zum Boykott von Delfinarien wollen auch wir aufrufen. Nicht nur aus dem Grund, damit die blutigen Treibjagden vor Japans Küsten enden, sondern auch, weil eine artgerechte Haltung von Delfinen in Gefangenschaft nicht möglich ist – und schon gar nicht in einem Land ohne jegliche Tierschutzkultur.

Unter den Vögeln faszinieren neben Störchen, die in der Türkei nicht gejagt werden dürfen, v. a. Raubvögel wie Adler, Falken und Bussarde. Ornithologen können sich in den Deltas der großen Taurusflüsse Göksu, Seyhan und Ceyhan auf Stelzenläufer, Rosa- und Graukopfpelikane, Grau- und Purpurreiher, Eisvögel, Kraniche, Weißstörche, Cistensänger, Nachtschwalben und anderes Federvieh freuen.

Frauen

Die Stellung der Frau in der modernen Türkei ist nicht mit der der Frauen in arabischen Ländern gleichzusetzen. Dies hängt zum einen mit Atatürks Reformen aus den 1920ern zusammen, zum anderen mit dem 2005 in Kraft getretenen, neuen Strafgesetzbuch, mit dem Ankara Forderungen der EU erfüllt hat. Das Gesetzbuch stärkt die Rechte der Frauen enorm: Vergewaltigung in der Ehe ist seither Straftatbestand, und sog. „Ehrenmördern", denen im Gerichtssaal zuvor viel Milde erwiesen wurde, drohen lebenslange Haftstrafen.

Frauenpower auf dem Land

Zwischen den Rechten der Frauen und den von der männlichen Gesellschaft auferlegten Zwängen herrscht jedoch, je nachdem, wo man sich in der Türkei aufhält, eine große Diskrepanz. Das Emanzipationsgefälle in der Türkei hat wesentlich mit der Ausbildung der Frauen zu tun. Während an der Mittelmeerküste und in den modernen Städten des Landes über 50 % der weiblichen Arbeitskräfte eine Ausbildung besitzen, die über das Grundschulniveau hinausgeht (ein Drittel aller Hochschulabsolventen sind Frauen), sind es auf dem Lande gerade mal 5 % – mehr als jede dritte Frau ist dort Analphabetin. Andererseits haben in der Türkei weit mehr Frauen als in vielen anderen europäischen Ländern auch Führungspositionen inne. Allein ein Drittel der Ärzte, ein Viertel der Anwälte und ein Fünftel der Richter sind Frauen.

Alleinreisende Frauen: Es ist kein Problem, als Frau alleine die türkische Mittelmeerküste oder Kappadokien zu bereisen. In touristischen Zentren wie Alanya oder Side oder in westlich orientierten Städten wie Antalya, Mersin oder İskenderun, wo auch Türkinnen mit hohen Absätzen und Minirock über die Gehwege flanieren, fällt die Anmache – wenn überhaupt – nicht anders aus als in Italien oder Spanien. Um prinzipiell Unannehmlichkeiten vorzubeugen, ist es ratsam, dezente Kleidung zu tragen und dazu einen Ehering (auch wenn er aus dem Automaten ist). Zu einer ehrbaren, unantastbaren Frau werden Sie auch, wenn Sie Fotos von Ihrem Mann und Kind mitbringen (falls Sie beides nicht haben, tut es auch ein Bild vom Schwager und dessen Kindern). Spricht man Sie an, bleiben Sie formell und höflich, aber vermeiden Sie übertriebene Freundlichkeit und

Augenkontakt, beides wird gerne fehlinterpretiert. Wandernde Hände im überfüllten Dolmuş oder Ähnliches (passiert selten) kommentiert man lautstark, egal in welcher Sprache. Die Schande für den Betroffenen wird groß und die Empörung der Umgebung offensichtlich sein. Auch in gehobenen Bars und Diskotheken brauchen Touristinnen ohne männliche Begleitung keine Rüpeleien zu befürchten, dafür sorgen Türsteher. Den nächtlichen Heimweg sollte man am besten in einem Taxi zurücklegen.

Griechen und Türken – Nachbarn, die sich wieder lieben lernen

Noch zu Anfang des 20. Jh. waren Griechen die größte nichtmuslimische Minderheit im Osmanischen Reich. In İstanbul stellten sie rund ein Viertel der Einwohner, und auch viele Orte der Mittelmeer- und Schwarzmeerküste sowie Zentralanatoliens waren fest in griechischer Hand. Über Jahrhunderte hinweg hatten sie friedlich mit den Türken zusammengelebt, Spannungen waren die Ausnahme. Doch mit der Zerschlagung des Osmanischen Reiches nach dem Ersten Weltkrieg und dem Versuch Griechenlands, sich Kleinasiens zu bemächtigen (→ Geschichte, S. 65 f.), änderte sich die Situation. Es folgte der türkische Befreiungskrieg, an dessen Ende ein „Bevölkerungsaustausch" – eine Vertreibung bzw. ethnische Säuberung – stand: Ca. 1,4 Mio. Griechen mussten die Türkei verlassen, in entgegengesetzter Richtung waren rund 350.000 Türken aus Griechenland unterwegs. Dabei sprachen viele Griechen, die die Türkei verließen, gar kein Griechisch und viele Türken, die kamen, kein Türkisch.

Lediglich die Griechen İstanbuls, ohne welche die Wirtschaft der Stadt von heute auf morgen zusammengebrochen wäre, und die Bewohner der Ägäisinseln Tenedos (heute Bozcaada) und Imbros (heute Gökçeada) durften bleiben. Doch auch sie kehrten in den folgenden Jahrzehnten der Türkei den Rücken: Die neue Republik belegte Nichtmuslime mit diskriminierenden Steuern – wer nicht zahlen konnte oder wollte, wurde in Arbeitslager verbannt. Ab den 1950er-Jahren verschärfte zudem der Zypernkonflikt das Verhältnis zwischen Griechen und Türken – die Regierungen beider Länder förderten fortan alles andere als eine Politik der Entspannung und Versöhnung.

Viele Jahre betrachteten die NATO-Partner mit Besorgnis das Verhalten der beiden „verfeindeten" Verbündeten, noch bis in die 1990er kam es immer wieder zu militärischen Provokationen in der Ägäis. Die Verbesserung der bilateralen Beziehungen bahnte sich erst in jüngerer Zeit an, als sich die beiden Nationen bei schweren Erdbeben und Waldbränden wechselseitig Hilfe leisteten. Mittlerweile ist Griechenland gar ein Befürworter des türkischen EU-Beitritts.

Geld und Geldwechsel

Gesetzliches Zahlungsmittel ist die Türkische Lira *(Türk Lirası,* kurz *TL;* in Finanzkreisen *Try).* Im Umlauf sind Banknoten im Wert von 5, 10, 20, 50, 100 und 200 TL, zudem Münzen zu 1 TL sowie zu 1, 5, 10, 25 und 50 *Kuruş* (*KR;* 100 KR = 1 TL).

1 € entsprach im Februar 2012 ca. 2,35 TL, 1 sfr ca. 1,96 TL.

In den Ferienzentren der Riviera wie Belek, Side oder Alanya können Sie auch mit Euro bezahlen. Abseits davon bedarf es aber der Landeswährung, zudem wird der Euro von Museen und Ausgrabungsstätten nicht akzeptiert.

Devisenvorschriften: Bargeldbeträge im Gegenwert von über 5000 US-Dollar müssen bei der Ausreise deklariert werden.

Geldwechsel: Banken (i. d. R. Mo–Fr 9–12 u. 13.30–17 Uhr geöffnet) und Wechselstuben (haben vielfach auch Sa/So geöffnet) gibt es en masse. Die Kursunterschiede sind insgesamt gering.

Bankomaten sind weit verbreitet. Der Kurs beim Abheben mit der Maestro-Karte ist besser als beim Barumtausch. Jedoch fressen die dafür anfallenden Gebühren (Infos dazu bei Ihrer Bank) den Kursvorteil beim Ziehen niedriger Summen wieder auf. Daher am besten in die Vollen gehen, je nach Bankomat sind max. 1000 TL pro Tag möglich, viele rücken jedoch nicht mehr als 600 oder 800 TL heraus.

Kreditkarten werden in allen besseren Restaurants, Hotels und Geschäften akzeptiert, aber nicht gerne gesehen. Bei ausgehandelten Preisnachlässen in Hotels z. B. muss oft bar gezahlt werden.

Bei Verlust der Kredit- oder Maestro-Karte wählen Deutsche die Servicenummer 0049-116116. Abhängig vom Ausstellungsland der Karte gelten zudem folgende Sperrnummern: Für **American Express**: ✆ 0049-69-97971000 (D/A), ✆ 0041-446-596333 (CH). **Diners Club**: ✆ 0049-180-5070704 (D), ✆ 0041-58-6661111 (CH), ✆ 0043-1-5013514 (A). **Visa**: ✆ 00800135350900 (Servicenr. in TR für D, A, CH). **Master**: ✆ 00800138870903 (Servicenr. in TR für D, A, CH). **Maestro-Karte**: ✆ 0049-1805021021 (D), ✆ 0043-1-2048800 (A), ✆ 0041-800800488 (Credit Suisse), ✆ 0041-888601 (UBS), 0041-442712230 (für alle weiteren Schweizer Maestro-Karten).

Reiseschecks: Nicht jede Bankfiliale ist dazu autorisiert, Schecks einzulösen. *American-Express-Cheques* können – sofern das Personal davon unterrichtet wurde – z. B. bei den Filialen der *Akbank* eingelöst werden (schlechter Kurs!).

Trinkgeld: In Restaurants (→ Tipping-Tipps, S. 34) gibt man i. d. R. 10 %, Masseuren, Zimmermädchen oder Friseuren rund einen Euro. Lediglich Taxifahrer gehen in der Türkei leer aus.

Ermäßigungen für Studenten → Ausgrabungsstätten, S. 40.

Preisschwankungen → Preise.

Haustiere

Tierschützer warnen ausdrücklich vor der qualvollen Gefangenschaft in Transportboxen bei der Anreise mit dem Flugzeug. Um an der Grenze keinen Ärger zu bekommen, benötigen Hunde und Katzen den EU-Heimtierausweis bzw. das schweizerische Pendant, in welchem vermerkt ist, dass Katzen mindestens 15 Tage vor der Einreise gegen Tollwut, Hunde zusätzlich noch gegen Parvovirose, Distemper, Hepatitis und Leptospirose geimpft sind. Für viele Hotels gilt: Reisende mit Hunden oder Katzen müssen draußen bleiben.

Information

Vor Ort finden Sie in allen größeren Urlaubszentren Touristeninformationen (**Turizm Danışması**). Die ausländischen Filialen des **türkischen Fremdenverkehrsamtes** (www.goturkey.com) halten zudem diverses Informationsmaterial bereit, das auf Wunsch gern verschickt wird – Anruf genügt.

D-60329 **Frankfurt**, Baseler Str. 37, ✆ 069/233081.

D-10789 **Berlin**, Tauentzienstr. 9–12, ✆ 030/2143752.

A-1010 **Wien**, Singerstr. 2/8, ✆ 01/5122128.

CH-8001 **Zürich**, Stockerstr. 55, ✆ 044/2210810.

Internet

Sofern vorhanden bzw. mit Gewinn zu nutzen, sind die Internetadressen diverser Einrichtungen wie Hotels oder Fluggesellschaften im Buch angegeben. Die Internetseiten der Städte und Regionen im Reisegebiet sind, sofern vorhanden, unter der Rubrik „Information" aufgeführt. Interessante Links und aktuelle Informationen zu diesem Buch finden Sie im Internet auf den Seiten des Michael Müller Verlages unter der Adresse: **www.michael-mueller-verlag.de**.

Internetzugang: Das Gros aller Hotels und Pensionen bietet WLAN, viele verfügen auch über einen oder mehrere Terminals mit Internetzugang. Zudem offerieren viele Bars und Cafés WLAN. Die Zahl der Internet-Cafés nimmt von Jahr zu Jahr ab, eine halbe Stunde kostet dort 0,75–1,50 €. Internet-Cafés sind im Reiseteil nicht aufgeführt, da sich deren Adressen erfahrungsgemäß ständig ändern.

Islam

Der Islam (arab. = Unterwerfung, Hingabe), die jüngste der großen Weltreligionen, ist ebenso wie das Judentum und das Christentum eine monotheistische Religion, d. h. seine Anhänger glauben an den einen allmächtigen Gott. Nach islamischer Auffassung ist Allah Schöpfer und Bewahrer aller Dinge und allen Lebens. Er versorgt, führt und richtet die Menschen, wobei sich das Richten auf den Tag des Jüngsten Gerichts bezieht, an dem die „Geretteten" ins Paradies eingehen, während die „Verdammten" in die Hölle absteigen.

Religionsstifter war Mohammed (um 570–632), der als Waisenkind in ärmlichen Verhältnissen in Mekka aufwuchs. Sein religiöses und politisches Wirken begann um 610, nachdem ihm in einer Vision der Erzengel Gabriel erschienen war. In seiner Geburtsstadt stand man seinen öffentlichen Auftritten zunächst sehr skeptisch gegenüber. Erst in Medina, wohin er 622, dem Beginn der islamischen Zeitrechnung, abgewandert war, verschaffte sich Mohammed weltliche und geistliche Autorität und wurde als Gesetzgeber und Prophet allgemein akzeptiert. Einige der von ihm verbreiteten Botschaften hatten für die damalige Zeit geradezu revolutionäre Inhalte, z. B. die Verdammung der Sklaverei.

Die Rolle, die der islamische Glaube in der Türkei einnimmt, ist von Region zu Region, teils aber auch von Stadtviertel zu Stadtviertel verschieden. Mancherorts, wie im unbeschwerten, westlich orientierten Alanya, scheint sie gar gegen null zu tendieren. Doch schon ein paar Kilometer weiter im Landesinneren kann alles anders aussehen. Den laizistisch geprägten Regierungen der Vor-AKP-Zeit waren religiös-fundamentalistische Strömungen stets ein Dorn im Auge. So ernennt der Staat bis heute die Vorbeter (Imame) und schreibt vor, was gepredigt und in Koranursen gelehrt werden darf. Aus der strengen Kontrolle wurde jedoch mit der Machtübernahme der islamistischen AKP gegenseitiges Einverständnis.

Koran und Sunna sind die grundlegenden Quellen der islamischen Glaubenslehre. Dabei wird der Koran, der aus 114 Suren (Kapiteln) besteht, als das authentische Wort Gottes verstanden, das Mohammed durch den Erzengel Gabriel übermittelt wurde. Daraus erklärt sich der Unfehlbarkeitsanspruch, der dem Koran zugeschrieben wird.

Grundlage der Sunna (arab. „Gewohnheit") bilden hingegen die Hadithe, die Überlieferungen der Aussagen und Taten Mohammeds. Die Sunna wird im Unterschied zum Koran nicht für unfehlbar gehalten.

Propheten: Da die Menschen moralisch schwach und fehlbar sind, schickt Gott ihnen Propheten, welche die göttliche Botschaft verbreiten, an der sich das Handeln der Menschen orientieren soll. Zu diesen Propheten zählt im Islam neben Abraham und Moses u. a. auch Jesus. Die christliche Auffassung, nach der es sich bei Jesus um den Sohn Gottes handelt, wird vom Islam nicht geteilt. Die Muslime glauben dagegen, dass sich das Prophetentum mit Mohammed vollendet hat, und der Koran die letztgültige und vollkommenste Offenbarung Gottes ist.

Islamische Gruppierungen: Streitigkeiten um die Nachfolge des Propheten führten nach Mohammeds Tod zu einer Spaltung der Muslime in Sunniten und Schiiten. Über 70 % der Türken sind Sunniten. Die Sunniten sehen im Kalifen den rechtmäßigen Nachfolger Mohammeds und das Oberhaupt der muslimischen Welt. Für die Schiiten (ihr Name leitet sich vom arabischen Wort Schia für „Partei" ab) hingegen konnte diesen Führungsanspruch nur ein Blutsverwandter des Propheten wahrnehmen. Da dieser aber keine überlebenden Söhne hinterlassen hatte, sahen die Schiiten in Ali, Vetter und Schwiegersohn Mohammeds, und seinen Nachkommen die legitimen Nachfolger.

Rund 25 % der Türken, darunter viele Kurden, sind Aleviten, die der Schia zugerechnet werden. Mit der Schia iranischer Prägung hat der Alevismus die Nachfolgeregel gemein, lehnt als libertäre Glaubensrichtung aber z. B. die Scharia ab. Dieses überlieferte antiquierte islamische Rechtssystem beruht auf einer über 1000 Jahren alten, nahezu unveränderten Auslegungsvariante des Korans und der Sunna und beschreibt die Rechte und Pflichten des Einzelnen in der Gemeinschaft.

Die fünf Säulen des Islam: Die als die fünf Säulen des Islam bekannten Pflichten werden als zentrale Bestandteile im Leben eines jeden Muslims angesehen. Die erste Pflicht ist das Glaubensbekenntnis *(kelimei şahadet: „Ich bezeuge, dass es keinen Gott gibt außer Allah, und Mohammed ist sein Prophet ...")*, die zweite die fünf täglichen Gebete (*namaz*) mit den vorgeschriebenen Waschungen, die dritte die Almosengabe an Bedürftige (*zekat*), die vierte das Einhalten des Fastenmonats Ramadan (*oruç*) und die fünfte die Pilgerfahrt nach Mekka (*hac*). Bei einigen Geboten gibt es Spielraum. So braucht der Muslim seine Pilgerfahrt nur dann durchzuführen, wenn er gesund ist und es ihm (finanziell) möglich ist. Die Waschungen können notfalls ohne Wasser, d. h. als bloßes Ritual, ausgeführt werden, und schwangere Frauen können aus gegebenem Anlass die Fastenzeit verschieben.

Moschee: Moscheen (türk. *cami*) sind die islamischen Sakralbauten, in denen nicht nur gebetet wird, sondern auch Versammlungen und theologische Unterrichtsstunden abgehalten werden. Darüber hinaus dienen sie traditionell als Stätte der persönlichen Andacht und als temporäre Unterkunft für Pilger und Obdachlose. Für gewöhnlich betritt man eine Moschee über einen Vorhof *(avlu)*, wo am Reinigungsbrunnen *(şadırvan)* die rituellen Waschungen vor dem Gebet vorgenommen werden. Zur Grundausstattung des mit Teppichen ausgelegten Gebetssaals gehören eine Gebetsnische *(mihrab)*, die stets in Richtung Mekka weist, eine Kanzel für die Freitagspredigt *(minbar)* und ein Stuhl oder eine Art Thron *(kürsü)*, von dem der Vorbeter *(Imam)* Passagen aus dem Koran verliest. Männer und Frauen beten getrennt, stets jedoch Richtung Mekka. Indem man kniet und den Kopf zu Boden neigt, zeigt man Allah Demut und Respekt. Zum Gebet ruft fünfmal am Tag der Muezzin vom Minarett der Moschee. Die Minarette kamen übrigens erst im 8. Jh. auf, zuvor kletterten die Muezzins dazu aufs Dach. Heute ertönt der für

Europäer so verheißungsvoll orientalisch klingende Gebetsruf meist nur noch aus dem Lautsprecher.

Hinweis: Türkische Moscheen können von Nichtmuslimen jederzeit besucht werden, nur zur Gebetszeit werden Touristen oft abgewiesen. Beachten Sie die Kleidervorschriften: Herrenbeine und -arme dürfen nicht entblößt sein, der Rock der Dame sollte mindestens knielang sein, ihr Kopf (Kopftuch!) und die Oberarme bedeckt. Vor dem Betreten der Moschee zieht man die Schuhe aus. Betende sollten nicht fotografiert werden.

Religiöse Feiertage: Die genaue Terminierung wird Jahr für Jahr nach dem islamischen Mondkalender neu bestimmt (→ Wissenswertes von A bis Z/Feiertage, S. 43 f.). Nach islamischer Konvention beginnt ein Feiertag jedoch bereits mit dem Sonnenuntergang am Vortag, bei großen religiösen Feiertagen sind dann sogar ab Mittag des Vortages alle Läden, Büros usw. geschlossen. Besonders herauszuheben sind:

Kadir Gecesi („Nacht der Kraft"): In der 27. Nacht des Fastenmonats Ramadan wird die Offenbarung des Koran gefeiert. Mohammed soll in dieser Nacht durch den Erzengel Gabriel zum Boten Gottes ernannt worden sein. Nach dem Volksglauben gehen Wünsche und Gebete, die in dieser Nacht ausgesprochen werden, in Erfüllung.

Şeker Bayramı (Zuckerfest): Es bildet den Abschluss des Fastenmonats Ramadan. Man besucht Verwandte, und die Kinder ziehen von Haus zu Haus und bitten um Süßigkeiten. Daher rührt auch der Name der dreitägigen Feierlichkeiten, bei denen Behörden und Banken geschlossen bleiben. Viele Geschäfte öffnen jedoch schon am 2. Feiertag wieder.

Kurban Bayramı (Opferfest): Das höchste Fest des Islam dauert vier Tage. Hintergrund des Opferfestes ist die (auch biblische) Geschichte von Abraham, der, um Gott seine Treue zu beweisen, seinen Sohn Isaak opfern will. Das Fest ist gesetzlich verankert, sodass alle öffentlichen Einrichtungen geschlossen bleiben.

Der Ramazan

So nennen die Türken den islamischen Fastenmonat, der in den meisten anderen islamischen Ländern *Ramadan* heißt. 30 Tage lang darf der Gläubige zwischen Sonnenauf- und -untergang nicht essen, trinken, rauchen oder Geschlechtsverkehr haben. Mit dem Böllerschuss zum Sonnenuntergang wird jedoch alles ausgiebig nachgeholt. Vor Sonnenaufgang wiederum sorgen in den meisten Orten mächtig laute Ramadan-Trommler dafür, dass kein Gläubiger sein Frühstück versäumt. In konservativen Gegenden sind während der Fastenzeit tagsüber viele Lokale geschlossen, in erzkonservativen Gegenden alle. Dafür gibt es abendliche Ramadanmärkte mit Ständen, traditioneller Musik, Schattenspieltheater etc. – Christkindlesmarkt auf Türkisch. In den internationalen Ferienzentren an der Küste merkt man hingegen kaum einen Unterschied zu den restlichen Monaten. Dort aber, wo überwiegend Türken Urlaub machen, herrscht während des Ramadan Nebensaisonstimmung – viele Türken bleiben lieber daheim, als in den Ferien fasten zu müssen.

Ramadan-Daten: 20.7.–18.8.2012; 9.7.–7.8.2013; 28.6.–27.7.2014

Kinder

→ Vorschau, S. 15. Die beste Windelmarke soll übrigens *Ultra Prima* sein, bei Babynahrung haben die Produkte von *Ülker* und *Milupa* einen guten Ruf – in Supermärkten und in Apotheken erhältlich. Wer mag, kann sich an der Türkischen Riviera übrigens auch ab 49 €/Woche einen Buggy leihen – Näheres unter www.silvias-buggyservice.de.

Kleidung

Abseits der Ferienorte wird in der Türkei großer Wert auf ein korrektes, sauberes und gesittetes Erscheinungsbild gelegt. Fürs Kofferpacken orientieren Sie sich am besten an der Klimatabelle. Für einen Badeurlaub an der Küste reicht insgesamt leichte Kleidung, möglichst aus Baumwolle, für kappadokische Nächte sollte auch im Sommer ein Pulli im Gepäck sein. Für den Besuch von Moscheen → Moscheen, S. 50.

Klima

Die Bergkette des Taurus (mit Höhen von bis zu 3000 m) grenzt die Südküste vom anatolischen Hochland ab und bildet zugleich eine Wetterscheide, die bis in den Spätherbst das Vordringen kalter Luft- und regenreicher Wolkenmassen verhindert. Dementsprechend sind die Sommer an der Türkischen Riviera heiß und trocken, die Temperaturen können tagsüber auf bis zu 45 °C ansteigen. Der Winter ist eher mild und verregnet. Anders das Klima Kappadokiens auf einer Höhe von etwa 1200 m: Hier sind die Nächte selbst im Hochsommer frisch, im Winter schneit es.

Klimadaten Türkische Riviera und Kappadokien*

	Ø Lufttemperatur (Min. und Max. in °C)		Ø Stunden mit Sonnenschein	Ø Tage mit Niederschlag
Jan.	7/-5	16/4	5/4	11/7
Febr.	7/-4	17/7	6,5/4	10/5
März	8/-2	18/11	7/5	7/5
April	11/3	21/17	8/6	4/5
Mai	15/8	25/22	10/8	3/6
Juni	19/12	30/27	12/11	0/3
Juli	23/15	34/30	13/12	0/1
Aug.	23/15	34/29	12/12	0/1
Sept.	19/10	31/27	10/10	1/2
Okt.	15/6	26/21	8/7	5/4
Nov.	11/1	21/13	7/5	7/4
Dez.	8/-3	18/6	5/4	11/7

*Rot markierte Zahlen geben die Daten von Kappadokien wieder

Reisezeit: Die Badesaison an der Türkischen Riviera geht von April bis Ende Oktober, aber selbst im November und Dezember ist an so manchen Tagen noch Baden möglich. In den internationalen Ferienorten findet man das ganze Jahr über geöffnete Hotels und Pensionen. Dort, wo vorrangig Türken Urlaub machen, geht die Saison hingegen nur von Juni bis September. Die Monate April, Mai, Juni sowie September und Oktober sind für Besichtigungen in der Küstenregion am besten geeignet.

Ideale Reisezeiten für Kappadokien sind – sofern man keine Rundtour im klimatisierten Bus gebucht hat, sondern aktiv etwas unternehmen möchte – ebenfalls der Frühling (Achtung: Anfang April kann es jedoch noch schneien!) und der Herbst (ab September wird es nachts sehr frisch). Aber auch in den Sommermonaten ist die Hitze erträglich, da hier das Klima insgesamt sehr trocken ist. Zwischen Dezember und Februar ist die Märchenlandschaft im Winterkleid zu sehen. Man findet auch in dieser Jahreszeit offene Hotels und im Frühstückssalon viele Japaner.

Kriminalität

Delikte wie Diebstahl oder Raub treten in der Türkei verhältnismäßig selten auf. Korruption nennt sich das Übel des Landes, aber die tut dem Touristen nicht weh. In Großstädten und Touristenzentren müssen Urlauber jedoch wie überall auf der Welt damit rechnen, dass Betrüger und Trickdiebe die Reisekasse plündern wollen. Achten Sie beim Abheben mit Ihrer Maestro- oder Kreditkarte darauf, dass niemand Ihren PIN-Code ausspäht.

Sperrnummern für Maestro- oder Kreditkarte → Geld und Geldwechsel, S. 47.

Drogen Illegale Drogen werden in der Türkei genauso gehandelt und konsumiert wie überall auf der Welt. Die Strafen für die Ein- und Ausfuhr oder den Genuss von Drogen sind drastisch und die türkischen Gefängnisse international für ihre miserablen Zustände bekannt.

Achtung: Wenn Sie gebeten werden, ein Päckchen nach Deutschland mitzunehmen, schauen Sie sich den Inhalt sorgfältig an.

Literaturtipps

Zu Land und Leuten: *Gottschlich, Jürgen: Türkei. Ein Land jenseits der Klischees.* Christoph Links Verlag, Berlin 2008. Wie funktionieren Politik, Familie, Kultur oder Schulerziehung in einem Land zwischen Moderne und Tradition, zwischen Wohlstand und Rückständigkeit? Hintergrundinfos zu alltäglichen und weniger alltäglichen Themen.

Alanyalı, Iris: Gebrauchsanweisung für die Türkei. Piper Verlag, 5. Auflage, München 2009. Humorige Einblicke in den türkischen Alltag.

Kelek, Necla: Bittersüße Heimat. Bericht aus dem Inneren der Türkei. Goldmann Verlag, München 2009. Woher kommt und wohin geht die Türkei – die Hauptfrage der Frauenrechtlerin Necla Kelek in ihrem Werk über die politische und gesellschaftliche Stellung der Türkei.

Belletristik: *Pamuk, Orhan: Museum der Unschuld.* Fischer TB, Frankfurt 2010. Eine traurige Liebesgeschichte des großen Istanbuler Literaten, der 2006 mit dem Literaturnobelpreis ausgezeichnet wurde.

Pamuk, Orhan: Rot ist meine Name. Fischer TB, Frankfurt 2008. Mit diesem Roman schuf Pamuk eine faszinierende Mischung aus historischem Kriminalroman, orientalischem Märchen und Lovestory.

de Bernières, Louis: Traum aus Stein und Federn. Fischer TB, Frankfurt 2006. Epischer Monumentalroman (670 S.) über das türkisch-griechische Zusammenleben in einer westanatolischen Kleinstadt vor dem Bevölkerungsaustausch.

Kemal, Yaşar: Memed, mein Falke. Unionsverlag, Zürich 2005. In 40 Sprachen übersetzter Roman über den Kampf eines türkischen Robin Hood gegen Hass und Unterdrückung.

Livaneli, Zülfü: Glückseligkeit. Rowohlt Verlag, Reinbek 2010. Die herzzerreißende Geschichte einer jungen Ostanatolierin, der ein Ehrenmord bevorsteht. Spannend bis zur letzten Seite.

Hörbuch: *Greve Martin: Türkei hören*. Silberfuchs-Verlag, Tüschow 2008. In knapp 80 Min. bekommt man einen so unterhaltsamen wie fundierten Einstieg in die türkische Kulturgeschichte. Der Schwerpunkt liegt allerdings auf İstanbul.

Was türkische Namen aussagen können

Stellen Sie sich vor, Ihr Metzger würde *Etyemez* („Er isst kein Fleisch") heißen oder der Getränkehändler ums Eck *Suiçmez* („Er trinkt kein Wasser"). In der Türkei kann das vorkommen. Die Fülle lustig-blumiger Familiennamen geht auf ein Gesetz von 1934 zurück. Im Zuge von Atatürks Reformen mussten sich nämlich die bis dato nachnamenlosen Türken einen solchen zulegen. Teils konnten sie den Namen selbst wählen, teils wurde ihnen einer zugewiesen. Manche trafen zum damaligen Zeitpunkt vielleicht eine passende Wahl, bedachten aber nicht, dass der Name an ihre Söhne und Töchter weitervererbt würde. Und so kann der Klavierspieler an der Hotelbar auch *Parmaksız* („Ohne Finger") heißen ...

Heute bleibt leider nur noch die Wahl der Vornamen übrig, aber auch diese stehen den Nachnamen an Einfallsreichtum kaum nach: Der Freude über die Geburt des ersten Kindes wird z. B. gerne mit Namen wie *Devletgeldi* („Das Glück ist gekommen") oder *Gündoğu* („Die Sonne ist aufgegangen") Ausdruck verliehen. Wem die Familie irgendwann aber zu groß ist, der hofft, mit Namen wie *Yeter* („Es reicht") oder *Dursun* („Es soll aufhören") den Kindersegen stoppen zu können – relativ egal, ob gerade ein Männlein oder ein Weiblein das Licht der Welt erblickt hat.

Musik und Bauchtanz

Auch wenn sich für das mitteleuropäische Ohr alles ziemlich gleich anhört – türkische Musik unterteilt sich in unterschiedliche Stilrichtungen.

Volksmusik: Bei der traditionellen türkischen Volksmusik *(Halk müziği)*, die auch *Türkü* genannt wird, steht die *saz*, eine Laute mit meist drei Saiten, im Vordergrund. Besungen werden Themen aus dem Leben des einfachen Landvolkes: Geburt, Tod, Liebe. Die Musik hört man vorrangig in sog. Türkü-Bars.

Klassische Kunstmusik: Die auch *Fasıl* genannte, anspruchsvolle Kunstmusik, die oft in Restaurants präsentiert wird, hat ihre Ursprünge in der osmanischen Palastmusik. Folgende Instrumente begleiten meist den Gesang: *kanun* (Zither), *darbuka* (Handtrommel), *tef* (Tamburin) und *ud* (Laute). Eine der erfolgreichsten Interpretinnen dieser Musik ist Bülent Ersoy (geb. 1952): Die prallbusige, grell geschminkte und mit Nerzen und Glitterkleidung wie eine korpulente Barbie geschmückte Dame war bis 1979 ein Mann.

Popmusik: Türkpop vermischt traditionell-türkische Melodien mit modernen Einflüssen. Die Interpretenpalette reicht dabei von niveauvollen Songwriterinnen wie Sezen Aksu (die „Madonna vom Bosporus") über Hüftenschwinger wie Tarkan (der „türkische Ricky Martin") bis hin zu Schnulziers wie İbrahim Tatlıses oder Mahsun Kırmızıgül (jeder Vergleich wäre eine Beleidigung).

Arabeske Musik: Die arabeske Musik, die (wie der Name schon sagt) Einflüsse aus Arabien aufweist, hat die ausweglose Liebe zum Thema. Die singsangartigen, orientalisierenden Trauergesänge hört man für gewöhnlich im Fernsehsender *TRTint* oder im Dolmuş. Als Idol schlechthin gilt Müslüm Gürses, der aussieht wie „ein liebeskranker Dackel auf Entzug" (Wolfgang Koydl, Ex-*SZ*-Korrespondent in İstanbul). Seine Konzerte, bei denen das Publikum in kreischend heu-

Souvenirs aus Kappadokien

lende Ekstase verfällt und sich dabei mit Rasierklingen Schnittwunden beibringt, sind berühmt-berüchtigt.

Bauchtanz: Konservative Türken behaupten, die erotisierend klimpernde Nabelschau stamme aus Ägypten, während die Araber davon überzeugt sind, die osmanischen Besatzer hätten den Tanz eingeschleppt. Zu sehen ist Bauchtanz, der bis heute etwas Anrüchiges in der Türkei besitzt, in erster Linie als Touristenspektakel.

Rock und elektronische Beats: Einprägsamen Gitarrensound liefern u. a. die Schrammlerin Şebnem Ferah, der Solist Teoman oder das Trio Duman. In die Grungeschublade kann man Mor ve Ötesi einordnen. Eher punkig ist die Musik von Rashit. Und für türkischen Ska steht Athena. Psychedelisches hört man von Baba Zula. Auf dem elektronischen Sektor ist zuerst der in Montreal und İstanbul lebende DJ und Allroundkünstler Mercan Dede (auch: Arkın Allen) zu nennen. Ihn zeichnet eine skurrile Mischung aus Ambient und traditioneller Sufi-Musik aus.

Notrufnummern

Polizei: ✆ 155

Verkehrspolizei: ✆ 154

Ambulanz: ✆ 112

Feuerwehr: ✆ 110

Öffnungszeiten

Der islamische Ruhetag ist der Freitag, der gesetzliche Ruhetag in der Türkei seit Atatürks Reformen jedoch der Sonntag.

Banken: → Geld und Geldwechsel, S. 47.

Behörden: Mo–Fr 8.30–12 und 13–17.30 Uhr, Sa/So geschl.

Geschäfte: Für den Einzelhandel gibt es keine einheitlichen Öffnungszeiten, die meisten Geschäfte sind jedoch Mo–Sa von 9–19 Uhr geöffnet. Kleinere Lebensmittelläden haben oft bis spät in die Nacht offen. In den großen Shoppingmalls und Touristenzentren ist jeder Tag Verkaufstag.

Post: s. u.

Museen/Ausgrabungsstätten: I. d. R. Mo geschl. Exakte Angaben im Reiseteil.

Restaurants: I. d. R. tägl. ab 11 Uhr bis mind. 23 Uhr. Kleine Lokantas schließen oft schon früh am Abend.

Polizei

Die türkische Polizei ist überall präsent. So schlecht, wie sie bezahlt ist, so schlecht ist sie meist auch gelaunt. Gegenüber Touristen verhält sie sich jedoch i. d. R. korrekt und zuvorkommend. Falls Sie nach dem Weg fragen wollen, sprechen Sie ruhig eine Streife an. Ferner sorgt die **Jandarma**, eine militärische Einheit in grünen Uniformen, für Ordnung und Sicherheit. Notruf: 155.

Post

Postämter (*PTT* für „Posta, Telefon, Telegraf", i. d. R. Mo–Fr 8–12 und 13–17 Uhr; in größeren Städten und in manchen Touristenzentren auch Sa/So bis spät in die Nacht) sind in den Stadtplänen im Reiseteil verzeichnet. Bis eine Postkarte in der Heimat angekommen ist, vergeht ungefähr eine Woche. Briefe bis 20 g und Luftpostansichtskarten kosten nach Deutschland, Österreich und in die Schweiz einheitlich 0,80 €. Telefonieren →S. 59.

Preise

Im Vergleich zu Deutschland, Österreich oder der Schweiz ist die Türkei immer noch ein günstiges Reiseziel, auch wenn die Preise in den letzten Jahren kräftig angezogen haben und in den Ferienorten der Riviera weit über dem Landesdurchschnitt liegen. Selbstverständlich korrelieren die Kosten einer Reise mit den Ansprüchen des Urlaubers, das breit gefächerte Angebot an touristischen Leistungen hält aber für fast jeden Geldbeutel etwas parat. Wer mit einem Minimum an Komfort zufrieden ist, benötigt pro Tag – Übernachtung inklusive – keine 40 €.

Preisschwankungen: Die im Buch angegebenen Preise entsprechen dem Stand der letzten Recherche (2011). Diese können sich von den Preisen, die Sie vor Ort erfahren, erheblich unterscheiden. Das hängt zum einen mit extremen Wechselkursschwankungen zusammen, zum anderen auch damit, dass in der Türkei die Preise vielfach nicht linear zur Inflationsrate angepasst werden, sondern nach einer längeren stabilen Preisetappe um einen umso größeren Schritt.

Was kostet was?

Cola vom Kiosk ca. 0,75 €.
Bier im Restaurant ab ca. 2 €.
Päckchen Zigaretten 2–3,50 €.
l Benzin bleifrei ca. 1,95 €.
Mittagessen ohne Getränk ab 4 €.
Flasche Wein im Laden ab 4 €.
Döner ab 1 € (Huhn) bzw. 2 € (Lamm).
Glas Tee ab 0,30 €.
Doppelzimmer ab 20 € (NS) bzw. 30 € (HS).

Reisedokumente

Für Deutsche und Schweizer genügt bei der Einreise auf dem Luftweg der Personalausweis bzw. die Identitätskarte. Empfehlenswert ist dennoch die Mitnahme des Reisepasses, da manche Beamte (z. B. bei Verkehrskontrollen) darüber nicht informiert sind. Österreicher brauchen einen Reisepass und ein Visum, das man an der Grenze bzw. am Flughafen zum Preis von ca. 15 € erhält. Türkische Staatsangehörige dürfen mit einem von deutschen, österreichischen oder Schweizer Behörden ausgestellten Reisedokument nicht einreisen. Kinder benötigen ab dem 10. Lebensjahr ein Reisedokument mit Lichtbild, davor genügt der Eintrag in den Reisepass der Eltern. Alle, die länger als drei Monate am Stück im Land verweilen möchten, benötigen in jedem Fall ein Visum. Führen Sie Ihren Ausweis stets bei sich!

Einreise mit Haustieren: → Haustiere, S. 47.

Einreise mit dem Fahrzeug: → Anreise, S. 22.

Wer sich nicht rasiert, verliert

Buschig und prächtig oder eher spärlich und zierlich, immer jedoch gepflegt: Erst der Schnurrbart macht den Türken zum richtigen Mann – zumindest in der anatolischen Provinz und in konservativen Kreisen. Noch heute wachen in vielen Dörfern altgediente Schnurrbartträger darüber, dass keinem jungen Bengel vor dem „schnauzerwürdigen" Alter ein solches Exemplar wächst.

In vielen Orten der Südküste will man von solchen antiquierten Traditionen aber nichts mehr wissen. Die Jugend zeigt sich glatt rasiert oder im schicken Dreitagesbart. Die klassischen Schnauzerträger mit grauem Kaufhaus-Standard-Jackett haben dort den Status eines Dorftrottels aus Hinteranatolien. Als schmierige Anmacher, als *Röntgenci* („Glotzer mit Röntgenaugen"), sind sie unter jungen Frauen verpönt. In manchen trendigen Clubs sorgen gar Türsteher dafür, dass „Schnauzer" draußen bleiben. Auch viele Unternehmen, die ein modernes Image transportieren wollen, verbieten ihren Angestellten das Tragen eines Schnauzers, so die Busgesellschaft *Metro*, die vor wenigen Jahren ihre Angestellten vor die Wahl stellte: Schnurrbart ab oder Kündigung. 2011 machte die Atatürk-Universität im nordostanatolischen Erzurum diesbezüglich Schlagzeilen, da sie ihrem Sicherheitspersonal keinen Oberlippenbart mehr gönnen wollte. Draußen bleiben, zumindest aus öffentlichen Ämtern und Universitäten, müssen auch Vollbartträger. In der laizistischen Türkei wird der Vollbart als ein islamistisches Bekenntnis gewertet, ähnlich wie das Kopftuch bei Frauen.

Ein Gewinner und ein Verlierer

Mädchenburg Kızkalesi

Schwule und Lesben

Homosexualität ist in der Türkei verpönt, ein Outing führt – ist man nicht gerade Pop- oder Filmstar – zu gnadenloser Diskriminierung. Homosexualität wird auch als einer der ganz wenigen Gründe akzeptiert, sich vom Militärdienst befreien zu lassen. Noch bis vor Kurzem musste das Schwulsein dabei mit Fotos oder Videos bewiesen werden! Ausweichen können türkische Schwule und Lesben lediglich in die Anonymität der Millionenstadt İstanbul. So findet sich dort eine Vielfalt an Clubs und Kneipen, die europaweit ihresgleichen suchen kann.

Über die türkische Schwulen- und Lesbenszene informiert www.kaosgl.org, die Seite der gleichnamigen, schwullesbischen Organisation aus Ankara (z. T. auch in Deutsch). Eine an Lesben gerichtete Agentur, die u. a. Reisen nach Antalya anbietet, ist www.lila-reisen.de. Auch die schwullesbische İstanbuler Reiseagentur **Pride Travel** (www.turkey-gay-travel.com) offeriert Trips an die Riviera und nach Kappadokien.

Sport

Golf: Spielt man in der gesamten Türkei nirgendwo besser als rund um Belek, → S. 101. In Gazipaşa soll ein Golfplatz gebaut werden.

Kajak/Rafting: Diverse Tourenveranstalter haben das Paddelerlebnis im Programm. Entsprechende Möglichkeiten bieten der Köprü-Fluss zwischen Antalya und Side (→ S. 105) und der Alara-Fluss zwischen Side und Alanya (→S. 124).

Radfahren: → Unterwegs/Fahrrad, S. 28.

Reiten: In der Nähe großer Touristenzentren wie z. B. Side liegen Reiterhöfe, die Ausritte ins Hinterland anbieten; auch über Tourenveranstalter vor Ort buchbar.

Skifahren: Zwei Lifte bietet das Skigebiet Saklıkent bei Antalya (→S. 88). Schneesicher ist es jedoch selbst im Winter nicht.

Surfen: Manch große Hotels verleihen Bretter. Cracks fahren jedoch nicht an die Riviera, sondern an die Ägäis, z. B. auf die Çeşme-Halbinsel oder nach Bodrum.

Tennis: Viele der größeren Hotelanlagen verfügen über Tennisplätze, auf denen auch Nichtgäste gegen ein Entgelt spielen können.

Tauchen: Nahezu an allen Küstenabschnitten darf getaucht werden. Das Auflesen und die Mitnahme historischer bzw. antiker Gegenstände und die Unterwasserjagd sind strengstens verboten. Für eine Tagesausfahrt mit 2 Bootstauchgängen inkl. Equipment müssen Sie im Schnitt mit 50–80 € rechnen, für einen PADI-Anfängerkurs mit rund 300 €.

Sonstiger Wassersport: In den internationalen Touristenorten an der Küste werden zudem diverse Fun-Sportarten auf dem Wasser angeboten, z. B. Bananaboat (15 Min. ca. 10 €), Wasser- o. Jetski (15 Min. ca. 25–30 €), Parasailing (Gleitschirmfliegen übers Wasser, 10 Min. ca. 35 €) usw. Die Veranstalter finden sich i. d. R. an den Stränden.

Wandern: → Wandern, S. 29.

Wo Körper und Seele ein Bad nehmen – Erholung im Hamam

In den Hamams, so sagt man, sei die osmanische Vergangenheit noch lebendig. Und wer eines der historischen Dampfbäder besucht, glaubt in eine andere Welt einzutauchen. Man spürt die Schwere der heißnassen Luft, atmet den Geruch von Seife, vernimmt das Geplätscher des Wassers und taucht ein in das geheimnisvolle Licht, das sich in den glänzend nackten Körpern spiegelt, die auf den auf marmornen Steinen liegen.

Ein Hamam ist in drei Bereiche gegliedert. Den *camekân,* den Eingangsbereich, schmückt meist ein ausladender Brunnen. Drum herum befinden sich die Rezeption und die Umkleidekabinen. *Soğukluk* heißt der Durchgang in den Schwitzbereich und Hauptteil des Hamams, den *hararet.* Die große, von unten erwärmte Marmorplattform in der Mitte nennt sich *göbek taşı,* Nabelstein. Auf ihn legt man sich zum Schwitzen und zur Massage. Davor werden Sie mit einem rauen Lappen kräftig abgerieben, *kese* heißt diese Prozedur. Bei den Frauen verrichten die Massage i. d. R. schwergewichtige Masseurinnen, bei den Männern drahtig-muskulöse Meister ihres Fachs. Auch wenn Sie malträtiert werden wie ein Wiener Schnitzel vorm Panieren – hinterher fühlen Sie sich gut und entspannt.

Die meisten Hamams besitzen separate Abteilungen für Männer *(erkekler)* und Frauen *(kadınlar).* Bei kleineren Bädern baden die Geschlechter zu unterschiedlichen Zeiten oder an unterschiedlichen Tagen. In touristischen Zentren ist meist auch ein gemeinsames Bad möglich. Übrigens tragen Männer ein Tuch um die Lenden, Frauen baden nackt. Handtücher braucht man nirgendwo mitzubringen.

Leider ist die Hamamkultur in der Türkei im Niedergang begriffen. Die Zeiten, als die Hamams noch „Badeanstalten“ für die breite Gesellschaft waren, sind passee. Viele junge Türken haben noch nie ein Hamam besucht, die Dusche zu Hause ist bequemer. Wer noch ins traditionelle Badehaus geht, gehört nicht selten zu den sozial Schwachen. Lediglich in konservativen Gegenden dienen die Hamams noch als Treffpunkte der sonst fast ausschließlich ans Haus gebundenen Frauen. Anders der Sachverhalt in den Ferienorten: Bei Touristen stehen Hamambesuche hoch im Kurs. Dort kostet der Eintritt i. d. R. zwar das Drei- bis Fünffache, dafür ist auch Geld für Pflege und Restaurierung vorhanden.

Telefonieren

Internationale Vorwahlnummern: nach Deutschland ✆ 0049, nach Österreich ✆ 0043, in die Schweiz ✆ 0041. Danach wählt man die Ortskennzahl ohne die Null am Anfang, dann die Rufnummer.

Wer in die Türkei telefonieren möchte, wählt ✆ 0090 als Landesvorwahl und lässt die Null der Regionalvorwahlnummer weg.

Telefonkarten (telefon kartı) für öffentliche Kartentelefone gibt es in Postämtern, Geschäften und an Kiosken. Wer mit einer solchen ins Ausland telefonieren will, kauft am besten eine *Arakart* (100 Einheiten reichen z. B. für ein ca. 18-minütiges Gespräch nach Deutschland und kosten rund 3 €).

Mobiltelefon: Nahezu überall guter Empfang.

Prepaid SIM Card: Für Vieltelefonierer und Längerbleiber lohnt der Kauf einer *Prepaid SIM Card (hazır kart)* vor Ort (gibt es ab rund 10 € Gesprächsguthaben) und dazu eines türkischen Mobiltelefons (egal ob gebraucht oder neu, gibt es an jeder Ecke). Dadurch entfallen die Kosten, die sonst entstehen, falls man angerufen wird. Türkische SIM-Karten funktionieren in Mobiltelefonen, die aus dem Ausland mitgebracht werden, nur für kurze Zeit. Theoretisch kann man zwar sein mitgebrachtes Handy bei Turkcell-Extra-Filialen frei schalten lassen, in der Praxis sieht der Sachverhalt jedoch anders aus.

Notrufnummern: → S. 54.

Toiletten

Männer finden das stille Örtchen hinter Türen mit der Aufschrift *Bay*, Frauen achten auf *Bayan*. In Touristenzentren haben die Toiletten i. d. R. mitteleuropäischen Standard, abseits der Urlaubsorte ist das Stehklo noch weit verbreitet. Papier gibt es auf diesen stillen Örtchen nur selten; ein eigener kleiner Vorrat ist daher dringend angeraten. Steht in der Toilette ein kleiner Eimer, dann werfen Sie das Papier dort hinein – bitte nicht runterspülen. Die zu dünnen Abwasserrohre verstopfen schnell, zudem verzögert das Toilettenpapier in den Sickergruben den Zersetzungsvorgang.

Hinweis: Wenn Sie das dringende Bedürfnis bei einer Stadtbesichtigung ereilt – Toiletten finden Sie immer bei einer Moschee.

Verständigung

In den Touristenzentren an der Küste und in Kappadokien kommt man mit Englisch oder Deutsch recht gut zurecht. Viele türkische Arbeiter haben im deutschsprachigen Ausland ihr Geld verdient, selbst in den entlegensten Ortschaften wohnt jemand, der im Notfall bei Verständigungsproblemen zu Hilfe gerufen werden kann.

Zeit

Gegenüber der Mitteleuropäischen Zeit (MEZ) besteht eine Stunde Unterschied; bei Ihrer Ankunft müssen Sie die Uhr eine Stunde vorstellen, egal ob im Sommer oder Winter (12 Uhr Frankfurt = 13 Uhr Antalya)!

Zeitungen und Zeitschriften

Deutsche Zeitungen und Zeitschriften bekommt man überall, wo sich deutsche Urlauber tummeln. Die *BILD* wird gar in Antalya gedruckt, die aktuelle Ausgabe der *SZ* oder *FAZ* erhält man i. d. R. schon am Nachmittag. Die englischsprachigen Tageszeitungen *Hürriyet Daily News & Economic Review* und *Today's Zaman* (das Sprachrohr der konservativen Islamisten) bieten Hintergrundinformationen und Aktuelles zu Politik, Wirtschaft, Sport und Kultur.

Wo Chroniken fehlen, berichten Mosaike

Geschichte im Abriss

ab 150.000 v. Chr. Höhlenfunde wie z. B. aus der Karain-Höhle nahe Antalya (→ S. 89) belegen, dass nomadisierende Jäger und Sammler die türkische Südküste bereits im Paläolithikum durchstreiften.

8000–5500 v. Chr. Im Neolithikum entstehen im Landesinneren erste stadtähnliche Siedlungen. Für den Bau von Behausungen wird Lehm verwendet, damit einhergehend entwickelt sich die Töpferei. Bei Grabungen südöstlich von Konya in Çatalhüyük fanden Archäologen u. a. Kleinplastiken wie schwerbrüstige Göttinnen als Symbole der Fruchtbarkeit. Mit der Sesshaftwerdung beginnen auch Ackerbau und Viehzucht.

5500–3200 v. Chr. Chalkolithikum (Kupfersteinzeit). Feiner gearbeitete Töpferwaren und einfache Werkzeuge aus Kupfer brachten z. B. die Ausgrabungen von Hacılar bei Burdur, rund 150 km nördlich von Antalya, zu Tage.

3200–2000 v. Chr. Frühe Bronzezeit. Die Spinnerei und Weberei breitet sich aus, zudem wird Schmuck aus Bronze gefertigt. Gleichzeitig treten Händler aus Assur (am Tigris im heutigen Nordirak) mit den Kulturen Zentral- und Ostanatoliens in Kontakt und bringen die Schrift nach Anatolien.

2000–1200 v. Chr. Mit dem Vordringen der Hethiter über den Kaukasus wird Zentralanatolien Teil des Althethitischen Reiches, aus dem später das Großhethitische Reich hervorgeht. Hattuşa (ca. 170 km östlich von Ankara) wird das Zentrum ihres Reiches, das sich über Kappadokien bis an die Südküste erstreckt. Die Hethiter hinterlassen u. a. Felsreliefs und viele in Stein gemeißelte Schriftzeugnisse, so z. B. im Karatepe-Nationalpark nordöstlich der Çukurova (→ S. 191). Gleichzeitig dehnen die Mykener (frühe Griechen) ihr Herrschaftsgebiet über die Ägäis hinweg bis zum minoischen Kreta aus.

um 1200 v. Chr. Die sog. Seevölker, über die nur wenig bekannt ist, fallen von Norden her ein, zerstören Troja (an der Westküste) und beenden die Vormachtstellung der Hethiter und Mykener.

1200–700 v. Chr. Nach dem Untergang Trojas ziehen griechische Stämme von der Westküste unter Führung der Seher Mopsos, Kalchas und Amphilochos durch Kleinasien nach Pamphylien und gründen dort Städte wie z. B. Perge und Sillyon. Ein Teil dieser Völkerwanderung erreicht auch Kilikien. So überliefern es antike Quellen, die in der Wissenschaft allerdings umstritten sind.
Tatsache ist, dass sich ab dem 11. Jh. v. Chr. vermehrt griechische Kolonisten an der Südküste niederlassen. Sie treten in Konkurrenz zu den heimischen Völkern. Bereits im 9. Jh. v. Chr. sind viele ihrer Siedlungen zu ansehnlichen Hafenstädten angewachsen. In Kilikien dagegen machen sich späthethitische Kleinkönigreiche breit. Eine führende Stellung in Zentral- und Westanatolien nehmen die vom Balkan zugewanderten Phryger ein.

690–550 v. Chr. Im Westen Kleinasiens gründen die Lydier ein großes Reich mit Sardes als Hauptstadt (ca. 90 km östlich von İzmir). Sie unterwerfen auch weite Teile der Südküste, nicht jedoch Kilikien, das aufgrund seiner rauen Gebirgslandschaften zu schwer zu erobern ist. In den griechischen Küstenstädten blühen Kunst, Kultur und Wissenschaft.

ab 545 v. Chr. Unter Kyros dem Großen dringen die Perser bis nach Westanatolien vor und zerstören das Lydierreich. Immer wieder kommt es zu Aufständen gegen die Perser, nicht jedoch unter den Pamphyliern, sie unterstützen die persischen Expansionsgelüste.

334/333 v. Chr. Alexander der Große erobert Kleinasien. Damit beginnt die sog. Hellenistische Zeit, die bis zur römischen Kaiserzeit andauert und gewaltige Kulturleistungen hervorbringt.

ab 323 v. Chr. Nach Alexanders Tod zerfällt das Makedonische Reich. Seine Heerführer teilen es unter sich auf. Zu den bedeutendsten dieser Diadochenreiche zählen das der Ptolemäer (in Ägypten), das der Attaliden (Pergamenisches Reich in Westanatolien) und das der Seleukiden (in Syrien). Letztere machen das heutige Antakya zu ihrer Hauptstadt.
Aus dem Seleukidenreich lösen sich im 3. Jh. mehrere unabhängige Reiche, u. a. Kappadokien und östlich davon Kommagene. Zwischen dem Seleukidenreich und Pergamon kommt es zu kriegerischen Auseinandersetzungen um die Städte Pamphyliens.

190 v. Chr. Die Attaliden schlagen mit Unterstützung von Rom und Rhódos die Seleukiden in der Schlacht von Magnesia, dem heutigen Manisa in Westanatolien. Damit geht das Seleukidenreich im mit Rom verbündeten Pergamenischen Reich auf.

ab 133 v. Chr. Mit dem Tod Attalos III. fällt Pergamon testamentarisch an Rom und wird erste Hauptstadt der Provinz Asia. Mehrere Städte der Südküste interessieren sich für die Gesetze Roms jedoch wenig und frönen der Piraterie.

67–63 v. Chr. Der römische Feldherr Pompeius setzt der pamphylischen Piraterie ein Ende und gründet die römischen Provinzen Cilicia und Syria, zu der später auch Kommagene gehört.

42 v. Chr. Mit der Ermordung Caesars (44 v. Chr.) steigt Mark Anton zum Imperator über den Osten des römischen Reiches auf.

ab 31 v. Chr. Mit dem Sieg Oktavians, des späteren Kaisers Augustus, über die Flotte Mark Antons in der Schlacht von Actium beginnt eine fast 250 Jahre währende Friedensepoche im Römischen Reich. Während der *Pax Romana* durchdringt

Die Kolonnadenstraße von Perge

die römische Kultur alle Städte Kleinasiens. Tempel, Prachtstraßen, Theater, Aquädukte usw. zeugen noch heute von dem Glanz dieser Epoche.

18 n. Chr. Unter Tiberius wird Cappadocia eine eigenständige Provinz im Römischen Reich.

38–72 n. Chr. Der römische Kaiser Caligula setzt Antiochus VI. als König der Kommagenen ein und überträgt ihm auch die Bewachung und Verwaltung eines Abschnitts der türkischen Südküste. Antiochus zeichnet für mehrere Stadtgründungen wie Iotape (→ S. 139) und Antiocheia ad Cragum (→ S. 141) verantwortlich. Nach dem kommagenischen Krieg wird Kommagene jedoch wieder Teil der römischen Provinz Syria.

45–60 n. Chr. Missionsreisen des Apostels Paulus, der u. a. in Tarsus (→ S. 174) und in Caesarea, dem heutigen Kayseri, Station macht. Die ersten Christengemeinden entstehen.

330 Konstantin der Große ernennt das ehemalige Byzantion (heute İstanbul) unter dem Namen *Nea Roma* (Neues Rom) zur neuen Hauptstadt des Römischen Reiches. Schon bald nach dem Tod des Kaisers setzt sich der Name Konstantinopel durch.

380 Das Christentum wird Staatsreligion, alle heidnischen Kulte werden verboten.

395 Endgültige Teilung des Imperiums in West- und Oströmisches Reich. Letzteres, später Byzantinisches Reich genannt, wird Kerngebiet des Christentums mit römischem Recht und griechischer Sprache.

527–565 Unter Kaiser Justinian I. erreicht das Oströmische Reich seine größte Ausdehnung und Blüte. Es erstreckt sich von Süditalien über die Balkanhalbinsel und ganz Kleinasien bis zum Rand des iranischen Hochlands. Jegliche Bautätigkeit konzentriert sich aber nun auf Konstantinopel. Die Küstenstädte spielen fortan eine untergeordnete Rolle, auch wenn viele von ihnen zu Bischofssitzen erhoben werden.

Freskenschmuck in der kappadokischen Felsenkirche von Tatlarin

622 Mit der Hedschra, Mohammeds Flucht nach Medina, beginnt das erste Jahr islamischer Zeitrechnung.

ab 636 Der Osten des Byzantinischen Reiches wird von den Arabern erobert. Angeleitet von syrischen Seeleuten wagen sich die Wüstensöhne aufs Meer und plündern mit ihren Flotten die byzantinischen Küstenstädte. Zum Schutz werden Festungen verstärkt oder neu errichtet – nicht selten muss dafür antikes Baumaterial herhalten.

726–843 Im Zuge des sog. Ikonoklasmus' („Bilderstreit") wird unter Leo III. (717–741) die bildliche Darstellung von Christus, den Aposteln und Heiligen als Sünde angesehen und die Verehrung von Heiligenfiguren verboten. Alle Ikonen werden aus den Kirchen entfernt, unzählige Kunstwerke zerstört (→ S. 229). Über 100 Jahre währt der Bilderstreit, der zu Spaltungen innerhalb der orthodoxen Kirche und zu einer Schwächung des Reiches durch innere Aufstände führt. Erst Mitte des 9. Jh. findet die kulturelle Stagnation ihr Ende, und die Kirchen werden neu ausgeschmückt.

1054 Bruch zwischen der römisch-katholischen und der griechisch-orthodoxen Kirche.

ab 1071 Die Seldschuken, ein Turkmenenstamm, der von den kirgisischen Steppen nach Westen vordringt, schlagen die Truppen von Byzanz in der Schlacht von Manzikert. Sie bringen den Islam mit, breiten sich in Zentralanatolien aus, machen Konya zu ihrer Hauptstadt und halten den noch verbliebenen Rest des Byzantinischen Reiches in Angst und Schrecken. Infolgedessen flüchten viele Armenier nach Kilikien und gründen dort einen von Byzanz unabhängigen Herrschaftsbereich: Kleinarmenien (→ S. 187).

ab 1096 Hilfe für Byzanz kommt aus dem Abendland, das in der Folgezeit Kreuzzüge unternimmt, um die verlorenen heiligen Stätten von islamischer Herrschaft zu befreien. Beim dritten Kreuzzug ertrinkt der Stauferkaiser Friedrich I. Barbarossa im Göksu bei Silifke (→ S. 159).

1204–1261 Der 4. Kreuzzug richtet sich gegen Konstantinopel selbst, und zwar mit der Absicht, den römisch-katholischen Glauben wiederzubeleben. Nach der Einnahme der Stadt etablieren die Ritter dort das Lateinische (katholische) Kaiserreich. Die griechischen Byzantiner ziehen sich nach Nikaia (İznik) zurück und können erst 1261 unter Michael VIII. Paläologos die Lateiner wieder aus Konstantinopel vertreiben.

1226 Die Seldschuken erobern weite Teile der Küstenregion. Venezianer und Genueser erhalten in der Folgezeit die Erlaubnis, Handelsniederlassungen zu errichten, so z. B. in Ayas, dem heutigen Yumurtalık (→ S. 186).

ab 1243 Das Seldschukenreich zerfällt unter dem Ansturm der Mongolen. An seine Stelle treten in Anatolien mehrere kleine Fürstentümer turkmenischer Dynastien. Gleichzeitig entwickelt sich Ägypten unter der Dynastie der Mameluken (ab 1249) zu einem der mächtigsten Staaten des vorderen Orients. Die Mameluken erobern Syrien, zerstören 1268 Antiochia, das heutige Antakya, und dringen entlang der türkischen Südküste bis an die westliche Grenze Kilikiens vor. Später verlieren die Mameluken ihr Reich an die Osmanen.

1326 Osman (1281–1326), Heerführer und Emir eines turkmenischen Stammes, erobert die westanatolische Stadt Bursa, die daher gerne als die Wiege des Osmanischen Reiches bezeichnet wird. Da der Osten von mongolischen Reiterheeren beherrscht wird, orientieren sich Osmans Nachfolger nach Norden und Westen.

1354 Die Osmanen betreten erstmals europäischen Boden.

1402–1406 Der Tatarenherrscher Timur Lenk (1365–1405), auch Tamerlan genannt, gibt ein kurzes und blutiges Gastspiel in Anatolien. Dem Aufstieg des Osmanischen Reiches tut dies aber keinen Abbruch.

1453 Die Osmanen erobern Konstantinopel und löschen damit das Byzantinische Reich von der Landkarte, das an seinem Ende aus nichts anderem mehr als seiner Hauptstadt bestanden hatte. Von nun an ist Konstantiniya, das spätere İstanbul, Hauptstadt des Osmanischen Reiches, dessen Machtbereich in der Folgezeit beständig wächst. Keine 20 Jahre später ist die türkische Südküste eingenommen.

1517 Selim I. (1512–1520) erobert Syrien und Ägypten. Damit kommt das Kalifat an den Bosporus.

1520–1566 Süleyman I., genannt der Prächtige, erobert Bagdad, Belgrad, Rhódos, Ungarn, Georgien, Aserbeidschan und Gebiete Nordafrikas. 1529 wird Wien erstmals belagert. Er führt das Osmanische Reich an den Zenit seiner Macht – 75 Minuten braucht nun die Sonne, um über dem Imperium unterzugehen. Es erstreckt sich über drei Erdteile, 72 Sprachen kennt das Vielvölkerreich. Für die Entwicklung in den Küstenstädten Kleinasiens zeigt er wie seine Nachfolger wenig Interesse.

1574–1595 Regierungszeit von Murat III. Dieser zeigte sich, wie so viele Sultane, im Harem reger als in der Politik. Er bringt es auf über 100 Kinder. Doch die Frauen des Sultans gebären nicht nur, sondern erdrosseln ihre Sprösslinge auch, um die Thronnachfolge zu regeln. Und die Tatsache, dass die angehenden Sultane in der realitätsfernen Welt des Harems heranwachsen, umschmeichelt von intriganten Höflingen, führt dazu, dass immer häufiger unfähige Regenten nachkommen.

ab 1683 Die Niederlage bei der zweiten Belagerung Wiens bedeutet das Ende der Expansion und läutet den allmählichen Niedergang des Reiches ein. Peu à peu schrumpft es in den nächsten Jahrhunderten, zudem flammen immer wieder innenpolitische Unruhen auf.

ab 1808 Unter Mahmut II. (1808–1839) erfolgen die ersten Versuche, das Reich schrittweise zu reformieren. Mit einem Massaker löst er z. B. die Janitscharen (militärische Eliteeinheit) auf, die gegen alle fortschrittlichen Strömungen gekämpft hatten. Er verbietet auch den Turban und führt dafür den Fez ein.

1853–1856 Krimkrieg. Rückeroberung der russisch besetzten Gebiete.

1875 Der „kranke Mann am Bosporus" bekommt die Quittung für den verpassten Anschluss an die industrielle Revolution und die vielen kostspieligen Kriege. Frankreich und England streichen die notwendigen Kredite. Die Folge ist der Staatsbankrott.

1876–1909 Während der Regierungszeit von Abdül Hamit II., der antichristliche Ressentiments systematisch gegen die Armenier einsetzt, kommt es zu mehreren Pogromen. Unter ihm erfolgt auch der Bau der Bagdadbahn. Mit der Jungtürkischen Revolution erzwingen Offiziere die Abdankung des Sultans. Die tatsächliche Macht liegt fortan in den Händen des Militärs.

1912/13 In den Balkankriegen verliert das Osmanische Reich den größten Teil der ihm noch verbliebenen europäischen Gebiete.

1914–1918 Im Ersten Weltkrieg schlagen sich die Türken auf die Seite der Deutschen. Letztere schauen zur Seite, als die jungtürkischen Nationalisten das Gros der armenischen Bevölkerung Anatoliens in die syrische Wüste schickt (→ S. 187). Am Ende des verlorenen Krieges verteilen die Siegermächte die Beute: Griechische Truppen marschieren auf Ankara zu, Italien besetzt den Küstenstreifen um Antalya, Frankreich Kilikien, englische Truppen kontrollieren den Bosporus. Das Osmanische Reich besteht nur noch aus Inneranatolien.

1919/20 Der für das Osmanische Reich schikanöse Friedensvertrag von Sèvres wird zwar von İstanbul notgedrungen akzeptiert, nicht jedoch von den Nationalisten. In Ankara konstituiert sich die Große Nationalversammlung und setzt eine neue Regierung unter Mustafa Kemal (→ Kasten) ein. Dieser organisiert den militärischen Widerstand.

1921/22 Kemals Truppen schlagen die griechische Armee am Sakarya-Fluss. Die Italiener und Franzosen ziehen freiwillig ab.

Zu Besuch bei den „Menschenfelsen"

1923 Mit dem Vertrag von Lausanne erkennen die Alliierten die Unabhängigkeit und Souveränität der neuen Türkei an. Noch im gleichen Jahr schlägt Völkerbundskommissar Fritjof Nansen einen Bevölkerungsaustausch zwischen Griechen und Türken vor. In der neuen Hauptstadt Ankara stimmt man sofort zu. Damit endet die dreitausendjährige Geschichte des kleinasiatischen Griechentums (→ Kasten S. 46).

Atatürk, Vater der Türken

Atatürks Konterfei grüßt in jedem Büro, Geschäft und Restaurant, verabschiedet sich mit jeder Note beim Bezahlen – und lähmt den Einfallsreichtum der türkischen Bildhauer, denn außer für Atatürk-Statuen werden nur selten öffentliche Aufträge vergeben. Kaum einem anderen Staatsmann wird posthum noch solch ein Personenkult zuteil. Als Mustafa Kemal (geb. um 1881) wurde er 1923 zum ersten Präsidenten der Türkischen Republik gewählt. Er europäisierte den neuen Staat in einem gewaltigen Kraftakt und vertrat den Kurs einer strikten Trennung von Staat und Religion. Für den Staatsgründer war der Islam das größte Hindernis bei der Modernisierung des Landes („Der Politiker, der zum Regieren die Hilfe der Religion braucht, ist nichts anderes als ein Schwachkopf"). Für seine Verdienste verlieh ihm das Parlament 1934 den Namen Atatürk, „Vater der Türken". Vier Jahre später starb er an Leberzirrhose in İstanbul. Seine Gebeine ruhen im Atatürk-Mausoleum in Ankara.

1924 Eine neue Verfassung tritt in Kraft, die u. a. die Trennung von Staat und Religion vorsieht. Das islamische Recht wird vom Schweizer Zivilrecht, italienischen Strafrecht und deutschen Handelsrecht abgelöst.

1925–1938 Bis zu Atatürks Tod werden zahlreiche Reformen durchgeführt, um die Türkei zu europäisieren: Schriftreform (Übergang zum lateinischen Alphabet), Bildungsreform (unter Mithilfe von hunderten von Wissenschaftlern aus Deutschland, die vor der Nazidiktatur geflohen waren), Einführung von Familiennamen, Umstellung des Ruhetags von Freitag auf Sonntag usw.

1945 Die Türkei erklärt Deutschland den Krieg. Im selben Jahr wird sie Gründungsmitglied der UNO.

1952 Die Türkei tritt der NATO bei.

ab 1960 Mehrere Male greift das Militär korrigierend in die Politik des Landes ein. 1960 putschen kemalistische Offiziere und lassen den Ministerpräsidenten Adnan Menderes hinrichten. 1971 wird das Kabinett zum Rücktritt gezwungen. 1980 übernimmt abermals das Militär die Macht und löst das Parlament auf. Bis heute sieht sich das Militär als Hüter des Laizismus (Trennung von Religion und Staat) und als Verwalter von Atatürks geistigem Erbe. Es steht in klarer Gegnerschaft zu islamischen Fundamentalisten und linksradikalen Gruppierungen.

1974 Nach Jahren des Terrors griechischer Zyprer gegen die türkischen Inselbewohner und ihrem brutalen Kampf für einen Anschluss an Griechenland besetzen türkische Truppen den Norden Zyperns. Neun Jahre später wird die Türkische Republik Nordzypern ausgerufen.

ab 1984 In den südöstlichen Provinzen des Landes beginnen türkische Kurden gewaltsam einen eigenen Staat zu fordern. 15 Jahre lang kommt es immer wieder zu heftigen Kämpfen zwischen PKK-Rebellen und der türkischen Armee. 25.000–30.000 Menschen verlieren dabei ihr Leben. Mit der Verhaftung des PKK-Chefs Abdullah Öcalan 1999 entspannt sich die Lage. Ein Waffenstillstand wird vereinbart, den lediglich ein paar Scharmützel stören. 2004 kündigt die PKK den Waffenstillstand wieder auf. Seitdem meldet sie sich mit Terroranschlägen zurück, auch auf touristische Ziele an der Mittelmeerküste. Die Stützpunkte der PKK-Kämpfer befinden sich im Nordirak. Bislang führte die türkische Armee dort nur kurze militärische Operationen durch, ein längerfristiger Einmarsch ist nicht ausgeschlossen.

ab 1995 Die islamistisch-fundamentalistische Wohlfahrtspartei Refah Partisi (RP) gewinnt die Wahlen. Die Partei wird 1998 als verfassungsfeindlich verboten. Viele Mandatsträger wechseln in die neu gegründete Tugendpartei Fazilet Partisi (FP), die ihrerseits 2001 verboten wird. Als Auffangbecken dienen diesmal die Glückspartei Saadet Partisi (SP) und die „Partei für Gerechtigkeit und Entwicklung" AKP.

Konyaaltı, Antalyas Hausstrand vor atemberaubenden Kulisse

1999 Am 17. August trifft ein schweres Erdbeben den Nordwesten der Türkei, mehr als 20.000 Menschen sterben.

2002 Aus der Parlamentswahl geht die AKP als klarer Sieger hervor. Parteiführer Recep Tayyip Erdoğan, der schon die Moscheen als „unsere Kasernen", die Minarette als „unsere Bajonette" und die Demokratie als „nur einen Zug" bezeichnet hatte, „auf den wir aufsteigen, bis wir am Ziel sind", wird ein Jahr später Regierungschef. Zu Anfang lenkt Erdoğan den Zug gen Europa. Unter seiner Führung wird gegen den wirtschafts- und rechtspolitischen Reformstau vorgegangen. Gesetze werden im Akkord verabschiedet, um die Kopenhagener Kriterien zu erfüllen, welche die EU-Beitrittsverhandlungen ermöglichen.

ab 2005 Die EU-Beitrittsverhandlungen werden aufgenommen. Bis heute ist erst eines von 35 Verhandlungskapiteln abgeschlossen, acht sind noch gar nicht eröffnet. Ob die Türken bis zum Abschluss der Verhandlungen überhaupt noch in die EU wollen, ist eine andere Frage. Die Ihr-seid-doch-gar-nicht-willkommen-Haltung vieler EU-Länder führte immerhin schon dazu, dass 2011 nur noch 30 % der Bevölkerung den EU-Beitritt befürworteten (2004: 70 %). Für den Zeitraum von 2007 bis 2013 bekommt Ankara 4,837 Mrd. Euro aus Brüssel überwiesen. Das Geld soll v. a. in den Aufbau EU-wichtiger Institutionen fließen.

2011 Die AKP gewinnt die Parlamentswahlen erneut, damit wird Erdoğans dritte Amtszeit eingeläutet. Vor dem „Volkstribun von Anatolien" *(Spiegel)*, dem „Wolf im Schafpelz" *(Cicero)*, der die Türkei wie kein anderer seit Atatürk bewegte und voranbrachte, haben viele westlich orientierte Türken – und, wie *Wikileaks* enthüllte, auch US-Diplomaten – Angst. Sie fürchten die zunehmende Islamisierung des Landes.

Ruinen und tolle Ausblicke: Ausgrabungsstätte Syedra bei Alanya

Türkische Riviera

Antalya

ca. 1–1,5 Mio. Einwohner

Umrahmt von den mächtigen, bis zu 3000 m ansteigenden Gipfeln des Taurusgebirges, erstreckt sich die Millionenmetropole über einer schroffen Steilküste. Die Altstadt Antalyas wird wegen ihrer Schönheit in der Literatur mit Lorbeeren und in der Realität mit Touristen überschüttet.

Kaum ein Reisebüro, das nicht mit einem Sonderarrangement nach Antalya, dem türkischen Ferienflughafen Nummer eins, wirbt. Wer aber aus dem Katalog bucht, steigt i. d. R. irgendwo an den Stränden östlich oder westlich der Metropole ab. Antalya selbst ist für das Gros der Reisenden lediglich Ziel eines Tagesausflugs. Dabei besucht man die charmante Altstadt mit ihren engen, schattigen Gassen und osmanischen Holzhäusern, deren hübsche Erker, schindelgedeckte Dächer und Gärtchen mit Orangenbäumen und Hibiskus ins Auge fallen. Oder man bummelt auf palmengesäumten Boulevards durch das angrenzende moderne Stadtzentrum, wo schicke Boutiquen und große Einkaufszentren zum Shopping einladen. Es sind vorrangig Individualreisende, die in Antalya auch nächtigen. Die Altstadt bietet ein großes Angebot an Unterkünften jeglicher Couleur.

Ist die Provinz Antalya, die sich bis Alanya erstreckt, die meistbesuchte Ferienregion des Landes, so ist die Stadt selbst eine pulsierende Wirtschaftsmetropole. Boomtown Antalya profitiert aber nicht nur vom Tourismus, genauso haben Industrie und Handel für den regen Aufschwung gesorgt. Eisenchrombetriebe und Textilfabriken verschiffen ihre Güter erfolgreich in alle Welt, und zwar vom neuen, großzügig angelegten Hafen, der eigens zu diesem Zweck wenige Kilometer westlich der Stadt gebaut wurde. Auch die Obstplantagen der Gegend werfen reiche Erträge ab und tragen zum Wohlstand der Stadt bei. Im Umland werden zudem Gemüse,

Baumwolle, Erdnüsse und Sesam angebaut. Damit es weiterhin bergauf geht, wurde ein modernes Kongresszentrum errichtet, das pyramidenförmige, gläserne *Sabancı Congress Centre* am 100. Yıl (Yüzüncü Yıl) Bulvarı. Es soll Geschäftswelt und Wissenschaft an die Stadt binden.

Orientierung: Vom kleinen Hafen steigt die verwinkelte Altstadt (*Kaleiçi*, z. T. mit „Kale Kapısı" ausgeschildert) mit ihren Pensionen und Souvenirgeschäften in einem Halbrund steil an. Landeinwärts wird sie weitestgehend von einer ursprünglich hellenistischen Stadtmauer umgeben. Entlang dem zinnenbewehrten Wall, der von den Seldschuken und Osmanen immer wieder umgebaut wurde, verläuft die Atatürk Caddesi gen Süden. Den Norden der Altstadt grenzt die Cumhuriyet Caddesi ab, die gen Westen zum Archäologischen Museum und zum Konyaaltı-Strand führt. Entlang dieser beiden Straßen holpert auch eine betagte Straßenbahn. Eine moderne Linie führt vom Zentrum gen Norden zum Busbahnhof. Für die Fahrt in die Altstadt mit dem eigenen Fahrzeug → S. 76. Rings um die Altstadt erstreckt sich das geschäftige, moderne Antalya. Je weiter man sich vom Meer entfernt, desto mehr verschwinden die Renommierfassaden.

Geschichte

Antalya ist eine für türkische Verhältnisse junge Stadt. 158 v. Chr. wurde sie von König Attalos II. von Pergamon (159–138 v. Chr.) als *Attaleia* gegründet, nachdem er vergebens versucht hatte, Side zu erobern. Im Jahr 36 v. Chr. geriet die Stadt unter römische Herrschaft. Unter Kaiser Hadrian (117–138 n. Chr.) erhielt sie den

Am Cumhuriyet Meydanı

Status einer selbstständigen Provinz mit einem Senator als Statthalter. Einen Namen machte sich die Stadt im römischen Imperium wegen ihrer auserlesenen Weine – ob es die edlen Tropfen waren, die in den folgenden Jahrhunderten immer wieder Piraten anlockten, sei dahin gestellt. In byzantinischer Zeit wurde *Adalia,* wie man nun sagte, zum Bischofsitz. Im 12. Jh. diente die Stadt den Kreuzfahrern als Nachschubhafen, 1207 wurde sie von den Seldschuken erobert, 100 Jahre später fiel sie in den Machtbereich der Emire von Eğirdir. Unter Sultan Murat I. wurde *Adalia* 1387 schließlich dem Osmanischen Reich einverleibt. Mit der Autorität des Korans ging die Tradition des Weinanbaus verloren, stattdessen wurde nun die Rosenzucht gefördert. Rosenöl, der Grundstoff kostbarer Parfüms, sollte für die nächsten Jahrhunderte eine der Haupteinnahmen sein. Auch die Seidenraupenzucht wurde fortan gepflegt.

1918 wurde der hiesige Küstenstreifen von italienischen Truppen besetzt, 1921 räumten sie das Feld wieder. Zwei Jahre später mussten die griechischen Einwohner der nun Antalya genannten Stadt infolge des Bevölkerungsaustauschs ihre Häuser verlassen. In den 1970ern setzte die Entwicklung des verschlafenen 40.000-Einwohner-Städtchen zu einer modernen Wirtschaftsmetropole ein. Damit einher ging ein rapider Bevölkerungsanstieg, denn die Stadt zog massenweise Glücksritter aus Ostanatolien an: Anfang der 1990er zählte Boomtown Antalya schon 450.000 Einwohner, Mitte der 90er bereits 800.000. Wie viele Menschen heute in Antalya leben, weiß keiner so genau. Schätzungen gehen von 1–1,5 Mio. Einwohnern aus. Darunter befinden sich angeblich über 2000 Euro-Millionäre (!) und um die 7000 Deutsche, die sich einen Platz an der Sonne geleistet haben. Um dem Bevölkerungsanstieg und dem damit einhergehenden wachsenden Verkehrsaufkommen gerecht zu werden, wird eine Umgehungsstraße nach der nächsten gebaut – doch ist es nur eine Frage der Zeit, bis diese wieder zu Stadtautobahnen werden, zumal man für das Jahr 2030 um die 10 Mio. Einwohner prognostiziert.

Information/Verbindungen/Ausflüge

Telefonvorwahl ✆ 0242.

Information **Tourist Information**, ab vom touristischen Schuss an der Güllük Cad. 31 (auch: Anafartalar Cad.). Im Sommer tägl. 8.30–18.30 Uhr, im Winter 8–17 Uhr. ✆ 2411747, www.antalyakulturturizm.gov.tr. Infos auch auf www.antalyaguide.org.

Verbindungen Der internationale **Flughafen Antalya** (www.aytport.com) liegt ca. 15 km östlich von Antalya. Er besitzt 3 Terminals, 2 internationale (Terminal 1 und Terminal 2) sowie einen nationalen *(İç hatlar)*. Terminal 1 liegt in Laufnähe zum nationalen Terminal, Terminal 2 ca. 2 km von den anderen entfernt. Es bestehen keine Shuttlebusverbindungen zwischen den Terminals! Im Ankunftsbereich der internationalen Terminals finden Sie Wechselstuben (schlechte Kurse) und Bankomaten, im Ankunfts- und Abflugbereich Duty-free-Shops (billiger als daheim). Autoverleiher haben vorrangig im nationalen Terminal und im Terminal 2 ihren Sitz.

Transfer von und zum Flughafen: Am einfachsten mit dem **Taxi**, ca. 17 € vom bzw. ins Zentrum. Es gibt auch Busse ins Zentrum, was die Taxifahrer am Flughafen jedoch verneinen!

Vom nationalen (!) Terminal (Terminal 1 in Laufnähe, nach dem Ausgang rechts halten; keine Abfahrt vom Terminal 2!) fahren von 6–22 Uhr nahezu stündl. Busse der Gesellschaft **Havaş** ins Zentrum (4 €/Pers., Fahrtdauer 30–45 Min.). Man steigt am besten an der Station *Eski Otogar* („Alter Busbahnhof") ca. 10 Fußmin. von bzw. zwei Straßenbahnstationen nördlich der Altstadt aus (sagen Sie dem Fahrer Bescheid). Danach passieren die Havaşbusse auch die Minibusstation am Akdeniz Bul. beim Shoppingcenter Migros, wo die Dolmuşe Richtung Kemer, Çıralı und Kumluca starten. Endstation ist der Busbahnhof *(Otogar)*. Wer mit dem Havasbus **vom Zentrum zum Flughafen** (ebenfalls nur nationaler Terminal) will, steigt an der Konyaaltı Cad. beim Yavuz Özcan Parkı nahe der Hauptpost zu. www.havas.com.tr.

Billiger, aber auch zeitaufwendiger ist die Fahrt mit dem **städtischen Bus 600**, der vom Flughafen vorbei am Zentrum zum Busbahnhof *(Otogar)* fährt. Der Bus verkehrt von 6 bis 22 Uhr alle 30 Min. Am Flughafen startet der Bus vor dem nationalen Terminal und vor Terminal 2. Am besten steigt man an der Haltestelle Meydan aus (Fahrer Bescheid geben) und legt den restlichen Weg ins Zentrum mit der Straßenbahn zurück (mehr zur Straßenbahn s. u.). Am Busbahnhof fährt der Bus vor dem *İlçeler Terminal* ab, achten Sie auf die Aufschrift „Havaalanı" für „Flughafen".

Bus: Der Busterminal *(Otogar)* liegt etwa 8 km vom Zentrum entfernt an der Ausfallstraße nach Burdur. Anbindung ins Zentrum mit der Straßenbahn *ANTRay* (hier unterirdisch, auf die Beschilderung „Tramvay" achten). Die Zu- und Aussteigestation im Zentrum heißt „İsmetpaşa". Steigen Sie am Busbahnhof in Fahrtrichtung Meydan ein. Taxi vom Busbahnhof ins Zentrum oder andersrum ca. 10 €.

Vom Busbahnhof bestehen beste Verbindungen in alle Landesteile und entlang der Südküste, z. B. nach Alanya 2:30 Std., Adana oder Kappadokien/Göreme ca. 11 Std., Konya ca. 5 Std.

Straßenbahn: Es gibt bislang zwei Linien, eine alte und eine neue. Die alte Straßenbahnlinie, übrigens ein Geschenk der Partnerstadt Nürnberg, führt vom Archäologischen Museum über die Konyaaltı Cad. (die parallel zur Küste verläuft und in die Cumhuriyet Cad. übergeht) mitten ins Herz der Stadt und auf der Atatürk Cad. gen Süden bis zum Ende der Işıklar Cad. Sie fährt von 7 bis 21 Uhr jede halbe Std.

Die zweite Straßenbahnlinie, die *AntRay*, führt vom Busbahnhof *(Otogar)* über die Abdi İpekçi Cad. und die Şarampol Cad. zur İsmet Paşa Cad. (hier aussteigen für die Altstadt) und weiter über die Ali Çetinkaya Cad. wie auch den Aspendos Bul. zum Meydan. Den Ausbau Richtung Flughafen torpediert die Taximafia. Es sollen in den nächsten Jahren zudem Straßenbahnlinien zum Westhafen und gen Lara folgen.

Tickets: Für Stadtbusse und Straßenbahnen kauft man sich Chipkarten (3 Fahrten z. B. 2 €/5 TL, Stand 2011), die es an vielen Kiosken und Straßenbahnhaltestellen zu kaufen gibt. Einzelfahrscheine gibt es nicht mehr. Die für Touristen interessanten Buslinien samt Abfahrtsstellen sind in den Kapiteln zu den jeweiligen Sehenswürdigkeiten und Orten aufgelistet.

Antalya → Karten S. 74/75 und S. 81

E inkaufen
1 Özdilek Park
2 Kunsthandwerksläden

Ü bernachten
4 Uygulama Oteli
9 Bambus

E ssen & Trinken
3 Parlak Restaurant
5 Zeynep'in Mutfağı
6 Salman
7 Paşa Bey Kebapçısı
8 Lara Balık Evi

(S) Straßenbahnhaltestelle

Antalya → Karten S. 74/75 und S. 81

Taxi: Taxis fahren zum Festpreis zu allen bekannten Zielen der näheren und weiteren Umgebung, besonders außerhalb der HS ist jedoch Handeln mit größeren Spielräumen möglich. Preisbeispiele hin u. zurück: Perge und Aspendos (kombiniert) 60 €, Belek 50 €.

Schiff: Eine Fährverbindung nach Nordzypern ist seit Jahren in Planung.

Parken: Gebührenpflichtige, bewachte Parkplätze am Yachthafen in der Altstadt (2,50 €, egal wie lange) sowie neben dem Stadion (nahe der Altstadt; 2,50 €/Tag). Zudem ein Parkhaus gegenüber der Post an der Güllük Cad. (3 €/Tag, 1,50 €/2 Std.).

Bootsausflüge Geschippert wird entweder Richtung Westen oder Osten die Küste entlang. Einige Beispiele aus dem breit gefächerten Programm: Einstündiger Kurztrip 5 €, 2 Std. untere Düden-Wasserfälle (→ S. 87) und Piratenhöhle (eine Grotte im Hafenbecken von Antalya) 10 €, 6-Std.-Tour zur Ratteninsel (Inselchen westlich von Antalya, die Tour ist meist mit einem 1½-stündigen Badestopp verbunden) und zur Çaltıcak-Bucht (weiter Richtung Kemer) 35 €.

Organisierte Touren Büros von Tourenveranstaltern findet man an der Atatürk Cad., der Cumhuriyet Cad. und in den Gassen der Altstadt – insgesamt aber nur wenige Anbieter. Tagestouren z. B. nach Perge, Aspendos und zu den Kurşunlu-Wasserfällen, nach Kekova und Myra (mit Bootstour) oder nach Termessos und zu den Düden-Wasserfällen ab ca. 30 €. Egal wo Leser bislang buchten – stets werden die vielen Stopps bei Schmuckfabriken und Ledergeschäften bemängelt.

Mit dem Auto in die Altstadt – ein Chaos!

Um das Verkehrsaufkommen in den engen Gassen der Altstadt einzudämmen, gelten für die Fahrt in die Altstadt besondere Regelungen. Die Einfahrt in die Altstadt ist kostenlos, sofern man diese innerhalb von 2 Std. mit dem Fahrzeug wieder verlässt. Für eine Verweildauer von 2–6 Std. bezahlt man 2,50 €, für 6–8 Std. 5 €, für 8–10 Std. 12,50 €, für 10–12 Std. 25 € und für über 12 Std. satte 50 €. Manche Autoverleiher aus der Altstadt haben für ihre Fahrzeuge Altstadtlizenzen erworben, die unbegrenztes Parken ermöglichen. Hoteliers müssen die Fahrzeuge der Gäste unmittelbar nach der Einfahrt anmelden, damit diese die Altstadt am nächsten Morgen wieder kostenfrei verlassen können. Die Ein- und Ausfahrten sind getrennt. Einfahrten befinden sich beim Uhrturm (zu erreichen, indem man über die İsmet Paşa Cad. auf die Altstadt zusteuert und sich kurz davor bei den Straßenbahngleisen rechts hält) und an der Kocatepe Sok. beim Gülrestoran. Hinausfahren kann man über die Mescit und die Yenikapı Sok. Ein- und Ausfahrten sind durch ein verwirrendes Einbahnstraßensystem miteinander verbunden – wer sich den Stress sparen will, parkt am besten außerhalb (z. B. beim Stadion).

Adressen

Ärztliche Versorgung Einen sehr guten Ruf besitzt das private **Özel Antalya Yaşam Hastanesi** nahe dem Dedeman Hotel in Lara. Şirinyalı Mah. 1487 Sok. 4, ✆ 3108080. Englischsprachige Ärzte und deutschsprachige Dolmetscher.

Dr. A. Faik Güven, ein Deutsch sprechender Zahnarzt, bohrt in der Konyaaltı Cad. 46. ✆ 2476070.

Autoverleih Eine seit Jahren bewährte und von vielen Lesern empfohlene Autovermietung ist **Say**, Barbaros Mah. Mescit Sok. 37, ✆ 2430923, www.say-autovermietung.de (→ Unterwegs, S. 26). 24-Std.-Service unter ✆ 0532/2645054 (mobil). 2011 lag das billigste Modell bei 25 €. Wer bei unseriösen Anbietern weniger bezahlen will oder bei seriösen mehr, spaziert die Fevzi Çakmak Cad. entlang, an der mehrere Autoverleiher vertreten sind, z. B. **Avis** (Hnr. 30, im Talya Oteli, ✆ 2481772, am Flughafen ✆ 3303008, www.avis.com.tr).

Diplomatische Vertretungen **Deutschland** (Außenstelle des Generalkonsulats

İzmir), Yeşilbahçe Mah., 1447 Sok., B. Gürkanlar Apt., Kat. 5/14, ✆ 3141101, www.antalya.diplo.de.

Österreich (Honorarkonsulat), Tesisler Cad. 170 (Barut Hotel), Lara, ✆ 3522200, antalyafahri konsolosluk@baruthotels.com.

Schweiz → Reisebüro, s. u.

Gottesdienste Ökumenische Gottesdienste in deutscher Sprache finden in der **St.-Nikolaus-Kirche**, Haşim İşcan Mah., 1295 Sok. (nahe der Altstadt), stets So um 11 Uhr statt. Um zur Kirche zu gelangen, folgt man vom Hadrianstor der Atatürk Cad. (Straßenbahnseite) gen Süden, bis es nach links in die 1298 Sok. abgeht. Nach nur wenigen Schritten auf der 1298 Sok. rechts halten. Weitere Infos bei Pfarrer Rainer Korten, ✆ 0544/3162622 (mobil).

Polizei Für die Altstadt ist die Polizeistation an der 19 Mayıs Cad. zuständig. ✆ 155.

Reisebüro **Pamfilya Tours** für Flugtickets (*THY*, *Pegasus*, *Onur Air* u. a.), Fährpassagen u. Ä., zugleich Konsulat der Schweiz. Işıklar Cad 57, ✆ 2431500, www.pamfilya.com.tr.

Sprachkurse Türkisch lernen kann man bei **Tömer**, dem Sprachlehrinstitut der Universität Ankara. 4-wöchiger Kurs mit 20 Std./Woche ca. 300 €. Cebesoy Cad. 10, ✆ 3125013, www.tomer.ankara.edu.tr.

Waschsalon **Sempatik Laundry**, in der Altstadt in Nachbarschaft zum Kesik-Minarett bzw. gegenüber der Pension Villa Verde. Eine Trommel waschen 7,50 €.

Zeitungen Deutschsprachige Tages- oder Wochenblätter an einigen Kiosken an der Cumhuriyet und der Ali Çetinkaya Cad.

Blick auf die Altstadt

Zweiradverleih Etliche Verleiher in der Altstadt und an der Fevzi Çakmak Cad. Angeboten wird alles zwischen 125-ccm-Yamaha-Scooter (ab rund 17 €/Tag) und Honda Enduro mit 600 ccm (ca. 100 €). Lassen Sie Kratzer oder Defekte an den Zweirädern im Vertrag vermerken, es kommt vielfach zu Reklamationen.

Fahrräder werden hingegen nur wenige vermietet, den Verleihern bringen sie mehr Ärger als Umsatz. Dennoch haben diverse Autoverleiher ein oder zwei Räder im Programm. Die Preise liegen bei ca. 10 €/Tag.

Einkaufen/Sonstiges

(→ Karte S. 74/75)

Einkaufen im Zentrum Etliche **Leder- und Modegeschäfte** im Basar um die Ali Çetinkaya Cad. Besser aber kauft man in den Shoppingmalls ein (s. u.) oder in den Läden und Boutiquen an der Atatürk Cad., der Işıklar Cad. und Cumhuriyet Cad. (viel trendige Klamotten).

Silber- und Goldschmuck findet man in den zahlreichen kleinen Juwelierläden im Norden der Atatürk Cad.

Eine Ansammlung von **Kunsthandwerksläden** **2** mit Schwerpunkt auf Metallarbeiten (schöne Mitbringsel aus Kupfer oder Messing) findet man zwischen Ali Çetinkaya Cad. und İsmetpaşa Cad. Teils kann man bei der Produktion zusehen.

Märkte **Mittwochsmarkt** am Portakal Çiçeği Bul. (nahe dem deutschen Generalkonsulat) südöstlich der Altstadt: Obst, Gemüse, Lebensmittel, Kleidung, Haushaltswaren, keine Souvenirs. Um dorthin zu gelangen, folgt man der Işıklar Cad. und all ihren Verlängerungen.

Großer **Freitagsmarkt** bei der Murat-Pascha-Moschee.

Zu einer Touristenattraktion ist mittlerweile der riesige **Samstagsmarkt** in Lara (nahe dem Marmara Hotel) geworden.

Shoppingmalls **Migros Alışveriş Merkezi**, moderne Shoppingmall mit über 100 Läden von *adidas* über *Tommy Hilfiger* bis hin zu *Zara*. Stressfreies Bummeln, zudem bei den meisten Geschäften Tax-free-Einkauf möglich. 100. Yıl Bul., zu erreichen mit Ⓑ KL08 von der Fahrettin Altay Cad. (Haltestelle vor dem Friedhof).

Özdilek Park 1, neuestes Shoppingcenter der Stadt, nördl. des Zentrums auf dem Weg zum Busbahnhof. Rund 110 Geschäfte, gute Foodmeile. Vom Zentrum (İsmetpaşa) mit der Straßenbahn *AntRay* zu erreichen, Station Dokuma aussteigen.

Deepo Outlet Center, das größte Outlet-Einkaufszentrum der Mittelmeerküste (rund 90 Läden). Viele Restposten, dazu viel Ware vom Vorjahr. An der Straße nach Alanya in Flughafennähe. Busse (Ⓑ AC03) von der Burhanettin Ornat Cad.; zur Bushaltestelle gelangt man mit der Straßenbahn von der zentralen Station İsmetpaşa (2 Stationen).

Fußball **Antalya Spor**, der ständige Auf- und Absteiger zwischen der ersten und der zweiten Liga kickt im Stadion nahe der Altstadt, Spiele finden meist Sa und So statt.

Türkisches Bad (Hamam) In der Altstadt gibt es das etwas versteckt in der Kocatepe Sok. gelegene **Sefa Hamamı** (gemischtes Bad, tägl. 9.30–22 Uhr, Eintritt 12 € inkl. Massage und *Kese*) und das **Balıkpazarı Hamamı** an der Ecke Balıkpazarı Sok./Paşa Cami Sok. (restauriertes osmanisches Bad, groß und schön, getrennte Abteilungen für Frauen und Männer, tägl. 8–23 Uhr, Komplettbehandlung 17,50 €).

Oper & Ballett Aufführungen der **Antalya Devlet Opera ve Balesi** (Staatsoper und -ballett) finden im *Haşim İşcan Kültür Merkezi* an der Mevlana Cad. statt. Vorverkauf (Tickets ab ca. 5 €) u. a. in einem Kiosk am Cumhuriyet Meydanı. Transferservice für Touristen. Was auf dem Programm steht, erfahren Sie unter www.antdob.gov.tr.

Veranstaltungen Anfang Okt. gehen im *Antalya Kültür Merkezi* (am 100. Yıl Bul. zwischen Sheraton und Glaspyramide) die traditionellen **Filmfestspiele von Antalya** über die Bühne, bei denen der beste Streifen mit der „Goldenen Orange" *(Altın Portakal)* ausgezeichnet wird. Im Mittelpunkt stehen türkische Filme.

Sehens- und hörenswert sind auch die im Rahmen des **Aspendos-Festivals** (i. d. R. Juni/Juli) stattfindenden Opern- und Ballettaufführungen im Freilichttheater von Aspendos. 2011 kosteten die Tickets um die 25 €, man bekommt sie u. a. am Kiosk der Staatsoper (s. o.) oder im Archäologischen Museum. Meist gibt es auch einen Transportservice. Weitere Infos auf www.aspendosfestival.gov.tr.

Noch ein Tipp: Erkundigen Sie sich in der Touristeninformation, wann im Spätsommer die **Altın Kiraz Yağlı Pehlivan Güreşleri** („Ölringkämpfe im Zeichen der Goldenen Kirsche") im rund 60 km entfernten 20.500-Einwohner-Städtchen Korkuteli über die Bühne gehen. Im Gegensatz zu dem konservativen, langweiligen Bergstädtchen sind sie überaus sehenswert.

Übernachten/Camping

(→ Karten S. 74/75 u. S. 81)

In der Altstadt gibt es rund 80 Pensionen und kleine Hotels: Vom Vorhang mit Goldkante bis zum Laken mit Schmutzrand reicht dort das Angebot. Über eine Klimaanlage verfügen fast alle Zimmer, auch die der einfachen Pensionen. Grundsätzlich gilt aber: Je näher Sie am Hafen wohnen, desto lauter die nächtlichen Beats des Clubs Ally! Ganz im Westen Antalyas, hinter dem Strand Konyaaltı und dem vierspurigen Küstenboulevard findet man einige Mittelklasse-Hotels, dazu einige wenige Clubhotels und Pensionen. Ebenfalls Hotels aller Preisklassen bietet Lara (→ S. 96).

In der Altstadt **Otel Tuvana 12**, stilvolle Unterkunft. 45 schöne, z. T. jedoch etwas kleine und dunkle Zimmer, auf vier historische Gebäude verteilt: Holzdecken, geschmackvoll platzierte Antiquitäten und Replikate alter Möbelstücke. Netter Garten mit Orangenbäumen und Pool. DZ ab 130 €. Etwas versteckt in der Karanlık Sok. 18, ✆ 2476015, ℻ 2411981, www.tuvanahotel.com.

Hotel Alp Paşa 19, zu einer sehr gepflegten Herberge umgebautes osmanisches Haus. Unterschiedliche Zimmer, aber alle komfortabel-elegant im alttürkischen Stil eingerichtet und nach osmanischen Paschas benannt. Jedoch „etwas zu plüschig-dunkel", meint ein Leser. Kleiner Poolbereich, an dem am Abend zu Tisch gebeten wird. DZ mit HP 90 €. Hesapçı Sok. 30, ✆ 2475676, ℻ 2485074, www.alppasa.com.

Doğan Hotel 20, ebenfalls eine einladende Adresse und ebenfalls im osmanischen Stil eingerichtet. 41 komfortable Zimmer, manche mit toller Aussicht. Schöner Garten, Pool. Gediegenes Restaurant. EZ 50 €, DZ 75 €. Mermerli Banyo Sok. 5, ✆ 2474654, ℻ 2474006, www.doganhotel.com.

Villa Tulipan 24, unter holländischer Leitung. 5 Zimmer, 1 Suite und 2 Apartments. Alle liebevoll und unterschiedlich eingerichtet. Teilweise mit großen Balkonen und grandiosen Ausblicken. Wer ein Zimmer ohne Aussicht hat, kann auf die fantastische Dachterrasse ausweichen. DZ ab 40 €, Apartment 65 €. Kaledibi Sok. 6, ✆ 2449258, www.villatulipan.com.

Pension Villa Verde 25, sympathische, von Lesern entdeckte, gepflegte Komfortpension neueren Datums. Freundlich eingerichtete, ausreichend große Zimmer mit schönen Holzböden, gute Bäder. Ruhig gelegen, viel Grün, nette Außenbereiche. Bemühter Service, Frühstück mit Blick auf das Kesik-Minarett. EZ 40 €, DZ 55–60. Seferoğlu Sok., ✆ 2482559, ℻ 2484231, www.pensionvillaverde.com.

Atelya Art Hotel 16, gut geführtes Hotel mit 30 ganz unterschiedlichen Zimmern, die auf mehrere historische Stadthäuser verteilt sind. Ultrahohe Decken, knarrende Holzböden, orientalisch dekoriert. Schlicht, aber sehr charmant, manche Zimmer mit Balkon. Der Hit ist jedoch der idyllische, von Jasminduft erfüllte Innenhof. DZ 50 €. Civelek Sok. 21, ✆ 2416416, ℻ 2412848, www.atelyahotel.com.

Secret Palace Pansion 26, der „Geheime Palast" war die erste Gaypension Antalyas. Mittlerweile hat der Besitzer gewechselt, vom alten Image lebt man aber noch immer. Kleine charmante Anlage mit gepflegten Zimmern und freundlichem Hof samt gemütlichem, kleinem Poolbereich. EZ 40 €, DZ 50 €. Fırın Sok. 10, ✆ 2441060, ℻ 2412062, www.secretpalacepansion.com.

Ninova Pension 14, familiäre kleine Pension. Sehr gut in Schuss, sehr sauber. 19 farbenfrohe Zimmer (größtenteils mit Holzböden) verteilen sich auf zwei 200 Jahre alte Konaks. Liebevoll eingerichtet, hübscher Garten. Recht ruhige Lage. Gutes Preis-Leistungs-Verhältnis. DZ 40 €. Hamit Efendi Sok. 9, ✆ 2486114, ℻ 2489684.

Kaleiçi Otel 27, sehr ordentliches Haus, geführt vom hilfsbereiten Servet Henden, der in Köln gelebt hat und ein großer Fan des 1. FC ist. 11 recht komfortable, solide möblierte Zimmer mit Steinböden, Kühlschrank und Föhn, Bäder mit Duschkabinen. Im Hinterhof ein kleiner Pool. Von Lesern gelobt. EZ 30 €, DZ 40 €. Sakarya Sok. 11, ✆ 2447146, ℻ 2448053, www.kaleiciotel.net.

Sibel Pansiyon 29, ein Lesertipp in einer ruhigen Gasse. Unter Leitung der freundlichen Französin Sylvie, die mit ihrem türkischen Mann in Berlin gelebt hat und deswegen auch Deutsch kann. 9 sehr gepflegte und sehr saubere Zimmer mit Marmorböden, teilweise recht geräumig. Netter schattiger Innenhof. Familiäre Atmosphäre. DZ mit leckerem Frühstück 33 €. Fırın Sok. 30, ✆ 2411316, ℻ 2413656, www.sibelpansiyon.com.

Özmen Pansiyon 30, nahe dem Hıdırlık Kulesi. Größeres Haus mit 25 blitzsauberen Zimmern, acht davon mit Balkon. Tolle Dachterrasse mit Blick über die halbe Stadt und das Meer – zugleich der gemütliche Treffpunkt am Abend. Vielfach von Lesern hochgelobt. Wer dieses Buch zeigt, bezahlt für ein EZ 22 € (sonst 24 €) und für ein DZ mit Aircondition 32 € (sonst 34 €). Zeytin Çıkmazı 5, ✆ 2416505, ℻ 2481534, www.ozmenpension.com.

Sabah Pension 28, nahe dem Zitadellenturm an der Flaniermeile durch die Altstadt. 24 Zimmer (es gibt große und sehr kleine, vorher zeigen lassen!), verteilt auf einen renovierten Altbau und einen stilgerechten Anbau, alle mit Aircondition. Im Sommer freundliche Innenhofterrasse. Bei Backpackern sehr beliebt. Es werden auch Autos vermietet und Touren in die Umgebung angeboten, dazu kocht die Mutter gut – doch all das wird man Ihnen leider nicht nur ein Mal sagen. Nahebei vermietet die Pension auch ganze Häuser für bis zu 6 Pers., dort gibt es auch einen Pool für die Gäste. EZ 30 €, DZ 35 €. Hesapçı Sok. 60, ✆ 2475345, ℻ 2475347, www.sabahpansiyon.com.

Hinter dem Konyaaltı-Strand **Uygulama Oteli 4**, der steril-ältliche, achtstöckige Zweckbau dient Hotelfachschülern zur Einführung in die Berufspraxis. Günstig, da der perfekte Service ja erst gelernt wird. 94 sehr saubere, großzügige Zimmer mit altbackenkitschiger Ausstattung auf Drei-Sterne-Niveau, alle mit Balkon, z. T. mit herrlichen

Antalya → Karten S. 74/75 und S. 81

Ausblicken auf den Strand. Pcol. Zwar unattraktive Lage, aber ideal für Selbstfahrer, die sich die Fahrt in die Altstadt ersparen wollen (großer Parkplatz). EZ 22,50 €, DZ 40 €. 100. Yıl Bul. Müze Arkası (gegenüber dem Falez Hotel), ✆ 2385130, 📠 2385135.

Camping Keine Plätze im eigentlichen Sinne vor Ort. Sein Wohnmobil kann man jedoch auf den lieblosen, gepflasterten, aber schattigen (Park-)Platz oberhalb des **Restaurants Bambus** **9** (auch: South Shield Bistro & Bar) südöstlich des Zentrums stellen. Zum Restaurant gehört eine Badeplattform. Ganzjährig. 2 Pers. mit Wohnmobil 15 €. Eski Lara Yolu 1, ✆ 3111401. Anfahrt: Von der Atatürk Cad. Richtung Lara entlang der Küste halten, nach ca. 3 km auf der rechten Seite oberhalb des Meeres.

Einen Campingplatz gibt es zudem in der Nähe von Termessos, → S. 90

Essen & Trinken

(→ Karten S. 74/75 u. S. 81)

Rund um den alten Hafen und darüber an der Steilküste findet man viele romantische Restaurants mit herrlicher Aussicht, wo man wortwörtlich gerne über den Tellerrand blickt. Das Gros davon ist qualitativ gut, die Preise sind der touristischen Lage entsprechend. Versteckt in den engen Gassen der Altstadt liegen weitere gute Restaurants, z. T. in lauschigen Pensions- und Hotelgärten. Gute und günstige Schnellrestaurants findet man östlich des Hadrianstors in den Gassen jenseits der Atatürk Cad. Die trendigsten und gehobensten Lokale liegen am Konyaaltı-Strand (→ Nachtleben u. Baden) und oberhalb der Küste auf dem Weg nach Lara, wo die High Society von Antalya residiert.

Club Arma **15**, Restaurant und Open-Air-Danceclub am Yachthafen, Treffpunkt der jungen Oberschicht. Innen ein rustikal-gepflegter Saal mit schmiedeeisernen Leuchtern und offenem Kamin, außen herrliche Terrasse. Serviert werden Fisch und Internationales. Nichts für den schmalen Geldbeutel, aber sehr empfehlenswert. ✆ 2449710.

Hadrianstor – Eingang in die Altstadt

Lara Balık Evi **8**, bestes zentrumsnahes Fischrestaurant. Direkt über der Steilküste – Traumterrasse! Große Vitrine, aus der man seinen Fisch wählt (Kilopreise). 2 Pers. sollten inkl. Getränken mit ca. 70 € rechnen. Mit der alten Straßenbahn gen Süden fahren, kurz vor der Endstation rechter Hand. ✆ 2298015.

Restaurant Hasanağa **11**, in einem alten, renovierten Stadthaus an der Mescit Sok. 15 in der Altstadt. Schöner Innenhof mit Orangenbäumen, zuvorkommender Service, fast tägl. Folklore. Spezialität des Hauses: der *Osmanlı Tabağı* (Osmanischer Teller), ein brodelnder Steintopf mit zartem Fleisch in würziger, sämiger Soße (9,50 €). ✆ 2428105.

Gülrestoran **22**, hübsches Restaurant, gepflegt und leger zugleich. Meeresfrüchte, Steaks und Meze. Mit Garten. Hg. 6,10–10,20 €. Kocatepe Sok. 1/1, ✆ 2432284.

Parlak Restaurant **3**, etwas versteckt am Beginn der Kazım Özalp Cad. Seit rund 50 Jahren im Geschäft. Große Auswahl an türkischen Gerichten, leckere gegrillte Hähnchen. Überdachter Terrassenbereich. Mittlere Preisklasse. Kazım Özalp Cad. 7, ✆ 2419160.

Paşa Bey Kebapçısı 7, in Laufnähe zur Altstadt. Gepflegtes Kebablokal mit Terrasse und Garten. Ohne Aufpreis bekommt man südostanatolische Vorspeisen, u. a. *Ayran Çorbası* (Ayran-Suppe mit Weizen), *Ezme* (scharfe Paprikasoße) und *Çig Köfte* (Köfte aus rohem Fleisch und Weizengrütze). Danach gibt's Pide und überaus leckere Fleischgerichte mit frischem Fladenbrot aus dem Steinofen. Zuvorkommender Service. Hg. 4–8 € und damit für das Gebotene sehr günstig. Kein Alkohol. Işıklar Cad. 1319 Sok. 4, ✆ 2449690. Wegbeschreibung: Von der Altstadt der Işıklar Cad. gen Süden folgen. Wenn linker Hand das Büro der Busgesellschaft Kâmil Koç auftaucht, links ab, dann rechter Hand in der Seitengasse.

Zeynep'in Mutfağı 5, kleines, einfaches Lokal, davor ein paar Tische. Serviert wird beste Hausmannskost. Ein Essen mit *Cacık* und Suppe 4 €, ohne Suppe 3 €. Nur tagsüber. Man findet das Lokal, indem man vom Hadrianstor der Atatürk. Cad. (Straßenbahnseite) gen Süden folgt, bis es nach links in die 1304 Sok. abgeht. Nach nur wenigen Schritten rechter Hand.

Außerhalb Arkadaş, im Norden Antalyas nahe den Düden-Wasserfällen (→ S. 87). Das überaus beliebte Forellenlokal liegt idyllisch in einem wildromantischen Tal an einem rauschenden Fluss. Die leckeren Fische kommen aus der hauseigenen Zucht. Faire Preise (Forelle 4,50 €). An der Straße zu den Wasserfällen großes Arkadaş-Werbeschild, unmittelbar davor geht es rechts ab. Auch mit dem Bus zu erreichen. Vom Restaurantparkplatz noch ca. 5 Min. zu Fuß: Treppe runter und flussaufwärts halten, ✆ 3610165.

Çakırlar, kein Restaurant, sondern eine Ansammlung etlicher Grillrestaurants im Westen Antalyas an der Straße nach Saklıkent. In den lauschigen Restaurantgärten bereitet man auf bereitgestellten Grills sein Fleisch (i. d. R. zu Metzgerpreisen) selbst zu. Dazu gibt es Meze, Bier oder Rakı. Nicht teuer und ein Heidenspaß! So gut wie touristenfrei. Mit dem Auto folgt man der

Antalya → Karten S. 74/75 und S. 81

Wegbeschreibung nach Saklıkent (→ S. 88), wobei man die Restaurants automatisch passiert. Teilen sich mehrere Gäste die Kosten, lohnt auch die Anfahrt mit dem Taxi (Preis vorher ausmachen).

Tünektepe Döner Restaurant (auch: **Club Maji**), hier wird kein Döner Kebab verkauft. „Döner" heißt so viel wie „sich drehend", und genau das tut das Panoramarestaurant hoch auf einem Felsen über der Bucht von Antalya – zumindest wenn genügend Touristen da sind. Die Blicke von der Terrasse und vom extrem altbackenen Restaurant sind gigantisch, doch seien Sie gewarnt: Service und Essen verdienten bislang nur ein „mangelhaft". Hg. 13–23 €, dazu saftige Parkgebühren. Anfahrt: Richtung Kemer halten. Am südwestlichen Ende der Bucht, wenn es links zum „Yat Limanı/Marina" abgeht, rechts ab zum Restaurant – das Hinweisschild „Tünektepe Döner Restaurant" ist leicht zu übersehen. Dann noch ca. 7 km steil den Berg nach oben.

Cafés/Bars **Bahçe Kafe 10**, beim Yivli-Minarett. Ein beschauliches, schattiges Fleckchen abseits des Touristenstroms. Einheimisches Publikum, kein Alkohol.

Kale Bar 18, Cafébar des C & H-Hotels (ehemals „Tütav Türk Evi Otelleri"). Die Traumterrasse bietet einen der schönsten Ausblicke auf den Hafen. Man kann auch essen. Vergleichsweise teuer, aber ohne Beschiss.

Café-Bar Jem-Lik 23, eine von Lesern entdeckte Altstadtoase. Idyllisches, schattiges Gartencafé mit Mandarinenbäumen und bunten Blumenrabatten. Liebevoll dekoriert. Gemäßigte Preise. Kleine Gerichte. Hesapçı Sok.

Salman 6, Konditorei mit angegliedertem modernen Café. Süßigkeiten, Gebäck, Torten und *Börek*. Gute Frühstücksadresse. Fevzi Çakmak Cad. 7.

Teegärten Westlich der Altstadt, hoch über der Steilküste, erstrecken sich der **Çağdaş Yaşam Kültür Alanı** und der **Atatürk Park**. In beiden findet man Teegärten und Cafés mit herrlicher Aussicht. Günstig.

Bäckerei **Tarihi Balık Pazarı Fırını 17**, kleine alteingesessene Bäckerei an der Ecke Mescit Sok./Balıkpazarı Sok. Von Lesern hochgelobt. Brot und süße Leckereien.

Nachtleben

(→ Karte S. 81)

Am Konyaaltı-Strand In dem gepflegten Grünstreifen unmittelbar hinter dem Konyaaltı-Strand (Anfahrt → Baden) reihen sich Restaurants, Open-Air-Kneipen, Discobars und Clubs aneinander. Das gesamte Eck ist Antalyas Nightspot Nr. 1. Hier kann man auf weichen Polstern und gemütlichen Sofas einen relaxten Sundowner bei dezenter Musik genießen, danach unterm Sternenhimmel am Strand mit DJs aus İstanbul und dem Ausland feiern oder in romantischen Garten-Openair-Bars türkischer Livemusik lauschen. Für jeden Geschmack ist etwas dabei.

In der Altstadt Hier ist die Fluktuation enorm, manche Kneipen schließen schon nach wenigen Monaten wieder. Sollte nichts Neues aufmachen, herrscht am Abend relativ tote Hose. Ein paar wenige Clubs schaffen es aber dennoch, Beats bis spät in die Nacht in die Pensionszimmer zu schicken. Dazu gehören das **Ally 13**, eine Art Vergnügungspark für Gaumen und Ohr: mehrere Restaurants mit Gerichten aus aller Welt, viel Musik, alles auf höherem Preisniveau (nur im Sommer geöffnet), und der **Club Arma 15** beim alten Hafen (→ Essen & Trinken) mit heftigen Getränkepreisen.

Wer einfach nur ein Bier trinken will, kann in den **Mr. Blues Pub 21** gehen, eine kleine Bar ganz im Zeichen des Blues und Jazz. Nach dem zweiten Besuch wird man vom Wirt schon wie ein alter Stammgast begrüßt. Dieser plante zuletzt, seinen Gästen künftig auch Steaks zu brutzeln. Hıdırlık Sok.

Zwischen Antalya und Lara **The Jolly Joker Pub**, zuletzt *die* Adresse der einheimischen Partypeople. Vergnügungstempel auf drei Etagen: Im EG ein *Starbucks*, im OG das *Jolly Joker* mit allabendlicher Livemusik (viel Retro, keine Tanzfläche, getanzt wird zwischen den Tischen, meist gerammelt voll) und im Kellergeschoss der *Club Soho* (ebenfalls oft mit Livemusik). Im Südosten Antalyas am Özgürlük Bul., der Straße nach Lara (in unmittelbarer Nähe des Hotels Dedeman).

In den Gassen der Altstadt

Antalya → Karten S. 74/75 und S. 81

Baden/Tauchen

Attalos plante bei der Gründung der Stadt keine schwimmbegeisterten Touristen ein und platzierte Antalya direkt auf einem Fels über dem Meer. Folglich liegen die Strände außerhalb der Altstadt. Einzige Ausnahmen für einen Sprung ins Meer sind der gebührenpflichtige Sandfleck keine 100 m südlich des alten Hafens (Zugang vom Restaurant **Mermerli**) und das zentrumsnahe **Adalar Beach Café** (Zugang über den Karaalioğlu-Park nahe dem Restaurant Deniz), eine mit Liegestühlen bestückte Holzplattform zwischen Felsen über dem Meer. Die nächstgelegenen Strände sind:

Konyaaltı (auch: **Antalya Beach Park**): Ein langer Sand-Kies-Strand, der etwa 2 km westlich des Zentrums beginnt. Spielend mit der alten Straßenbahn zu erreichen: Bis zur Endstation beim archäologischen Museum fahren und von dort noch ca. 5 Min. bergab. Taxi einfach ca. 7,50 €. Die Bars und Beachclubs (→ Nachtleben) organisieren den Liegestuhlverleih, bieten Umkleideräume, Duschen und natürlich gute Cocktails. Wer davon zu viele hat und untergeht, darf auf die Rettungsschwimmer hoffen. Geboten werden zudem diverse Wassersportmöglichkeiten zwischen Bananariding und Parasailing.

Lara: → S. 96.

Tauchen **Rainbow A & P Diving Center**, Tauchbasis am alten Hafen nahe dem Parkplatz, deutschsprachige Instruktoren. Bootstauchgänge zu einem vorgelagerten Wrack (35 €), ferner Schnuppertauchen für 50 € und diverse Tauchkurse ab 300 €. ✆ 0532/7641409 (mobil), www.apdivers.de.

Aquaparks **AquaLand**, etwas zurückversetzt vom Konyaaltı-Strand ganz im Westen des gepflegten Strandabschnitts. Mit Megarutsche, mehreren Pools etc. Eintritt 12,50 €, Kinder 7,50 €. Zu erreichen mit Ⓑ KL08 von der Fahrettin Altay Cad. (Haltestelle dort vor dem Friedhof). Ein ähnliches Angebot bietet der schön begrünte **Dedeman Aquapark** ca. 4 km südöstlich von Antalya (Richtung Lara), zu erreichen mit Ⓑ KL08 von der Işıklar Cad.; mit dem Auto stets parallel zur Küste Richtung Lara fahren, dann kommt man automatisch daran vorbei. Eintritt 12,50 €, Kinder 7,50 €.

Sehenswertes

Die meisten Sehenswürdigkeiten Antalyas liegen in oder nahe der Altstadt *(Kaleiçi)*. Man kann sie spielend zu Fuß abklappern, sie sind aber im verwinkelt-verwirrenden, engen und abschüssigen Gassensystem nicht immer leicht bzw. auf Anhieb zu finden. Kein Stadtplan wird dem Gassenchaos gerecht, das z. T. ein Erbe der Griechen ist. Auf diese folgten in den 1920ern mehrheitlich Sinti-Familien. Viele von ihnen wanderten im Laufe der Zeit wieder ab. Die, die blieben, zählen heute zu den sozial schwachen Altstadtbewohnern. In manchen Gassen kontrastieren ihre ruinösen Wohnhäuser mit den restaurierten Anwesen der Pensionsbetreiber, doch jedes Jahr werden es weniger. Die Stadtväter tun viel, um Kaleiçi in eine Bilderbuchaltstadt zu verwandeln – leider auch auf Kosten ihres vormaligen morbiden Charmes. Zuletzt wurde das Viertel in weiten Teilen verkehrsberuhigt, wobei man die Hesapçı Sokak, die vom Hadrianstor zum Hıdırlık Kulesi führt, in eine mit Marmor gepflasterte Flaniermeile umgestaltete.

Yivli-Minarett/Alaeddin-Moschee: Das seldschukische Minarett der Alaeddin-Moschee aus dem frühen 13. Jh. ist das Wahrzeichen Antalyas. Die Dominante in der Altstadtskyline ragt etwas unterhalb der Cumhuriyet Caddesi in den Himmel. Der Ziegelturm hat die Form eines Rundstabbündels und diente Seefahrern Jahrhunderte lang als Orientierungspunkt. Die dazugehörige Moschee wurde auf dem Fundament einer byzantinischen Kirche errichtet. Ihre zwölf Säulen, die heute die sechs Ziegelkuppeln tragen, stammen noch aus dem Vorgängerbau und so manche Säulenbase wurde als Kapitell verwendet. Sultan Alaeddin Keykobat I., einer der bedeutendsten Seldschukenherrscher, gab Moschee samt Minarett in Auftrag. Gegenüber dem Minarett sieht man die Ruinen der *Medrese*. Die Mauerreste der einstigen seldschukischen Koranschule sind von einer Stahl- und Glaskonstruktion überdacht, heute werden darin Gewürze und Kunsthandwerk verkauft. Etwas weiter liegt der ehemalige *Konvent der Mevlana-Derwische*, heute die *Güzel Sanatlar Galerisi* (Kunstgalerie), in der wechselnde Ausstellungen stattfinden. Das Gebäude wurde zuletzt umfassend restauriert.

In den Gassen von Antalya

Uhrturm/Murat-Paşa-Moschee: Der Uhrturm, dessen Fundament noch Teil der alten Stadtbefestigung ist, steht unübersehbar am Eingang zur Altstadt, an der hier verkehrsberuhigten Cumhuriyet Caddesi. Gleich daneben befindet sich die *Tekeli-Mehmet-Pascha-Moschee*, deren Silhouette zwar die Altstadt bereichert, die architektonisch jedoch uninteressant ist. Folgt man vom Uhrturm der Kazim Özalp Caddesi (eine lebendige Einkaufsstraße der Neustadt), gelangt man zur Murat Paşa Camii in einem kleinen Park. Diese Moschee aus der zweiten Hälfte des 16. Jh. lohnt einen Besuch, ihr Inneres ist reich mit Fayencen verziert.

Hafen: Im 2. Jh. v. Chr. liefen hier die ersten Schiffe ein, die mächtigen Landmauern stammen aus römischer Zeit. Über 2000 Jahre lang war er das Tor Antalyas zur Welt, bis er vom neuen Hafen westlich der Stadt abgelöst wurde. Heute legen hier nur noch Ausflugsschiffe, ein paar Jachten und Fischerboote an.

Kesik-Minarett: Einst stand hier ein Rundtempel, der dem ptolemäischen Gott Serapis geweiht war. Auf diesen folgte an gleicher Stelle im 5. Jh. die byzantinische *Panaghia-Kirche,* die wiederum 800 Jahre später in eine Moschee umgewandelt wurde. Im Jahre 1851 ging diese bei einem Großbrand in der Altstadt in Flammen auf. Zurück blieb eine Ruine. Seit diesem Zeitpunkt spricht man auch vom Kesik-Minarett – dem „abgeschnittenen Minarett". Zwischen den umzäunten Mauerresten an der gleichnamigen Gasse wächst heute Unkraut.

Suna ve İnan Kıraş Kaleiçi-Museum: Es ist untergebracht in einem osmanischen Herrenhaus. Zu sehen gibt es ein paar alte Fotografien der Stadt, zudem werden in drei extrem klimatisierten Räumen mit lebensgroßen Puppen Szenen aus dem vorletzten Jahrhundert nachgestellt, wie z. B. das Servieren von Kaffee, das Rasieren des Bräutigams oder der Henna-Abend vor dem Hochzeitsfest. Das klingt nicht gerade spannend, und so ist es auch. Zum Museumskomplex gehört auch eine *griechisch-orthodoxe Kirche* aus der zweiten Hälfte des 19. Jh., die wechselnden Ausstellungen dient, gelegentlich finden darin auch Konzerte statt.
Kocatepe Sok. 25. Tägl. (außer Mi) 9–12 u. 13–18 Uhr. Eintritt 1 €, erm. die Hälfte.

Hadrianstor: Der prunkvolle, im Türkischen *Üçkapılar* („Drei Tore") genannte Triumphbogen aus Marmor mit seinen beiden wuchtigen Türmen wurde 130 n. Chr. für Kaiser Hadrian errichtet, als dieser der Stadt einen Besuch abstattete. Heute ist das Tor auch für Nichtkaiser ein hübscher Eingang von der Atatürk Caddesi in die Altstadt. Die Kerben in den Bodenplatten unter der schicken neuen Fußgängerbrücke sollen Spurrillen römischer Wagen sein. Deutlicher erkennt man, dass das Höhenniveau der alten römischen Stadt ein paar Meter unter dem heutigen lag. Welche Ruinen unter der Altstadt noch schlummern, ist unbekannt.

Hıdırlık Kulesi/Karaalioğlu-Park: Der 17 m hohe Turm ganz im Süden der Altstadt stammt aus römischer Zeit. Ob er als Mausoleum oder Teil einer alten Zitadelle gebaut wurde, weiß man nicht – die Forschung tappt hier noch im Dunkeln. Genutzt wurde er später u. a. als Leuchtturm und Kanonenplattform zur Sicherung des Hafens. Weiter südlich schließt sich der Karaalioğlu-Park an: Blumenmeer trifft hier Mittelmeer. Teegärten und Restaurants laden zum Verweilen ein. Ein kleiner Abenteuerspielplatz mit Hängebrücke und Rutschen erfreut Kinderherzen. Tipp: Schauen Sie sich hier den Sonnenuntergang an.

Atatürk-Museum und Stadtmuseum: Das *Atatürk Evi Müzesi,* das dem Staatsgründer Referenz erweist, ist untergebracht in einem Nachbau des osmanischen Konaks, in dem Atatürk vom 6.–12. März 1930 nächtigte. Zu sehen sind diverse Fotografien von Atatürk während seines Antalya-Besuches, ferner Briefmarken, Banknoten, Münzen mit Atatürk-Konterfei, seine Schuhe, Gamaschen und Socken. Ein paar Schritte weiter befindet sich das alte Rathaus Antalyas *(Belediye),* das künftig – vielleicht schon bis zu Ihrem Besuch – ein neues Stadtmuseum beherbergen wird.
Atatürk-Museum, İşıklar Cad. (im Osten des Karaalioğlu-Parks). Tägl. (außer Mo) 9–17 Uhr, im Sommer bis 19 Uhr. Eintritt frei.

Antalya → Karten S. 74/75 und S. 81

Çağdaş Yaşam Kültür Alanı und Atatürk Kültür Parkı: Verlässt man die Altstadt gen Westen, erstrecken sich zwischen Steilküste und Cumhuriyet Caddesi der Çağdaş Yaşam Kültür Alanı und anschließend, noch weiter westlich zwischen der Konyaaltı Caddesi und der Steilküste, der Atatürk Kültür Parkı. In den gepflegten Parkanlagen laden Cafés und Teegärten zu einer Pause ein. Obendrein hat man herrliche Ausblicke über die Bucht von Antalya: im Westen die Berge bei Kemer, im Osten die Steilküste von Lara. In beiden Parkanlagen finden auch immer wieder kulturelle Veranstaltungen statt. Für manche Abschnitte wird zuweilen ein kleiner Eintritt verlangt.

Archäologisches Museum: Es gehört zu den führenden Museen seiner Art in der Türkei und ein Besuch ist absolut lohnenswert. Gezeigt werden Funde aus Lykien und Pamphylien in chronologischer Anordnung. So manche der Funde sind spektakulärer als der Anblick der Ausgrabungsstätten heute. Der Rundgang beginnt mit der prähistorischen Sammlung und schließt mit einer ethnografischen Abteilung ab. Seinen besonderen Ruf verdankt das Museum den übergroßen Götter- und Kaiserstatuen von Perge, darunter Hadrian, Trajan, Zeus usw. Auch die reich verzierten, sehenswerten Sarkophage stammen überwiegend aus Perge. Halten Sie nach jenem Ausschau, dessen Marmorfries die Heldentaten des Herkules zeigt – eine grandiose Steinmetzarbeit. Dabei wurden solche Sarkophage im 2. u. 3. Jh., als die Sarkophagproduktion ihren Höhepunkt erreichte, wie Katalogware hergestellt. Ferner kann man Goldschmuck aus Patara bestaunen, kleine Metallfiguren aus Arykanda, Mosaike aus Seleukeia und eine umfangreiche Münzsammlung. Auch so manche Überraschung ist zu entdecken: Neben den byzantinischen Ikonen beispielsweise liegt ein Schächtelchen, eingeschlagen in rotem Samt, drinnen einige Knochensplitter und ein Teil eines Kiefers. Begleittext: der Heilige Sankt Nikolaus.

Zu Besuch bei Hermes im Archäologischen Museum

Ganz im Westen der Stadt, kurz bevor die Straße zum Strand von Konyaaltı hinabführt auf der rechten Seite. Am einfachsten mit der alten Straßenbahn zu erreichen (bis zur Endstation fahren). Im Sommer tägl. (außer Mo) 9–19 Uhr, im Winter 8–17 Uhr. Eintritt 6 €.

Minicity: Die Minicity ist ein Freizeitpark mit über 70 Nachbildungen berühmter Baudenkmäler des Landes im Miniaturformat (Maßstab 1:25). Aus einer Begleitbroschüre (auch deutschsprachig) können Sie Ihren Kindern vorlesen, was diese alles nicht anfassen dürfen (Eintritt 2,50 €, tägl. 9–22 Uhr).

Anfahrt: Im Westen Antalyas hinter dem Konyaaltı-Strand. Vom Zentrum kommend, passiert man zunächst das Spaßbad Aqua-Land (linker Hand Ausschau halten), kurz darauf taucht die Minicity auf (rechter Hand Ausschau halten). Zu erreichen mit Ⓑ KL08 von der Fahrettin Altay Cad. (Haltstelle vor dem Friedhof).

An den oberen Düden-Wasserfällen bei Lara treffen sich die Angler

Im Hinterland von Antalya

Als Highlight des Hinterlands präsentiert sich das antike Termessos im gleichnamigen Nationalpark – allein schon die Lage der Ruinenstadt in einer wildromantischen Bergwelt begeistert. Auf dem Weg dahin lohnt ein Abstecher zur imposanten Güver-Schlucht eher als zur Karain-Höhle, die nur eingefleischte Archäologiefreaks faszinieren wird. Die Düden- und Kurşunlu-Wasserfälle sind beliebte Ausflugsziele im Grünen – spektakulär sind sie jedoch nicht. In der Bergwelt rund um Saklıkent kann man im Winter Ski fahren gehen.

Düden-Wasserfälle: Die *oberen Wasserfälle* liegen in einem kleinen Park *(Düdenbaşı Piknik Alanı)* im Nordosten Antalyas – noch vor einem Jahrzehnt im Nirgendwo weit außerhalb, in naher Zukunft von Hochhäusern eingekeilt. An Sonntagen dient der Park Familien als Picknickplatz und Tanzterrain, Teegärten und Restaurants (→ Antalya/Essen & Trinken, S. 81) sorgen für Speis und Trank. Aus einer Felskaverne kann man den Wasserfall auch von hinten sehen. Im Sommer kann das Rauschen allerdings ausfallen, denn dann ist der Fluss Düden bisweilen ziemlich ausgetrocknet. Die *unteren Wasserfälle* liegen ca. 10 km östlich des Zentrums von Antalya vor Lara (s. u.) am Meer und sind das Ziel vieler Bootsausflüge und Touristenbusse. Durch die Ablagerung von Quellkalk hat der Düden hier Gesteinsformationen entstehen lassen, die sich im Laufe der Jahrtausende immer weiter ins Meer vorschoben.

Anfahrt/Öffnungszeiten: Die oberen Wasserfälle sind von der West-Ost-Tangente, dem Gazi Bul., mit „Düden Şelalesi" ausgeschildert. Busse (z. B. Ⓑ VC56) von der Doğu Garajı (Haltestelle neben der Straßenbahnhaltestelle). Im Sommer 8–20 Uhr, im Winter 8–17.30 Uhr. Eintritt 1,25 €.

Zu den unteren Wasserfällen gelangt man, indem man von Antalya gen Lara immer der Straße folgt, die der Küste am nächsten gen Süden verläuft. Die Fälle befinden sich genau dort, wo die Küstenstraße einen Knick nach links (landeinwärts) macht. Die Busse Ⓑ KL08 (ab der Işıklar Cad.) fahren nahe an den Fällen vorbei. Sagen Sie dem Fahrer Bescheid, dass Sie am „Düden Parkı" aussteigen wollen und folgen Sie von der Haltestelle der zum Meer führenden Straße an der Feuerwehr *(İtfaiye)* vorbei. Das Gelände ist stets zugänglich und kostet keinen Eintritt.

Kurşunlu-Wasserfälle: Sie sind unwesentlich größer als die Düden-Wasserfälle und wurden 1991 zum Naturschutzgebiet erklärt. Man sollte sich nicht zu viel erwarten, es stürzt auch hier kein imposanter Strom zu Tale. Andrang herrscht nur vor dem türkisfarbenen Becken des Hauptfalls; auf den kleinen Pfaden des reich bewachsenen Geländes verlieren sich die Spaziergänger dann aber zusehends. Wer dem Fluss folgt, gelangt zu einem kleinen See zwischen Felsen, Büschen und Bäumen. Es gibt eine Reihe von Restaurants.

Anfahrt: Antalya Richtung Osten (Alanya) verlassen, nach etwa 10 km weist ein Hinweisschild („Kurşunlu Şelalesi") den Weg zu den noch 8 km entfernten Fällen. Die Wasserfälle sind von Antalya (Meydan, östliche Endhaltestelle der neuen Straßenbahnlinie) mit Bussen zu erreichen. Tägl. 7–20 Uhr, im Winter verkürzt. Eintritt 1,25 €.

Saklıkent: Rund 50 km westlich von Antalya, auf 1800 m Höhe im Landesinnern, liegt Saklıkent – kein idyllisches Bergdorf, sondern eine etwas verstaubt wirkende Ferienhaussiedlung. Bekannt ist der Ort wegen seines Skigebiets (1890–2400 m), genauer gesagt: wegen zweier Lifte, die mehrere Abfahrtsmöglichkeiten erschließen (Infos unter www.saklikent.com.tr). Leider ist die Region nicht allzu schneesicher. Vormittags Ski fahren und am Nachmittag am Strand liegen – das geht leider nur selten. Dennoch lohnt der Weg ins karge Bergland, denn schon die Anfahrt ist ein landschaftlicher Traum. Tipp: Picknick mitnehmen und auf einer der Bergwiesen unterhalb des Ortes verspeisen.

Anfahrt: Vom Zentrum Antalyas orientiert man sich erst Richtung Kemer und folgt dann der Straße nach Burdur. Von dort ist der Weg ausgeschildert.

Auf dem Weg nach Saklıkent

Güver-Schlucht: Der 115 m hohe und eine Mio. Jahre alte „Grand Canyon der Südküste“ liegt im Naturpark *Güver Kanyon Tabiat Parkı* nahe der Straße nach Termessos. Das Areal kann erwandert, aber auch mit dem eigenen Fahrzeug problemlos befahren werden: Vom Eingang sind es rund 2 km, bis man die Schlucht erreicht, und weitere 2 km, bis diese mit einem anderen Cañon zusammentrifft. Unterwegs passiert man zwei wenig Vertrauen erweckende Aussichtsplattformen. Nicht nur der Anblick der Schlucht ist imposant, auch kann man bei schönem Wetter den Blick in die Ferne schweifen lassen, bis nach Antalya und dem Mittelmeer am Horizont. Der Park verfügt zudem über Wildgehege und lädt zum Picknicken ein – meiden sollte man jedoch die Sommerwochenenden, wenn halb Antalya hier unterwegs ist.

Anfahrt/Öffnungszeiten Vom Zentrum Antalyas orientiert man sich erst Richtung Kemer und folgt dann der Straße nach Burdur. Ca. 10 km später geht es links ab Richtung Denizli/Korkuteli. 7 km weiter, kurz hinter dem Ortsende von Döşemealtı und damit dem „Stadtende“ von Antalya (Ortsausgangsschild Antalya) liegt der Parkeingang linker Hand. Um zum Eingang zu gelangen, musste man 2011 jedoch hinter der Brücke nach dem Ortsausgangsschild einen U-Turn absolvieren. Durch Straßenbauarbeiten kann sich die Anfahrt verändern! Ohne eigenes Fahrzeug nimmt man von Antalya (Busbahnhof) einen der stündl. Busse nach Korkuteli und steigt unterwegs aus (Fahrer Bescheid geben). Tägl. 8–21 Uhr, im Winter verkürzt. Eintritt 1 €, Auto (mit Passagieren) 2,50 €.

Übernachten **Bagana Horseclub**, Reiterhof im Dorf Yukarıkaram. Unter deutscher Leitung. 7 schlichte, aber freundliche Zimmer ganz im Zeichen des Pferdes gruppieren sich um die Manege, dem Zentrum der Anlage. Kleiner Pool, Sauna, Restaurant. Ausritte auch für Nichtgäste möglich (3-stündige Tour 100 €). Anfahrt: Der Wegbeschreibung zur Güver-Schlucht folgen, nach dem Ortsendeschild von Antalya rechter Hand ausgeschildert. DZ 45 €. Yukarıkaram, ✆ 0242/4252270, ℻ 0242/4252055, www.baganahorse.com.

Karain-Höhle: Für die Wissenschaft war die Höhle einst eine interessante Entdeckung, für den Touristen von heute ist sie nicht viel mehr als ein schattiger Platz. Viel Außergewöhnliches gibt es nicht zu erspähen. Umso sehenswerter ist das 300 m tiefer gelegene, kleine Museum. Dort sind Höhlenfunde ausgestellt, insbesondere Pfeilspitzen und archaische Werkzeuge, deren Alter bis ca. 150.000 v. Chr. zurückreicht.

Anfahrt Vom Zentrum Antalyas orientiert man sich erst Richtung Kemer und folgt dann der Straße nach Burdur. Ca. 12 km weiter geht es links ab Richtung Yeniköy/Karain. Ab hier durchgehend ausgeschildert, noch 1̣9 km. Man kann aber auch von Termessos (s. u.) zur Höhle gelangen: An der Straße von Termessos zurück nach Antalya ist die Abzweigung nach Karain ausgeschildert, von dort noch 12 km.

Öffnungszeiten/Museum Mai–Okt. tägl. 7.30–18 Uhr, Nov.–April 8–17 Uhr. Eintritt 1,20 €.

Termessos

(antike Stadt)

Wenn Ruinen atemberaubend sein können, dann die von Termessos. Schwer zugänglich liegen sie auf rund 1000 m Höhe.

Eine Besichtigung der Ruinen von Termessos gehört zum touristischen Pflichtprogramm der Südküste. Aber nicht nur die Ruinen sind eindrucksvoll, das Gleiche gilt für die artenreiche Tierwelt des Gebiets rund um den *Güllük Dağı* („Rosenberg“), das 1970 zum **Nationalpark Güllük Dağı** erklärt wurde. Neben Adler, Falken und Habichte kann man Wildziegen und mit etwas Glück auch Rot- und Damwild beobachten. Bisweilen stößt man sogar auf den *Capra aegagrus,* einen Verwandten des Steinbocks mit besonders schönen Hörnern. Selbst Bären sollen in den letzten Jahren wieder zugezogen sein, und noch im 19. Jh. berichtete der britische Reisende Charles Texier von einer großen Leopardenpopulation – die letzten Exemplare wurden 1938 erlegt. Die Flora ähnelt der alpiner Gebiete mit dichtem Niederbaumbestand. Eine Besonderheit ist die *Lady's-Slipper-Orchidee* (kann jeder selbst übersetzen), die im April/Mai ihre blassen, rosafarbenen Blüten treibt.

Am Eingang zum Park befindet sich ein kleines Museum. Geboten wird nichts Spektakuläres, lediglich ein paar verblichene Landschaftsfotos, eine Reihe ausgestopfter Tiere und ein paar Kleinfunde aus der Ruinenstadt.

Anfahrt Termessos, etwa 35 km nordwestlich von Antalya, erreicht man mit dem Korkuteli-Bus (vom Busbahnhof Antalyas). Auf Höhe des Yenice-Passes beim Wegweiser „Termessos" aussteigen. Von dort sind es noch 9 km, die Straße ist gut ausgebaut, aber stark ansteigend (fast 700 Höhenmeter müssen überwunden werden). Zu Fuß mind. 2 Std. – im Sommer nur per Autostopp möglich. Am besten beim Parkeingang Kontakte knüpfen. Im Sommer warten auch Taxis an der Abzweigung.

Selbstfahrer orientieren sich vom Zentrum Antalyas erst Richtung Kemer und folgen dann der Straße nach Burdur. Ca. 10 km später geht es links ab auf die Nationalstraße 350 Richtung Denizli/Korkuteli. Von dieser aus beschildert (noch 23 km).

Öffnungszeiten Im Sommer tägl. 8–17 Uhr, im Winter 8–16 Uhr. Eintritt 2 €.

Übernachten/Camping **Yeşil Vadi**, Restaurant, Pension und Campingplatz. Harter Boden, mit dem Wohnmobil jedoch durchaus okay. Einfache Bungalows mit Klimaanlage – diese werden oft aber auch von Pärchen aus Antalya stundenweise gemietet ... Die nahe vierspurige Straße ist zu hören. Anfahrt: Bei der Kreuzung nach Termessos der Straße zur Karain-Höhle folgen, nach 200 m linker Hand. DZ 30 €, 2 Pers. mit Wohnmobil 10 €. Çığlık Kasabası Aydınlar Mah., ✆ 0242/4237555, ℻ 4237516, www.yesilvadi.com.

Hinweis: Für die Besichtigung der weitläufigen antiken Stadt sollten Sie mindestens 2 Std. einplanen. Die Besichtigung ist kein Spaziergang, eher eine kleine Bergwanderung, tragen Sie feste Schuhe. Und bringen Sie ausreichend Getränke mit, nicht immer sind fliegende Händler vor Ort. Sie können auch gleich einen Picknickkorb mitnehmen, das Theater ist ein herrlicher Platz, um ihn auszupacken.

Geschichte

Die Geschichte von Termessos reicht vermutlich bis ins 2. Jt. v. Chr. zurück. Die Stadt entwickelte sich aus einer uneinnehmbaren psidischen Bergfestung am Fuß des *Güllük Dağı*, der in der Antike noch den Namen *Solymos* trug. Schenkt man Homers Epos *Ilias* Glauben, so waren die Solymer überaus kriegerisch und tapfer. Weder Alexander der Große noch andere potenzielle Usurpatoren konnten die Stadt jemals einnehmen. Was dem Menschen vorenthalten blieb, gelang der mythologischen Gestalt des Bellerophon und der Natur – der Erstere vernichtete sie, die Letztere eroberte sie zurück.

Seine Blütezeit erlebte Termessos vom 1. Jh. v. Chr. bis zum 2. Jh. n. Chr., insbesondere nachdem es sich mit Rom gegen den pontischen König Mithridates verbündet hatte. Die siegreiche Weltmacht wusste dies durchaus zu würdigen, wie aus einem noch in Teilen existierenden Vertragswerk hervorgeht. So weiß man, dass Termessos zahlreiche Vergünstigungen und rechtliche Freiräume eingeräumt wurden, die den Wohlstand der Stadt begründeten. Aus dieser Zeit stammen auch die meisten

Bauwerke, die heute als Ruinen zu besichtigen sind. Wie eng die Verbindung zu Rom gewesen sein muss, wird auch daraus deutlich, dass die Termessioten das Jahr der Vertragsschließung zum Beginn einer neuen Zeitrechnung machten.

Während der oströmischen Herrschaft verlor die Stadt allmählich an Bedeutung und wurde vermutlich Ende des 4., Anfang des 5. Jh. durch ein Erdbeben zerstört und aufgegeben. Wiederentdeckt wurde Termessos 1842 von englischen Archäologen. Eine systematische Erforschung und Vermessung begann jedoch erst rund 40 Jahre später. Verantwortlich war ein Team unter der Leitung des Wiener Grafen Karol Lanckoronski (1848–1933). Deren Arbeit erweist sich noch heute von besonderem Wert, da viele der seit dem letzten Jahrhundert eingestürzten Gebäude bzw. Gebäudereste nur auf der Grundlage der von Lanckoronski und seinen Mitarbeitern angefertigten Skizzen und Fotografien rekonstruiert werden konnten.

Bellerophon – ein Held, der vom Himmel fiel

Bellerophon, Sohn des Königs von Korinth, zählt wie Herakles, Jason oder Theseus zu den großen Heroen der Mythologie. Ihm gelang es, das unsterbliche, geflügelte Pferd Pegasos zu zähmen, doch ihm gelang es auch, versehentlich seinen Bruder Deliades zu töten. Daraufhin musste er Korinth verlassen. In Argos, bei König Proitos, suchte er Zuflucht. Dort war Bellerophon mehr als nur willkommen – Proitos' Gemahlin verliebte sich in ihn. Da Bellerophon sie jedoch verschmähte, bezichtigte sie ihn der Vergewaltigung. Proitos verhängte daraufhin das Todesurteil über seinen Gast, nur selbst ausführen wollte er es nicht. Er schickte Bellerophon zu seinem Schwiegervater König Iobates von Lykien. Mit auf den Weg gab er ihm einen versiegelten Brief, der die Aufforderung enthielt, den Überbringer zu töten, Aber auch Iobates hatte Skrupel, die Tat auszuführen und stellte Bellerophon vor drei Prüfungen, die dieser nicht überleben sollte. Zunächst hatte er die Chimäre zu töten, doch Bellerophon erstach das feuerspeiende Ungetüm. Dann sollte er die Feinde Lykiens, die Solymer vernichten. Auch das gelang ihm. Zuletzt musste er gegen die Amazonen in den Kampf ziehen, jene kriegerische Frauen, die sich die rechte Brust abnahmen (amazon = brustlos), damit sie den Bogen besser halten konnten. Und auch von dieser Aufgabe kehrte Bellerophon lebend zurück. Daraufhin gab sich Iobates geschlagen, machte Bellerophon zu seinem Verbündeten, verheiratete ihn mit seiner Tochter Philonoë und schenkte beiden sein halbes Reich. Iobates zeigte dem mutigen Heroen auch jenen Brief, der einst seinen Tod bedeuten sollte. Bellerophon schwor Rache an Proitos' Gemahlin, ritt zu ihr, umschmeichelte sie und schlug ihr vor, gemeinsam zu fliehen. Sie willigte ein. Von seinem geflügelten Pferd stieß er sie aus großer Höhe ins Meer, wo sie ertrank. Ein ähnliches Schicksal sollte später auch Bellerophon erfahren. Er versuchte sich mit den Göttern und wollte auf Pegasos in den Himmel reiten. Zeus war darüber so erbost, dass er eine Fliege schickte, die Pegasos in den Hintern stach. Das Pferd warf seinen Reiter ab. Bellerophon überlebte den Sturz, war jedoch für immer gelähmt. Euripides verewigte das Leben des traurigen Helden in seinem Bellerophon-Epos.

Sehenswertes

Die hier beschriebenen Ruinen lassen sich der Reihenfolge nach abgehen, Schilder erleichtern die Orientierung. Noch vor dem Rundgang durch das Ausgrabungsgelände passiert man an der Straße vom Parkeingang hinauf zur antiken Stadt nach ca. 5 km in einer Rechtskurve einige Mauerreste und kurz darauf die Grundmauern eines **Befestigungsturms**. Vermutlich stand hier einst eine große Toranlage, eine Art Mautstelle für die Karawanen über den Yenice-Pass. Anschließend folgt die asphaltierte Straße in vielen Abschnitten der antiken **Königsstraße**, die vom Tor bergauf zur Stadt führte. Die Straße endet an einem Parkplatz, nahebei ein antiker **Soldatenfriedhof** mit einigen schönen Sarkophagen – herumkraxeln macht hier Spaß! Vom Parkplatz führt zudem ein Pfad zum Hadrianpropylon, der ersten hier beschriebenen Sehenswürdigkeit.

Tor des Hadrian 1: Die gut leserliche Inschrift im Abschlussstein des 4 m hohen und fast 2 m breiten marmornen Torbaus gibt Auskunft darüber, dass dahinter einst ein dem Kaiser Hadrian geweihter Tempel stand. Außer ein paar verstreut liegenden Architekturfragmenten ist von ihm jedoch nichts mehr erhalten. Man nimmt an, dass der Tempel bis zu 8 m hohe korinthische Säulen besaß.

Tor des Hadrian

Vom Hadrianpropylon führt ein Fußweg vorbei an einer Nekropole mit geplünderten Steinsarkophagen und gut erhaltenen Felsengräbern ins Zentrum der Stadt. Wählen Sie diesen Weg als Rückweg. Denn leichter bergauf ist der Weg vom Parkplatz über die z. T. sehr gut erhaltene, ehemalige Königsstraße (mit „Giriş Yolu Ruins“ ausgeschildert) zur Stadtmauer und zum Stadttor.

Stadtmauer 2 und Stadttor 3: Schon König Attalos II., der Gründer von Antalya, ritt auf der Königsstraße ins Zentrum der Stadt. Linker Hand tauchen bald Reste der unteren Stadtmauer auf, die noch die Trutzigkeit der ehemals 6 m hohen Befestigungsanlage erahnen lassen. Vom Stadttor ist kaum mehr etwas zu sehen, auch nicht von dem einstigen *Würfelorakel,* das daran angrenzte. Man übte es mit sieben Würfeln aus. Diese ermöglichten 120 Antworten, die in eine Tafel eingraviert waren. Etwas weiter stehen noch die Reste eines quadratischen *Beobachtungsturms.* Die aufeinandergeschichteten Quader sind noch über zehn Lagen hoch.

Gymnasion 5 und Oberer Wall 4: Der Weg führt nun an den Ruinen des einst 91 m langen, aber nur 14 m breiten Gymnasions vorbei. Dichtes Gestrüpp erschwert leider den Zugang. Die Südwestfront ist der besterhaltene Teil der Anlage, deren Bade- und Schulräume sich um den etwa 50 m langen Innenhof gruppierten. Zu beachten sind insbesondere die großen Nischen und Tore in der Fassade und das in-

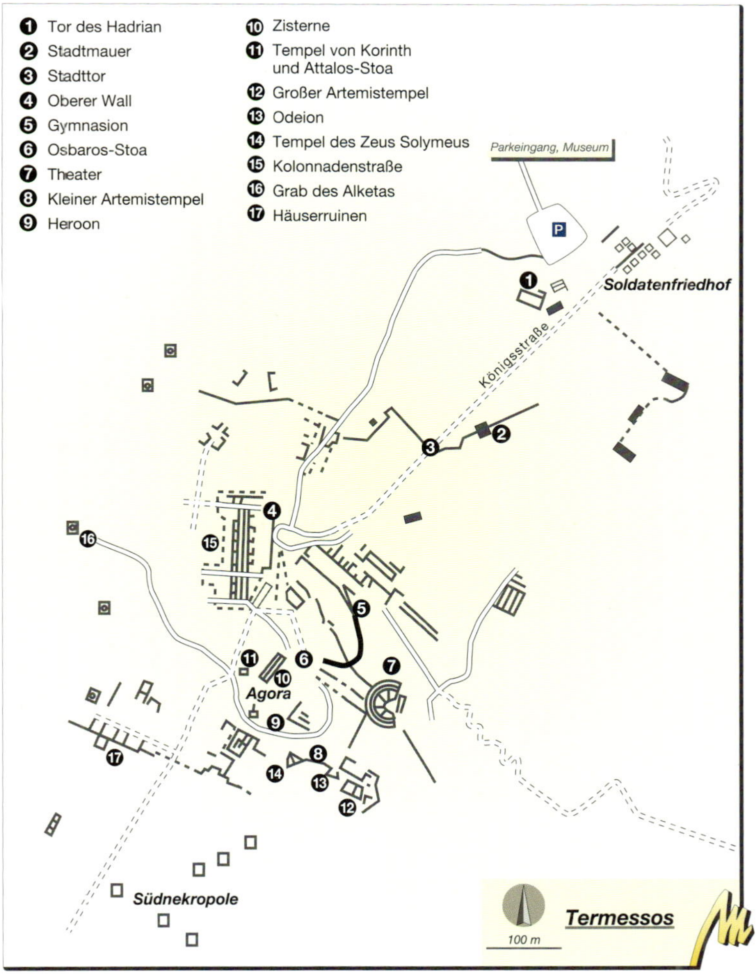

takte Eingangstor. Den Abschluss (östlichen Teil) des Gymnasions bildet ein später angefügtes römisches Bad. Erkennbar ist es an den beiden noch stehenden Säulentoren und dem eingestürzten Wasserkanal. Das Gymnasion liegt zu Fuße des oberen Walls, zugleich der inneren Befestigungsmauer.

Kolonnadenstraße 15: Hat man die nächsthöhere Terrasse erreicht, passiert man auf dem Weg zum Theater u. a. die Kolonnadenstraße, eine ehemalige Prachtstraße, die beidseitig von 47 Säulen und etlichen Statuen flankiert war. Dahinter lagen Läden, Säulenhallen und kleinere Gebäude, von denen jedoch nur noch überwucherte Grundrisse erhalten sind. Zum Flanieren taugt die Kolonnadenstraße heute nicht mehr, nur noch zum Kraxeln.

Osbaros-Stoa 6: Etwas weiter bergauf gelangt man zum einstigen Marktkomplex der Stadt. An dessen Nordseite kann man die Fundamente der Osbaros-Stoa ausmachen (benannt nach einem ehemaligen Stadtoberhaupt). Der 100 m lange und 11 m breite Bau war in der Mitte durch eine Mauer längs geteilt.

Theater 7: Die schönste und imposanteste Ruine von Termessos. Teile der Zuschauerreihen und des Bühnengebäudes (darunter zwei Tore) sind noch erhalten. Die einzigartige, grandiose Lage des Theaters ist allenfalls noch mit der des Theaters von Taormina in Sizilien vergleichbar. Der Blick schweift ungehindert zwischen den Bergen hindurch bis ins Tal, nach Antalya und an die Gestade des Mittelmeers. Wegen der Form (die Zuschauerränge gehen über den für römische Theater typischen Halbkreis hinaus) muss auf ursprünglich griechische Erbauer geschlossen werden. Das Theater war relativ klein und fasste lediglich 4200 Zuschauer. Sein Radius betrug 33 m, die Höhe von der Orchestra bis zu den letzten Rängen knapp 13 m, die in 26 Sitzreihen überwunden wurden. Interessant ist die Zweiteilung des Zuschauerraums in acht obere und 18 untere Sitzreihen. Während die oberen (billigeren) von der Seite aus betreten werden mussten, waren die unteren durch einen mittlerweile eingestürzten Tunnel zugänglich. In der Kaiserzeit standen hier auch Gladiatorenkämpfe auf dem Spielplan. Dabei wurde gewettet: Der Sieg des einen bedeutete den Tod des anderen.

Odeion 13: Weiter südlich ist die mächtige, fast 23 m breite und 10 m hohe Rückwand des einst gewaltigen, vom Grundriss her quadratischen Odeion zu sehen. Es war überdacht und diente zugleich als Rathaus. Zwischen den Pilastern wurden die heute nur noch schwer zu erkennenden Namen erfolgreicher Athleten eingemeißelt. Über den benachbarten kleinen Artemis-Tempel (s. u.) gelangt man ins Innere des Odeion, wo Architekturfragmente im Gestrüpp verstreut liegen.

Artemis-Tempel 8/12: In der Nachbarschaft des Odeion standen einst zwei Artemistempel. Der größere liegt vollständig in Trümmern. Der kleinere und jüngere stammt vermutlich aus dem 3. Jh. v. Chr. Vollständig erhalten sind die schönen Portalwände, deren Inschriften verraten, dass eine gewisse Aurelia Amasta den Tempel gestiftet hat.

Tempel des Zeus-Solymeus 14: Hinter dem Odeion umschließen noch immer 4 m hohe Außenwände einen Raum von 6 x 7 m Fläche. Dieser kleine Tempel diente der Verehrung des lokalen Gottes Zeus-Solymeus. Der Zeuskult war von den griechischen Nachbarn übernommen worden, verschmolz hier aber mit der Verehrung lokaler Gottheiten. Zahlreiche in Termessos gefundene Statuen zeugen von seiner Bedeutung.

Agora, Heroon 9 und Zisterne 10: Der Marktplatz im Zentrum des antiken Termessos ist heute fast völlig überwuchert. Man braucht viel Phantasie, um sich vorzustellen, dass hier das Herz der Stadt schlug. Gekauft und getauscht wurden v. a. Obst und Getreide sowie Pferde und Rinder – die Wirtschaftsgrundlagen des antiken Termessos. Um den Abschluss des Geschäfts zu besiegeln, wurde in der Antike häufig ein Opfer gebracht. In Termessos tat man dies direkt auf dem Gelände der Agora. Der Opferplatz war ein auf einem großen Felsen ruhendes Heroon (Grabmal). Es ist allerdings nicht bekannt, wem die außerordentliche Ehre zuteil wurde, hier beigesetzt zu werden. Unter der Agora befindet sich auch eine fünfteilige, 10 m tiefe Zisterne. Die Stadt hatte immer wieder an Wassermangel zu leiden, insbesondere im Belagerungsfall.

Attalos-Stoa und Tempel von Korinth 11: Von der Zisterne führt ein Pfad hinab zur Attalos-Stoa, die ein Geschenk König Attalos II. von Pergamon war. Gleich daneben stand der größte Tempel von Termessos. Seine Innenhalle maß ca. 10 x 10 m, die Wände waren über einen Meter dick. Seinen Namen erhielt der Tempel wegen der korinthischen Kapitelle an den Außensäulen; man weiß bis heute nicht, wem er einst geweiht war. Von dort ein paar Schritte weiter südlich ist der Weg zum Grab des Alketas und zur südlichen Nekropole ausgeschildert.

Grab des Alketas 16: Das prominenteste Grab von Termessos hat folgende Vorgeschichte: Nach dem griechischen Geschichtsschreiber Diodor (1. Jh. v. Chr.) fand Feldherr Alketas während der Diadochenkriege in Termessos Zuflucht vor seinem Gegenspieler Antigonos – Alketas war wegen Mordes an dem Makedonen Meleager für vogelfrei erklärt worden. Antigonos wartete mit einem Heer vor der Stadt und verlangte die Auslieferung des Alketes. Um einen bewaffneten Konflikt zu vermeiden, wollten die älteren Bürger dem Gesuch nachkommen, die jüngeren hingegen waren zum Kampf bereit. Durch eine List lockte man die Jungspunde schließlich aus der Stadt, um Antigonos freien Zugang zu verschaffen. Als Alketas den Verrat bemerkte, beging er Selbstmord. Der von Antigonos geschändete Leichnam wurde von den Heimkehrenden später ehrenvoll im Fels begraben.

Von der Fassade des Grabes blieb nichts erhalten, an der Rückwand sieht man jedoch noch das Relief eines berittenen Kriegers und über dem Totenlager das eines Adlers mit einer Schlange im Schnabel, eigentlich das Symbol eines Königs. Die beiden Nischen links und rechts des Grabes dienten der Aufnahme von Grabbeigaben (u. a. Wein und Getreide).

Südliche Nekropolis: Der Anstieg von der oberen Terrasse zur südlichen Totenstadt ist beschwerlich, lohnt aber – es erwartet Sie eine der besterhaltenen antiken Nekropolen überhaupt. Meist erkundet man die Totenstadt ganz alleine – nur wenige Besucher verirren sich hierher. Unter den Hunderten von Sarkophagen gibt es etliche reich verzierte, daneben auch herrliche Tempelgräber mit korinthischen Säulen. Folgt man dem Hauptpfad bis zum höchsten Punkt, gelangt man zu einem Feuerausguck der Forstverwaltung, von wo sich eine tolle Aussicht auf die Nekropole und die gesamte Bergszenerie auftut.

Beste Lage: Theater von Termessos

Die Rundtürme der hellenistischen Toranlage von Perge

Zwischen Antalya und Side

Die gut ausgebaute Nationalstraße 400 führt von Antalya in weitem Abstand zur Küste nach Side. Die Strecke ist landschaftlich wenig reizvoll, auf ewige Felder folgen monotone Siedlungen. Statt verträumter Fischerdörfer findet man künstliche Ferienanlagen wie Lara, Kundu und Belek. Ihre Schmankerl versteckt die Region im Hinterland, allen voran die publikumsträchtigen Ausgrabungsstätten Perge und Aspendos. Im Vergleich zu diesen sind die Ruinen der antiken Stadt Selge nur zweitklassig, dafür ist die Anfahrt nach Selge durch den Köprülü Kanyon und weiter durch die einsame, raue Bergwelt des Taurus ein Traum.

Lara und Kundu

Lara, 12 km südöstlich von Antalya gelegen, ist nicht viel mehr als eine gesichtslose Hotelbettenburg und Apartmentsiedlung, über welche die Flugzeuge zum Airport Antalya donnern. Man kann hier jedoch gut baden. Am besten fährt man bis zum Club-Hotel Sera. Östlich der Clubanlage beginnt ein 5 km langer und 50–100 m breiter Strand, erst feiner Kies, dann Sand. Je weiter Sie Richtung Osten tingeln, desto ruhigere Plätzchen finden Sie, Abgeschiedenheit jedoch nie. Hinter dem Strand ist noch Platz für den Bau von rund 20 Clubanlagen. Bis zu ihrer Entstehung laden an deren Stelle gebührenpflichtige Beachclubs mit chilligen Liegewiesen ein, es fehlt jedoch die harmonische Einheit des Konyaaltı-Strandes im Westen von Antalya. In einem abgegrenzten Bereich werden allsommerlich Sandskulpturen präsentiert, achten Sie auf die Beschilderung „Kum Müzesi“.

Auf den Strand von Lara folgt gen Osten, durch einen Flusslauf getrennt, der ebenfalls rund 5 km lange Strand von Kundu. Dahinter entstand in den letzten Jahren ein weitläufiger Ferienort ohne Zentrum. Bis zu zehnstöckige Apartmentblocks, teils schon bezogen, teils noch im Rohbau, wechseln sich mit Shoppingcentern, Touristenbasaren und v. a. kolossalen Fünf-Sterne-Themenhotels im Disneyland-Stil ab – der Topkapı-Palast und der Kreml stehen sich hier gegenüber. Das Ende des Kundu-Strandes markiert das 2009 eröffnete 560-Zimmer-Hotel Mardan Palace, der angeblich kostspieligste Hotelbau Europas (Kosten über eine Milliarde Euro!). Der weiße Sand davor stammt aus Ägypten, durch die Wasserlandschaft der Hotelanlage (mit Aquarien) fahren Gondeln. 1200 Angestellte sorgen sich um das Wohl der Gäste, vielfach Russen, die sich in einer der 14 Bars oder zehn Restaurants ohne mit der Wimper zu zucken ein Glas Champagner für 50 € leisten. Noch 2012 will das Mardan Palace einen 18-Loch-Golfplatz eröffnen (Infos auf www.mardanpalace.com).

Der Lara-Strand ist mit „Lara-Plajlar" ausgeschildert. Lara und Kundu sind von Antalya (von der Işıklar Cad.) mit Ⓑ KL08 zu erreichen.

Perge

(antike Stadt)

Perge ist ein weites schattenloses Trümmerfeld: 1000 Steine, aber keiner erinnert mehr an den berühmten Artemistempel der antiken Stadt. Dafür macht Perge noch immer mit einem der größten Stadien Kleinasiens auf sich aufmerksam.

Schenkt man alten Reiseberichten Glauben, so befanden sich die Ruinen von Perge bis zum Anfang des 20. Jh. in einem außerordentlich guten Zustand. In den 1920ern restaurierten und vergrößerten jedoch die Bewohner des nahen Murtuna ihr Dorf mit der historischen Bausubstanz Perges – ein irreparabler Raubbau an der Antike. Unter türkischer Leitung durchgeführte Ausgrabungen begannen 1946, sie dauern bis heute an und bringen immer wieder beeindruckende steinerne Zeugnisse aus hellenistischer, römischer und byzantinischer Zeit ans Tageslicht.

Muttergöttin und Jungfrau Maria – die Artemis von Perge

Wie in Ephesus wurde auch in Perge der Artemiskult gepflegt. Der Tempel der Artemis, der Göttin der Jagd und des Bogenschießens, der Fruchtbarkeitsspenderin, der Beschützerin wilder Tiere, Kinder und alles Schwachen, lag außerhalb der Stadt, war ein berühmter Wallfahrtsort und bot Verfolgten Asyl. Die Artemis von Perge war auch von Anfang das beherrschende Motiv auf pergamenischen Münzen. Auf den ältesten Münzen heißt sie noch *Vanassa Preiia*, „Königin von Perge", und wird als viereckiger Steinblock mit einer menschlichen Büste dargestellt. Genau genommen handelt es sich dabei um eine altanatolische Muttergöttin, die ein griechisches Namensmäntelchen umgehängt bekam. Auch unter den Frühchristen lebte der Artemiskult fort: Die Jungfrau Maria hielt man, bevor sie sich als Gottesmutter voll durchsetzen konnte, in Perge anfangs nur für eine weitere Inkarnation der uralten Muttergottheit.

Geschichte: Gegründet wurde Perge ca. 1000 v. Chr., der Legende nach von den trojanischen Sehern Kalchas und Mopsos, vermutlich aber ganz banal von siedlungsfreudigen Lakedämoniern. Die ersten Jahrhunderte der Stadtgeschichte unterscheiden sich nicht wesentlich von denen anderer Städte am Golf von Antalya: Im 7. Jh. v. Chr. wurde Perge lydisch, später persisch. Einen eigenen Weg schlug Perge erst 333 v. Chr. ein: Die Stadt unterwarf sich kampflos Alexander dem Großen und stellte ihm wegen ihrer schlechten Beziehungen zu den Nachbarstädten Aspendos und Side gar „Pfadfinder" zur Verfügung, die seine Truppen schnell und sicher durch den unwegsamen Taurus führten. Nach dem Tod Alexanders des Großen wurde die Stadt dem Seleukidenreich einverleibt. 188 v. Chr. eroberten die Römer Perge und vertrauten es Eumenes II. von Pergamon an. Zusammen mit dem pergamesischen Königreich fiel die Stadt nach dem Tod des Herrschers zurück an Rom. In römischer Kaiserzeit war Perge berühmt für seinen Artemiskult (→ Kasten).

48 n. Chr. traf Apostel Paulus mit Begleiter Barnabas in Perge ein. Die Missionare waren herzlich willkommen – was v. a. damit zusammenhing, dass man sie für die Götter Zeus und Hermes höchstpersönlich hielt. Perge besaß bald darauf eine der ersten Christengemeinden Kleinasiens, die aber noch für ein paar Jahrhunderte ein Schattendasein neben der lokalen Artemisverehrung führte. Das änderte sich endgültig unter byzantinischer Herrschaft. Mit dem Aufstieg Perges zur Bischofsstadt baute man drei Basiliken und zerstörte den berühmten Tempel samt dem Kultbild der Artemis Pergaia. Während der Sarazenenüberfälle im 7. Jh. gaben die Einwohner ihre Stadt zugunsten des besser geschützten Attaleia (Antalya) auf. Bereits zur Seldschukenzeit fegte nur noch der Wind durch die leeren Straßen. Heute gräbt hier alljährlich die İstanbul Üniversitesi.

Anfahrt In Aksu (auch: Çalkaya, mittlerweile ein Ortsteil von Antalya; 16 km östlich von Antalya) von der Nationalstraße 400 ausgeschildert, von dort noch 2 km. Wer mit dem **Bus** von Antalya aus (Ⓑ AC03 ab der Burhanettin Ornat Cad.; die Abfahrtsstelle befindet sich 2 Straßenbahnstationen östlich des Zentrums/İsmetpaşa Cad.) unterwegs ist, muss in Aksu aussteigen und den Rest (ca. 20 Min.) laufen.

Öffnungszeiten Mai–Okt. tägl. 9–19.30 Uhr, Nov.–April verkürzt. Eintritt 6 €.

Sehenswertes

Theater 2: Bereits auf der Zufahrtsstraße zum gebührenpflichtigen Teil des Ausgrabungsgeländes passiert man das Theater (nicht immer zugänglich). Der ursprünglich griechische Bau wurde im 2. Jh. n. Chr. von den Römern erweitert und mit einem dreigeschossigen Bühnenhaus und einem dekorativen *Nymphäum* versehen. Angelegt an einem Hügel vor der Stadt, bot es 14.000 eng gedrängten Zuschauern Platz. Nicht wenige besaßen „Dauerkarten" – an manchen Plätzen sind Namen eingraviert.

Stadion 3: Kurz darauf erstreckt sich rechts der Zufahrtsstraße das Stadion mit einer Länge von 234 m – eines der größten Kleinasiens. Es diente sportlichen Wett- und blutigen Gladiatorenkämpfen. Da es in einer Ebene angelegt war, mussten für die 12.000 Zuschauer gewaltige Unterbauten geschaffen werden, welche die noch heute hervorragend erhaltenen Sitzreihen stützten. In den miteinander verbundenen, massiven Gewölben dieser Unterbauten befanden sich einst Läden. Vorbei an der Nordkurve des Stadions gelangt man zum Parkplatz von Perge.

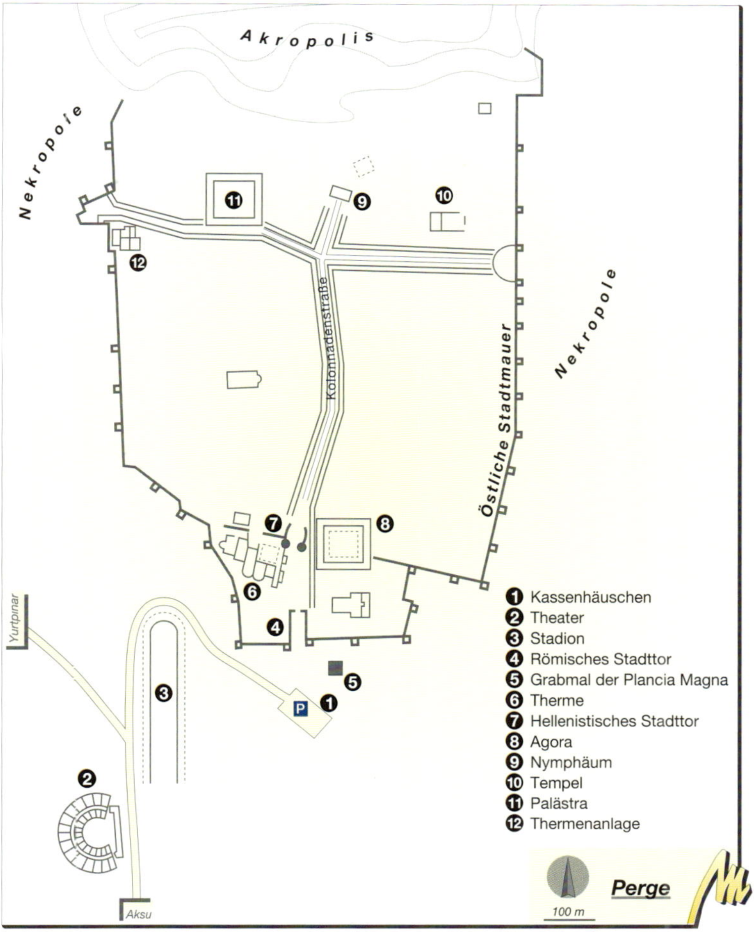

Spätrömisches 4 und hellenistisches Stadttor 7: Nachdem man den Eingang zum Ausgrabungsgelände passiert hat, fällt sogleich der Blick auf ein *spätrömisches Stadttor*. Die zangenförmige Anlage war einst mit Marmorsäulen verkleidet und wurde vermutlich im frühen 4. Jh. erbaut, als das Stadtareal nach Süden erweitert wurde. Den Platz dahinter schlossen linker Hand einst ein *Nymphäum* und eine *Therme* 6 ab. Badebecken und Bodenmosaiken lassen sich noch ausmachen.

Das durch sein Quadermauerwerk monumental wirkende *hellenistische Stadttor* mit seinen zwei mächtigen Rundtürmen besaß einen hufeisenförmigen Hof. In den Nischenreihen der Innenmauern standen Statuen auf beschrifteten Sockeln, unten von Göttern, oben u. a. von den legendären trojanischen Stadtgründern. Gestiftet wurden die Statuen im Jahre 120 von Plancia Magna, einer reichen Mäzenin Perges (ihr Grabbau **5** befindet sich beim Parkplatz), die fast ihr gesamtes Vermögen für städtische Bauten bereit stellte. Zum Dank wurde ihre Person mit Statuen an verschieden Plätzen der Stadt gewürdigt.

Agora 8: Rechts des hellenistischen Stadttors lag die Agora, das einstige Zentrum des gesellschaftlichen Lebens. In der Mitte stand ein Rundtempel der Glücksgöttin Tyche. Im Nordosteck der Agora lässt sich zudem ein „Spielstein" entdecken, mit dem sich die Alten die Zeit vertrieben und auf das Glück Tyches hofften.

Kolonnadenstraße: Vom hellenistischen Stadttor führte eine 20 m breite Kolonnadenstraße, deren Säulen z. T. wieder aufgerichtet wurden, gen Norden zu einem *Nymphäum* **9** am Fuße des Akropolishügels, das eine Statue des Flussgottes Kestros krönte. In der Straßenmitte verlief in Kaskaden ein 2 m breiter Kanal. Rechts und links davon zeigt das Pflaster noch Wagenspuren. Hinter der Säulenreihe wandelte das Volk auf Mosaiken entlang einer Ladenzeile. Die Straße war zugleich die Hauptachse der Stadt, die sich zu beiden Seiten ausbreitete und noch weitestgehend unausgegraben ist.

Weitere Sehenswürdigkeiten: Folgt man der Prachtstraße zum Nymphäum (an vier Säulen rechter Hand können Sie die Reliefs von Apollon, Artemis, Kalchas und Tyche entdecken), gelangt man zu einer Kreuzung, die einst ein Triumphbogen zierte. Hält man sich hier links, kommt man an den Resten der *Palästra* **11** und einer weiteren *Thermenanlage* **12** vorbei zur *Westnekropole,* die außerhalb der Stadtmauer lag. Die schönsten Sarkophage von hier stehen heute im Archäologischen Museum von Antalya.

Sillyon (antike Stadt)

Auf einem schroffen Bilderbuchtafelberg inmitten der flachen Küstenebene – mit Sichtkontakt zum Meer und zum nahen Perge – wurde die Stadt von griechischen Kolonisten um 1000 v. Chr. gegründet, also zur gleichen Zeit wie Aspendos und Perge. Zwar war Sillyon in hellenistischer und römischer Zeit ein wichtiges Handelszentrum und wurde später unter byzantinischer Herrschaft Bischofssitz, doch Schlagzeilen der Geschichte schrieb die Stadt nie. Heute ist Sillyon ein ruhiges Ruinenstädtchen, nur teilweise ausgegraben und von Touristen wenig frequentiert. Wer es besucht, wird von seiner Lage beeindruckt sein, nicht aber von seinen baulichen Überresten.

Sehenswertes: Vom Parkplatz im Weiler Asar, am Fuße des Tafelberges, sind es nur ein paar wenige Schritte bergauf zum einstigen *Stadion,* dessen Grundriss sich noch erkennen lässt. Darüber erhebt sich die Ruine eines *Gymnasions* und auf gleicher Höhe rechts davon die des *Unteren Stadttores* mit Rundtürmen und einem hufeisenförmigen Hof. Etwas weiter liegen die Reste eines *Wehrturms,* von welchem eine 5 m breite, früher gedeckte Rampe zum *Oberen Stadttor* der Akropolis führt. Auf dem Plateau lassen sich noch gut die Ruinen einer *Palästra,* hellenistischer Gebäude sowie die einiger *Tempel* ausmachen. Aus der Zeit der Seldschukenherrschaft stammt eine kleine *Moschee,* aus der byzantinischen Epoche eine dreischiffige *Kirche.* Letztere besitzt einen Türpfosten mit einer Inschrift in griechischen Buchstaben. Dabei handelt es sich um einen bislang nicht entzifferten Text und zugleich den lang gesuchten Beweis dafür, dass Pamphylien eine eigene Sprache besaß. Am imposantesten ist jedoch das *Theater* am Südostrand des Plateaus. 1969 verlor es infolge eines Erdbebens sein Bühnenhaus. Würde man dies nicht wissen, könnte man meinen, es sei einzig und allein für den Sonnenaufgang gebaut worden – der Anblick ist spektakulär. Das Odeion nebenan verschwand nach dem Beben ganz.

Anfahrt Von Antalya auf der Nationalstraße 400 kommend zwischen Aksu und Serik ausgeschildert, von da noch 12 km. Eine zweite Abzweigung befindet sich auf der D 400 5 km westlich von Serik (gegenüber der Abzweigung zum „Belek Turizm Merkezi"), von dort noch 9 km. Man parkt beim (überteuerter) Sillyon Café, wo der Pfad auf den Burgberg beginnt. Sillyon ist nicht mit dem Dolmuş zu erreichen.

Öffnungszeiten Sillyon ist rund um die Uhr zugänglich und offiziell kostenlos – was einige selbst ernannte Wärter oder Führer jedoch nicht davon abhält, gelegentlich Eintritt zu kassieren. Achten Sie auf versteckte Löcher im Boden (Zisternen!). Gutes Schuhwerk ist ratsam.

Belek

Ca. 35 km östlich von Antalya beginnt ein herrlicher, 12 km langer, mal fein- und mal grobsandiger, mit Kieseln durchsetzter Strandabschnitt. Die Küste wird von Pinien-, Eukalyptus- und Kiefernwäldern gesäumt. In ihnen verstecken sich rund 50, teils riesige All-inclusive-Anlagen, darunter die gepflegtesten des Landes. Wer in Belek urlaubt, den erinnern lediglich das abendliche Efes-Bier oder die dazugehörige Folkloreveranstaltung daran, dass er in der Türkei ist. Saison herrscht in der weitläufigen Feriensiedlung nahezu das ganze Jahr. Im Sommer steht der Badeurlaub im Vordergrund; alle nur erdenklichen Wassersport- und Freizeitspäße werden angeboten. Zwischen November und März ist Belek als mildes Winterquartier beliebt. Fußballmannschaften aus den höchsten europäischen Ligen absolvieren hier ihr Trainingslager. Dazu schlagen sich viele Golfer bei meist frühlingshaften Temperaturen die Bälle um die Ohren. Belek ist das Golfzentrum der Türkei – zur Auswahl stehen mittlerweile 16 Plätze.

Belek – das Golfermekka

Die nächstgelegenen Orte hinter den Resortanlagen am Meer sind im westlichen Küstenabschnitt **Kadriye** und im östlichen Abschnitt **Belek**. Beide sind nicht viel mehr als zu rein touristischen Zwecken errichtete, um sich wuchernde Kunststädte mit Autoverleihern, stillosen Basarmeilen, ein paar Bars und Restaurants. In Kadriye gibt es dienstags einen Wochenmarkt. Dort soll in naher Zukunft auch ein Megafreizeitpark entstehen, in dem laut Eigenwerbung die „gefährlichsten Abenteuer Ihres Lebens" auf Sie warten werden.

Für Individualreisende ist ein Abstecher nach Belek uninteressant. Das Gros der Clubanlagen ist nur über heimische Reiseveranstalter zu buchen, und auf den dazugehörigen Privatstränden sind Fremde nicht willkommen. Zu den wenigen zugänglichen Strandabschnitten gehört der öffentliche **Halk Plajı** von Kadriye (ausgeschildert) im Westen, Treffpunkt türkischer Familien aus den Ferienhaussiedlungen in x-ter Reihe.

Verbindungen Regelmäßig bis 1 Uhr nachts **Dolmuşe** von den Hotels nach Belek bzw. Kadriye. Vom Busbahnhof von Serik (am Küstenhighway an der Abzweigung nach Belek) gute Verbindungen mit allen Städten zwischen Antalya und Alanya.

Golf Wer keine preiswerten Pauschalpakete gebucht hat, muss für ein Greenfee je nach Saison (am teuersten im Winter) und Lochanzahl 45–120 € berappen. Ermäßigte Greenfees, dazu eine ausführliche Beschreibung aller Plätze vor Ort bekommt man auf www.bilyanagolf.com (auch in deutscher Sprache).

Aspendos

(antike Stadt)

Aspendos birgt einige Superlative: Das Theater der Stadt gilt als das besterhaltene römische Baudenkmal Kleinasiens, ihr Aquädukt wird als der schönste Anatoliens gepriesen.

An die glorreiche Vergangenheit der Stadt, die neben Side das bedeutendste Zentrum Pamphyliens war, erinnert v. a. das großartige Theater. Im Rahmen der allsommerlich stattfindenden Aspendos-Festspiele (→ Antalya/Veranstaltungen, S. 78) ist ein Besuch am eindrucksvollsten – die Atmosphäre bei den Aufführungen ist ergreifender als in Verona. Wer zum Staunen keine künstlerische Darbietung braucht, kommt am besten frühmorgens, bevor die Busladungen aus den Küstenorten eintreffen.

Geschichte: Aspendos' geschichtliche Eckdaten unterscheiden sich kaum von denen der Nachbarstädte. Aspendos aber war im Vergleich zu diesen überaus reich. Das verdeutlicht z. B. die Tatsache, dass die Aspendier das anrückende Heer Alexanders des Großen durch die Bezahlung von 100 Talenten in Gold (ein Talent entsprach etwa einem 20-Kilo-Barren) von der Zerstörung ihrer Stadt abhalten konnten. Ihren Wohlstand verdankten die Aspendier insbesondere der Salzgewinnung aus dem nahe gelegenen, heute verschwundenen Kapriasee. Aber auch der Handel mit Pferden florierte, Aspendos war berühmt für seine Zucht. Einen guten Namen hatte zudem der Wein der Stadt. Zu größter Blüte gelangte Aspendos in römischer Zeit, die meisten noch heute erhaltenen Baureste stammen aus jener Epoche. Die Verlandung des Hafens am Eurymedon in der byzantinischen Periode läutete den Niedergang ein. In seldschukischer Zeit war Aspendos noch ein kleines Fürstentum, das Theater diente als Karawanserei. Den Seldschuken ist es zu verdanken, dass das Theater bis heute so gut erhalten ist – sie behoben Schäden aus früherer Zeit.

Aspendos: das besterhaltene römische Theater Kleinasiens

Anfahrt Ca. 3 km östlich von Serik an der Nationalstraße 400 Antalya – Alanya ausgeschildert. Je nach Saison besteht alle 1–2 Std. eine Verbindung mit dem **Dolmuş** (Aufschrift „Belkis Aspendos Baraj") vom Zentrum Seriks (Abfahrt gegenüber der Jandarma) nach Aspendos. Serik selbst erreicht man mit fast jedem **Bus**, der von Antalya (Busbahnhof) Richtung Osten fährt. Wer an der Nationalstraße aussteigt und von dort laufen will, hat noch 4 km vor sich.

Öffnungszeiten Mai–Okt. tägl. 9–19.30 Uhr, Nov.–April 8–17 Uhr. Eintritt 6 €.

Sehenswertes

Seldschukische Brücke: Nahe der Straße von Serik nach Aspendos passiert man eine mehrbogige Brücke aus seldschukischer Zeit (Hinweisschild „Selçuklu Köprüsü"). Die Fundamente der Brückenpfeiler sind erheblich älter. Bereits in der Antike, als der Eurymedon noch schiffbar war, überspannte ihn hier eine Brücke.

Theater: Das im 2. Jh. n. Chr. erbaute Theater direkt am Parkplatz ist zweifellos das beeindruckendste Bauwerk von Aspendos. Eine Inschrift über den beiden äußeren Bühneneingängen berichtet, dass es den spendablen Brüdern Curtius, den Göttern des Landes und dem Kaiserhaus gewidmet, sowie vom Architekten Zenoi zu deren Zufriedenheit ausgeführt wurde. Das Theater, das etwa 20.000 Zuschauern Platz bot, ist eine nach außen völlig geschlossene Anlage, bei der Bühnenhaus und Ränge die gleiche Höhe haben. Auf den oberen Sitzreihen findet man wie in Perge reservierte Plätze mit den eingravierten Namen der „Abo-Besitzer". Lassen Sie den Blick von dort über das Theater schweifen. Die Fassade des noch 30 m hoch erhaltenen Bühnenhauses war mit Marmor verkleidet und mit 40 Säulen, Statuen und Reliefs geschmückt. Ein Dionysosrelief blieb im Mittelgiebel erhalten. Die meisten Busgruppen beschränken sich auf die Besichtigung dieses Bauwerks und sparen sich den Weg in die dazugehörende antike Stadt – ein Fehler.

Antike Stadt: Aspendos erstreckte sich oberhalb des Theaters auf dem heute mit Büschen überwachsenen Burgbergplateau. Das Ruinenfeld ist vorrangig Tummelplatz hitzebeständiger Grillen und etlicher Kleintiere mehr, die kaum in ihrer Ruhe gestört werden. Nördlich des Theaters führt der Weg hinauf zur wenig besuchten *Agora*. Ihre Westseite säumte eine 70 m lange, zweistöckige *Markthalle*. Teile der Quaderwände stehen noch. Die Nordseite dominierte ein *Nymphäum*, dessen Nischenfassade reich mit Statuen bestückt war. An die Ostseite grenzte ebenfalls eine Markthalle jener Bauform, aus der sich später die christliche *Basilika* entwickelte. Von der nördlichen Vorhalle sind noch bis zu 15 m hohe Mauerreste erhalten.

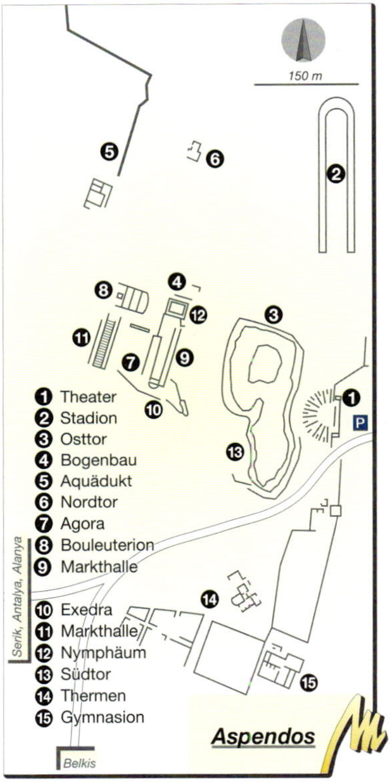

Aquädukt: Vom Nordrand des Hügels sieht man in der landwirtschaftlich intensiv genutzten Ebene die Reste eines römischen Aquäduktes, das z. T. noch in der ursprünglichen Höhe von 30 m dasteht. (Wer mit dem eigenen Fahrzeug unterwegs ist, gelangt zum Aquädukt, wenn er die Straße am Theater vorbei einfach weiterfährt). Die Wasserleitung war einst über 15 km lang, die letzten 3 km durch die Ebene verliefen über Arkaden. Das Wasser floss durch Tonrohre. Die Türme an den Stellen, wo der Aquädukt abknickt, dienten zur Entlüftung der Rohre und verhinderten ein Absinken des hydrostatischen Drucks.

Zeytintaşı-Höhle

Im Gegensatz zur Karain-Höhle (→ S. 89) war die *Zeytintaşı Mağarası*, die 1997 bei Sprengungsarbeiten entdeckt wurde, stets unbewohnt. Ein Besuch lohnt wegen ihrer imposanten Tropfsteinformationen, die über einen Zeitraum von 14 Mio. Jahren entstanden. Die Höhle besitzt zwei Stockwerke, von denen bislang aber nur das obere über eine Länge von 136 m begehbar ist.

Anfahrt: Keine Anbindung mit öffentlichen Verkehrsmitteln. Von der Nationalstraße 400 in Serik ausgeschildert, dann noch 16 km landeinwärts. Die Beschilderung vom Parkplatz in Aspendos ist unvollständig. Tägl. 9–18 Uhr. Eintritt 2 €, erm. 1,50 €.

Köprülü-Schlucht

(Köprülü Kanyon)

360 km² misst der Köprülü-Kanyon-Nationalpark *(Köprülü Kanyon Milli Parkı)* etwa 60 km nordwestlich von Side. Die hiesigen Berge erreichen Höhen bis zu 2500 m,

im Frühjahr sind ihre Gipfel überzuckert. Die Landschaft ist geprägt von Kiefern-, Zedern- und Zypressenwäldern. Angeblich soll es hier noch Bären geben.

Berühmt ist der Nationalpark für seine Raftingmöglichkeiten auf dem *Köprü Çayı*, dem antiken *Eurymedon*. Türkisgrün schlängelt sich der Fluss durch eine imposante, teils über 100 m tiefe Schlucht, die er im Laufe der Jahrmillionen selbst in die Karstlandschaft des Taurusgebirges geschnitten hat. Die ganzjährig stattfindenden Raftingtouren (Level 3) durch den Cañon führen über eine Strecke von bis zu 12 km. Weil es einfach schön und abenteuerlich ist, kommen Tausende, und so zählt der Fluss zu den meistbefahrenen der Welt. Teils stauen sich sogar die Boote darauf – in Spitzenzeiten jagen täglich bis zu 4000 Urlauber den Fluss hinab.

Wo man den Flusslauf einfach erreicht, gibt es Fischrestaurants, Teegärten und einfache Campingmöglichkeiten. Vom Baden wird wegen gefährlicher Strömungen abgeraten. Man kann auch Kajaks mieten – in diesem Fall sollte man aber Erfahrung mitbringen. Insbesondere während der Schneeschmelze in den Bergen ist der Fluss gefährlich, es kam schon zu Todesfällen. Den schönsten Blick auf den Cañon hat man übrigens von der alten römischen Brücke auf dem Weg nach Selge (s. u.). Aber auch wenn Sie die Straße westlich der römischen Brücke noch für ein kurzes Stück gen Norden (bergauf) fahren, tun sich tolle Ausblicke auf.

Anfahrt Am einfachsten per **Leihfahrzeug** oder **organisierter Tour**. Von der Nationalstraße 400 Antalya – Alanya zwischen Serik und Manavgat bei Taşağıl landeinwärts abbiegen (ausgeschildert). Ca 28 km hinter Taşağıl gabelt sich die Straße. Ca. 10 km weiter treffen beide Straßen wieder zusammen (mit größeren Fahrzeugen wählt man besser die Straße rechts des Flusslaufes). Die Anfahrt mit dem Dolmuş von Taşağıl (per Bus von Antalya und Manavgat) ist nicht zu empfehlen: Zu wenige Fahrten, zudem bleiben einem so die schönsten Ecken verborgen.

Rafting Raftingausflüge werden von unzähligen Tourenveranstaltern in allen Urlaubsorten zwischen Antalya und Alanya angeboten bzw. vermittelt (15–20 €/Pers., bucht man aber an der Hotelrezeption, kann sich der Preis schnell verdoppeln!). Wer gut handelt, kann vor Ort auch für 10 € ins Boot steigen – früh kommen!

Rafting auf dem Köprü-Fluss

Übernachten/Camping/Essen Mehrere einfache Campingmöglichkeiten entlang des Flusses. Unter Raftern ist folgende Pension recht beliebt:

EKO Motel, in idyllischer Lage direkt am Köprü-Fluss (in der Häuseransammlung Karabük auf der linken Flussseite, auf dem Weg nach Selge ausgeschildert). Schlichte Zimmer mit Fliesenböden, Bad und Klimaanlage. Angeschlossen ein Gartenrestaurant, wo leckere, mit Knoblauch und Lorbeer gefüllte Forellen serviert werden. DZ 33 €. Karabük, ✆ 0242/7653201, ℻ 7653202, www.ekomotel.com.

Selge

(antike Stadt)

In der wildromantischen Berglandschaft des Köprülü-Kanyon-Nationalparks, auf 1050 m Höhe, liegen die Ruinen des antiken Selge. Allein wegen der Anfahrt lohnt der Besuch: Die Straße führt entlang der bizarren Köprülü-Schlucht (s. o.) und überquert diese auf einer schmalen, 35 m hohen **Römerbrücke** einige Kilometer hinter Beşkonak. Die Brücke bekam übrigens erst vor wenigen Jahren ein Geländer. Danach führt die Straße in Serpentinen weiter bergauf durch eine bizarre Felsszenerie in die Abgeschiedenheit des Taurus – grandiose Ausblicke sind garantiert. Irgendwann erreicht man schließlich das Bergdorf **Altınkaya Köyü** – ehemalige Halbnomaden wohnen hier in weit auseinander liegenden Gehöften. Rund um den Ort verstreuen sich die Ruinen des antiken, wenig erforschten Selge, dessen geschichtliche Eckdaten denen von Aspendos und Perge ähneln. Zu Selges Blütezeit (3./4. Jh.) zählte die Stadt rund 20.000 Einwohner. Zu Wohlstand verhalf ihr u. a. die Weihrauchgewinnung aus dem Harz der Styraxbäume.

Die Reste der Stadt sind nicht so spektakulär wie ihre Lage. Das beeindruckendste Monument am Rand der antiken Unterstadt ist das Theater, das mit 45 Sitzreihen ca. 10.000 Zuschauern Platz bot. Nahebei lagen einst das antike Stadion (heute dreht hier nur noch ein Pflug seine Runden) und die untere Agora (auf

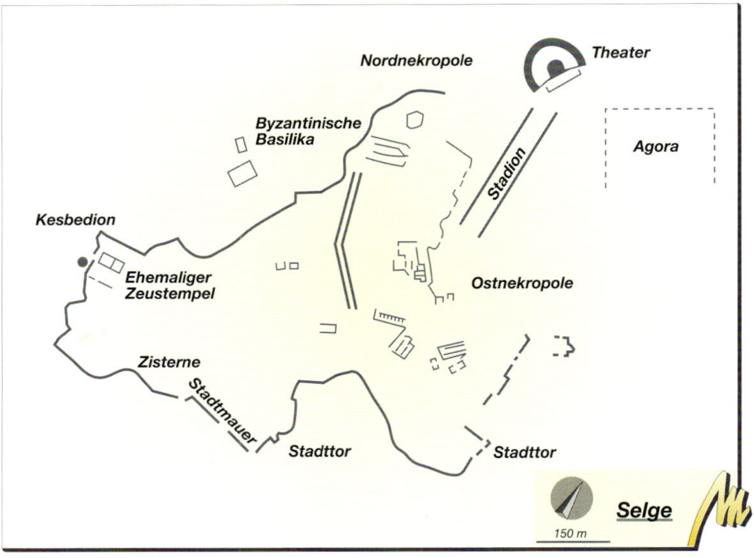

ihr weiden Kühe). Am schönsten ist der Weg hinauf auf den Haupthügel der Stadt, den sog. *Kesbedion*. Unterwegs können Sie zwischen steinernen Überresten Kapern und Wildblumen pflücken. Auf dem Hügel standen einst zwei große Tempel – einer vermutlich dem Zeus, der andere der Artemis geweiht. Die Aussicht von hier ist herrlich.

Anfahrt/Eintritt Organisierte Ausflüge werden in Side angeboten. Die **Dolmuş**verbindungen sind für den Touristen uninteressant, da ein Dolmuş die Dorfbewohner von Altınkaya Köyü lediglich frühmorgens nach Serik bringt und abends zurück. Mit dem **eigenen Fahrzeug**: von der Straße Alanya – Antalya bei Taşağıl nach Beşkonak/Selge abbiegen, ausgeschildert. Im Dorf Altınkaya folgt man der Straße so lange, bis man linker Hand auf das Theater blickt und rote Pfeile bzw. ein Schwarm Handarbeiten verkaufender Frauen den Weg dahin weisen. Stets zugänglich. Eintritt frei, was sich jedoch wieder ändern kann (zahlen Sie dann aber nur gegen Vorlage eines Tickets).

Wandern Von der Römerbrücke führt ein rot-weiß markierter Wanderweg nach Selge, der Abschnitt (10 km, Dauer ca. 5:15 Std., zurück am besten trampen) ist Teil des St Paul Trails. Wer der Markierung für ca. 1 Std. folgt, gelangt zum Beginn des Köprülü Kanyon mit Bademöglichkeit.

Pamphylien – vom „Land aller Stämme" zur „Türkischen Riviera"

Zwischen Antalya und Gazipaşa, zwischen lykischem und kilikischem Taurus, weichen die Berge z. T. weit ins Hinterland zurück. Eine ausgedehnte Flachlandschaft prägt die Küstenregion – das antike Pamphylien. Es war das „Land aller Stämme", die sich hier einer Legende zufolge nach dem Untergang Trojas Ende des 2. Jt. v. Chr. ansiedelten. Auf dem Boden des antiken Pamphylien gediehen fünf große Städte (Attaleia, Perge, Sillyon, Aspendos und Side) und, damals wie heute, alles, was man säte. Nicht nur der fruchtbare Boden zeichnet dafür verantwortlich, sondern auch ein Klima, das eine fast subtropische Vegetation zulässt. Die hohe Tauruskette schützt die Küstenebenen vor kalten Nordwinden. Für ausreichend Wasser sorgen die in den Bergen entspringenden Flüsse samt ihren Nebenarmen. Pamphylien ist somit heute wie damals ein Garten Eden: Baumwolle, Melonen und Tomaten werden geerntet, man sieht Bananenstauden, Maulbeer- und Feigenbäume, Orangen- und Zitronenhaine. Vor den Hotels stehen Palmen, es blühen Bougainvilleen, Hibiskus und Oleander. Und noch immer ist Pamphylien das Land aller Stämme – an den langen und feinen Sandstränden der heute „Türkische Riviera" genannten Küste begegnet man Urlaubern aus aller Herren Länder.

Ein Hauch von Karibik an der Türkischen Riviera

Von Side bis Alanya

Side/Selimiye

ca. 10.100 Einwohner

Durch die Ruinen der einstigen Weltstadt bummeln alljährlich Millionen Urlauber – Side ist einer der großen Magneten der türkischen Riviera. Die weiten Sandstrände rund um den Ort sind der Grund dafür.

Auf einer breiten Landzunge, die fast einen Kilometer ins Meer ragt, verstreuen sich die Überreste der antiken Weltstadt Side. Dazwischen liegt ein kleines Örtchen, das eigentlich Selimiye heißt, das aber jeder Tourist „Side" nennt – geht auch leichter über die Lippen. Bis in die 1980er-Jahre war Selimiye ein Fischerdorf. Heute gibt es hier kein Haus mehr, das nichts mit dem Tourismus zu tun hat: Im Zentrum reiht sich Leder- an Juweliergeschäft, zum Meer hin Restaurant an Pension bzw. Hotel. Die Händler und Speisekartenwedler sind aufdringlich bis unverschämt (Frauen werden auch schon mal mit „Schlampe" verabschiedet, wenn Sie auf kein Angebot eingehen), die Allerweltsrestaurants überteuert, die meist familiär geführten, gemütlichen Unterkünfte im Zentrum jedoch größtenteils zu empfehlen. Viele der Häuser sind zu klein, als dass sie von den großen Reiseveranstaltern gebucht werden. Die meisten Urlauber steigen daher in den großen Ferienzentren der Umgebung ab, wie Titreyengöl-Sorgun, Kızılağaç, Kumköy und Çolaklı (→ S. 119). Side bzw. Selimiye, diese einzigartige Mischung aus Freilichtmuseum und Basarmeile, ist für sie mehr Ausflugsziel bzw. Abendprogramm als Standort: Tagein, tagaus herrscht ein bierseliges, sonnenverbranntes Stelldichein, es wird geshoppt, flaniert, gegessen und gefeiert. Und damit die Touristenmassen überhaupt in die Gassen passen, ist Selimiye für den Verkehr gesperrt.

Orientierung: Selimiye, auf dem antiken Boden Sides, liegt rund 4 km abseits der Nationalstraße 400, die von Antalya entlang der Küste nach Alanya führt. Auf der Stichstraße zur Stadt passieren Sie die versteckt gelegene Touristeninformation und bald darauf das ehemalige Stadttor. Danach führt die Straße, gesäumt von antiken Säulen (daher auch als „Säulenstraße" bezeichnet) und abends effektvoll angestrahlten Ruinen, zum Theater. Dahinter erstreckt sich das Zentrum von Selimiye, eine Schranke sperrt es für den Verkehr. Unmittelbar vor der Schranke befindet sich rechter Hand ein teurer Parkplatz. Hält man sich jedoch vor der Schranke (gleich hinter dem Theater) links, gelangt man zu einem deutlich günstigeren Parkplatz. Die Schranke öffnet sich nur für Anlieger, die über eine spezielle Passierkarte verfügen, nicht jedoch für Otto Normaltourist auf der motorisierten Hotelsuche.

Geschichte

Side gehört zu den ältesten Städten der türkischen Südküste, vermutlich gab es hier schon zu Mitte des 2. Jt. v. Chr. eine Siedlung. Der Name der antiken Stadt entspringt der altanatolischen Sprache der pamphylischen Urbevölkerung und bedeutet „Granatapfel", ein damaliges Fruchtbarkeitssymbol. Im 7. Jh. v. Chr. gesellten sich griechische Siedler hinzu, ab dem 5. Jh. wurden die ersten, selbstverständlich mit Granatäpfeln verzierten Münzen geprägt. In hellenistischer Zeit stieg Side durch den Ausbau des Hafens zu einer der bedeutendsten und wohlhabendsten Handelsstädte der Südküste mit rund 40.000 Einwohnern auf. Dabei machte man sich auch der Piraterie wissentlich mitschuldig. Im Hafen der Stadt wurden die Schiffe kilikischer Seeräuber gewartet, auf den Märkten ihre Gefangenen versklavt.

Side: Immer gute Stimmung

An den Gewinnen waren die Sider beteiligt. 20 Goldstücke zahlte man angeblich für einen kräftigen Mann, 15 für ein schönes Mädchen. Diese Einnahmequelle ging verloren, nachdem Pompeius 67 v. Chr. der Piraterie ein Ende gesetzt hatte. Und um nicht des Römers Zorn zu spüren, setzte man ihm schnell ein riesiges Denkmal und investierte fortan in den legalen Warenhandel.

Als Römische Reich zerfiel, erlebte auch Side seinen Niedergang. Ausschlaggebend war insbesondere die Versandung des Hafens – damals ahnte noch keiner, dass der Sand irgendwann auch einmal Sides Glück bedeuten würde. Antalya und Alanya liefen Side in der Folgezeit peu à peu den Rang ab. Daran änderte auch nichts, dass Side in byzantinischer Zeit zu einem Bischofssitz erhoben wurde. Während der im 7. Jh. einsetzenden Araberüberfälle wanderten viele Bewohner nach Antalya ab. Nachdem im 9. Jh. auch noch ein Brand weite Teile der Stadt zerstörte, wurde es still um Side, lediglich als Piratennest machte man sich im 11. Jh. noch einmal einen Namen. Danach legten sich Sanddünen über die Geisterstadt.

Anfang des 20. Jh. ließen sich türkische Flüchtlinge aus Kreta zwischen den Ruinen nieder. Ausgrabungsarbeiten in der dörflichen Idylle begannen 1947. Die Versuche der Archäologen, das Dorf umzusiedeln, scheiterten am Widerstand der Einwohner. In den 1970ern entdeckten die ersten Touristen die Sandstrände vor der Tür, in der zweiten Hälfte der 1980er setzte der Wandel zum massentouristischen Zentrum ein.

Information/Verbindungen/Ausflüge

Telefonvorwahl 0242.

Information Hauptbüro abseits des Zentrums, damit auch nie jemand vorbeischaut. Wenig hilfreich. Mo–Fr 8–12 u. 13.30–17 Uhr. ✆ 7531265, www.side.bel.tr. Zudem ein Infokiosk an der Schranke zum Zentrum.

Verbindungen Busbahnhof und Dolmuşstation in den Dünen nordöstlich von Selimiye, ca. 800 m vom Zentrum entfernt. Den Zubringer besorgt ein Pendelbus (0,45 €). Busfahrten können Sie hier in nahezu alle Winkel der Türkei buchen, oft (v. a. außerhalb der Saison) ist jedoch ein Umsteigen in Manavgat oder Antalya nötig (Fahrtzeiten: Antalya o. Alanya 1:30 Std., Konya ca. 5 Std.). Dolmuşe fahren von früh morgens bis 1 Uhr nachts alle 10 Min. nach Manavgat. Zudem regelmäßige Verbindungen in die umliegenden Feriensiedlungen wie Kumköy oder Titreyengöl.

Taxi: Die Preise hängen i. d. R. am Taxistand aus, Handeln ist dennoch möglich. Preisbeispiele: Zu den Hotelanlagen von Kızılağaç max. 25–30 €, Sorgun 7–13 €, Kumköy 8–10 €, Çolaklı 15 €, Manavgat 10 €, Aspendos und Perge (retour) 50 €, Flughafen 60 €.

Bootsausflüge Werden am Hafen angeboten. Tägl. z. B. zum Manavgat-Wasserfall; ab dem kleinen Wasserfall mit dem Bus zum großen weiter. Der Trip (Dauer ca. 5 Std.; Mo länger, da auch ein Stopp auf dem Wochenmarkt von Manavgat eingelegt wird) kostet 15 €, Essen und Wein inkl. Zudem diverse Tagesausflüge, wie z. B. nach Alanya mit Badestopps für 25 € inkl. Essen an Bord.

Organisierte Touren Bieten etliche Agenturen im Ort, die ihr Geld v. a. mit den Shoppingpausen unterwegs verdienen. Handeln kein Problem! Preisbeispiele: Tagesausflug nach Pamukkale mit HP ab 35 €, Rafting auf dem Köprü-Fluss (→ S. 105) inkl. Transfer ab 20 € (Tourdauer ca. 6 Std., davon 2 Std. auf dem Wasser), Kappadokien 2 Tage mit HP ab 60 €.

Side/Selimiye → Karte S. 115

Adressen/Einkaufen/Veranstaltungen

Ärztliche Versorgung Privatklinik **Akdeniz Hastanesi**, Richtung Manavgat am Sorgun Yolu. Laut Eigenwerbung ist alles „bequem wie zu Hause"... ✆ 7460013.

Ein guter Zahnarzt ist **Emin Akın**, Atatürk Cad. İmamlar Pasajı 1/1, ✆ 7464001 o. 0532/2322688 (mobil).

Autoverleih Es gibt zahlreiche lokale Anbieter an der Zufahrtsstraße nach Side, Preisvergleiche lohnen sich. Die **Agentur Say in Antalya** (→ S. 76) bringt Ihnen Ihr Auto auf Wunsch auch an ihr Hotel vor Ort. Teurer sind die internationalen Verleiher wie **Avis** (Atatürk Bul. 110 A, ✆ 7531348, www.avis.com.tr) und **Europcar** (Turgut Özal Cad. 15, ✆ 7535354, www.europcar.com.tr).

Einkaufen Die Liman Cad., die Hauptstraße des Ortes, die vom Theater zum Hafen führt, ist ein einziger Basar mit Juwelier-, Leder- und Teppichgeschäften sowie Souvenirläden mit buntem Türkentand. Side zählt, was Mitbringsel angeht, zu den teuersten Pflastern des Landes!

Sa findet ein kleiner **Wochenmarkt** nahe der großen Moschee im Norden von Side statt, ansonsten fährt man zum **Montagsmarkt** nach Manavgat (Do kleinere Ausgabe).

Hafen von Side

Reiten Mehrere Veranstalter rund um Side, Ausritte können u. a. über die Tourenanbieter in Side gebucht werden, i. d. R. ist ein Hotel-Pick-up im Preis enthalten. Einen guten Ruf hat die **Moonlight Farm** in Sorgun. Ausritte 20 €/Std. inkl. Hoteltransfer. ✆ 0532/4118283 (mobil, Chef Şerif spricht Deutsch). Anfahrt: Vom großen Kreisverkehr bei der Touristeninformation dem Adnan Menderes Bul. stadtauswärts Richtung Sorgun folgen, nach 2,5 km bei einem weiteren Kreisverkehr linker Hand (nicht mit der Pegasos Farm verwechseln!).

Veranstaltungen **Internationales Kunst- und Kulturfestival** mit jeder Menge Veranstaltungen von Juli bis Sept. Lohnenswert ist ein Besuch der **Aufführungen im Freilichttheater von Aspendos** (→ S. 102), die lokalen Tourenanbieter veranstalten Fahrten dahin.

Wandern → Oymapınar-Stausee, S. 122.

Waschsalon Fehlanzeige. Eine öfters mal den Namen wechselnde **Reinigung** befindet sich in der Hanımeli Sok. Abgerechnet wird nach Stück.

Zeitungen und Zeitschriften in deutscher Sprache überall im Ort in großer Auswahl.

Zweiradverleih Scooter (ab 15 €/Tag), Yamaha 600 (35 €) oder Honda Shadow 1300cc (80 €) gibt es z. B. bei **Donetello Rent a Car** an der Ausfallstraße nach Manavgat. ✆ 7532837.

Übernachten/Camping

(→ Karte S. 115)

Ca. 100.000 Hotelbetten stehen rund um Side zur Verfügung, und jährlich werden es mehr. All-inclusive-Anlagen dominieren die umliegenden Ferienzentren, jedoch sind viele direkt vor Ort nicht oder nur umständlich buchbar. Falls Sie sich kurzfristig für eine solche Anlage entscheiden möchten, buchen Sie diese am einfachsten und z. T. recht preiswert über ein Hotelbuchungsportal im Internet. In Selimiye gibt es zahlreiche kleine, nette Hotels und Pensionen mit gutem Preis-Leistungs-Verhältnis.

Yalı Hotel 18, in dominierender Lage auf einem vom Meer umspülten Felsen im Osten Selimiyes. Schon älteres, aber gepflegtes Haus mit sehr freundlichem Service. 18 helle Zimmer mit Klimaanlage und Minibar, alle mit Balkon und Meeresblick. Die Zimmer mit den schönsten Ausblicken werden i. d. R. nicht an Pauschalbucher vergeben, sondern an Individualreisende – fragen Sie explizit nach den Zimmernummern 208/209 bzw. 308/309. Pool, Restaurant, Bar. Eigener Felsstrand. DZ 65 €. Barbaros Cad. 50, ✆ 7531011, www.yalihotel.com.

Hotel Lale Park 10, gepflegter Komplex im historischen Baustil um einen Hof mit Pool und gemütlichen Sitzecken. Karg, aber nett möblierte Zimmer mit Kühlschrank, Klimaanlage und Balkon. Ebenfalls freundlicher Service. Auf Wunsch wird lecker gekocht. DZ 58 €. In zweiter Reihe hinter dem Küçük Plaj, Lale Sok. 7, ✆ 7531131, ℻ 7535058, www.hotellalepark.com.

Beach House Hotel 13, 20 Zimmer, alle mit Balkon, grandios (aber auch nicht leise) die nach vorne mit Meeresblick, 5 davon mit Klimaanlage (Aufpreis 4 €/Tag), der Rest mit Ventilatoren. Auch familienfreundliche Mehrbettzimmer. Gemütlicher Garten. Nov.–April geschl. DZ 45 €. In erster Reihe am Küçük Plaj im Osten Selimiyes, ✆ 7531607, www.beachhouse-hotel.com.

Doğa Pansiyon 8, nahe dem Küçük Plaj. In einem alten Steinhaus mit dicken Mauern, die Kühle versprechen (dennoch Klimaanlage vorhanden). Schön-schattige Terrasse. Nur 8 kleine, hübsch dekorierte Zimmer mit winzigen Bädern. Viel junges türkisches Publikum, nette Atmosphäre. Restaurant. DZ 37 €. Lale Sok. 8, ✆/℻ 7536246, www.sidedoga.com.

Pansiyon Begonville 9, grün umwuchertes Holz-Naturstein-Haus im Herzen Selimiyes. Leider kein Meeresblick, dafür netter Innenhof. 16 ordentliche Zimmer mit Steinboden. Junges Publikum. EZ 16 €, DZ 32 €. Yasemin Sok. 33, ✆ 7532661.

Pension Kassiopeia 3, von Lesern gelobt und zugleich ein Tipp für alleinreisende Frauen mit Faible fürs Alternative. 9 gemütliche Zimmer, alle mit Balkon und Klimaanlage. Schattiges Gärtchen, Organisation von Ausflügen. Viele Katzen. Freundlich geführt von Jutta Höfling und ihrer Mutter Margarete aus Hessen. Nicht in Selimiye direkt, sondern bei der großen Moschee im Norden Sides – leicht mit dem Auto anzusteuern. DZ mit gutem Frühstück 35 €. Cami arkası 2, ✆/℻ 7534445, www.pension-kassiopeia.de.

Nar Apart Hotel 1, ebenfalls etwas außerhalb von Selimiye (in einem ruhigen Neubaugeb et), ebenfalls leicht mit dem Auto zu erreichen. Und ebenfalls von Lesern immer wieder gelobt. Unter deutsch-türkischer Leitung. L-förmiges Apartmenthaus um einen Pool. 17 Einheiten, alle mit Küchenzeile, Balkon, Klimaanlage und Safe. Restaurant. Ca. 600 m zum Meer, 15 Fußmin. in die Stadt. Für 2 Pers. ohne Frühstück 35 €, für 4 Pers. 45 €. Yalı Mah., Celal Bayar Bul. 1097 Cad. 10, ✆ 7533152, ℻ 7533068, www.naraparts.com.

Pension Nar 16, 8 saubere Zimmer mit Klimaanlage und ordentlichen Bädern, lauschige Terrasse, über der im Spätherbst die Granatäpfel (= *nar*) baumeln. Unter deutsch-türkischer Leitung. Ganzjährig. Auch dieses Haus wird von Lesern immer wieder gelobt. DZ 30 €. Nergiz Sok. 12, ✆/℻ 7531201, www.naraparts.de.

Camping Die schönste Möglichkeit rund um Side findet man in Kızılot ca. 15 km östlich von Manavgat (→ S. 123). Eine näher gelegene Alternative:

Boğaz Hotel/Camping 4, ganz im Westen von Titreyengöl (→ S. 119), zu weit, um zu Fuß nach Side zu gelangen (8 km). Gepflegtes, weitläufiges, schattiges Areal mit Parzellen für Wohnmobile und Zelte (4 €/Pers.), jedoch ohne Meeresblick und unschön durch einen Zaun vom Strand getrennt. Dazu 16 Zimmer mit Furnierholzmöbeln. Pool. DZ mit HP 40 € (was man für den Preis wohl zu essen bekommt?). An der Mündung des Manavgat-Flusses. In Titreyengöl ausgeschildert, ✆ 7569690.

Side/Selimiye → Karte S. 115

Essen & Trinken

(→ Karte S. 115)

Das Gros der Restaurants bedient den Geschmack des Massentourismus und bietet wenig Türkisches, eher Spaghetti Bolognese oder Wiener Schnitzel. Die Preise liegen über dem Landesdurchschnitt, zudem gibt es zuweilen unterschiedliche Karten für Ausländer und Türken! Gehobenere und stilvollere Restaurants findet man am Hafen und oberhalb des Küçük Plaj, wo man bei Meeresrauschen und Kerzenlicht leider kaum sieht, was man isst.

Aphrodite Restaurant 11, am Hafen, von der Hauptstraße leicht zurückversetzt. „Grandios", meinen Leser. Leckere, variantenreiche Seafoodküche der gehobenen Preisklasse, zuvorkommende Bedienung. İskele Cad., ✆ 7531171.

Steakhouse bei Holger 6, unter deutschen Urlaubern eine der beliebtesten Lokalitäten. Karte wie daheim: T-Bone-Steak, Zigeunerschnitzel, Käsespätzle, Spaghetti Bolognese, selbst die „Spezialitäten vom Schwein" wie Leberkäse mit Spiegelei, Bock- oder Currywurst fehlen nicht. Hg. 6,50–19,50 €. Yasemin Sok. 12, ✆ 7531580.

Emir Restaurant 14, freundliche Bedienung und leckere türkische Küche sind das Erfolgsrezept dieses Lokals, das v. a. bei englischen Urlaubern sehr gut ankommt. Der Hit sind die vielfältigen Vorspeisen – ein gemischter Teller erspart manchem das Hauptgericht (z. B. frische Meeresfrüchte oder Fisch). Hg. 6,10–12,30 €. Cami Sok., ✆ 7532224.

Emir Bistro 17, nicht mit dem gleichnamigen Restaurant verwechseln! Schräg gegenüber dem Sevil Hotel. Einfaches Terrassenlokal, in dem eine freundliche Familie gute Hausmannskost serviert, beim Brutzeln kann man zusehen. Portion Fisch 11,50 €, ein großes Bier 2 €. Fragen Sie nach den Tagesangeboten! Leylak Sok. 4/A, ✆ 7534859.

Alaturka 5, ein Lokal, das wirklich aus der Reihe fällt. Hier serviert man beste vegetarierfreundliche Hausmannskost wie *Mücver* (Zucchinipuffer), Auberginen in Joghurt, frittiertes Gemüse u. v. m., man wählt aus einer Vitrine aus. Dazu aber auch Fleisch- und Fischgerichte. Mittlere Preisklasse. Yasemin Sok. 66 (Uferpromenade gen Norden), ✆ 7534981.

Erol Restaurant 7, einfache Adresse für türkische Hausmannskost. Täglich wechselnde Topfgerichte (preiswert), die sich die Händler Selimiyes per Moped bringen lassen. Sümbül Sok. (neben dem gleichnamigen Supermarkt).

Umut Pide & Kebap Salonu 2, außerhalb Selimiyes, an der Straße nach Kumköy gegenüber dem Side Prenses Oteli. Freundlich, sauber, offene Küche, lecker und günstig. Neben guten Kebabs auch „Hähnchen Bombay" oder Pizza Hawaii. Hg. 3–11 €. ✆ 7534549.

Göreme Motel Biergarten 13, der versteckte „Biergarten" (heißt wirklich so!), ein zugewachsenes, schattiges Gärtchen, bietet „Ruhe vor den Side-Massen", wie Leser schreiben. Günstiges Bier, Säfte und Mokka. In zweiter Reihe hinter dem Küçük Plaj bzw. direkt hinter dem Beachhouse Hotel.

Nachtleben

Es gibt eine ganze Reihe von Clubs und Bars, die man am besten nur betrunken aufsucht. Doch Achtung: Trinken ist in vielen Locations nicht billig: Ein kleines Bier kostet zuweilen um die 4 €. Zum Glück bieten viele Bars zwischen 20 und 23 Uhr eine Happy Hour. Im Folgenden ein paar Adressen:

Bars Die Bar-Street Sides (keine 100 m lang) nennt sich **The Zone**, populär dort v. a. der **Royal Castle Pub** 11 mit fast tägl. Livemusik. Weitere Anlaufstellen einer Kneipentour am Hafen sind das **Harbour** 15 und das gemütliche **Apollonik** 15. Letzteres ist auch im Winter geöffnet und dann ein beliebter Treffpunkt der Side-Deutschen.

Danceclub **Lighthouse** 12, recht schicker Open-Air-Club beim Hafen, von Wellen umspült. Angegliedert ein italienisches Restaurant. Kein Eintritt, dafür satte Preise.

Baden/Tauchen

Aquapark Der nächste Aquapark befindet sich zwischen Karaburun und Alanya ca. 35 km östlich von Side (→ Zwischen Karaburun und Alanya, S. 125).

Baden **Westlicher Strand**: Über mehrere Kilometer erstreckt sich der kinderfreundliche Beach bis zum Ferienort Kumköy. Zum Teil sehr gepflegt, ab und zu spenden ein paar Bäume Schatten, vielerorts aber überlaufen. Hinter dem Strand liegen große Hotels und Clubanlagen. Es gibt Strandcafés, Sonnenschirm- und Liegestuhlverleih.

Östlicher Strand (auch „Büyük Plaj", „Großer Strand"): Zu Füßen das Meer, im Nacken antike Ruinen. Am Strandbeginn werden in der Saison so viele Liegestühle verliehen, dass oft kein Platz für ein herangeschlepptes Badetuch bleibt. Je weiter man aber gen Osten tingelt, desto weniger bevölkert ist der Strand.

Baden rund um Side

Kumköy, Çolaklı, Gündoğan
1098 Cad.
Celal Bayar Bulvarı
Side Bulvarı
Cemal Gürsel Bulvarı
Krankenhaus, Manavgat, Kızılağaç, Kızılot
İnönü Bul.
Wochen-markt
Große Moschee
Kenan Evren Bul.
Europcar (Autoverleih)
Atatürk Bulvarı
AVIS (Autoverleih)
Kazım Karabekir Cad.
Manavgat, Kızılağaç
Donatello Rent a Car
Adnan Menderes Bul.
Sorgun, Titreyengöl
Aquädukt-reste
Mittelmeer
Westlicher Strand
Nymphäum
BUS
Stadttor
Kolonnadenstr.
Säulenstraße
Bogen-tor
Peristyl-Villen
Agora
Latrinen
Theater
Reste der Stadtmauer
Sokak
Yasemin
Pendelbus Busbahnhof
Ehem. Bischofs-kirche
Byzantinisches Hospital
Staatsagora
Bibliothek
Jandarma
Turgut Reis Cad.
Yasemin Sok.
Gül Sok.
Orkide S.
Sümbül Sok.
Çağlayan Sokak
Menekşe Cad.
Hanımeli Sok.
Lale S.
Liman Cad.
Nar Sok.
Mercan Sok.
Nergiz Sok.
Leylek S.
Barbaros Caddesi
Ausflugsboote
Hafen
Athene- und Apollontempel
Men-Tempel
Küçük Plaj (Kleiner Strand)
Östlicher Strand
"Eylül Motel"
100 m
Side/Selimiye
Übernachten
1 Nar Apart Hotel
3 Pension Kassiopeia
4 Boğaz Hotel/Camping
8 Doğa Pansiyon
9 Pansiyon Begonville
0 Hotel Lale Park
3 Beach House Hotel
6 Pension Nar
8 Yalı Hotel
Essen & Trinken
2 Umut Pide & Kebap Salonu
5 Alaturka
6 Steakhouse bei Holger
7 Erol Restaurant
1 Aphrodite Restaurant
3 Göreme Motel Biergarten
4 Emir Restaurant
7 Emir Bistro
Nachtleben
1 Royal Castle Pub
2 Lighthouse
5 Harbour und Apollonik

Küçük Plaj: Der Name passt. Der „kleine Strand" ist eine kleine Sandfläche in einer ebensolchen Bucht im Osten Selimiyes. Sonnenschirm- und Liegestuhlverleih, Strandkneipe.

Strände in der Umgebung: Die ewigen Strände bei **Titreyengöl** sind zwar sehr schön, doch blockieren die Clubanlagen dahinter vielerorts den Zugang. Wo das nicht der Fall ist, sind die Strände leider oft vermüllt.

Ein sehr weitläufiger, empfehlenswerter Strand ist zudem der von **Kızılot**, ca. 15 km östlich von Manavgat (→ S. 123), dort die Abzweigung zum „Nostalgie Camping" wählen.

Relativ unverbaut und daher fast schon idyllisch ist der goldene Sandstrand am westlichen Ende von **Gündoğdu** (ca. 18 km westlich von Side). Richtung Westen (Antalya) entlang der Küste fahren, bis die Bausünden aufhören. Hinter dem Club Side Star zum Meer abbiegen und parken. Nun zu Fuß gen Westen tingeln, nach den letzten beiden Hotels wird es einsam.

Tauchen Viele der umliegenden großen Clubanlagen verfügen über eigene Tauchbasen, jene, die bevorzugt von deutschen Gästen gebucht werden, haben auch deutschsprachige Instrukteure. Vor Ort selbst bietet die **Side Diving School** Bootstauchgänge an (2 Tauchgänge inkl. Essen 50 €). Infos vom Tauchschiff am Hafen, ✆ 0507/4313800 (mobil).

Sehenswertes

Das antike Side inmitten einer pittoresken Landschaft aus Buschwerk, Dünen und Fels gehört mit Pergamon und Ephesus zu den meistbesuchten Ausgrabungsstätten der Türkei. Bereits auf der Fahrt von Manavgat nach Side sieht man die ersten Ruinen zwischen Feldern und verwilderten Abschnitten abseits der Straße: Aquäduktreste einer einst 30 km langen Wasserleitung von der Quelle des *Manavgat Çayı* in die antike Stadt, die selbst keine einzige Quelle besaß. Viele Angreifer wussten dies und zerstörten zuerst das **Aquädukt**.

Die Sehenswürdigkeiten sind so aufgelistet, dass sich ein Rundgang ergibt. Das Gros der Ruinen ist frei zugänglich, Hinweisschilder erleichtern die Orientierung. Übrigens sind die Ausgrabungsarbeiten im antiken Side bis heute nicht abgeschlossen; sie werden von der Anadolu-Universität Eskişehir geleitet.

Nymphäum: Es heißt, dass die monumentale Brunnenanlage – nur noch in halber Höhe erhalten – die schönste und größte Kleinasiens gewesen sei. Für das geistige Auge: Die Fassade war 52 m lang, 20 m hoch und über 4 m dick, marmorverkleidet und mit dreistöckiger Säulenarchitektur. Davor ein gepflasterter Hof, von Bänken und Steinstufen umgeben. Das reliefgeschmückte Bassin fasste 500 Kubikmeter Wasser, das aus Bleirohren in das Becken floss. Etliche Statuen schmückten diesen Tempel der Nymphen.

Stadttor/Haupttor: Die gegenüber liegenden Reste des einst prunkvollen Haupttors, das von zwei klobigen, viereckigen Türmen flankiert war, sind leicht zu übersehen. Seit der Jahrtausendwende ist der angrenzende *Torplatz* partiell freigelegt. Das Tor war Teil der kilometerlangen, heute stark abgebröckelten *Stadtmauer*. Die Mauer ist ein gutes Beispiel für eine wehrhafte antike Befestigungsanlage aus hellenistischer Zeit. Am Haupttor begannen zwei *Kolonnadenstraßen*. Eine verlief vorbei an den Peristyl-Villen (s. u.) zur Agora – sie ist mehr oder weniger mit der heutigen Zufahrtsstraße nach Selimiye identisch; die andere, deren Säulen ebenfalls teilweise wieder aufgestellt wurden, verlief gen Südosten Richtung Bischofskirche (Beschreibung s. u.).

Peristyl-Villen: Die ca. 250 m lange Kolonnadenstraße, die zur Agora führt, wird auch *Säulenstraße* genannt. Einst wurde sie von Geschäften gesäumt. Noch bevor man die Agora erreicht, liegen linker Hand die Domizile der Nobilität, die Peristyl-Villen (auch „Konsolenhäuser" genannt). Die Räume gruppierten sich um offene Innenhöfe, wie es den Wohnverhältnissen der antiken High Society entsprach.

Agora: Von der Grundfläche quadratisch, war sie auf allen Seiten von Hallen mit exakt 100 Säulen umgeben, im Nordwesten und Nordosten zusätzlich von Läden. Hier spielte sich in den Morgenstunden das Leben der Stadt ab, und hier versteigerten die Seeräuber ihre Gefangenen. Man betrat die Agora von der Säulenstraße durch ein monumentales Tor (nur noch Grundmauern erhalten). In der Nordwestecke der Agora, an das Theater angelehnt, ist ein halbrunder Bau zu erkennen. Er bot als *öffentliche Latrine* Platz für 24 Personen.

Museum: Das sehenswerte archäologische Museum gegenüber der Agora ist in spätrömischen Thermen aus dem 5. Jh. untergebracht, die einst weitestgehend mit Marmor verkleidet waren. Umkleide-, Schwitz- und Kaltbaderaum lassen sich noch deutlich ausmachen. Später, in frühchristlicher Zeit, wurden die Thermen als Grabhaus genutzt. Zwei Skelette mit fast vollständigen Gebissen – die Gruselattraktion – erinnern noch daran. Im Garten sind witterungsbeständige Sarkophage und Architekturfragmente ausgestellt. Im Inneren sieht man u. a. weitere schöne Sarkophage, Kleinfunde (u. a. Glaswaren, Schmuck und Statuetten), Zierplatten und Osteotheken (sarkophagartige kleine Schreine für Gebeine und Asche). Zudem gibt es viele Statuen zu bewundern, darunter römische Kopien griechischer Statuen, die einst den Kaisersaal der Staatsagora (s. u.) schmückten, die Statuen der Siegesgöttin Nike, des Herakles und des Gottes Hermes sowie – als Prunkstück des Museums – die Statuengruppe der *Drei Grazien*.

Tägl. (außer Mo) 9–18.45 Uhr, im Winter 8–17 Uhr. Eintritt 4 €.

Side/Selimiye → Karte S. 115

Die Reste des Apollontempels

Bogentor: Gleich hinter dem Museum führt die Straße durch ein Bogentor, auch „Siegesbogen" genannt, heute ein Nadelöhr auf dem Weg ins Zentrum, Autos quetschen sich hindurch. Eine kaiserliche Quadriga (vierspänniger Streitwagen) aus Bronze krönte einst das Tor. Links des Bogentors wurde das *Vespasiandenkmal* wieder aufgebaut, ein elegantes Brunnen- bzw. Quellhäuschen, in dessen Hauptnische eine Statue des Kaisers Vespasian stand.

Theater: Das Wahrzeichen Sides überragt alle Gebäude der Stadt. Einst bot es bis zu 20.000 Zuschauern Platz. Da Side nicht auf einem Hügel erbaut wurde, konnte das Theater nicht wie üblich am Hang angelegt werden. So musste notgedrungen – eine Seltenheit in Kleinasien – ein gewaltiger Unterbau geschaffen werden. Die Steine dazu lieferte die Seemauer, die in den Friedenszeiten des Römischen Imperiums überflüssig geworden war. Neben der Aufführung von Schauspielen diente der Bau Volksversammlungen, Gladiatorenkämpfen und später auch als Freilichtkirche. Die Orchestra besaß vermutlich ein Wasserbecken, in dem Bootswettkämpfe stattfanden. Bei einem Erdbeben wurde der obere Teil des Theaters zerstört und das Bühnenhaus fiel in die Orchestra, die unter einem wüsten Trümmerhaufen begraben liegt.
Tägl. 9–18.45 Uhr, im Winter verkürzt. Eintritt 4 €.

Hafen: Seine Gesamtlänge betrug einst 450 m. Trotz aller Anstrengungen versandete das seichte Hafenbecken vom Schlamm des Manavgat-Flusses immer wieder – die antike Redewendung „Das ist wie der Hafen von Side" war nicht umsonst die blumige Umschreibung einer vergeblichen Arbeit. Schließlich ließ man sich eine besondere Finanzstrategie einfallen, um das regelmäßige Ausbaggern des lebenswichtigen Hafens zu garantieren: Vermögende Bürger des antiken Side trugen die Kosten der Arbeiten und wurden dafür mit Inschriften geehrt.

Restaurierungsarbeiten am Theater von Side

Athene- und Apollontempel: Die beiden nebeneinander liegenden Tempel aus dem 2. Jh. v. Chr. befinden sich an der Südspitze der Halbinsel. Der kleinere war dem Apollon geweiht, der größere der Athene – diesem stand auch ein Asylrecht zu. Bei einem Erdbeben wurden die Tempel stark beschädigt. Sechs Säulen des Apollontempels wurden wieder aufgestellt und sind nun nächtens effektvoll angestrahlt – ein Traumplatz bei Sonnenuntergang. Auf und um die Tempel errichteten die Byzantiner später eine *Basilika,* ein paar Wände stehen noch.

Staatsagora: Sie liegt östlich des Theaters nahe dem Weg zum Oststrand und diente vorrangig politischen Besprechungen. Der monumentale Bau war 88,5 m lang und 69 m breit. An der stadtabgewandten Seite stand eine große *Bibliothek* mit drei Sälen. Vom mittleren, dem sog. *Kaisersaal,* ist noch eine Wand erhalten. Von den einst zahlreichen Statuen, die ihre Nischen schmückten, sind heute ein paar im Museum von Side zu finden, andere gingen verloren, zuletzt der kopflose Torso von Nemesis, der Göttin der ausgleichenden Gerechtigkeit.

Bischofskirche und **Hospital**: Spaziert man nun auf einem Pfad landeinwärts auf das einstige Stadttor (s. o.) zu, gelangt man zu der bereits angesprochenen zweiten Säulenstraße. An ihrem Beginn wurde in byzantinischer Zeit eine *Bischofskirche* samt Palast erbaut. Deren Grundmauern schlummern noch weitestgehend unter der Erde, ganz im Gegensatz zum nahen zweistöckigen *Hospital*, das man auf dem Weg dorthin passiert.

Titreyengöl-Sorgun, Kızılağaç, Kumköy, Evrenseki, Çolaklı und Gündoğdu

Side-Gäste, die aus dem Katalog gebucht haben (Russen und Deutsche halten sich dabei mittlerweile die Waage), schlafen i. d. R. in den Feriensiedlungen an den weiten Sandstränden rund um Side. **Titreyengöl-Sorgun**, ca. 10 km östlich von Side, ist die stilvollste. Sie kann mit etlichen gut bewachten, luxuriösen Clubanlagen, viel Grün, einem kleinen Binnensee und – falls aus den Planungen zum Schrecken aller Naturschützer Realität wird – irgendwann mit einem Golfplatz aufwarten. Dafür soll der 45 km² große **Sorgun-Wald** mit seinen 350 Jahre alten Kiefern, seltenen Orchideenarten und farbenprächtigen Anemonen, zugleich Heimat, Zwischenstation und Überwinterungsquartier zahlreicher Vogelarten, abgeholzt werden. Östlich von Titreyengöl mündet der Manavgat-Fluss ins Meer – Ziel eines schönen Strandspaziergangs. Noch weiter östlich liegt **Kızılağaç**, das nicht nur mit etlichen Fünf-Sterne-Resortanlagen, sondern auch mit einer Reihe von bestens frequentierten Danceclubs wie dem im Flintstonestil erbauten Kitsch-Tanztempel „Truva" angeben kann. **Kumköy** nennt sich die „Prolovariante" rund 4 km westlich von Side. Hier wirbt man mit günstigen Einkaufsmöglichkeiten („Billiger als bei Aldi"), für bewusste Ernährung („Döner macht schöner"), und hier weiß man, dass Fußball für etliche Gäste der wahre Sinn des Lebens ist (vielerorts Großbildschirme). Um die Infrastruktur dieses Retortendorfes perfekt zu machen, gibt es zudem noch die Kneipe „Schluckspecht" im Zentrum, die das alltägliche Treiben auf den Punkt bringt. Noch weiter westlich liegen **Evrenseki**, **Çolaklı** und **Gündoğdu** – allesamt gesichtslose Hotel- und Ferienhausansammlungen an einem Strand, der einem goldenen Traum gleicht. Das Wassersportangebot ist überall gut: Vom Banana-Riding bis zum Parasailing wird alles offeriert.

Zu allen Orten beste **Dolmuş**verbindungen von Side.

Im Hinterland von Side

Das Hinterland von Side bietet abwechslungsreiche Alternativen zum Sonnenbad an der Küste: Wie wäre es mit einem Einkaufsbummel in Manavgat, einem Besuch der einsam gelegenen Ruinenstätte Seleukia, einem gemütlichen Forellenessen an einem – je nach Jahreszeit rauschenden oder plätschernden – Wasserfall oder einem Bootsausflug über den Oymapınar-Stausee?

Weitere lohnenswerte Ziele im Hinterland von Side entdecken Sie im Kapitel „Zwischen Antalya und Side" ab S. 96.

Manavgat

89.300 Einwohner

5 km nördlich von Side, am Flusslauf des *Manavgat Çayı*, liegt die gleichnamige Provinzstadt – Ziel vieler Touristen auf der Suche nach der „ursprünglichen Türkei". Der Besuch des montäglichen Wochenmarktes (Kleinausgabe am Donnerstag) gehört zum Unterhaltungsprogramm von Side. Dabei suggerieren Schmuck- und Teppichgeschäfte günstigere Preise als in Side, was nur sehr bedingt zutrifft.

Das Gros der Urlauber verbindet einen Shoppingausflug nach Manavgat mit einem Besuch der nahe gelegenen **Wasserfälle** (vom Zentrum mit „Şelale" ausgeschildert). Der kleine Wasserfall **Küçük Şelale** liegt ca. 4 km nördlich des Zentrums, der große Wasserfall **Büyük Şelale** weitere 2 km landeinwärts (von Sonnenauf- bis Sonnenuntergang geöffnet, Eintritt 1,20 €). Während Letzterer wirklich etwas mit einem Wasserfall zu tun hat, handelt es sich bei dem kleinen eher um ein paar Stromschnellen. Trotz des Megaansturms (am Wochenende auch viele türkische Familien) haben die Restaurants und Picknickplätze an den Wasserfällen etwas Idyllisches – man sitzt gemütlich unter schattigen Platanen, während die Forellen vom Fluss direkt auf den Teller springen.

Information **Matso Information**, die Infostelle der Industrie- und Handelskammer an der zentralen Stahlbrücke bei den Ausflugsbooten hilft auch Touristen weiter – und zwar freundlicher und kompetenter als die Kollegen in Side. Mo–Fr 8–12.30 u. 13.30–17 Uhr. ✆ 0242/7431407.

Verbindungen Nahezu alle **Busse** entlang der Südküste halten in Manavgat – buchen Sie, wohin Sie wollen. Der Busbahnhof liegt nahe der D 400, von dort bestehen Dolmuşverbindungen ins Zentrum. Zudem regelmäßige **Dolmuş**verbindungen vom Zentrum nach Side und zum großen Wasserfall, stündl. Verbindungen Richtung Lyrbe (Seleukia) und Oymapınar-Stausee (der Dolmuş fährt jedoch nur bis Oymapınar-Dorf und nicht bis zum großen Stausee!).

Bootstouren Werden nahe der zentralen Stahlbrücke offeriert: 80-minütige Touren zum kleinen Wasserfall (10 €) oder Trips zur Mündung des Manavgat-Flusses mit Badestopp und Lunch (5–6 Std., 20 €).

Essen & Trinken Diverse schön gelegene Restaurants bei der Stahlbrücke am südwestlichen Flussufer. Gute Topfgerichte (Preise vorher erfragen!) bekommt man nahebei im **Tadım Lokantası Çorbacı Hasan** rund 80 m westlich der Brücke.

Lyrbe/Seleukia

(antike Stadt)

Die in einem schattigen Pinienwald gelegenen Ruinen hielt man einst für die antike Stadt *Seleukia*, nach jüngeren Forschungen sind die steinernen Überreste jedoch der antiken Kleinstadt *Lyrbe* zuzurechnen. Diese erlebte im 1. und 2. Jh. ihre Blüte und wurde wahrscheinlich im 7. Jh. aufgegeben. Verhältnismäßig wenige Besucher treibt es bislang an den äußerst stimmungsvollen Ort auf einem Tafelberg rund 13 km nördlich von Manavgat.

Neben vielen unidentifizierten, kleineren Ruinen gibt es auch ein paar Schmankerl. Auf dem vom Parkplatz bergauf führenden Waldweg gelangt man automatisch zur **Agora**, die zu den besterhaltenen Kleinasiens zählt. Aufgrund ihrer Hanglage waren gewaltige Unterbauten nötig. Die Kellerräume dienten zum Lagern von Waren. Eine dorische Säulenhalle umgab die Agora ursprünglich, ein paar Säulen wurden wieder aufgerichtet. An ihrer Ostseite ist noch ein einst dreigeschossiges **Marktgebäude** auszumachen, das im Südosteck an das **Odeion** grenzte. Vom **Podiumstempel** nördlich der Agora blieb die Cella bis auf das Dach unversehrt. Am Steilhang im

Auf der einstigen Agora von Lyrbe

Nordwesten ragt zudem ein 9 m hoher Bau zwischen den Bäumen hervor – die imposanten Reste einer **Therme**, die über einer noch heute sprudelnden Quelle errichtet wurde.

Grabungsarbeiten auf dem Gelände sind für die Zukunft wieder geplant, die letzten fanden in den 1970ern statt. Einige Funde sind im Archäologischen Museum von Antalya ausgestellt.

Anfahrt Die Ausgrabungsstätte liegt nahe dem Dorf Bucakşeyhler. Die Straße zu den Manavgat-Wasserfällen nehmen, 4,5 km hinter dem Großen Wasserfall *(Manavgat Şelalesi)* links ab, mit „Lyrbe (Seleukia)" ausgeschildert (zuletzt nur in entgegengesetzter Richtung, aufpassen). Von dort noch weitere 4,5 km, die letzten 3 km sind nicht mehr geteert und sehr holprig. Wenn der Weg ca. 4 km hinter der Abzweigung im Wald steil anzusteigen beginnt, parkt man am besten und läuft den Rest. **Dolmuşe** fahren die Straße Richtung Seleukia von Manavgat 1-mal stündl., aber nur bis zur Abzweigung beim Hinweisschild. Die letzten 4,5 km heißt es also laufen – im Sommer nach Aussagen von Lesern eine Qual. Mit dem **Taxi** von Side retour ca. 48 €.

Öffnungszeiten Stets zugänglich. Zuletzt Eintritt frei, was sich jedoch wieder ändern kann.

Oymapınar-Stausee (Oymapınar Barajı)

Inmitten der reizvollen Bergwelt des Taurus, rund 30 km nördlich von Manavgat, liegt der durch die Stauung des *Manavgat Çayı* entstandene, smaragdgrüne Oymapınar-See. Tourenanbieter zwischen Side und Alanya vermarkten ihn als „Green Canyon". Fluss und See werden von 25 Quellen gespeist, deren Schüttungsmengen zu den ergiebigsten der Welt zählen. Geschaffen wurde der Stausee u. a., um Trinkwasser über eine Unterwasserpipeline via Nordzypern nach Israel zu exportieren. Doch das Geschäft kam nie zustande, die Pipeline wurde nie gebaut. Später, noch

Türkisgrünes Süßwasser: Oymapınar-Stausee im Hinterland von Side

unter Gaddafi, hatte Libyen Interesse an dem kostbaren Nass angemeldet. Wie die neue libysche Regierung darüber denkt, wird sich zeigen. Unabhängig davon ist der Stausee ein attraktives Ausflugsziel. Bei einem Bootstrip tuckert man u. a. in einen 7 km langen Cañon. Bei dessen Flutung ging die weitverzweigte Dumanlı-Höhle unter und damit eines – der nächste Superlativ – der größten Höhlensysteme Europas.

Auf dem Weg zum Stausee bieten sich zwei Abstecher an, einer zunächst zum **Tierpark Manavgat** („Hayvanat Bahçesi", von der Abzweigung noch 3 km, ausgeschildert), der ein nettes Ziel für Familien mit Kindern ist. Der kleine Park unter deutscher Leitung beherbergt rund 200 Tiere 50 verschiedener Arten: Grüne Meerkatzen, Papageien, Krokodile, Luchse, Schlangen, Leguane etc. (tägl. tagsüber geöffnet, Eintritt 3 €, Kinder 1 €).

Wieder zurück auf der Straße zum Stausee folgt 1,6 km weiter die Abzweigung zum **Adventure Park** (von der Abzweigung noch 400 m), einem weitläufigen Kletterwald mit vier Parcours, darunter eine 140 m lange Zipline übers Wasser. Der Hochseilgarten ist vom deutschen TÜV geprüft, die idyllische Anlage selbst unter deutsch-türkischer Leitung. Mit Blick auf den Kleinen (unteren) Oymapınar-Stausee gibt es hier auch hausgemachten Kuchen, Übernachtungsmöglichkeiten sollen folgen (s. u.). Zudem kann gecampt, gebadet und gewandert werden.

Anfahrt/Verbindungen Von Manavgat der Straße zu den Wasserfällen folgen, dann immer geradeaus weiter entlang des Flusses und am kleinen Oymapınar-Stausee vorbei. An der Schranke beim Wasserkraftwerk zahlt man 0,40 €/Pers. Zufahrtsgebühr. Von dort sind es noch 7 km bis zum Greencanyon Restaurant, die letzten 2 km sind ungeteert. Der See selbst ist ein Ziel für Selbstfahrer. Stündl. gibt es von Manavgat jedoch Dolmuşe bis Oymapınar-Dorf, die auch die Abzweigungen zum Zoo und zum Adventure Park passieren.

Adventure Park 2:30 Std. Nervenkitzel bietet die Tour durch den **Hochseilgarten**, davor gibt's ein Briefing. Erw. 15 €, Kinder 13 € (ab 8 Jahren). www.adventure-park.com.tr. Von Lesern gelobt werden zudem die **Wandertouren** ins Hinterland mit Ömer Arslan vom Adventure Park (deutschsprachig). Dauer je nach Strecke 2–8 Std., ab 25 €/Pers. Keine Mindestteilnehmerzahl. Kontakt über ✆ 0545/2324141 (mobil), www.turkeiwandern.net. Für 2012 sind auf dem Gelände zudem 3 **Lehmbungalows** für jeweils 4 Pers. geplant, alle mit Bad, Kochgelegenheit und Seeblick. 25–30 €/Pers., Frühstück extra, Campen 8 €/Fahrzeug. ✆ 0242/7722222.

Essen & Trinken/Bootstouren **Greencanyon Restaurant**, am Großen (oberen) Stausee, bestens ausgeschildert. Schön gelegen, aber oft voll mit Tourengruppen. Über das Restaurant werden auch dreieinhalbstündige Bootstrips mit Mittagessen (25 €) angeboten, Abfahrt tägl. um 10 Uhr. Um zur Abfahrtsstelle der Boote zu gelangen, hält man sich auf dem Weg zum See kurz nach dem Tunnel links. ✆ 0242/7423135, www.greencanyon.com.tr.

Noch weiter ins bergige Hinterland? Ein Tipp ist die Tropfsteinhöhle *Tinaztepe Mağarası*, → S. 263.

Zwischen Side und Alanya

Nahezu endlose Strände prägen die Region zwischen Side und Alanya. Die Küste ist größtenteils verbaut, lediglich um Kızılot gibt es noch Brachland. Ansonsten reihen sich Clubanlagen und künstliche Feriensiedlungen aneinander. Die einzelnen Hotelanlagen zeigen sich meist gepflegt, drum herum sieht es jedoch zuweilen etwas trostlos aus – ein übergreifendes Erschließungskonzept vermisst man vielerorts. So sind hinter den Hotels künstliche Dörfer oder improvisierte Hüttensiedlungen entstanden, die außer Charme i. d. R. alles bieten, was sich das hiesige Urlauberherz wünscht: Bierkneipen, Einkaufsmöglichkeiten und Autoverleiher. Wer nur diese Ecke der Südküste kennenlernt, kommt zwar braungebrannt, aber mit einem recht verschrobenen Türkeibild nach Hause. Im Hinterland lassen sich ein paar Karawansereien aus seldschukischer und eine alte Burganlage aus byzantinischer Zeit entdecken.

Kızılot

Die weit verstreute 3000-Seelen-Gemeinde liegt rund 15 km östlich von Manavgat an der Straße nach Alanya. Außer dem Sonntagsmarkt bei der Moschee hat der Ort nicht viel zu bieten. Schön ist jedoch der hiesige, rund 7 km lange Küstenabschnitt: ein herrlicher, z. T. recht unverbauter und wenig frequentierter Sandstrand, den auch die Unechte Karettschildkröte als Eiablageplatz (→ S. 144) zu schätzen weiß.

Übernachten/Camping/Essen Beide Unterkünfte sind, von Side kommend, ca. 2 km hinter der Abzweigung nach Konya ausgeschildert; erst kommt das Hotel Grün, dann die Pension Nostalgie. Gute Dolmuşverbindungen von und nach Side und Alanya; sagen Sie dem Fahrer, dass Sie am Hotel Bremen (Nostalgie oder Grün kennen viele nicht) aussteigen wollen.

››› **Unser Tipp:** **Nostalgie**, Pension und Campingplatz in toller Lage leicht erhöht über dem Strand, geführt von der freundlichen Schweizerin Verena. Familiär-beschauliche Atmosphäre, von Lesern immer wieder gelobt. 8 schlichte, saubere Zimmer auf 2 Etagen, 5 davon mit Klimaanlage, alle mit Balkon und Meeresblick. Gemütliches Terrassenrestaurant. Ganzjährig. Mit Frühstück je nach Zimmer (mit oder ohne Klimaanlage) 25–30 €/Pers., mit HP 30–35 €, 2 Pers. mit Wohnmobil u. Strom 15 €. Kızılot, ✆ 0242/7482199, www.nostalgiebeach.com. ‹‹‹

Hotel Grün, freistehendes dreistöckiges Gebäude mit 18 Zimmern, nur durch den eigenen Pool vom Strand getrennt. Einfach und preiswert, ebenfalls von Lesern gelobt. Freundliche Wirtsfamilie, Chef Erkan spricht Deutsch. 24 €/Pers. mit HP (es wird sehr gut gekocht), 17 € mit Frühstück. ✆ 0242/7482198, www.hotelpensiongruen.com.

Alarahan und Alarakale

Seldschukenführer Alaeddin Keykobat, laut Inschrift über dem Portal „Herrscher über die Nacken der Völker“, gab 1231 den Auftrag zum Bau der **Karawanenherberge** Alarahan. Hier suchten Händler mit ihren Lasttieren bei Einbruch der Dunkelheit Schutz. Im Abstand von rund 30 km, das entsprach ungefähr der Tagesetappe einer Karawane, gab es auf der Strecke von Alanya in die Seldschukenhauptstadt Konya mehrere solche Herbergen. Von außen zeigt sich der Alarahan als simpler, abweisender Steinwürfel. In den Gewölben rund um den kleinen, offenen Innenhof hatten einst rund 200 Kamele samt ihren Treibern Platz. Die mitreisenden Frauen nächtigten im abgeschlossenen Harem. Später diente der Han als Derwischherberge. Heute finden darin immer wieder touristische Folkloreveranstaltungen statt (keine regelmäßigen Öffnungszeiten).

Die **Burg** Alarakale, deren wehrhafte Mauern sich um einen kahlen Felskegel ca. 1 km nördlich der Karawanserei hinaufwinden, entstand vermutlich in byzantinischer Zeit. Der Aufstieg ist mühsam (Dauer ca. 40 Min.) und nichts für Angsthasen, aber empfehlenswert. Vom Alara Cennet Piknik Restaurant (→ Essen & Trinken) führt ein schmaler Pfad den Fels hinauf bis zu einem alten, rund 100 m langen, im Verfall begriffenen Treppentunnel. Durch diesen gelangt man in den mittleren Teil der Burganlage. Eine Taschenlampe ist vonnöten! Die Ruinen selbst geben nicht allzu viel her, die Aussicht über das Tal des Alara-Flusses ist jedoch einmalig. Den Fluss selbst haben Rafter und Kanuten für sich entdeckt, der Wasserspaß ist jedoch nur im April und Mai möglich.

Am Strand von Kızılot

Anfahrt/Essen & Trinken Von der D 400 ist die Abzweigung bei Okurcalar ausgeschildert, von da noch etwa 9 km ins Landesinnere. Der Han steht direkt an der Straße. In der Umgebung warten einige Restaurants auf Kundschaft. Nett ist das **Alara Cennet Piknik Restaurant** ca. 200 m hinter dem Han. Forelle und supergemütliche Plätze am Fluss. Dort bekommt man auch Tipps zur Besteigung der Burg und eine Taschenlampe. ✆ 0544/2605520 (mobil).

Raften Eine deutschsprachige Adresse für Raften auf dem Alara-Fluss ist **Outdoorprofis** in Alanya, Keykubat Cad. 21/8, ✆ 0532/7428246 (mobil), www.outdoorprofis.com. Die Streckenlänge beträgt 15 km.

Zwischen Karaburun und Alanya

Der rund 50 km lange Küstenabschnitt hat sich ganz dem Pauschaltourismus verschrieben. Die schönen hiesigen Strände und halbrunden Buchten trumpfen mit feinem Sand auf, können am Übergang ins Meer aber zuweilen etwas felsig sein. Wer sich für einen Urlaub in den künstlichen Ferienresorts **Karaburun, Okurcalar, İncekum, Avsallar, Türkler, Payallar** oder **Konaklı** entscheidet, sollte v. a. darauf achten, dass sich sein Hotel in erster Reihe am Strand befindet und nicht *hinter* der autobahnähnlichen Nationalstraße 400. Deren Überquerung macht wenig Spaß, und nur die besseren Anlagen verfügen über Unter- oder Überführungen! Wem das Programm der Animateure in den Ferienclubs nicht zusagt, gelangt mit dem Dolmuş schnell nach Alanya.

Anzuschauen gibt es in der Ecke nicht viel. In Konaklı liegt, direkt an der D 400, der **Serapsu Hanı**, auch „Şarapsa Hanı" genannt. 24 Türme schmücken diese Herberge aus dem 13. Jh., wo Mensch und Tier in einem einzigen Raum nächtigten. Heute speisen darin Touristengruppen zu türkischer Folklore. Wer nett fragt, kann auch tagsüber einen Blick hineinwerfen.

Verbindungen Alle beschriebenen Orte sind von Side und Alanya bequem mit Dolmuşen zu erreichen.

Freizeitspäße **Water Planet Aquapark**, der größte Aquapark im Raum Alanya – Side. Angeboten werden alle bekannten Wasserspäße. Tägl. 10–17.30 Uhr. Eintritt 20 €, Kinder 15 €, Türken zahlen deutlich weniger. Von der D 400 in Okurcalar ausgeschildert.

Camping **İncekum Camping**, nicht vom Namen verwirren lassen – der Platz liegt noch in Avsallar und nicht in İncekum! Weitläufiges, bewaldetes Areal mit viel Schatten. Auch werden neue, recht nette 4-Pers.-Bungalows mit Bad, Klimaanlage und Kühlschrank vermietet. Schöner Strand. Viele picknickende Tagesgäste. Market, einfache Sanitäranlagen. Im Sommer überlaufen. April–Sept. 2 Pers. mit Wohnmobil teure 18,50 €, mit Zelt 9,50 €, Bungalow für 4 Pers. mit Frühstück 103 €. Avsallar, ✆ 0242/5171704, ℻ 5172441, www.incekumcamping.com.

Von Alanya bis Anamur

Alanya

ca. 99.000 Einwohner

Alanya ist der touristische Hotspot der Türkischen Riviera. Noch bis vor wenigen Jahren kam das Gros der Urlauber aus Deutschland und erfreute sich an Jägerschnitzel und Rinderbraten. Heute fallen auch Russen und Skandinavier in Massen ein, und die Speisekarten haben sich geändert.

Alanya erstreckt sich über zwei weite, sanft geschwungene Buchten, die von einem 250 m hohen, vorspringenden Burgfelsen getrennt werden. Gekrönt wird dieser von einer imposanten seldschukischen Burg. An die Hänge des Burgbergs (die Alt- bzw. Oberstadt) klammern sich osmanische Häuser, zu seinen Füßen liegt ein pittoresker Hafen für Ausflugsboote und Jachten. Direkt daran schließt Alanyas phonstarke Flanier- und Partymeile an. Diese geht fließend in das große geschäftige Zentrum Alanyas über: Etliche Juwelier- und Ledergeschäfte sowie Stände mit imitierter Markenware prägen es. Zusammen mit den schönen, langen Sandstränden zu beiden Seiten des Burgbergs sind dies die Tummelplätze der Massen und deren Garant für abwechslungsreiche Urlaubstage.

Der Rest der Stadt ist – abgesehen von ein paar verstreut liegenden alten Villen – ein gesichtsloses Häusermeer im Großstadtformat. Die ockerfarbenen 08/15-Fassaden der Apartmenthäuser und Hotels (entworfen von Architekten, die wohl allesamt Praktikanten an der Costa Brava waren) ziehen sich hinter einem renntauglichen, stark befahrenen Strandboulevard kilometerweit die Buchten entlang und klettern dahinter die Berghänge hoch, dem 2647 m hohen *Ak-Dağ-Massiv* entgegen.

Geschichte

Früheste Berichte über das antike *Korakesion,* aus dem später Alanya hervorging, stammen aus der Mitte des 2. Jh. v. Chr. und zollen der damals hier neu gegründeten Festung wenig Wohlwollen. Sie schildern es als ein übles Piratennest unter Führung von Diodotos „Tryphon" („dem Wollüstigen"), der von hier seine Galeeren in See stechen ließ, um Küstenstädte und Handelsschiffe zu plündern. Dem Schrecken machte der römische Feldherr Pompeius 67 v. Chr. in der berühmten Seeschlacht vor Korakesion ein für allemal ein Ende – 10.000 Mann kostete sie das Leben. Zwei Jahrzehnte später schenkte Mark Anton die Stadt samt Umgebung seiner geliebten Kleopatra (→ Kasten S. 176). Diese ließ von Korakesion Holz für den Flottenbau nach Alexandria verschiffen, besaß nebenher aber noch genügend Zeit, mit dem römischen Aristokraten zu turteln. Vom Burgberg ließ sie angeblich eigens dafür einen Stollen durch das Bergmassiv zu einer klitzekleinen intimen Bucht anlegen, dem heutigen „Kleopatra Pool". Korakesion selbst erreichte in römischer Zeit jedoch niemals die Bedeutung des westlich gelegenen Side.

In byzantinischer Zeit wie auch unter der nachfolgenden armenischen Herrschaft hieß die Stadt *Kalonoros* („Schöner Berg"). Der Seldschukensultan Alaeddin Keykobat verliebte sich in Kalonoros und versuchte die Stadt vergebens zu erobern. Was militärisch scheiterte, gelang schließlich mit Diplomatie: Der armenische Fürst Kyr Vart tauschte Kalonoros samt seiner Tochter Huand Mahperi 1221 gegen einen Alterssitz bei Aksaray ein. Der Sultan, der in Konya residierte, nannte die Stadt nun *Ala'iye* und machte sie zu seinem Sommersitz und zum Kriegshafen. Die Stadt erlebte dadurch einen mächtigen Aufschwung. Aus dieser Zeit stammen ihre heute noch erhaltenen, bedeutendsten Sehenswürdigkeiten. Mit dem Ende der Seldschukenherrschaft geriet Alanya jedoch in Vergessenheit.

Der einsetzende Tourismus in der zweiten Hälfte des 20. Jh. beendete Alanyas Dornröschenschlaf. Bereits 1965 buchten die ersten deutschen Pauschalurlauber Alanya. Seitdem dehnt sich die Stadt, die ursprünglich nur auf dem Burghügel angelegt war, rasend aus. So manchen einst kleinen Nachbarort (wie Kestel oder Mahmutlar im Osten) hat sie schon verschlungen. Den früher überwiegend deutschen Strandurlaubern haben mittlerweile Russen, Osteuropäer und Skandinavier den Rang abgelaufen. Immerhin nennen aber rund 6000 deutsche Rentner Alanya ihre zweite Heimat.

Information/Verbindungen/Ausflüge

Telefonvorwahl 0242.

Information An der Kalearkası Cad., tägl. 8–12.30 u. 13.30–17 Uhr. ✆ 5131240, www.alanya.bel.tr o. www.alanya.gov.tr.

Verbindungen **Bus**: Busbahnhof im Westen der Stadt, mit dem Stadtbus von der Atatürk Cad. oder in ca. 20 Fußmin. zu erreichen. Im Sommer gute Verbindungen in alle Landesteile, insbesondere entlang der Küste (Adana ca. 9 Std., Antalya ca. 2:30 Std.). Zudem mehrmals tägl. über Konya (5 Std.) nach Kappadokien (10 Std.). Buchungsbüros im Zentrum rund um den *Heykel*, rechtzeitige Reservierung ratsam.

Stadtverkehr/Dolmuş: Die sog. „Stadtbusse" und „Citybuses" (so steht's drauf) verbinden das Zentrum mit den Hotels am West- und Oststrand und fahren auch zur Burg. Minibusse zu den Küstenorten westlich (bis Manavgat) und östlich (bis Gazipaşa) von Alanya sowie zur Dimçay-Höhle und zum Dimçay-Tal starten vom Minibusbahnhof nördlich der Atatürk Cad. beim Basar.

Schiff: Fährverbindung nach Zypern (Girne/Kyrenia) im Sommer 2-mal wöchentl. (2011 Mo u. Fr, Rückfahrt Do u. So), Dauer 3:30 Std. Einfache Fahrt 38 €, retour 74 € inkl. Hafengebühr. Keine Mitnahme von Fahrzeugen. Schnellere und häufigere Verbindungen ab Taşucu bei Silifke (→ S. 154). Infos bei **Fergün Shipping** an der İskele Cad. neben dem Seaport Hotel, ✆ 5115358, www.fergun.net.

Flughafentransfer: Für Antalya → Reisebüro, S. 129. Zum Flughafen Alanya-Gazipaşa gab es 2011 noch keine Transfermöglichkeiten außer mit dem Taxi (ca. 45 €), was sich aber zukünftig ändern kann.

> Detaillierte Infos über Zypern erhalten Sie im MMV-Reisehandbuch „Zypern" unseres Kollegen Ralph-Raymond Braun.

Bootsausflüge Werden von Reisebüros und der Kooperative am Hafen nahe dem Roten Turm angeboten. Ganztägige Picknickfahrten mit mehreren Badestopps um die 15 € inkl. Essen.

Organisierte Touren Gibt es z. B. nach Perge, Aspendos und Side oder in den Köprülü Kanyon zum Rafting für 25 €/Pers. Größere Touren, z. B. nach Kappadokien oder Pamukkale, kosten je nach Dauer (1–3 Tage) und Anzahl der Shoppingpausen 50–75 €. Zudem werden Fahrten nach Anamur, Ausflüge in den Taurus, „Piratentage" auf den Spuren der Seeräuber usw. angeboten. Sog. „Village Tours" führen i. d. R. ins bergige Hinterland und dort in die Dörfer Gedevet und Dereköy, wo man in einem Forellenlokal pausiert. Ein breites Angebot offeriert z. B. **Fam Tour**, Damlataş Cad. 21, ✆ 5139597, www.famtours.com.

Taxis Findet man an jeder Ecke. Preisbeispiele: Zur Burg einfach 4 €, Dimçay-Tal retour 33 €.

Adressen/Einkaufen/Veranstaltungen

Ärztliche Versorgung Staatliches **Devlet Hastanesi** nahe der Umgehungsstraße an der Hastane Sok. ✆ 5134841.

Autoverleiher Bei den international operierenden Anbietern bekommen Sie Fahrzeuge ab ca. 45 €/Tag, z. B. bei **Avis**, Damlataş Cad. 3/A, ✆ 5133513, www.avis.com.tr.

Ein zuverlässiger deutscher Verleiher ist **Martin Türkay** (→ Zweiradverleih), Autos ab 35 €. Vorsicht vor allzu billigen Angeboten (spätestens im Schadensfall wissen Sie, warum!).

Einkaufen Die ganze Stadt ist ein einziger Basar, alles ist zu haben, doch Ramschprodukte überwiegen.

Fr großer **Wochenmarkt** zwischen Atatürk Cad. und Minibusbahnhof. Über weitere, weiter außerhalb gelegene Märkte gibt die Touristeninformation Auskunft.

Reisebüro Flüge aller Airlines und Flughafentransfers (ab 11 €) kann man über **Southtours** buchen, Atatürk Cad. 35 (1. OG), ✆ 5127950.

Türkisches Bad (Hamam) Es gibt mehrere, jedoch keine historischen Bäder.

Beyler Hamamı, Bostancıpınarı Cad. Di 9–17 Uhr Frauentag, sonst tägl. 6–24 Uhr gemischt. Eintritt mit *Kese* und Massage 23 €.

Çemberlitaş Hamamı, neben dem Damlataş Aqua Centre (→ Baden/Tauchen). Nach Geschlechtern getrennte Bereiche. Tägl. 6–24 Uhr. Eintritt mit *Kese* und Massage 20 €.

Veranstaltungen 2 international bekannte Sportevents werden alljährlich in Alanya ausgetragen: Den **Triathlon** Ende Okt. begleiten zahlreiche kulturelle Rahmenveranstaltungen. Zum **Beachvolleyballturnier** Anfang Juli reisen Topmannschaften aus aller Welt an.

Zu den kulturellen Highlights zählen die **Alanya-Jazz-Tage** im Sept.

Waschsalon Etliche im Zentrum verstreut, z. B. **Başkent** im Saray Mah. an der Hoca Ahmet Sok. 8/A. 10 €/Trommel.

Zeitungen und Zeitschriften in deutscher Sprache findet man problemlos an jeder Straßenecke.

Zweiradverleih Etliche Verleiher im Zentrum. Wir empfehlen den deutschsprachigen Anbieter **Martin Türkay**, Atatürk Cad. Neslihan Sok. 5/A, ✆ 5135666, www.martintuerkay.com. Dahinter steckt der freundliche Martin Bernhart, der seit 1992 in Alanya lebt und seinen Kunden auf Wunsch auch bei der Routenplanung zur Seite steht (gutes Kartenmaterial). Mountainbikes je nach Qualität 10–15 €/Tag, Scooter ab 18 €, Motorräder ab 25 €.

Alanya → Karte S. 130/131

Per Boot um den Burgfels

Dabei werden drei Grotten angesteuert, in die nur kleine Boote hineinfahren können – bedenken Sie dies bei Ihrer Buchung. Die erste ist die sog. *Piratenhöhle (Korsanlar Mağarası)*, in der früher Seeräuber ihre Beute versteckt haben sollen. Angeblich war sie durch einen geheimen Gang mit der Burg verbunden, doch irgendwann stürzte dieser ein und ist heute nicht mehr auszumachen. Über die *Höhle der Verliebten (Aşıklar Mağarası)* erzählt der Kapitän gerne die Geschichte von einer deutschen Frau und ihrem türkischen Freund, die in Alanya verschwanden und nach einer groß angelegten, dreimonatigen Suchaktion wohlauf in der Höhle entdeckt wurden. Die Geschichte ereignete sich bereits 1965. In der nächsten Grotte, der *Phosphorhöhle (Fosforlu Mağarası)* glitzert das Wasser infolge fluoreszierender Lichteffekte in leuchtendem Grün. Den Abschluss der Fahrt bildet ein Stopp am sog. *Kleopatra Pool* (→ Geschichte), dem intimen Treffpunkt des Liebespaares Mark Anton und Kleopatra. Nach Erdbeben und Steinrutsch existiert der Sandstrand der winzigen Bucht heute leider nicht mehr.

Übernachten/Camping

Alanya weist mit rund 135.000 Gästebetten eine weitaus höhere Bettenzahl auf als das über 10-mal größere Antalya. Das Gros der Hotels richtet sich an anspruchslose Massen. Die meisten Unterkünfte (insbesondere in der unteren und mittleren Preisklasse) sind lieblos geführt, nicht wenige stark abgewohnt. Gebucht werden die Zimmer i. d. R. im Pauschalpaket – nur dann ist das Preis-Leistungs-Verhältnis auch einigermaßen zufriedenstellend. Direkt an den Rezeptionen werden hingegen oft Mondpreise verlangt – Zimmer gleichen Niveaus bekommt man anderswo an der Küste oft für die Hälfte. Ohrenstöpsel sind ratsam, Lärmbelästigungen bei vielen Häusern vorprogrammiert: entweder durch den Verkehr oder durch laute Discobars in der Nachbarschaft. Wer auf den Euro schauen muss, sieht sich am besten in den hinteren Reihen um.

Zentrum **** **Seaport Hotel** 20, Lobby mit Putten bemalt. 65 komfortable Zimmer, die Hälfte davon mit tollem Hafenblick – wenn man jedoch lieber mit offener Balkontür anstatt mit Klimaanlage schläft, wird es nachts extrem laut! Restaurant, Bar, eigene Parkplätze. Manchmal muffeliger Service. DZ mit HP teils schon ab 82 € und damit recht gutes Preis-Leistungs-Verhältnis, auch nur mit Frühstück möglich. İskele Cad. 82, ✆ 5136487, ℻ 5134320, www.hotelseaport.com.

*** **Hotel Sunny Hill** 14, verhältnismäßig ruhige Anlage, 5 Fußmin. von Zentrum und Kleopatra-Strand entfernt. Gepflegte Zimmer, mit dem üblichen 3-Sterne-Schnickschnack versehen. 2 Pools, einer mit Unterwasserfenster. Lassen Sie sich unbedingt ein Zimmer mit Blick über die Stadt und aufs Meer geben! 60 €/Pers. all-incl. Sultan Alaaddin Cad. 3, ✆ 5111211, ℻ 5123893, www.sunnyhillhotel.com.

Östlicher Strand **Güneş Beach Hotel** 7, direkt am Meer. Gehört seit seiner kürzlichen Komplettrestaurierung zu den empfehlenswertesten Hotels der Stadt. Nur 20 sehr schicke, komfortable Zimmer mit Laminatböden, alle mit Meeresblick. Ebenso schickes Restaurant direkt am eigenen Strand. DZ 111 €. Keykubat Cad. 40, ✆ 5134242, ℻ 5119594, www.guneshotels.com.

**** **Panorama Hotel** 9, besteht aus 2 durch die Küstenstraße getrennten Komplexen. Nett ist jener am Strand: gepflegte niedrige Anlage mit ordentlichen Zimmern, die vordersten sind keine 20 m vom Wasser entfernt (hinten raus leider Straßenlärm). Diverse Extras wie Tennis, Fitness, Pool, Animation usw. DZ mit HP 110 €, all-incl. 148 €. Keykubat Cad. 30, ✆ 5131181, ℻ 5131028, www.panoramahotel.com.tr.

Sun Hotel 10, einfaches Haus, eingeklemmt zwischen Küstenstraße und Strand. Helle Zimmer mit angeeckten Möbeln und sehr simplen Bädern. Unbedingt ein Zimmer mit Strandblick wählen, sonst ist dieses Hotel sein Geld nicht wert. Restaurant. DZ 62 €, nach hinten 49 €. Keykubat Cad., ✆ 5131914, ℻ 5131848.

Westlicher Strand **Sultan Sipahi Resort** 2, in erster Reihe: der große Vorteil dieses Vertragshotels diverser deutscher Reiseveranstalter. 215 gehobenere Zimmer für die Massen – unbedingt eines mit Meeresblick nehmen! Pool. DZ 100 € all-incl. Güzelyalı Cad. 30, ✆ 5191972, ℻ 5131348, www.sultansipahiresort.com.

Alanya → Karte S. 130/131

Aysev 4, Billighotel (mit vielen Jahren auf dem Buckel) in erster Reihe – wählen Sie ein Zimmer mit Balkon zum Kleopatra-Strand. 18 €/Pers., Klimaanlage 5 € extra. Güzelyalı Cad., ✆ 5137358, 📠 5120225, aysevhotel@hotmail.com.

Carina 4, direkt hinter dem Aysev. Fest in der Hand von jungen skandinavischen Pauschalurlaubern mit wenig Geld. Als Billighotel aber dennoch okay – 41 saubere und z. T. sehr geräumige Zimmer mit Balkon. Die Ausstattung ist bis auf die Klimaanlage und die Bäder allerdings veraltet. Mickriger Pool. DZ 40 €. Nergis Sok. 4, ✆ 5131897, 📠 5123906, www.carinaotel.com.

Camping **Perle Camping**, direkt hinter dem Strand von Kargıcak ca. 15 km östlich von Alanya. Eigentlich (mittlerweile) nicht mehr viel mehr als ein abgetrennter Teil des Parkplatzes eines Fischlokals (hervorragend, → Essen & Trinken), dennoch für kurze Aufenthalte okay. Schatten, ordentliche Sanitäranlagen, Pfauen, Enten und Hühner. Vorne raus Meeresrauschen, hinten raus Straßenlärm. An dem Friedhof daneben braucht man sich nicht zu stören. Ganzjährig. 2 Pers. mit Wohnmobil 12,50 €. Kargıcak, ✆ 5262066, 📠 5262037.

Sedre Camping, ca. 20 km östlich von Alanya an der Straße nach Gazipaşa, eingezwängt zwischen Meer und Küstenhighway (laut). Zuletzt eher Picknickareal und nichts für längere Aufenthalte. Doch die neue holländische Leitung hat viel vor – mal sehen, was daraus wird. Davor ein gepflegter Sandstrand, zum Wasser hin felsig. Fischlokal angeschlossen. 2 Pers. mit Wohnmobil 8 €. Demirtaş, ✆ 5161111, ℻ 5161722, www.sedrecamping.com.

Essen & Trinken

(→ Karte S. 130/131)

Die meisten Lokale in Strandnähe servieren fast alles, was man von zu Hause kennt, zudem die internationalen Standards: Pizza, Pommes und Steaks zu für türkische Verhältnisse hohen Preisen. Einige schöne Cafés mit spektakulären Aussichtsterrassen liegen auf dem Weg zur Burg. Ein paar Lokalitäten, die sich aus der Masse abheben:

Mahperi Sultan 16, eines der zahlreichen Lokale mit schöner Terrasse zum Hafen. Alteingesessen, seit 1947 im Geschäft, gehoben. Sehen und gesehen werden heißt hier die Devise. Gute Fischküche, dazu die Klassiker der internationalen Urlauberküche, aber auch Hummer oder Chateaubriand. Hg. 12–19 €. Rıhtım Cad., ✆ 5125491.

Lokantasu 12, eines der stilvollsten Lokale im touristischen Zentrum. Osmanisches Haus aus der Wende vom 19. zum 20. Jh., davor eine schöne palmenbestückte Terrasse. Geschmackvolles Mobiliar, aufmerksame Kellner. Internationale Küche mit Schwerpunkt auf der italienischen (Bruschetta, Pizza, Pasta, Caprese ...). Gute Weine. Hg. 10–18,50 €. Damlataş Cad. 14/A, ✆ 5121500.

Stadtpanorama vom Burgberg

Filika Garden 5, schöne Lage direkt hinterm Kleopatra-Strand. Große Mezeauswahl (3–8,50 €), frischer Fisch (ab 11 €), aber auch Hamburger, Toasts, Omelettes, Pasta und die üblichen Grillgerichte. ✆ 5193727.

Ottoman House 11, gemütliches Plätzchen mitten im Zentrum. Bestuhlung unter alten, Schatten spendenden Bäumen vor einem osmanischen Stadthaus, das im 19. Jh. als erstes Hotel Alanyas eröffnet wurde. Serviert werden die guten alten Standards der türkischen Küche, u. a. *Güveç* und viel Gegrilltes. Hin und wieder „Fischnächte". Hg. 8,20–16 €. Damlataş Cad. 31, ✆ 5111421.

Red Tower Brewery Restaurant 19, mehrstöckiger Komplex an der İskele Cad. 82. Das Brewery Restaurant mit selbstgebrautem Märzen und Pilsner (großes Bier bis 17 Uhr 2 €, danach 3 €) belegt dabei das EG und die herrliche Terrasse mit Hafenblick auf der anderen Straßenseite. Dazu gibt es internationale Küche zwischen Pasta, Burgern und großen Salaten. Im **Kale Yolu Et Lokantası** eine Etage darüber kommt ausgefallene türkische Küche auf den Teller. Ganz oben befindet sich schließlich die **Sky Bar** mit Sushibar, Livemusik am Abend und gesalzenen Preisen. ✆ 5136664.

Ravza Restaurant 13, ein Tipp, wenn auch längst nicht mehr geheim. Bei Ausländern wie Einheimischen gleichermaßen beliebtes, alteingesessenes Lokal (seit 1955) – so populär, dass man schon kräftig erweitert hat. Kleine Auswahl an Meze, hinterher beste Kebabs, Gerichte im Tontopf oder Pide – große Portionen, liebevoll dekoriert und mit einem breiten Lächeln serviert. Der Ayran fließt in Strömen – leider kein Alkohol. Hg. 3,20–9 €. Yeni Çarşı Zambak Sok., ✆ 5133933.

My Balıkçım Balık Lokantası 1, nette, einfache Fischlokanta mitten im *Halk Pazarı*, einer unspektakulären Markthalle, in der Gemüse und Fisch verkauft werden. Hervorragender Fisch zu sehr günstigen Preisen (Gerichte ab 4 €), dazu auch Fischsuppe oder Fischköfte! Ca. 10–15 Fußmin. vom Zentrum entfernt. Wegbeschreibung: Der Yunus Emre Cad. (→ Stadtplan) gen Nordwesten bis zu ihrem Ende folgen, dann nachfragen. ✆ 5220273.

Coco Beach Willi's Kneipe 3, Schweinebraten mit Rotkohl, Leberkäse mit Spiegelei, Currywurst, Bratkartoffeln, Eisbein mit Sauerkraut oder Nürnberger Bratwürste. Für alle, die auch im Urlaub nicht auf Gewohntes verzichten können. Hg. um die 8 €. Güze yalı Cad. 30 (gegenüber dem Fußballplatz), ✆ 5122579.

Güven Lokantası 6, das kleine Lokal ist weder schick noch ausgefallen und wird vielleicht deswegen von Touristen gerne übersehen. Dabei ist die Küche preiswert und phantastisch – leckerste Topfgerichte. Selbst der Bürgermeister lädt hier gerne ein. In zentraler Lage, Atatürk Cad. 3.

Außerhalb **Perle Restaurant**, direkt am bzw. hinterm Strand von Kargıcak, ca. 15 km östlich von Alanya (→ Camping). Frischeste Auswahl an Seefisch (Kilopreis um die 30 €, dafür ist auch kein minderwertiger Zuchtfisch dabei), der mit leckeren Soßen serviert wird. Auch sonst wird viel Wert auf Frische und Qualität gelegt, und das zu für das Gebotene fairen Preisen. Vornehmlich türkisches Publikum, Ambiente leger-unkompliziert (Plastikbestuhlung, Kellner in kurzen Hosen). Neben Fisch auch Fleisch, Pide oder Spaghetti. ✆ 5262066.

Cafés **Özsüt 20**, die Konditoreikette genießt nationale Berühmtheit, in Alanya gibt es eine schicke Variante auf 2 Etagen. Leckerste Torten, Kuchen und Süßspeisen (nicht billig!). Zugleich eine gute Frühstücksadresse.

Belediye Aile Çay Bahçesi 15, Teegarten am östlichen Ende der Promenade. Er ist zu türkisch und zu schlicht, um auf der Beliebtheitsskala der Alanyatouristen einen Platz weit oben zu bekommen. Hier kann man ebenfalls frühstücken oder Burger essen.

Alanya → Karte S. 130/131

Zum Forellenessen nach Çamlıbel: Die Häuseransammlung Çamlıbel liegt ca. 10 km östlich von Alanya. Wie im Dimçayı-Tal (→ S. 138) laden auch hier am kühlen und rauschenden Flusslauf des Oba Çayı mehrere urgemütliche Forellenlokale zum entspannten Dinieren abseits der Küstenhitze ein – nur geht es in Çamlıbel um einiges ruhiger zu. Anfahrt: Die Umgehungsstraße *(Çevre Yolu)* von Alanya Richtung Osten fahren, dann links ab zum Supermarkt Metro Cash & Carry. Vor dem Supermarkt rechts halten und nach 200 m links ab (Beschilderung „Oba Centrum 3,5 km"). Für 3,3 km stets dieser Straße folgen, bis es bei einem Kreisverkehr nach links über eine Brücke abgeht. Kurz darauf, hinter einer Moschee, rechts ab, ab hier ausgeschildert mit „Çamlıbel Piknik Obaçayı", von der Moschee noch ca. 4,7 km bis zu den ersten Lokalen. Taxi ca. 10 €.

Nachtleben

(→ Karte S. 130/131)

Beim Hafen gibt es mehrere Locations – z. T. Mischungen aus Bar, Open-Air-Disco und Restaurant, dazu allesamt nicht billig. Seit Jahren im Rennen sind dort das **James Dean 18**, das **Bistro Bellman 18** und das **Robin Hood 17**, ein origineller Vergnügungstempel auf 4 Etagen mit super Dachterrasse. Neueren Datums ist der recht schicke Club **Janus 18** nur ein paar Schritte weiter.

Sehr populär ist auch seit Ewigkeiten die durchgestylte, riesige **Freiluftdisco Auditorium** mit tempelähnlichem Eingang im Vorort Kestel an der Straße zur Dim-Höhle.

Alanya – 1001 Platz an der Sonne

Kostenloser Shuttleservice, erkundigen Sie sich in Ihrem Hotel nach der nächstgelegenen Zusteigestelle.

Eine Reihe von **Karaokebars** **8** findet man in der Keykubat Cad. nahe dem Güneş Beach Hotel.

Baden/Tauchen

Aquapark **Damlataş Aqua Centre** heißt der kleine Aquapark im Zentrum. Ein paar Pools und Rutschen. Eintritt 10 €, Kinder 5 €. Mehr Spaß bietet der rund 30 km westlich von Alanya gelegene Aquapark in **Okurcalar** (→ S. 125).

Baden Der Burgfels unterteilt die Strände Alanyas in einen östlichen und einen westlichen Strand, beide sind mit der „Blauen Flagge" ausgezeichnet. Je weiter man sich vom Zentrum entfernt, desto größer werden die Abstände zwischen den Liegestühlen.

Weststrand: Der Weststrand, auch **Kleopatra-Strand** genannt, ist der schönere von beiden. Beim Schnorcheln an den Felsen des Burgbergs sind kleine Höhlen zu entdecken. Sonnenschirmverleih, Cafés.

Oststrand: Dieser Strand, auch **Keykobat-Strand** genannt, erstreckt sich über ca. 15 km. Eine mehrspurige Schnellstraße trennt ihn von den dahinter liegenden Hotels. Er ist ebenfalls gut mit Bars bestückt, bietet zudem die besseren Wassersportmöglichkeiten (Jetski, Wasserski, Parasailing, Bananariding etc.) und ist nicht gar so überlaufen wie der Kleopatra-Strand.

Weitere Bademöglichkeiten: **Ulaş Plajı**, rund 5 km westlich von Alanya. Unter dem Parkplatz erstrecken sich 2 goldene Sandstrände, der erste ist recht groß, der Meeressaum jedoch felsig. Der andere Strand ist sehr schmal, weitestgehend felsfrei, jedoch bei leichtem Seegang überflutet. Treppen führen über die terrassenförmig befestigte Steilküste zum Strand hinab. Achtung: An diese Strände gelangen Sie nur in Fahrtrichtung Antalya – Alanya.

Die schönsten Bademöglichkeiten der Umgebung liegen bei **Iotape**, ca. 35 km östlich von Alanya (→ S. 139).

Tauchen Leser empfehlen **Dolphin Dive** an der İskele Cad. 56, ✆ 5123030, www.dolphin-dive.com. 2 Bootstauchgänge inkl. Mittagessen und Ausrüstung 62 € (auch als Schnuppertauchgang möglich). Tipp: Südlich des Burgfelsens lässt sich ein Wrack entdecken. 4 Tage P.A.D.I. Open Water 375 €. Deutschsprachiges Personal.

Sehenswertes

Burgberg: Hoch über dem Meer erhebt sich die mittelalterliche Festungsanlage – mit 6500 m Mauerlänge und 140 Türmen das Wahrzeichen der Stadt. Aus der Ferne wirkt sie nachts – da effektvoll beleuchtet – imposanter als tagsüber. Für so manche Türkeiurlauber ist sie der einzige Grund, Alanya einen Besuch abzustatten. Die Burg besteht aus drei Mauerringen. Der innerste, höchstgelegene Teil der Festung nennt sich *İçkale.* Außer einer wirklich grandiosen Aussicht gibt er jedoch nicht viel her. Ihn betritt man am Ende der Straße zur Burg durch einen Torbau. Die wenigen Ruinen dahinter – eine byzantinische *Kirche*, ein paar *Zisternen* und die *Kasematten* – sind durch Holzstege miteinander verbunden. Die Attraktion für gruselfreudige Touristen ist der *Adam atacağı*, der „Platz, an dem Menschen hinabgestürzt werden". Er befindet sich bei der nordwestlichsten Zisterne hoch über der fast senkrecht zum Meer hin abfallenden Küste. Angeblich gab der Sultan den zum Tode Verurteilten zuweilen eine letzte Chance, indem er sie Flügel bauen ließ, die sie vor dem Tod auf den scharfen Klippen bewahren sollten. Diesen und ähnlichen Humbug tischen Reiseleiter hier ihren Gruppen gerne auf. Vom westlichsten Punkt der İçkale blickt man auf eine schmale felsige Landzunge. Auf dieser stehen die Ruinen einer byzantinischen *Klosteranlage* und einer seldschukischen *Münze*. Zur nördlichen *Bastion Ehmedek* (ausgeschildert) gelangt man vom Parkplatz vor der Burg auf einem idyllischen Pflasterweg. Dabei geht es vorbei an der *Süleymaniye-Moschee* mit einem zwölfeckigen Minarett. Zurück ins Zentrum kann man ebenfalls problemlos spazieren. Der Weg ist schön und die Aussicht herrlich. Am Burgberg wirkt Alanya mit seinen osmanischen Häuschen in den krummen Gassen fast dörflich.

Halbstündl. bis stündl. verkehrt ein **Stadtbus** von der Haltestelle gegenüber der Touristeninformation zum Burgtor hinauf (0,75 €). **Taxi** hin/zurück 8 €. Wer zur Burg hinauflaufen will, findet den Einstieg in den **Fußweg** beim Kızıl Kule. Tägl. 9–19.30 Uhr, im Winter bis 17 Uhr. Burgeintritt (innerer Ring) 4 €, inbegriffen ist die Besichtigung der Ehmedek-Bastion.

Alanya → Karte S. 130/131

Ein schönes Erlebnis – Bootstrip rund um den Burgfels

Kızıl Kule (Roter Turm): Der mächtige achteckige, aus dunkelroten Ziegeln erbaute Turm am Hafen wurde 1225 zum Schutz dessen und der nahe gelegenen Werft (s. u.) errichtet. Im Angriffsfall kippte man von den Zinnen Pech und kochend heißes Wasser auf die Feinde. In Friedenszeiten diente der 33 m hohe, fünfstöckige Turm u. a. als Zisterne und Lager. Sein bemerkenswert gutes Aussehen verdankt er einer Renovierung Anfang der 1950er-Jahre. Im Inneren finden heute wechselnde Ausstellungen statt, gekrönt wird der Besuch mit einem Rundumblick vom Dach.
Tägl. 9–19 Uhr. Eintritt 1,20 €.

Tershane (Werft): Die Anlage südlich des Roten Turms – die einzige seldschukische Werft, die sich bis heute erhalten hat – ist über 50 m lang. Erbauen ließ sie Sultan Alaeddin Keykobat, einer Inschrift nach der „Herrscher über beider Meere", damit waren das Mittelmeer und die Ägäis gemeint. Von See aus lassen sich ihre fünf spitzbogigen Schiffseinfahrten ausmachen. Die Galerien zum Bau und Warten der Schiffe wurden bis zu 42 m tief in den Fels gehauen. Vom Roten Turm führt ein Weg über Treppen und Stege entlang der restaurierten Seemauer zur Werft.

Archäologisches und Ethnografisches Museum: Die antiken Funde der *archäologischen Abteilung* (Bildhauerarbeiten aus römischer Zeit, eine Amphorensammlung, Mosaike etc.) stammen u. a. aus Alanya, Antiochia ad Cragem, Selinus und Syedra. Prunkstück ist das Bodenmosaik *Entführung des Hylas durch die Meerjungfrauen*. Außerdem sieht man eine Bronzestatue des Herakles, in dessen leeren Augenhöhlen einst wahrscheinlich Augäpfel aus Glas oder farbigem Stein eingesetzt waren. Im *Museumsgarten,* einem alten osmanischen Friedhof, werden Säulenkapitelle, Kleinstsarkophage und weitere Mosaike gezeigt. Die *ethnografische Abteilung*

Kızıl Kule, der Rote Turm

präsentiert u. a. prächtige Koranausgaben und filigrane Einlegearbeiten aus der Zeit der Seldschukenherrschaft. Zudem kann man ein „Alanya-Zimmer“ aus dem 19. Jh. bewundern, das im Museum originalgetreu aufgebaut wurde.

Damlataş Cad., nahe der Touristeninformation. Wegen Restaurierungsarbeiten voraussichtlich bis Mai 2012 geschl., dann wieder tägl. (außer Mo) 8.30–12 und 13–17 Uhr. Eintritt 1,20 €.

Damlataş-Tropfsteinhöhle: Der Eingang der rund 15.000 Jahre alten, kleinen Höhle befindet sich direkt am Weststrand am Fuße des Burghügels. Ihr Besuch ist eher eine Enttäuschung – wer bleibende Eindrücke von einem Höhlenbesuch mit nach Hause nehmen will, fährt besser zur Dim-Höhle (→ S. 138). Der angeblich stets gleichen Höhlentemperatur von 23 °C und der kohlensäurehaltigen Luft wird eine heilende Wirkung bei Asthma zugeschrieben, allerdings sollte man dann vier Stunden täglich in der Höhle verbringen, und das drei Wochen lang. Herzkranke sollten von einem Besuch hingegen absehen – die Luftfeuchtigkeit beträgt 96 %. Entdeckt wurde die Höhle 1948 zufällig bei Steinbrucharbeiten.

Am Eingang der Höhle wird man dreisprachig darüber informiert, dass der Ingenieur Herr Ahmet Tokuş eine abschließbare Tür baute und den Schlüssel Herrn Galip Dere übergab (?). Wer den Schlüssel nun hat, war nicht zu ermitteln, aber die Tür ist tagsüber ab ca. 10 Uhr geöffnet. Eintritt 1,80 €.

Atatürk-Museum: Ein solches besitzt in der Türkei nahezu jede Stadt, in welcher der Staatsgründer auch nur eine Toilettenpause einlegte. In Alanya ist es in einem Herrenhaus aus der zweiten Hälfte des 19. Jh. untergebracht, in welchem Atatürk am 18. Februar 1935 weilte. Im ersten Stock sind neben ein paar Fotos und Dokumenten, Schuhe und Socken des großen Staatsmanns zu sehen. Der zweite Stock ist interessanter: Er ist ausgestattet mit dem Originalmobiliar von einst – ein netter Einblick in das Leben der osmanischen Oberschicht des 19. Jh.

Azaklar Cad., vom Zentrum ausgeschildert. Mo–Sa 9–12 und 13.30–18.30 Uhr. Eintritt frei.

Zwischen Alanya und Anamur

Hinter Alanya tangiert die Küstenstraße zunächst von Hotels gesäumte und teils von Felsen durchsetzte, lange Sandstrände. Unterwegs bieten sich Ausflüge ins Hinterland an, z. B. ins Dimçayı-Tal oder zu den einsamen Ruinen von Syedra. Weiter gen Osten wird die Küstenlandschaft langsam schroffer, doch immer noch tun sich diverse Bademöglichkeiten auf. Vorbei an den Überresten der antiken Stadt Iotape gelangt man nach Gazipaşa, einem aufstrebenden Badeort. Entlang des Wegs grüßen Sie Honig- und im Herbst noch viel mehr Bananenverkäufer. Die süßen Zwergbananen kanarischen Typs sind das landwirtschaftliche Hauptprodukt der Region, eine Kostprobe sollte man sich nicht entgehen lassen.

Hinter Gazipaşa beginnt das „Raue Kilikien“ (→ Kasten S. 140), einer der schönsten Abschnitte der Südküste. Die Straße – wo noch nicht vierspurig ausgebaut wie z. B. zwischen Güneyköy und Uçarı – schlängelt sich in schwindelerregenden Kurven, die keine Karte dokumentieren kann, die Küste entlang und bietet wunderbare Aussichten – Fensterplätze bei einer Busfahrt sind Gold wert! Mancherorts aber verläuft der neue Küstenhighway weiter landeinwärts und reißt böse Narben in die Landschaft. Einige Ruinenstätten, u. a. Antiocheia ad Cragum, erinnern daran, dass die Region einst wesentlich dichter besiedelt war. Bis Anamur sorgen etliche Buchten und ein paar nette Lokale für gemütliche Pausen.

Dimçayı-Tal und -Höhle

Im engen **Flusstal** des Dim ca. 15 km nordöstlich von Alanya reiht sich Lokal an Lokal. Serviert wird in erster Linie Forelle aus eigener Zucht, die man neben kleinen Wasserfällen, unter Brückchen, auf Holzterrassen im rauschenden Flussbett oder an Tischen direkt am Wasser verspeist. Flussaufwärts, nur ein paar Meter hinter dem letzten Lokal, wurde in den letzten Jahren eine mächtige Staumauer errichtet. Der grüne Stausee dahinter, der der Wasserversorgung Alanyas und der Energiegewinnung dienen soll, war 2011 bereits zu drei Vierteln gefüllt. In naher Zukunft soll er touristisch erschlossen werden.

Ein Ausflug in dieses Eck lohnt allein schon wegen der nahen, überaus imposanten **Dim Mağarası**, der zweitgrößten, zugänglichen Tropfsteinhöhle der Türkei. Die 360 m lange Höhle besitzt vier Säle (tägl. 9–19 Uhr, im Winter bis 17 Uhr, Eintritt 4 €). Zu dezenter klassischer Musik staunt man hier über bizarre Tropfsteinformationen wie *Mutter mit Kind, Wasserfall* oder *Burg*.

Anfahrt: Tal und Höhle sind von Alanyas östlichem Vorort Kestel von der Küstenstraße mit „Dim Mağarası bzw. Dimçay" ausgeschildert. Zum Staudamm führen 2 Straßen, eine rechts (östlich) und eine links (westlich) des Flusses. Die meisten Restaurants liegen an der linken Zufahrtsstraße.

Zur Höhle und zum Tal fährt in der Saison – genügend Passagiere vorausgesetzt – ca. stündl. ein **Bus** vom Minibusbahnhof in Alanya. Zudem verkehrt in der Saison 1-mal tägl. am späten Vormittag ein kostenloser **Servicebus** ins Tal, Abfahrt vom Rathaus, nähere Auskunft über die Touristeninformation.

Syedra

(antike Stadt)

Die Ruinenstätte ca. 20 km östlich von Alanya bietet den Reiz einer verlassenen Stadt in der Einsamkeit und grandiose Ausblicke über Bananenhaine hinweg auf die Küste. Sie ist bislang kaum erforscht, auch über die Geschichte Syedras ist wenig bekannt. Vermutlich erlebte die Stadt im oströmischen Reich, als sie ein Münzrecht besaß, ihre Blüte. Die teils gut erhaltenen Überreste verteilen sich auf mehrere Terrassen und sind überaus sehenswert – v. a. deswegen, weil das alte Stadtbild noch gut nachzuvollziehen ist. Im zentralen Stadtgebiet kann man die Reste einer **Zisternenanlage**, einer **Therme**, eines **Gymnasions** und einer **Säulenstraße** entdecken, dazu ein bis zu 10 m hohes, palastähnliches Gebäude – vermutlich eine christliche **Basilika**.

Von der Küstenstraße zwischen Alanya und Gazipaşa ausgeschildert. 1,4 km nach der Abzweigung links ab auf ein anfangs noch geteertes Sträßchen, das kurz darauf zu einem Schotterweg wird und in Serpentinen bergauf führt. Diesem folgt man bis zu seinem Ende, gut befahrbar (Strecke ab der Abzweigung insgesamt ca. 3 km). Stets zugänglich, kein Eintritt.

Sapadere-Schlucht

(Sapadere Kanyonu)

Durch den ca. 45 km von Alanya entfernten, bis zu 100 m hohen Sapadere-Cañon führt ein Weg auf Holzplanken. Einstiegsmöglichkeiten ins eiskalte Wasser im Flussbett sind vorhanden, außerdem gibt es mehrere kleine Wasserfälle – allzu spektakulär ist das Ganze aber nicht. Das gleichnamige, weit verstreute 1000-Seelen-Kaff unterhalb der Schlucht präsentiert sich als eine Art Vorzeigebergdorf, wo man eine alte Wassermühle besichtigen, Börek essen oder die Seidenherstellung verfolgen kann – noch bis vor gar nicht allzu langer Zeit war die Seidenraupenzucht eine der Haupterwerbsquellen im Dorf. Die Straße zur Schlucht, ein beliebtes Ziel von Jeepsafaris, führt durch eine bezaubernde Berglandschaft. Am Eingang zum Cañon wartet ein großes Restaurant auf Kundschaft.

Anfahrt/Öffnungszeiten: Von der Küstenstraße Richtung Gazipaşa ca. 20 km südöstlich von Alanya links nach Demirtaş abbiegen, ab hier noch 23 km, komplett mit „Sapadere Kanyonu" ausgeschildert und geteert. Tägl. ab 8 Uhr bis spät in den Abend geöffnet. Eintritt 1,60 €.

Iotape

(antike Stadt)

Rund 35 km südöstlich von Alanya liegen rechts und links der Küstenstraße die Ruinen von Iotape (türk. Aytap). Die Hafenstadt wurde von dem Kommagenekönig Antiochus IV. (38–72 n. Chr.) gegründet und nach dessen Frau benannt. Aus Inschriften weiß man, dass sie für ihre spendablen Bürger und erfolgreichen Athleten bekannt war. Viel blieb von Iotape nicht übrig: Reste der **Akropolis** auf einer Felsnase am Meer, etwas nördlich die Überbleibsel von **Thermen** und eine verfallene **Kapelle**, auf der anderen Straßenseite eine **Nekropole**. Auch wenn die Ruinen als solche wenig spektakulär sind, bilden sie dennoch ein bizarres Panorama für ein Badevergnügen. Zwischen den Felsen glitzern kleine Sandbuchten, einen schönen Strand mit Sonnenschirmen findet man u. a. beim „Kale Restaurant".

Hinweis: An den Ruinen düst man schnell vorbei. Halten Sie, von Alanya kommend, 2 km hinter dem „Aydap Restaurant" auf der Meerseite nach dem Kale Restaurant Ausschau, die Ruinen liegen nur wenige Schritte weiter.

Gazipaşa

22.000 Einwohner

Das Zentrum des prosperierenden Städtchens mit vielen deutschen Residenten liegt rund 2 km abseits der Küste. Die Bauern der Umgebung gehen hier ihren Geschäften nach. Touristen begegnet man bislang nur wenigen – aber wie lange noch?

Badefreuden bei den Ruinen von Iotape

Die Grundvoraussetzung, um am Geschäft mit der schönsten Jahreszeit teilzuhaben, ist gegeben: Vor Gazipaşa erstreckt sich ein attraktiver, 2 km langer **Strand**. Am schönsten ist der Abschnitt ganz im Norden (mit netter Bar). Das Südende des Strandes markiert der neue Hafen, der mal eine Marina werden soll, aber aus dem Stadium eines Fischerhafens noch immer nicht hinausgekommen ist. Die hiesigen Fischer fangen im Frühjahr und Herbst übrigens große Mengen an Thunfisch, der dann – ausgenommen und eingefroren – nach Japan verschifft wird.

Cilicia aspera, das „Raue Kilikien"

Östlich von Gazipaşa, wo der Taurus das Meer küsst, beginnt Kilikien. Die antike Landschaft erstreckt sich von hier bis zur syrischen Grenze. Der westliche, bergige Abschnitt bis Silifke wird seit jeher „Raues Kilikien" genannt: Felsige Halbinseln, eine wild zerklüftete Küste mit etlichen, oft schwer erreichbaren Sandbuchten, wildromantische Berghöhen und duftende Pinienwälder prägen die kaum besiedelte Region. Jahrhundertelang war das Raue Kilikien nur von See aus erreichbar und ein berühmt-berüchtigter Hort von Piraten. Der Tourismus spielte bislang nur eine untergeordnete Rolle, hinter den Stränden mancher Orte stehen in erster Linie Bananenhaine, Unterkünfte gibt es nur wenige. Doch das soll sich ändern: Mit der Inbetriebnahme des internationalen Flughafens Alanya-Gazipaşa und dem vierspurigen Ausbau des Küstenhighways werden einst abgeschiedene Ecken in kürzester Zeit erreichbar sein. Die Preise für Grund und Boden schießen in die Höhe, und in ein paar Jahren werden die Türkeiprospekte der Reiseveranstalter um ein Kapitel reicher sein.

Hinterm Strand errichtete man in den letzten Jahren mehrere Apartmenthäuser, eingestreut die Betonskelette einiger gestoppter Schwarzbauten. Dazwischen aber tun sich noch immer weite Brachflächen auf – feudale Ferienresorts sollen hier entstehen. Dass sie noch nicht gebaut wurden, hat mit dem nahen Flughafen zu tun. Schon vor Jahren sollte er eröffnen, doch die Landebahn war zu kurz geraten, und es gab keine Genehmigung für den internationalen Flugverkehr. Jetzt aber – nachdem die Landebahn verlängert wurde, 2011 die erste Maschine aus Holland aufsetzte und 2012 gar *Öger Tours* hier landen will – wollen die Investoren handeln. Eine neue Ära ist eingeläutet. Wie es bei Ihrem Besuch hinterm Strand aussehen wird, können wir nicht vorhersagen.

Aus einer längst vergessenen Ära stammen die antiken Zeugnisse Gazipaşas. Sie erinnern an jene Zeit, als die Stadt **Selinus** hieß, vorübergehend auch **Trajanopolis**, da hier der römische Kaiser Trajan im Jahre 117 nach einem Feldzug schwer verwundet verstarb. Bereits auf der Zufahrtsstraße zum Hafen schneidet man ein mehrere hundert Meter langes Aquädukt, das einst das antike Selinus mit Wasser versorgte. Die Stadt lag an der Mündung des Gazipaşa-Flusses, gleich südlich des Hafens. Den Bergrücken dahinter krönte die Zitadelle. Die Überreste der Stadt (Kolonnadenplatz, Therme, Agora, Odeion und eine Kirche) sind bescheiden, aber für Entdeckungsfreudige eine Abwechslung im Strandprogramm.

Verbindungen Flughafen Alanya-Gazipaşa (www.gzpairport.com) 4 km westlich von Gazipaşa im Vorort Kahyalar. 2011 gab es am Flughafen nur eine Snackbar und einen Duty-free-Shop, noch keine Bank, keinen Geldautomat (das kann sich aber schnell ändern) und keinen Autoverleiher (auch das kann sich schnell ändern, nach Reservierung war schon 2011 eine Fahrzeugübergabe am Flughafen möglich). Taxi zum Busbahnhof von Gazipaşa 4 €. Zum Küstenhighway, auf dem die Alanya-Dolmuşe fahren, muss man 1 km laufen.

Dolmuşe nach Alanya starten von Gazipaşa regelmäßig, Fahrtdauer ca. 45 Min.

Busbahnhof an der Hauptstraße. Vom Zentrum zum Strand während der türkischen Ferienzeit (Anfang Juli–Mitte Sept.) Dolmuşverbindungen. Außerhalb der Saison muss man laufen.

Übernachten Das Angebot ist bescheiden, neue Hotels sollen jedoch entstehen.

Delfin Hotel, 10 Zimmer mit türkisfarbenem Mobiliar, Fliesenböden, Klimaanlage und Balkon (z. T. mit Meeresblick, solange drum herum nicht alles bebaut wird). Restaurant. Englischsprachig. DZ 50 €. Ca. 200 m vom Meer im westlichen Abschnitt der Bucht, von der Zufahrtsstraße zum Strand ausgeschildert, ✆/℻ 0242/5724986, www.gazipasadelfinhotel.com.

Selinus Otel, 45 Standardzimmer mit Klimaanlage und Minibar, als Ausweichadresse aufgeführt. Gut belegt mit russischen Pauschalurlaubern und anderen Vieltrinkern: Der niedrige All-inclusive-Preis umfasst auch alkoholische Getränke. Auf gute Küche wird kein Wert gelegt. 35 €/Pers. all-incl. Direkt an der Uferstraße, ✆ 0242/5721147, ℻ 5724436, www.selinushotel.com.tr.

Belediye Deniz Tesisleri, das von der Stadtverwaltung gemanagte Erholungsareal bietet 32 kleine, sehr schlichte Bungalows, vom Strand nur durch eine Wiese mit Palmen und 3 Pools getrennt – und das alles ohne Zaun! Alle Zimmer mit Steinböden, Terrasse, Bad und Küchenzeile. Zuletzt leider recht schlampig geführt. In der HS ist ohne Reservierung dennoch kaum etwas zu machen. Für 2 Pers. 21 €, kein Frühstück. Gazipaşa, ✆ 0242/5721631.

Außerhalb **Pension Melody**, ein Traum für extrem Ruhebedürftige ca. 20 km östlich von Gazipaşa in spektakulärer, einsamster Lage. 9 schlichte, saubere, weiß gekalkte Häuschen am üppig bewachsenen, von Bananenstauden umgebenen Steilhang, keine Klimaanlage, dafür kleine Terrassen. Zur privaten, traumhaften Sand-Kies-Bucht darunter führt eine Treppe. Die wildromantische Anlage auf dem 18.000 m² großen Grundstück wird von einem deutsch-türkischen Team geführt, Zukunft zuletzt jedoch ungewiss, unbedingt vorher anrufen, zumal eine Anmeldung angesichts der abseitigen Lage gern gesehen ist. Auch Langzeitaufenthalte und Zelten möglich. Ganzjährig. Mit HP 40 €/Pers. Von Gazipaşa kommend hinter dem Dorf Güneyköy ausgeschildert. Von dort auf einer steilen Piste – machbar, aber langsam fahren! – noch ca. 1,5 km Richtung Meer. Vielleicht ist dieser Abschnitt, wie angekündigt, bis zu Ihrem Besuch auch schon geteert. ✆/℻ 0242/5971009 o. 5971105, www.antalya-melody.com.

Antiocheia ad Cragum

(antike Stadt)

Ein lohnenswertes Ziel. Wie Iotape wurde auch diese Stadt von dem Kommagenekönig Antiochus IV. gegründet. Sie macht ihrem Beinamen „ad Cragum" („an der Klippe") alle Ehre. Überaus imposant thront die **Zitadelle** der antiken Stadt auf einem steilen Felsen hoch über dem Meer – eine beeindruckende Symbiose von Natur und Kultur. Ihre Erkundung gestaltet sich jedoch aufgrund des starken Wildwuchses recht schwierig. Das Gleiche gilt für die östlich der Zitadelle und auf der anderen Seite des ehemaligen Hafens gelegene **Nekropole**. Die restlichen Relikte des alten Stadtgebiets liegen weit verstreut. Reste eines **Tempels** und ein 4 m hohes **Stadttor** am Eingang zu einer **Kolonnadenstraße**, deren umgestürzte Säulen teils schon halb im Boden versunken sind, passiert man bei der Anfahrt. Nahebei befinden sich eine **Therme** und eine **Kirche** – Umherstreifen macht Spaß! Zuweilen gräbt hier übrigens die *Clark University* aus Nebraska.

Anfahrt: Ca. 18 km östlich von Gazipaşa von der Küstenstraße ausgeschildert, nach der Abzweigung immer auf der asphaltierten Straße bleiben. Nach ca. 3 km erreicht man die Tempelruinen, 200 m weiter die der Kolonnadenstraße und des Stadttores. Von dort noch ca. 2 km bis zur Zitadelle. Stets zugänglich. Kein Eintritt.

Von Anamur bis in die Çukurova

Anamur

ca. 35.800 Einwohner

Anamur ist ein an sich eher blasses Landstädtchen 4 km abseits der Küste. Der Touristenrummel spielt sich weiter südlich ab, im Ortsteil İskele mit weiten Sandstränden. Kulturhistorische Bonbons der Umgebung sind das antike Anamurium und die Bilderbuchburg Mamure Kalesi.

Zu Füßen der Kilikischen Berge in einer landwirtschaftlich intensiv genutzten Region erstreckt sich Anamur, ein zwar windiges (griech. *anamur* = windiger Ort), aber für türkische Verhältnisse stilles Städtchen mit nüchternen, schnurgeraden Straßen. Sehenswürdigkeiten bietet es keine, dafür alle wichtigen sozialen Einrichtungen. Das Zentrum findet man oberhalb der Nationalstraße 400 rund um die Bankalar Caddesi.

Lebendiger als in Anamur geht es im Sommer in der weitläufigen, jedoch ziemlich monotonen und abgewetzten Feriensiedlung **İskele** zu, v. a. zur türkischen Urlaubszeit. Der internationale Tourismus hält sich in Grenzen. Viele Städter, v. a. aus Konya und Ankara, besitzen hier Ferienapartments. Auch dem Militär gehört in İskele eine weitläufige Erholungsanlage. Außerhalb der Saison wirkt der Ort geisterhaft, für das fast immer besucherfreie **Museum** nahe dem Fähranleger gilt dies das ganze Jahr. Es besitzt eine archäologische Abteilung mit wenig spektakulären Funden aus Anamurium und eine ethnografische mit vielen Teppichen. Dazwischen kann man allerhand anderen Krimskrams wie eine Seekarte des britischen Captain Francis Beaufort aus dem Jahre 1812 entdecken (tägl. außer Mo 8–17 Uhr, Eintritt frei).

Die Strände vor Ort sind kilometerlang und reichen gen Westen bis zu den Ruinen der antiken Stadt **Anamurium**, gen Osten bis zur Burg **Mamure Kalesi**. Sie sind Eiablagegebiet der Unechten Karettschildkröte (→ Kasten). Im Hinterland lädt eine **Höhle** zur Erkundung ein.

Anamur → Karte S. 145

Information/Verbindungen/Sonstiges

Telefonvorwahl 0324.

Information Am Busbahnhof/Ecke Atatürk Bul., Mo–Fr 8–12 und 13–17 Uhr. ✆/℻ 8144058, www.anamur.bel.tr.

Verbindungen Bus: Busbahnhof direkt an der Nationalstraße 400. Ins Stadtzentrum sind es ca. 500 m bergauf. Mehrmals tägl. nach Alanya (3 Std.) und Antalya (5 Std.) sowie über Aydıncık nach Silifke (3 Std.).

Stadtbus/Dolmuş: Regelmäßig **Stadtbusse** nach İskele, Abfahrt hinter dem Busbahnhof, in die Busse nach Ören (Anamurium) steigt man vor dem Hotel Dedehan neben dem Busbahnhof zu. Die **Dolmuşe** nach Bozyazı und Mamure Kalesi starten von der Akdeniz Cad. vor der *Ticaret Sanayı Odası* (Industrie- und Handelskammer), genaue Abfahrtsstelle zeigen lassen. Achtung: So nur seltene Fahrten!

Taxi: Von Anamur nach İskele 6,50 €, nach Anamurium (hin/zurück mit Wartezeit) 16,50 €.

Bootsausflüge Werden während der HS von İskele angeboten. Die meisten Boote tuckern zwischen Ören/Anamurium und der Mamure Kalesi hin und her.

Ärztliche Versorgung Privates **Anamed Hastanesi** an der Straße von Anamur nach İskele. ✆ 8144144.

Einkaufen Sa **Wochenmarkt** in Anamur, Do (nur im Sommer) in İskele.

Baden Rund um Anamur finden Sie kilometerlange Strände, häufig Sand, z. T. aber grobkörnig oder kiesig und nicht immer gepflegt. Die Strände sind an vielen Stellen kinderfreundlich – wenig Wellen und einige Sandbänke. Auch in der allerhöchsten Hochsaison verläuft sich die Menge am weiten Gestade.

Strandspaziergang: Von İskele können Sie 3 km am Strand entlang gen Osten bis zur Burg Mamure Kalesi spazieren. Unterwegs überquert man den Dragon-Fluss auf einer Fußgängerbrücke.

Caretta caretta

Die bis zu zwei Zentner schwere und bis zu einem Meter lange „Unechte Karettschildkröte“ *(Caretta caretta)* verbringt wie alle Meeresschildkröten ihr gesamtes Leben im Wasser. Lediglich zur Eiablage kommen die weiblichen Tiere an Land. Dabei suchen sie – wie Touristen auch – insbesondere von Mitte Mai bis Mitte Oktober feinsandige Strände auf. Während die Touristen jedoch tagsüber kommen, erscheinen die Schildkröten nachts. Werden die Schildkröten auf dem Weg zur Eiablage durch Geräusche, Lichtquellen oder auch Hindernisse wie Sonnenliegen gestört, kehren sie unverrichteter Dinge ins Meer zurück und verlieren dort unter Umständen ihre Eier. Für die Eiablage selbst graben die Schildkröten ein Nest. Nach getaner Arbeit bedecken sie die tischtennisballgroßen Eier mit Sand. Nach ca. 60 Tagen ist das Gelege von der Sommersonne ausgebrütet und die Schlüpflinge graben sich einen Weg ins Freie. Das geschieht meist nachts. Um dann den Weg ins Meer zu finden, orientieren sich die winzigen Kröten an der hellsten Fläche – i. d. R. dem im Mondlicht glänzenden Wasser. Diesen Weg prägen sich die weiblichen Tiere für ihr ganzes Leben ein: Nach 20 bis 30 Jahren und Tausenden geschwommenen Kilometern kehren sie genau an diese Stelle zurück, um ihrerseits Eier abzulegen. Das bedeutet, dass die wenigen, noch heute von Schildkröten aufgesuchten Strände in ihrer natürlichen Form erhalten bleiben müssen, will man nicht das Aussterben der noch verbliebenen Population verantworten. Verhaltensmaßnahmen zum Artenschutz:

- Meiden Sie Niststrände zwischen Sonnenuntergang und -aufgang.
- Schaffen Sie keine künstlichen Lichtquellen hinter dem Strand (Lagerfeuer, Autoscheinwerfer etc.) – die Jungtiere krabbeln sonst in die falsche Richtung und vertrocknen am Folgetag qualvoll in der Sonne!
- Halten Sie sich beim Sonnenbad möglichst nicht weiter als 5 m von der Uferlinie auf. Im meernassen Bereich vergraben die Schildkröten keine Eier. Hier können Kinder bedenkenlos im Sand buddeln und Sie einen Sonnenschirm hineinstecken, ohne Gefahr zu laufen, ein Gelege zu zerstören oder den Brutvorgang durch künstlichen Schatten zu verlängern.
- Berühren Sie auf keinen Fall frisch geschlüpfte Jungtiere.

Übernachten

Im Zentrum von Anamur gibt es nur wenige Unterkünfte, darunter keine Empfehlung. In İskele findet man vorrangig Häuser der unteren Mittelklasse, das Niveau ist im Vergleich zu anderen türkischen Ferienorten bescheiden.

** **Hotel Hermes** **7**, bezeichnet sich als „Grand Hotel“ und ist dennoch nichts Besonderes. 70 Zimmer mit Balkon, vorne raus mit schönem Blick. Kleiner Pool hinterm Haus. Viel konservatives Publikum. Lesern gefiel's hier. DZ 74 € mit HP. An der Uferstraße, ✆ 8167021, www.grandhermes.com.

Hotel Ünlüselek **11**, kleine dreistöckige Anlage, nur durch einen gepflegten Grünstreifen mit Bar vom Strand getrennt. 38 komfortable, große Laminatboden-Zimmer, mit leichtem Hang zum Kitsch eingerichtet, alle mit Balkon. Ganzjährig. EZ 29 €, DZ 45 €, auch HP möglich. Fahri Görgülü Cad. (bestens ausgeschildert), ✆ 8141973, 📠 8143973, www.unluselekhotel.com.

** **Luna Piena 5**, mehr Stadt- als Strandhotel, wäre da nicht der Blick auf Strand und Meer von vielen Zimmern (alle mit Balkon, ordentlich, aber ohne besondere Note). DZ 41 €. Sahil Yolu, ✆ 8149045, www.hotellunapiena.com.

Hotel Dolphine 6, an der Uferstraße. Älteren Datums, Generalüberholung dringend nötig. Kleine Zimmer mit Balkon – wegen der Aussicht unbedingt eines in den oberen Stockwerken wählen! Gutes, lauschiges Gartenrestaurant. DZ 29 €. İnönü Cad. 17, ✆ 8143435, ✆ 8141575.

Pension Eser 3, in zweiter Reihe nahe dem Hotel Dolphine. Englischsprachig und an ausländische Touristen gewöhnt. Kochmöglichkeit für Gäste, Dachterrasse. 10 Zimmer mit Bad, dazu 3 Apartments. Achtung: In der NS ist eine Reservierung ratsam, da man andernfalls vor verschlossener Tür steht. DZ 29 €, Apartment für bis zu 5 Pers. ab 37 € (ohne Frühstück). İnönü Cad. 6, ✆ 8141161, www.eserpansiyon.com.

Akasya Pansiyon 6, ebenfalls nahe dem Hotel Dolphine. Pension für den kleinen Geldbeutel. 12 einfache, aber saubere Zimmer mit Klimaanlage und Balkon. Von der Dachterrasse (Vorschlag: begrünen!) Blick aufs Meer. DZ 20 €, kein Frühstück, dafür Gemeinschaftsküche. Yasemin Sok. 3, ✆ 8145272.

Anamur → Karte S. 145

Camping

Dragon Motel 2, 5 km in Richtung Silifke, bei der Kreuzritterburg direkt am Strand. Super Stellplätze mit Meeresblick, schattig. Internationales Publikum, nette Atmosphäre. Einfache sanitäre Anlagen (Open-Air-Duschen), freundliches Restaurant (faire Preise). Ganzjährig. Zudem werden 10 Zimmer mit Bad und Klimaanlage in einer Bungalowreihe vermietet (die neuen sind geräumig und recht komfortabel). 2 Pers. mit Wohnmobil 12,50 €, DZ 30–40 €. Bozdoğan, ✆ 8271355, ✆ 8271684, www.anamurdragonmotel.com.

Camping Pullu 1 1, terrassenförmig in einem Kiefernwald angelegt, der relativ steil zu einem schmalen Strand abfällt. Restaurant, Kiosk. Sanitäranlagen einfach, aber noch akzeptabel. Hauptsächlich türkische Gäste, darunter viele picknickende Tagesgäste, an Wochenenden sind Platz und Strand überlaufen. 2 Pers. mit Wohnmobil 9 €. Etwa 2 km nach der Kreuzritterburg (Richtung Silifke, am östlichen Ortsausgang von Bozdoğan), ✆ 8271151, www.pullucamping.com.

2012, so die Planungen, soll unter gleicher Leitung weiter östlich kurz vor Bozyazı ein neuer, ähnlich angelegter Platz namens **Pullu 2** eröffnen.

Anamurium, die große Therme

Essen & Trinken/Nachtleben

(→ Karte S. 145)

Im Zentrum von Anamur gibt es vornehmlich einfache Lokantas. In İskele ist die Auswahl an besseren Restaurants ebenfalls bescheiden – viele der türkischen Urlauber buchen mit HP oder sind Selbstversorger. Gut isst man im Garten des **Hotels Dolphine** – Meze, Gegrilltes und Fisch, dazu recht günstiges Bier (→ Übernachten). In den Teegärten am Strand werden Snacks angeboten. Zusätzliche Empfehlungen:

Kap Hotel Restaurant **8**, unter dem gleichnamigen Hotel nahe dem Bootsanleger von İskele. Innen recht karg, netter draußen. In der Saison beste Fischadresse vor Ort (außerhalb der Saison nicht alles frisch), serviert werden aber auch die üblichen Grillstandards. Preislich in der Mittelklasse. ✆ 8142374.

Adanalı Kebap ve Pide Salonu **9**, im Zentrum von Anamur. Nettes, fast schickes Lokal, manche Kebabs werden hier mit leckeren Soßen aufgepeppt. Hg. 3,60–6,10 €. Atatürk Bul., ✆ 8147100.

Şira Pastanesi **10**, gleich gegenüber. Gute Frühstücksadresse – übliches Programm an dicken Torten, süßen und herzhaften Teilchen.

Nachtleben Mehrere Bars zum Biertrinken im Nordosten der Uferpromenade von İskele – um Mitternacht ist Schluss. Danach wechselt man in die Diskothek **Apollo Garden** **4** im Karawansereilook an der Straße von İskele nach Anamur.

Sehenswertes rund um Anamur

Anamurium: Kulturhunger und Badespaß lassen sich in Anamurium ideal miteinander kombinieren. Wer die reizvolle Ausgrabungsstätte besucht, sollte auch Bikini bzw. Badehose nicht vergessen: Zu Füßen der Ruinen lockt ein herrlicher Kiesstrand.

Das antike Anamurium, vermutlich eine phönizische Gründung, war in römisch-byzantinischer Zeit das bedeutendste Zentrum des „Rauen Kilikiens“. Es profitierte

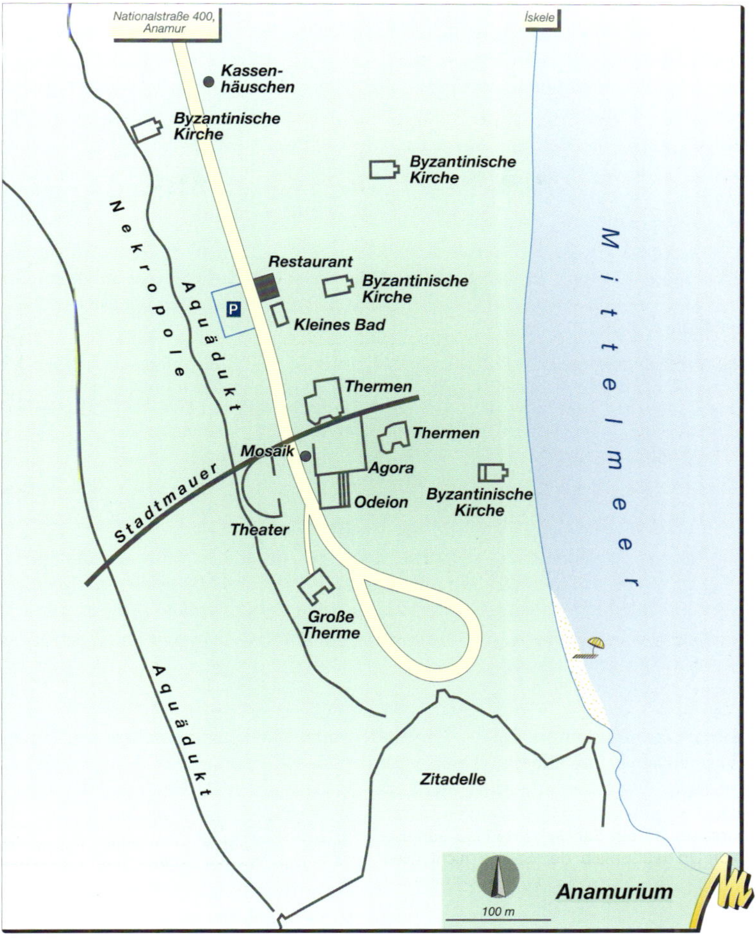

Anamur → Karte S. 145

von der fruchtbaren Umgebung und seiner Stellung als wichtiger Hafen nach Zypern. Bereits im 1. Jh. erhielt die Stadt das Münzrecht, ab der zweiten Hälfte des 4. Jh. war sie Standort einer Legion. Nachdem die Araber im 7. Jh. Zypern erobert und Anamurium mehrfach verwüstet hatten, wurde die Stadt aufgegeben. Im 12. Jh. ließen sich aus Ostanatolien geflüchtete Armenier (→ Kasten S. 187) in Anamurium für mehrere Generationen nieder.

Für die Besichtigung der antiken Stätte empfehlen sich auf jeden Fall feste Schuhe und lange Hosen, da der Weg zu vielen Ruinen durch Gestrüpp führt. Das gilt bereits für die *Nekropole,* die sich oberhalb des Parkplatzes befindet. Wer sie durchstreift, kann Gräber mit Malerei- und Mosaikresten, u. a. mit Vogel-, Götter- und Medusenmotiven, entdecken.

Folgt man dem Hauptweg, passiert man die *Thermen* und die *Agora* (beide linker Hand). Letztere besitzt ebenfalls herrliche spätantike Mosaiken. Sie liegen zum Schutz unter einer dünnen Kiesschicht verborgen. Weitere Mosaiken findet man vor dem *Odeion* und in den byzantinischen *Kirchen*. Die Mosaiken sind es übrigens auch, die Anamurium in der archäologischen Fachwelt einen Namen verschafft haben.

Schräg gegenüber der Agora liegt das *Theater*, dessen Sitzreihen fehlen. Darüber verläuft ein *Aquädukt*. Etwas weiter steht die imposanteste Ruine der antiken Stadt, die *Große Therme*, ein zweistöckiger Bau, der früher mit Marmor verkleidet war. Auch in diesem lassen sich Mosaiken finden.

Die *Zitadelle* an der südlichsten Stelle der türkischen Küste diente vorrangig als Fluchtburg. Der Weg ist etwas mühsam, allerdings hat man von hier an klaren Tagen eine grandiose Aussicht bis nach Zypern. Vom Strand darunter ist der Blick aber ähnlich gut.

Anfahrt/Öffnungszeiten: Von der Nationalstraße 400 Richtung Alanya ausgeschildert. Von İskele kann man in der HS auch per **Bootsausflug** (→ Ausflüge) nach Anamurium gelangen. Ansonsten nimmt man von Anamur den Ören-**Dolmuş** und steigt an der Abzweigung nach Anamurium aus, von da noch 1,5 km zu Fuß. Tägl. 8–19 Uhr, im Winter bis 17 Uhr. Eintritt 1,20 €.

Was *Cap Anamur* mit dem Kap Anamur zu tun hat

Das Kap Anamur ist der südlichste Punkt der türkischen Küste. Nach dem Kap war jenes Schiff benannt, mit dem ab 1979 über 10.000 vietnamesische Bootsflüchtlinge im südchinesischen Meer vor dem Ertrinken gerettet wurden. Das Schiff gibt es nicht mehr, die nach dem Schiff benannte Hilfsorganisation *Cap Anamur* ist aber noch heute weltweit aktiv.

Burg Anamur (Mamure Kalesi): Ein Kindertraum! Die zinnenbewehrte und mit 36 Türmen versehene Bilderbuchburg 5 km östlich von Anamur ist die größte mittelalterliche Burg der türkischen Küste. Die weitläufige, heute leergeräumte Anlage ist insgesamt einfach gehalten, da sie immer nur strategischen Zwecken und nie als Herrscherpalast diente. Das Burggelände ist in drei große Höfe unterteilt, die durch starke Wehrmauern voneinander getrennt sind. Die *Moschee* nebst *Bad* und *Brunnenhaus* im mittleren Burghof ist neueren Datums und bildet einen morgenländischen Kontrast zur Ritterromantik ringsum. Zur Landseite wird die Burg von einem Wassergraben geschützt (heute eine Schildkrötensuppe), zur Seeseite findet man einladende Strände.

Die Geschichte der Burg reicht bis in die byzantinische Zeit zurück. Für ihr heutiges Aussehen zeichnen jedoch in erster Linie kleinarmenische Fürsten verantwortlich, die sie zur Sicherung der Küste vor Piraten ausbauen ließen. Sie diente auch den Kreuzfahrern als Quartier und Nachschublager. Im 14. Jh. fiel die Burg an das Herrschergeschlecht der Karamanoğulları. Ab der zweiten Hälfte des 15. Jh. gehörte die Festung den Osmanen, die sie zuletzt im 19. Jh. renovierten.

Die Burg passiert man auf der Nationalstraße 400 Richtung Silifke. Von Anamur mit dem Bozyazı-**Dolmuş** alle 10 Min. zu erreichen, jedoch nicht sonntags! Von İskele zu Fuß → S. 143. Tägl. 8–19 Uhr, im Winter bis 17 Uhr. Eintritt 1,20 €.

Köşekbuğu-Höhle: Im Hinterland von Anamur, in den karstigen Ausläufern des Taurus, finden sich mehrere Höhlen. Die bekannteste ist die etwa 225 Mio. Jahre alte, in einem verschwiegenen Wald versteckte *Köşekbuğu Mağarası*. 500 m² ist sie groß, die Luftfeuchtigkeit beträgt 80 %, der Aufenthalt hilft angeblich gegen Asthma, Bronchialleiden und Unfruchtbarkeit. Innen ist es glitschig und kühl. Wenn der Strom nicht gerade ausfällt, werden die Tropfsteine angeleuchtet.

Anfahrt/Öffnungszeiten: Vom Busbahnhof in Anamur dem bergauf führenden Atatürk Bul. ins Zentrum folgen, an der zweiten Ampel links in die Akdeniz Cad., dann ausgeschildert. Bis zum Höhleneingang geteert, insgesamt ca. 17 km. Keine **Dolmuş**-anbindung. **Taxi** retour mit Wartezeit ca. 21 €. Erkundigen Sie sich vor der Anfahrt in der Touristeninformation in Anamur, ob die Höhle geöffnet ist. Eintritt 1,60 €.

Zwischen Anamur und Silifke

144 noch (!) idyllische Kilometer und etwa drei Stunden Fahrzeit liegen zwischen Anamur und Silifke, dazu mehrere Millionen Bananenstauden, Tausende von Treib- und Ferienhäusern, ein paar Burgen und unzählige Kurven. Der Ausbau der Küstenstraße reißt aber auch hier Wunden in die Natur: Schneisen werden durch Anhöhen geschlagen, Tunnels gebohrt, Wälder gerodet. Wie sich die Region durch den etappenweisen Ausbau der Küstenstraße verändern wird, bleibt abzuwarten. So manche Orte, und das steht jetzt schon fest, werden aber auf jeden Fall zu den Gewinnern des Megastraßenprojekts gehören, einfach deshalb, weil der Transitverkehr nicht mehr durchs Zentrum führt.

Bislang hält sich der Verkehr auf dieser Route aber ohnehin noch in Grenzen. Immer wieder klettert die Straße über die pinienbewachsenen Ausläufer des Taurus und gibt den Blick auf die Küstenlandschaft frei. Man findet ein paar schöne Strände und einige Hotelanlagen – insgesamt aber sind Unterkünfte rar gesät. Die Dörfer und Städtchen entlang der Strecke haben weitaus mehr mit Auberginen und Tomaten am Hut als mit Touristen aus dem Ausland. Gut so – Badeurlaub in einer ländlich-ursprünglichen Umgebung ist dort noch immer möglich.

Hinweis: Durch den neuen Verlauf der Küstenstraße können sich zwischen Anamur und Silifke Orts- und Wegbeschreibungen ändern!

Bozyazı und Softa Kalesi

16 km östlich von Anamur liegt das ehemalige Fischerstädtchen Bozyazı. Der natürliche alte, heute ziemlich verwaiste Kern an einer Flussmündung ist recht klein und besitzt keinerlei Urlaubsortqualität – lediglich eine auffällige Moschee, deren Minarette wie Raketen in den Himmel schießen. Rund um den Ort erstrecken sich weite Ferienhaussiedlungen, die sich mehr und mehr in die Bananenhaine des Hinterlandes fressen. An der Küste rufen kleine Buchten nach einer Badepause, so z. B. der Strand bei der „Denizhan Kafeterya" ca. 5 km östlich von Bozyazı-Zentrum (von der Küstenstraße ausgeschildert). Auf dem Weg dahin passiert man die von Weitem auszumachende, auf einem spitz zulaufenden Hügel thronende Festung **Softa Kalesi** mit zinnenbewehrten Mauern und wuchtigen Türmen. Der mühselige Weg hinauf lohnt nur wegen der Aussicht auf glitzernde Treibhausdächer (Pfadeinstieg zeigen lassen). Bei näherem Hinsehen gibt die byzantinisch-armenische Burganlage wenig her. Kinder bieten sich zuweilen als Führer an (stets zugänglich, kein Eintritt).

Beachboy bei Bozyazı

Verbindungen Von Bozyazı nach Anamur bestehen regelmäßige **Dolmuş**verbindungen. Wer zur Burg oder noch weiter nach Osten will, muss von Anamur einen **Bus** nach Silifke nehmen und unterwegs aussteigen.

Übernachten Am westlichen Ortsende von Bozyazı stehen 2 große sternengeschmückte Hotelanlagen. Eine Alternative dazu:

Alınko Hotel, einfache Anlage ca. 5,5 km östlich von Bozyazı-Zentrum. Teil einer Ferienhaussiedlung in einem exotischen, parkähnlichen Gelände von 50.000 m² Größe. Es gibt Bananenstauden, Orangenbäume, ein Restaurant und eine gemütliche Sand-Kies-Bucht direkt vor der Nase. So üppig die Umgebung, so schlicht die renovierungsbedürftigen Zimmer mit Balkon oder Terrasse. Der Putzfrau könnte man zuweilen die rote Karte zeigen. DZ 33 €. Kaledibi Mah., ☏ 0324/8513998, ℻ 8513995, www.alinkohotel.com.

Aydıncık

Etwa 50 km östlich von Anamur liegt das knapp 8000 Einwohner zählende Straßendorf Aydıncık. Man lebt hier vorrangig von den Tomaten, Auberginen, Paprikas und Peperoni aus den vielen Treibhäusern der Umgebung. Aydıncık besitzt einen kleinen Hafen und ein paar unspektakuläre Bademöglichkeiten. Die touristische Infrastruktur steckt noch in den Kinderschuhen.

Im August und September wird fleißig gebuddelt: Aydıncık wurde auf den Überresten der **antiken Siedlung Kelenderis** erbaut, einer der ältesten kilikischen Städte. Jedes Jahr kommen unter Federführung der Selçuk-Universität aus Konya neue Mauerreste zutage, in den letzten Jahren entdeckte man u. a. das Theater und tolle Mosaike. Auf dem großen, umzäunten Grabungsareal beim Hafen steht auch eine Kirche aus dem 18. Jh. Leider war sie wie das gesamte Areal zuletzt nicht zugänglich, was sich aber ändern soll.

Östlich von Aydıncık lassen sich mehrere Grotten erkunden, u. a. die riesige **Aynalı Göl Mağarası** (auch: **Gilindere Mağarası**) mit zauberhaften Stalaktiten- und Stalagmitenformationen samt einem See und einer großen Fledermauspopulation. Die Piste dorthin ist für normale Pkws unbezwingbar, man kann jedoch mit einem Fischerboot hintuckern – verhandeln Sie am Hafen.

Verbindungen Aydıncık ist mit den Anamur-Silifke-**Bussen** zu erreichen.

Übernachten/Camping **Aytur Motel**, im Osten des Städtchens. Nicht idyllisch, aber für eine Nacht okay. Neue Anlage mit 30 Zimmern (nicht ganz so gepflegt wie der Rasen drum herum), auf mehrere einstöckige Gebäude verteilt. Alle mit Balkon. Ein Campingareal soll folgen. Strand in Laufnähe. DZ 33 €. Aydıncık, ✆ 0324/84131339, www.aytur-camping.com.

Zwischen Aydıncık und Büyükeçeli: Knapp 30 km trennen Aydıncık von Büyükeçeli. Auf den ersten Kilometern war der neue vierspurige Küstenhighway 2011 schon fertiggestellt. Wo die Straße aufs Meer trifft, findet man einladende, z. T. jedoch von Ferienhaussiedlungen gesäumte Buchten. Eine schöne Bucht samt Sanddünen und -blumen liegt z. B. etwa auf halber Strecke direkt hinter der **Raststätte Ağaçlı Tesisleri**. Dort kann man übrigens ausgesprochen gut essen – wenn auch die Preise die eines herkömmlichen Selbstbedienungsrestaurants übersteigen.

Büyükeçeli/Ovacık

Büyükeçeli ist ein absolut verschlafenes Nest – keine Polizeistation, keine Pension, keine Kneipe, nur Tomaten- und Gurkenplantagen im fruchtbaren Hinterland. Doch die Ruhe ist trügerisch, immer wieder kommt es hier zu Protesten. 4 km südlich nämlich wird das Atomkraftwerk Akkuyu gebaut – wie Fukushima direkt am Meer. Die Verträge dafür wurden 2010 mit der russischen Firma *Rosatom* unterzeichnet. Spätestens 2019 soll der Meiler mit vier 1200-Megawatt-Reaktoren ans Netz gehen, ungeachtet der Tatsache, dass die Türkei ein Land ohne jegliche Sicherheitskultur ist und dazu noch 25 km von Büyükeçeli entfernt der sog. Ecemis-Graben verläuft, eine aktive Bruchlinie, an der die Erdplatten immer wieder erzittern. Der Energiehunger Anatoliens ist größer als die Angst der Politiker vor einer Erdbebenkatastrophe: „Keine Investition ohne Risiko", so Ministerpräsident Erdoğan. Die Investitionssumme wird auf 13 Mrd. Euro geschätzt.

Bis zur Fertigstellung des Kraftwerks lassen sich in der Gegend aber noch sorgenfreie Tage verbringen, so z. B. im Hayat Motel (→ Übernachten) in der Bucht von **Ovacık** rund 2 km östlich von Büyükeçeli. Der Sandstrand vor der Nase ist ganz nett. Dass dahinter die wachsende Zahl an Ferienhäusern am Charme der Bucht kratzt, stört auf der Terrasse nicht ...

Verbindungen Büyükeçeli ist mit den Anamur-Silifke-**Bussen** zu erreichen.

Übernachten »» Unser Tipp: **Hayat Motel**, ein netter Platz in der Ovacık-Bucht, geführt von dem liebenswerten Muammer Öztütüncü. Fremdsprachen sind kein Problem. Schattiges Restaurant direkt am kinderfreundlichen Strand. 14 ordentliche Zimmer in einem grünen Gärtchen dahinter (Fliesenböden, Balkon, Klimaanlage, TV, Bäder mit Duschkabinen). Von Lesern immer wieder gelobt. Campingmöglichkeiten. DZ 41 €, 2 Pers. mit Wohnmobil 12,50 €. Ovacık, ✆ 0324/7532206, www.hayatmotel.com. ««

Yeşilovacık, Aphrodisias und Tokmar Kalesi

Rund 7 km hinter Ovacık erreicht man die Bucht von Yeşilovacık – die neue Küstenstraße wird sie rechter Hand liegen lassen. Die alte Küstenstraße führt noch am langen Kiesstrand vorbei zum Hafen von Yeşilovacık. Dieser liegt ganz im Osten der Bucht, dahinter das verschlafene Zentrum. Vor Ort gibt es so gut wie nichts zu tun, auch sind keine ansprechenden Unterkunftsmöglichkeiten vorhanden, nur ein paar private Ferienanlagen und ein vermüllter Campingplatz (im Westen der Bucht). Durch die neue Küstenstraße wird aber auch Yeşilovacık für Investoren interessanter, Hotelprojekte sind in Planung.

Von der alten Küstenstraße weist am nördlichen Ortsende von Yeşilovacık ein Schild nach „Aphrodisias/Tisan" (von der Abzweigung noch 8 km). Hinter **Aphrodisias** verbirgt sich das große Bodenmosaik einer frühchristlichen Basilika, hinter **Tisan** eine gepflegte Ferienhausanlage an einer palmengesäumten Badebucht mit einem vorgelagerten Inselchen. Die Stichstraße dorthin endet an einer Schranke. Gegen Vorlage seines Ausweises darf man die Anlage passieren und das Bodenmosaik am südlichen Ende der Bucht beim kleinen Hafen besichtigen. Es soll sehr imposant sein. Da es zum Schutz mit Sand bedeckt ist, kann man jedoch nur kleine Ausschnitte mit der Hand freilegen.

Weiter auf der alten Straße entlang der Küste (die neue Küstenstraße wird zwischen Akdere und Boğsak durch einen Tunnel führen) weist rund 4 km vor Boğsak ein Schild zur 3,5 km landeinwärts gelegenen **Tokmar Kalesi**, einer armenischen Festung, die später auch der Johanniterorden nutzte. Ihre thronende Lage im Taurusgebirge ist beeindruckend, die Ruinen selbst sind es wie so oft leider nicht.

Verbindungen Yeşilovacık ist mit den Anamur-Silifke-**Bussen** zu erreichen.

Übernachten **** **Pinepark Holiday Club**, schön gelegene, gepflegte und gut gesicherte All-inclusive-Anlage mit eigenem Strand (400 m entfernt), Restaurants, Bars, Tennisplätzen etc. Die 68 Zimmer (mit Fliesenböden und Balkon, im Ganzen nichts Besonderes) gruppieren sich – wie langweilig – um die Poolanlage. Ab 70 €/Pers. all-incl. 5 km westlich von Yeşilovacık, ✆ 0324/7475518, ℻ 7475066, www.miaresorts.com.

Essen & Trinken **Uğur Restaurant**, das einfache Fischlokal 3 km westlich von Yeşilovacık an der alten Küstenstraße ist preiswert und gut. Terrasse direkt über dem Meer. ✆ 0324/7475238.

Boğsak

Boğsak ist eine 370-Seelen-Häuseransammlung an einer Bucht mit einem weiß glänzenden, wenig verbauten Strand und einigen netten Fischlokalen. In touristischer Hinsicht profitierte Boğsak vom Ausbau der hiesigen Küstenstraße, denn diese führt um den Ort herum und lässt ihn in beschaulicher Ruhe zurück. Während der türkischen Schulferien ist der Strand gut belegt, davor und danach kann man die Handtücher an einer Hand abzählen. Die vorgelagerte Insel **Boğsak Adası** ist kraulend oder mit einem Fischerboot zu erreichen. Sie ist übersät mit den Überresten des **antiken Nesulion**: aufgebrochene Sarkophage, umgestürzte Grabdenkmäler, spätrömische Häuserruinen, Grundmauern einer Basilika und einer Kreuzkuppelkirche aus dem 5. Jh. Boğsak Adası ist zugleich ein beliebtes Ziel von Bootsausflüglern aus Taşucu.

Rund 1,5 km östlich von Boğsak erheben sich auf einer flachen Halbinsel die noch gut erhaltenen Überreste der achteckigen Festung **Liman Kalesi**. Im 17. Jh. war sie ein Piratennest. Aus jener Zeit stammen auch die Breschen – ein halbes Dutzend christlicher Kanonenschiffe versuchte damals, gefangen gehaltene Glaubensbrüder zu befreien. Heute liegt die Burg inmitten eines militärischen Sperrgebietes und ist nicht zugänglich. Der NATO-Militärhafen nebenan wurde für den Irakkrieg gebaut.

Sommer in Boğsak

Verbindungen Boğsak ist mit den Anamur-Silifke-**Bussen** zu erreichen, zudem mit **Dolmuşen** von Silifke.

Übernachten/Camping Vor Ort ein ungepflegter Campingplatz und eine Handvoll einfacher Pensionen, in denen vorrangig türkische Familien Urlaub machen. Unsere Empfehlung:

Intermot Hotel, eine etwas in die Jahre gekommene Anlage, aber immer noch ein super Ort zum Entspannen – das meinen auch Leser. 64 riesige Zimmer mit Balkon, Klimaanlage und Steinböden, nur durch einen Park mit Palmen und Nadelbäumen vom Meer getrennt. Schöner, gepflegter Strandbereich. DZ mit HP 86 €. Boğsak, ✆ 0324/7436161, ✆ 7436004, www.intermot.com.tr.

Taşucu

ca. 10.000 Einwohner

Das Städtchen ist seit eh und je eng mit der Schifffahrt verbunden: In der Antike befand sich hier der Hafen des rund 10 km westlich gelegenen *Seleukia* (→ Silifke/Geschichte, S. 156), später galt Taşucu als ein gefürchtetes Seeräubernest. Heute steht der Name des Ortes für den bedeutendsten türkischen Fährhafen nach Nordzypern, auch in den Libanon kann man von hier übersetzen. Die ankommenden und ablegenden Fähren sorgen für steten Trubel im kleinen, gepflegten Zentrum. Bei den Fährbüros gibt es auch ein kleines **Amphorenmuseum** (nur Fr–Mo 8.30–12 und 13–17 Uhr, Eintritt 0,80 €). Die meisten der rund 300 Amphoren stammen aus gesunkenen Schiffen. Die Form der Amphoren, v. a. der mit Wein gefüllten, ließ übrigens deren Herkunftsort erraten – ganz ähnlich den Etiketten heutiger Weinflaschen.

Auch wenn wenig alte Bausubstanz vorhanden ist: Taşucu ist das freundlichste Städtchen am hiesigen Küstenabschnitt, nicht zuletzt durch so manche von der deutschen Partnerstadt Bergkamen gesponserte Grünanlage. Zudem besitzt Taşucu einen schmalen Strand mit einer niedrigen Ferienhaussiedlung dahinter – Letztere trägt im Sommer dazu bei, dass die Einwohnerzahl auf 15.000 ansteigt. Ein wenig getrübt wird die nette Atmosphäre von der Silhouette der nahe gelegenen, zum Glück stillgelegten SEKA-Papierfabrik, das Gelände wird langsam von der Natur zurückerobert. Südöstlich des dortigen Hafens beginnt ein kilometerlanger Strand, der anfangs noch von Ferienhäusern gesäumt, dann immer unberührter wird und schließlich als Sandnase im Mittelmeer endet.

Verbindungen/Ausflüge

Vorwahl 0324.

Verbindungen Bus/Dolmuş: Busbahnhof ca. 1,5 km östlich der Stadt an der Straße nach Silifke. Hier halten nahezu alle Busse, die entlang der Küste unterwegs sind. Ins Zentrum besteht ein Zubringerservice. Vom Hauptplatz regelmäßige Dolmuşverbindungen nach Silifke.

Schiff ins nordzyprische Girne: Mit der Autofähre (im Sommer tägl. außer Mo u. Mi, im Winter nur Di, Do u. So) dauert die Überfahrt 7–8 Std., mit dem Expressboot (tägl., kein Autotransport) 2:30 Std. Die meisten Autofähren legen mittlerweile nicht mehr vom Stadthafen, sondern vom östlich des Zentrums ausgeschilderten SEKA-Hafen (Seka Limanı) ab, Zubringerservice der Fährgesellschaften. Die beiden alteingesessenen Reedereien Fergün (✆ 7412323, ℻ 7412802) und Akgünler (✆ 7414033, www.akgunler.com.tr) haben fusioniert, besitzen aber immer noch getrennte Büros im Zentrum an der Uferstraße. Mit dem Schnellboot 29 €/Pers., mit der Fähre 25 €, Auto 62 € (inkl. Fahrer), Wohnmobil je nach Größe ab 70 €.

Schiff in den Libanon: Montags mit Fergün (s. o.) nach Beirut. 88 €/Pers., Auto 110 €. Dauer 10 Std. (Stand: 2011).

Detaillierte Infos über Zypern erhalten Sie im MMV-Reisehandbuch „Zypern" von Ralph-Raymond Braun.

Bootsausflüge Ausflugsschiffe am Hafen. Gefahren wird u. a. nach Boğsak und Tisan, Abfahrt in den Sommermonaten tägl. gegen 10 Uhr. Inkl. Essen 12,50 €.

Übernachten/Camping/Essen & Trinken

In der Nebensaison gibt es erhebliche Preisnachlässe.

Motel Lades, am westlichen Ende des Stadthafens. So altbacken, dass es schon wieder cool ist. Aber egal! Geräumige, sehr saubere Zimmer mit Steinböden und deutlichen Gebrauchsspuren, aber gepflegt und alle mit Balkon und Wahnsinnsblick. Großer Pool zum Meer hin, Restaurant. DZ 49 €. Inönü Cad. 45, ✆ 7414008, ℻ 7414258, www.ladesmotel.com.

Meltem Pansiyon, saubere Familienpension direkt hinterm Strand, in der sich Leser immer wieder wohlfühlen. Alle 20 Zimmer schlicht, aber mit Fliesenböden, Bad, Kühlschrank und TV, teilweise auch mit Kochgelegenheit. Mit Glück erwischen Sie eines der Zimmer nach vorne raus – herrlichster Meeresblick! DZ 33 €, Frühstück extra. Sahil Cad. 75, ✆ 7414391, www.meltempansiyon.net.

Holmi Pansiyon, direkt hinter der Grünanlage bei den Ausflugsschiffen. 9 einfache, aber ordentliche Zimmer mit Klimaanlage und Kühlschrank (bis auf eines alle mit Balkon). Dachterrasse mit Küche, die jeder benutzen darf. In den Sommermonaten, wenn Arif aus Nürnberg da ist, deutschsprachig. DZ 32 €. Sahil Cad. 23, ✆ 0537/8326445 (mobil).

Fatih Hotel, zentral an der Durchgangsstraße. 15 einfache, aber sehr saubere Zimmer mit Bad, TV und Klimaanlage. Zur Straße hin laut, zum Hafen hin jedoch mit Balkon und schönem Blick. DZ 29 €, Frühstück 3,20 € extra. Atatürk Bul. 29, ✆ 7414125, ℻ 7414248, www.hotelfatih.net.

Camping Akçakıl Camping, schönes Gelände mit gepflegtem privatem Kiesstrand. Wenige, aber gut funktionierende Sanitäranlagen. Gemütliches, nicht billiges Fischrestaurant angeschlossen. Zudem werden 10 Zimmer mit Klimaanlage und Bad (auf 5 Bungalows verteilt) vermietet. Eigene kleine Terrassen – nur einen Katzensprung vom kühlen Nass entfernt. Angenehme Atmosphäre, deutschsprachig. Ganzjährig. Im Rücken des Platzes verläuft die vierspurige Küstenstraße, der Verkehrslärm hält sich jedoch in Grenzen. Campen für 2 Pers. mit Wohnmobil 15 €, Bungalow für 2 Pers. 50 €. 4 km westlich von Taşucu, ✆ 7414451, ℻ 7414900, www.akcakilcamping.com.

Essen & Trinken Gute und günstige Lokale an der Uferfront, empfehlenswert ist zudem das Restaurant des Akçakıl Campings (s. o.).

Baba Café Restaurant, am Westende des Stadthafens. Nettes, lichtes Ambiente mit moderner Kunst an den Wänden, Traumterrasse direkt über dem Meer. Grillgerichte, aber auch Hühnchen mit Pilzen oder Pizza mit Garnelen. Die Gerichte sind auf einer Tafel angeschrieben. Hg. 4,40–7 €. ✆ 7415991.

Denizkızı Restaurant, am Hauptplatz nahe dem Fähranleger. Die „Meerjungfrau" ist ein nett eingerichtetes Lokal mit toller Dachterrasse. Gute Fischauswahl, die Portion ab 6,50 €. ✆ 7414194.

Ayatekla

Ayatekla, einer der bedeutendsten frühchristlichen Wallfahrtsorte, war mit dem antiken *Seleukeia*, dem heutigen Silifke, durch einen Treppenweg verbunden. Einer Legende nach befand sich hier in einer Höhle der Wohn- und Sterbeort der Heiligen Thekla (*Aya Tekla*). Sie war eine Schülerin des Apostels Paulus und mit ihm, als Jüngling verkleidet, durch die Lande gereist. Bereits im 2. Jh. wurde ihre Höhle in eine **Grottenkirche** umgewandelt. Sie ist zu besichtigen, auch finden darin immer wieder Gottesdienste statt. Das Grab darin soll das der Heiligen sein. Im 4. Jh. entstand darüber eine dreischiffige, 90 m lange Basilika, von der noch Teile der Apsis stehen. Im 5. Jh. kam unter Kaiser Zenon (474–491) eine weitere, nach ihm benannte Basilika hinzu. Sie lag etwas weiter nördlich, die Grundmauern sind noch erhalten. Erhalten blieben auch die mächtigen Tonnengewölbe einer dreischiffigen **Zisterne** beim Wärterhäuschen. Der heilige Bezirk umfasste noch weitere Zisternen, Kirchen und eine Therme, an die jedoch kaum ein Stein mehr erinnert.

Anfahrt/Öffnungszeiten: Von der Nationalstraße 400 Richtung Westen kurz hinter Silifke bei einer Exen-Gas-Tankstelle ausgeschildert. Von dort noch rund 1,5 km landeinwärts. Die **Dolmuşe** zwischen Taşucu und Silifke passieren die Abzweigung. Tägl. 8–20 Uhr, im Winter bis 17 Uhr. Eintritt 1,20 €.

Kilikischer Buchtenzauber

Diokaisarea, eine der vielen Ausgrabungsstätten rund um Silifke

Silifke

ca. 53.000 Einwohner

Silifke ist ein ruhiges Provinzstädtchen im Schatten einer mächtigen Zitadelle und zugleich ein wichtiger Verkehrsknotenpunkt der Südküste. Der nächste Strand liegt rund 15 km entfernt – Touristen verirren sich hierher meist nur zu einem Tagesausflug.

Das grüne Wasser des *Göksu* teilt Silifke in zwei Hälften. Grünstreifen und Teegärten säumen den Flusslauf, der im Sommer wie eine Klimaanlage wirkt – in seiner unmittelbaren Nähe ist es stets angenehm frisch. Im wenig schmucken Zentrum herrscht gelassene Betriebsamkeit. Hier gibt es alles zu kaufen, was die Restaurantbesitzer, Hoteliers und Bauern der Umgebung für gewöhnlich benötigen. Mit dem Anbau von Nüssen, Sesam, Erdbeeren, Zitrusfrüchten und sogar Reis verdienen Letztere ihre Brötchen. Ansonsten ist nicht viel los, es gibt keine Clubs, keine schicken Restaurants oder unterhaltsamen Bars.

An einem bewölkten Nachmittag ist ein Ausflug nach Silifke durchaus eine lohnenswerte Abwechslung zum Strandtuch. Hier erfahren Sie türkischen Alltag und können die Burg und die Museen der Stadt besuchen. Auch rund um den Ort gibt es einiges zu entdecken, so beispielsweise das Göksu-Delta – ein heißer Tipp für Ornithologen. Und ein Ausflug ins Hinterland, in die schroffe Bergwelt des Taurus mit seinen Ruinenstädten, ist mehr als nur empfehlenswert – ein Erlebnis.

Geschichte

Um 300 v. Chr. wurde die Stadt von Seleukos I. Nikator, einem einstigen Feldherrn Alexanders des Großen, gegründet und nach ihm *Seleukeia* benannt. Aufgrund ihrer Lage an einer wichtigen Handelsstraße von der Küste nach Inneranatolien stieg sie zu einer der bedeutendsten Städte des „Rauen Kilikien" (→ Kasten S. 140) auf. 72 v. Chr. wurde sie römisch und erlebte in der frühen Kaiserzeit ihre Blüte. An das antike Seleukeia erinnern heute noch die mächtige steinerne **Brücke** über den Göksu-Fluss und eine wiederaufgerichtete korinthische Säule vom **Jupitertempel** am

İnönü Bulvarı – ein Storch nistet dankend darauf. Das antike Erbe wurde vielfach überbaut, z. T. aber ging die antike Bausubstanz auch in Neubauten unter. Antike Kapitelle wurden z. B. in der **Reşadiye-Moschee** aus dem Jahr 1912 (Fevzi Çakmak Caddesi) als Säulenbasen zweckentfremdet.

In byzantinischer Zeit entwickelte sich Seleukeia aufgrund des nahe gelegenen Wallfahrtsortes der Hl. Thekla (→ S. 155) zu einem Pilgerzentrum. Im 7. Jh. begannen die Byzantiner zum Schutz vor maurischen Piraten und arabischen Invasoren mit dem Bau der Zitadelle. 1098 geriet sie für kurze Zeit in die Hand der deutschen Kreuzfahrer. Im 13. Jahrhundert ging sie an die Ritter des Johanniterordens über, die sie zu ihrer heutigen Größe ausbauten. Danach gehörte die Zitadelle abwechselnd den Armeniern, den Emiren von Karaman und ab dem 15. Jh. den Osmanen. Unter Letzteren wurde aus Seleukeia Silifke, eine Provinzhauptstadt. Die Türken degradierten sie zur Provinzstadt.

Information/Verbindungen/Veranstaltungen

Telefonvorwahl 0324.

Information In der V. Gürten Bozbey Cad. 6. Hilfsbereit. Mo–Fr 8–12 Uhr und 13–17 Uhr. ✆ 7141151, www.silifke.gov.tr.

Verbindungen **Bus**bahnhof nahe dem İnönü Bul. südöstlich des Zentrums. Gute Verbindungen über Mut nach Karaman und Konya (12-mal tägl., 4:30 Std.), Anamur (3 Std.), über Kızkalesi, Erdemli und Mersin nach Adana (2:30 Std.). **Dolmuşe** nach Atakent starten nahe der römischen Brücke am Atatürk Bul., **Dolmuşe** nach Taşucu und Boğsak an der Cavit Erden Cad. **Minibusse** nach Kırobası (Uzuncaburç, Diokaisarea/Olba) fahren nahe der Touristeninformation ab.

Ärztliche Versorgung Im staatlichen Krankenhaus **Devlet Hastanesi** am Atatürk Bul. ✆ 7141159.

Autoverleih **Selçuk Rent a Car**, im Zentrum im Gebäude des Zeyma Hotels (Eingang neben der Şekerbank nehmen). Billigstes Auto ca. 30 €/Tag. ✆ 7147883, www.selcukrentacar.com.

Baden Ein Tipp für Selbstfahrer ist der noch so gut wie unbebaute **Sandstrand von Arkum** ca. 20 km östlich von Silifke – würde er noch öfters mal gereinigt werden, wäre er ein Traum. Einem Bauverbot sei Dank entstehen hier die Ferienhäuser in einem weiten Abstand zum Strand. Um dorthin zu gelangen, zweigt man von der Straße Richtung Mersin in Atayurt bei der Ampel mit Moschee rechts ab und folgt dann stets der Beschilderung „Arkum Halk Plajı Cengiz'in Yeri".

Für Camper ohne Ansprüche gibt es dort den schattenlosen, spartanischen **Mocamp Cengiz'in Yeri** mit einer idyllischen Strandkneipe (nur Juni–Sept., Mückenschutz wegen des Kanals daneben nicht vergessen!). Kostenlos, es wird jedoch erwartet, dass man hin und wieder etwas konsumiert. ✆ 0324/7480115.

Einkaufen Großer **Wochenmarkt** am Fr nahe der Touristeninformation in der Celal Bayar Cad.

Veranstaltungen Besuchenswert ist das jährlich vom 20.–26. Mai stattfindende **Musik- und Folklorefestival**. Man sieht herrliche Kostüme, überdimensionierte Masken und tolle Tänze – bei einem davon balancieren Frauen Flaschen auf den Köpfen!

Übernachten/Camping/Essen & Trinken

(→ Karte S. 158/159)

An was es auch immer liegen mag – die Putzfrauen von Silifke könnten besser arbeiten …

Übernachten ** **Göksu Otel** **2**, nahe der Touristeninformation. In die Jahre gekommen, aber gepflegt und von Lesern immer wieder gelobt. 25 geräumige Zimmer. Terrasse zum Frühstücken mit Blick auf den Göksu. Freundliches Personal. EZ 23 €, DZ 40 €. Atatürk Bul. 20, ✆ 7121021, 📠 7121024.

Silifke → Karte S. 158/159

Ayatekla Otel 6, in unschöner Lage nahe dem Busbahnhof. Innen besser als von außen. Dennoch nicht zu viel erwarten. Abgewohnte Teppichbodenzimmer mit sauberen Bädern und Klimaanlage, viele mit Balkon. EZ 16 €, DZ 28 €. Saray Mah., ✆ 7151081, ℻ 7151083.

Arısan Otel 4, 27 Zimmer mit Steinböden, Kiefernholzmobiliar und Balkon – insgesamt aber etwas für Leute mit wenig Anspruch. DZ mit Klimaanlage und Bad 20 €, ohne beides 16 €, Frühstück auf Wunsch extra. İnönü Cad. 81, ✆/℻ 7143331.

Camping → Baden und Taşucu, S. 154

Essen & Trinken **Kale Restaurant 5**, hoch über der Stadt bei der Burg. Traumterrasse (die Einrichtung innen eine Katastrophe). Grandiose Ausblicke über Silifke und die Schwemmlandebene, herrlich am Abend. Kleine Auswahl an Meze, dazu Gegrilltes und Bier. Hg. 3,50–6,50 €. ✆ 7148292.

Restaurant Gözde 3, nahe der Post. Außenbestuhlung in der Gasse davor. Grillgerichte, frischer Fisch, zudem Topfgerichte. Einfach, gut und günstig. Balıkçılar Sok. 7, ✆ 7142764.

Ali Usta'nın Yeri 1, Lokanta mit Schwerpunkt auf **İskender Kebap,** Hühnchengerichten und Döner, populär und preiswert. Özcan Seyhan Cad. (Seitengasse des Atatürk Bul.).

Sehenswertes

Burg (Kale): Die mächtige Burg über der Stadt zeugt von der Zeit, als Männer noch Ritter sein durften. Die wehrhafte Festung besitzt zwei Mauerringe und insgesamt 13 Türme, eine Besichtigung kostet nichts. Von der Menderes Caddesi sind es 15 schweißtreibende Minuten zu Fuß hinauf. Oben erwartet Sie neben einer schönen Aussicht auch ein gutes Restaurant (→ Essen & Trinken). Unterwegs kann man einen Blick in eine 12 m tiefe *Zisterne* werfen, in die eine Wendeltreppe führt (dem Schild „Tekin Ambarı" folgen). Wer mit dem Auto unterwegs ist, findet die Abzweigung zur Burg an der Straße nach Mut, von dort noch 1 km bergauf.

Museen: Das eher zweitklassige *Archäologische Museum* etwas außerhalb an der Straße nach Anamur (tägl. außer Mo 8–17.30 Uhr, Eintritt frei) zeigt Funde aus der Umgebung, die ältesten stammen aus hethitischer Zeit. Im Eingangsbereich grüßt Sie ein steinerner Löwe aus Diokaisarea (→S. 162). Außerdem gibt es römische Statuen und einen Teil jenes Münzfundes zu sehen, der bei der Meydancık Kalesi (ca. 10 km südlich von Gülnar) entdeckt wurde.

Das obligatorische *Atatürk-Museum (Atatürk Evi)* befindet sich in einem rosafarbenen Stadthaus aus dem Jahr 1914. Es erinnert an Atatürks zweitägigen Besuch zur Einweihung der hiesigen Landwirtschaftskooperative im Januar 1925. Sehenswert ist die Ausstattung des Hauses mit dem Originalmobiliar einer wohlhabenden Familie aus jener Zeit (vom İnönü Bul. ausgeschildert, tägl. außer Mo 8–17 Uhr, ebenfalls Eintritt frei).

Akgöl-Nationalpark: Das 14.500 ha große Göksu-Delta mit schilfumstandenen Süßwasserseen und Salzwasserlagunen zwischen ausgedehnten Sanddünen besitzt eine bemerkenswerte Flora und Fauna. Ein Teil des Deltas wurde 1990 zum Natio-

nalpark erklärt. Allein 331 der insgesamt 450 in der Türkei vorkommenden Vogelarten sind hier vertreten, darunter das Halsbandfrankolin und das Purpurhuhn, das in der Antike wegen seines Fleisches beliebt war und heute vom Aussterben bedroht ist. Am größten ist die Artenvielfalt im Winter, wenn das Delta zur Heimat oder zum Zwischenstopp nordeuropäischer Zugvögel wird. Das Delta ist auch Brutplatz zweier Meeresschildkrötenarten, der *Chelonia midas* und der *Caretta caretta,* sowie winterliche Heimat von Mittelmeerrobben. Zudem gedeihen hier 441 verschiedene Pflanzen, darunter acht endemische.

Anfahrt Das Vogelschutzgebiet bzw. den Beobachtungsturm erreicht man am einfachsten über Taşucu: dort die Abzweigung zum Hafen SEKA Limanı nehmen, 100 m hinter diesem über die Brücke fahren, 450 m weiter rechts ab, durch die Feriensiedlung und dahinter entlang der Küste weiter.

Hinweis Vermeiden Sie Störungen zur Brutzeit der Vögel zwischen April und Juni und halten Sie sich während der Eiablage der Schildkröten zwischen Mai und Sept. von den Sandstränden im westlichen Teil des Deltas fern.

Im Hinterland von Silifke

Das Hinterland von Silifke ist überaus reich an reizvoll gelegenen antiken Stätten. Ein eigenes Fahrzeug ist unabdingbar, will man die hier in einem Routenvorschlag beschriebenen Ziele als Rundfahrt kombinieren. Starten Sie früh – Sie werden rund 230 km zurücklegen, und die in mehr als tausend Kurven. Es erwarten Sie keine wirklichen Sensationen, dafür außer Ruinen jede Menge schöner Ausblicke und Einblicke ins bäuerliche Leben abseits der Küste.

Routenvorschlag Von **Silifke** folgt man der gut ausgebauten Nationalstraße 715 **Richtung Karaman**, einer landschaftlich reizvollen Strecke, die in weiten Zügen der seit Jahrtausenden begangenen Route von der Küste nach Zentralanatolien folgt. Nach rund 9 km steht am rechten Straßenrand ein von der deutschen Botschaft gestifteter **Gedenkstein** (Frederik Barbarossa Anıtı), der an den Tod des Kaisers Friedrich Barbarossa erinnert (→ Kasten S. 161).

> Mut, Alahan, Diokaisarea und Olba finden Sie auf den folgenden Seiten beschrieben.

Ca. 3 km nach der Ortschaft Değirmendere (ca. 23 km nördlich von Silifke) weist ein kleines Schild nach rechts ins Dörfchen Keben (noch 1 km von der Abzweigung). Wer will, kann sich dort ein hoch über dem Ort gelegenes **hethitisches Felsrelief** einer Frauenfigur mit ausgestreckten Armen zeigen lassen (nach „Çolak Kız" fragen, ca. 30 Min. zu Fuß). Dorfbuben führen gegen ein Trinkgeld dorthin. Etwa 10 km vor Mut verlässt die Straße das eindrucksvolle Göksutal. 22 km nördlich von Mut (s. u.) lohnt ein Abstecher zur Klosteranlage **Alahan** (→ S. 162). Um die Rundfahrt fortzusetzen, zweigt man – zurück in Mut – auf ein schmales, gen Osten nach Kırobası führendes Sträßchen ab. Nun beginnt die große Kurverei, zudem überwindet man einen Pass auf 1500 m Höhe. Ca. 15 km östlich von Mut zeigt ein Schild zur Burg **Mavga Kalesi** (6 km) – kein Muss. Nach weiteren 20 km verläuft die Straße eine Zeit lang parallel zu einem anderen imposanten **Cañon** und überbrückt diesen schließlich. Einen Zugang zum Cañon hat man von der kleinen Ortschaft **Çömelek** (ausgeschildert). Rund 60 km hinter Mut hat man schließlich **Kırobası** erreicht, einen etwas größeren Ort. 23 km weiter südlich bietet sich ein Abstecher zu den Ausgrabungen von **Diokaisarea** und **Olba** an (wer will, kann von dort auch weiter nach Kızkalesi fahren, → S. 163). Folgt man hingegen der Beschilderung zum Ausgangspunkt der Tour, passiert man 7 km vor Silifke das Dorf **Demircili**. Manche Bauern sind hier noch Halbnomaden, die mit ihrem Hausrat und Vieh in den Sommermonaten auf die höher gelegenen Weiden des Taurus ziehen. Rund um die Häuser des Ortes liegen die Reste der antiken Stadt **Imbriogon**, die im 2. Jh. v. Chr. gegründet wurde und bereits zu christlicher Zeit verlassen war. Reiche Bürger Seleukeias ließen sich hier bevorzugt bestatten, ihre Grabtempel rechts und links der Straße fallen ins Auge. Auch lassen sich noch Fundamente von Herrenhäusern erkennen.

Mut

31.500 Einwohner

Das antike *Claudiopolis* rund 80 km nördlich von Silifke ist heute eine nüchterne Kreisstadt auf etwa 300 m Höhe. An ihre wechselvolle Vergangenheit erinnern neben einer ursprünglich byzantinischen **Festung** einige Zeugnisse aus der Herr-

Cañon im Hinterland von Silifke

schaft der Karamanoğulları im 14. Jh.: Im Stadtzentrum ausgeschildert sind z. B. die **Lal-Ağa-Moschee**, eine Zentralkuppelmoschee mit einem markanten Minarett, und die **Hocendi Türbe**, ein Grabmal mit einem pyramidenförmigen Dach. Bekannt ist Mut für sein gutes Olivenöl und diverse Festivitäten; in der Stadt selbst und in den Dörfern drum herum wird zu Ehren diverser Früchte viel gefeiert: Anfang Juni findet ein Aprikosenfestival statt *(Kayısı Festivalı)*, im September steigen ein Feigenfestival *(İncir Festivalı)* und ein Apfel- und Weintraubenfestival *(Elma, Üzüm ve Kültür Şenliği)*.

Barbarossas letztes Bad

Am 11. Mai des Jahres 1189 begann der Dritte Kreuzzug. An jenem Tag brach in Regensburg ein 15.000 Mann starkes, deutsches Kreuzfahrerheer mit dem Ziel auf, die heilige Stadt Jerusalem den Muselmanen zu entreißen. An der Spitze des Heeres stand der Stauferkaiser Friedrich I., später wegen seines rötlichen Vollbarts „Barbarossa" genannt. Der Weg führte über das Königreich Ungarn und das serbische Zarenreich an den Bosporus. Von dort wollte man über Konya den langen Weg weiter nach Palästina antreten. Doch der zuvor friedlich vereinbarte Durchmarsch durch das Lehensreich des Seldschukensultans Kılıçaslan II. endete in einem blutigen Gemetzel. Als das Kreuzfahrerheer Konya erreichte, waren die Karten neu gemischt, Kılıçaslan II. bereits abgetreten und seine kaiserfeindlich gesinnten Söhne an der Macht. Es kam zu einer Schlacht, bei der die Kreuzfahrer siegten und anschließend angeblich nahezu alle Einwohner Konyas enthaupteten.

Von Konya zog der Dritte Kreuzzug weiter gen Süden über den Taurus. Am 10. Juni 1190 fand er jedoch mit dem Tode Barbarossas sein Ende. Der Kaiser kam nicht heroisch hoch zu Pferde im Schlachtengetümmel ums Leben und wurde auch nicht aus dem Hinterhalt ermordet: Er ertrank ganz banal im Göksu, 9 km nördlich des heutigen Silifke. Ob er dabei in schwerer Rüstung vom Pferd fiel oder das kühle Bad im Fluss ein Herzversagen auslöste, ist ungewiss.

Nach dem Tod des Kaisers trat das Gros des Heeres entmutigt die Heimreise an. Ein kleiner Trupp von rund 1500 Mann kämpfte sich weiter voran gen Palästina – mit den Gebeinen des Kaisers im Gepäck, um ihn im heiligen Land zu bestatten. Der Verbleib der sterblichen Überreste Barbarossas ist bis heute unbekannt, denn das bereits dezimierte Heer schrumpfte (mehr durch Krankheiten als durch Kämpfe) zunehmend und löste sich schließlich auf. Heute lebt der wohl volkstümlichste deutsche Kaiser in der Kyffhäusersage fort und wartet im gleichnamigen Wald in Thüringen auf seine Wiederkehr.

Verbindungen Mut erreicht man von Silifke mit **Bussen** auf der Strecke Karaman – Konya.

Übernachten Mit Unterkünften ist Mut nicht gerade gesegnet.

*** **Bulutbey Otel**, 2010 eröffnetes Haus mit 20 pseudoschicken Zimmern. Freundlicher Service. Eigener Hamam. Restaurant mit fairen Preisen. DZ 49 €. Kocabaş Sok. 1 (im Zentrum, etwas versteckt, zeigen lassen!), ✆ 0324/7740347, www.bulutbeyotelspa.com.

Otel Yiğit 2, für Anspruchslose mit schmalem Geldbeutel, an der Durchgangsstraße. Spartanische DZ mit sauberen Laken und schmuddeligen Bädern. DZ 21 €, kein Frühstück. Atatürk Bul., ✆ 0324/7741052.

Alahan Manastırı

(antike Stätte)

Imposanter können Ruinen nicht liegen. Weltfern, auf 1200 m Höhe an der schroffen Südseite eines Bergmassivs, stehen die Reste einer byzantinischen Klosteranlage aus dem 5. Jh. Die Aussicht mit dem weiten Tal des Göksu zu Füßen ist vom Feinsten.

Vom Parkplatz steigt man zur einst dreischiffigen **Evangelistenbasilika** auf. Beeindruckend ist ihr mit reicher Ornamentik verziertes, aus drei Quadern bestehendes Portal. Oben in der Mitte ist ein Christusmedaillon zu sehen, das von zwei Engeln umrahmt wird. Die Innenseite der Türpfeiler zeigen Reliefs des Erzengels Gabriel (über einem Stier) und auf der anderen Seite Michaels (über barbusigen Frauen), welche den Sieg des Christentums über heidnische Kulte darstellen. Etwas weiter östlich steht das **Baptisterium** mit einem Taufbecken in Form eines Kreuzes. Danach folgen **Felsgräber**, zu sehen ist hier der Sarkophag des Bischofs Tarasis, des Gründers des Klosters, der hier 462 verstarb. Am eindrucksvollsten aber ist die **Hauptkirche** ganz im Osten der Terrasse. Ihre Grundmauern sind weitestgehend erhalten, es fehlt lediglich das Dach. Drei mit Akanthusreliefs geschmückte Portale führen ins Innere.

Alahan – Ruinen der Hauptkirche

Anfahrt/Öffnungszeiten: Die Abzweigung zum Kloster ist von der Nationalstraße 715 Mut – Karaman mit „Alahan Kilisesi" ausgeschildert. Wer mit dem Karaman-**Bus** aus Silifke anreist und an der Abzweigung aussteigt, muss sich im Sommer auf den längsten und heißesten Zwei-Kilometer-Marsch seines Lebens gefasst machen – in Serpentinen geht es steil bergauf. Decken Sie sich auf jeden Fall mit Getränken ein (gibt es an der Abzweigung zu kaufen). Über dem Parkplatz laden Picknickbänke zu einer Pause ein. Im Sommer tägl. 8–19 Uhr, im Winter bis 17 Uhr. Eintritt 1,20 €.

Sie fahren weiter Richtung Kappadokien? Routenvorschläge finden Sie ab S. 262.

Diokaisarea/Olba

(antike Stätten)

Auf knapp 1200 m Höhe liegt das Dorf Uzuncaburç inmitten der Ruinen des antiken Diokaisareas, einem einst heiligen Ort, in dessen Zentrum der Tempel des Zeus Olbios stand. Verwaltet wurde der heilige Bezirk von dem 4 km östlich bei dem heutigen Dörfchen Ura gelegenen Olba. Bis zu dessen Integration in die römische Provinz Cilicia im Jahre 72 herrschte Olbas Priesterdynastie der Teukriden, deren Name auf den Wettergott Tarku zurück geht, auch über Teile der kilikischen Küste.

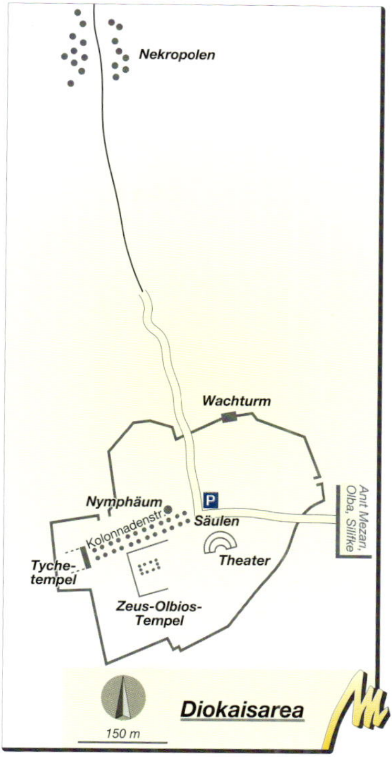

Zweigt man ca. 25 km nördlich von Silifke von der Straße in Richtung Kırobası nach Uzuncaburç ab, fällt nach kurzer Zeit das **Anıt Mezarı** in der rauen Berglandschaft ins Auge, ein 16 m hoher Grabturm der Teukriden (über einen Fußweg zu erreichen). 2 km weiter erreicht man Uzuncaburç. Dort parkt man vor fünf imposanten Säulen mit dekorativem Gebälk, die Reste eines **Prunktores** sind. Von hier führte eine Kolonnadenstraße zum **Tempel**, der der Stadtgöttin Tyche geweiht war und von dem ebenfalls noch fünf Granitsäulen stehen. Rechter Hand der Kolonnadenstraße lag das **Nymphäum**, linker Hand der vermutlich im 3. Jh. v. Chr. errichtete **Zeus-Olbios-Tempel**. Die Monumentalität dieser Kultstätte lassen die 30 noch heute in den Himmel ragenden Säulen erahnen. Auf dem Gelände des antiken Diokaisarea warten zudem noch ein **Theater**, das rund 3000 Zuschauern Platz bot (südöstlich des Parkplatzes), und ein fünfstöckiger, über 20 m hoher **Wachturm** der nördlichen Stadtmauer auf ihre Entdeckung. Letzterer diente auch zur Aufbewahrung des Tempelschatzes und als Fluchtturm, und war schließlich Namensgeber der heutigen Siedlung (*uzunca burç* = langer Turm). Rund um die Stadt liegen mehrere **Nekropolen**. Im Altertum war es schick, sich nahe einem heiligen Ort bestatten zu lassen.

Von Uzuncaburç ist der Weg nach Ura bzw. zu den Ruinen der antiken Stadt Olba ausgeschildert. Dazu gehören u. a. die Reste eines **Nymphäums**, eines **Theaters**, einer **Klosteranlage** und mehrere **Felsnekropolen**. Am besten erhalten ist das **Aquädukt**, das ein Tal überbrückt und von der Straße zu sehen ist.

Die Straße an den Ruinen vorbei führt übrigens ins 9 km entfernte Dorf **Canbazlı**. Dort kann man neben mehreren **Grabtempeln** auch die **Alakilise** besichtigen, eine bis auf das Dach und den Narthex erhaltene dreischiffige Basilika aus dem 6. Jh. Olba und Canbazlı sind Ziele für Entdecker – es macht viel Spaß, auf die Suche nach den verstreut gelegenen Ruinen zu gehen. Von Canbazlı führt ein schmales beschildertes Sträßlein vorbei an den Adamkayalar (→ S. 168) nach Kızkalesi.

Anfahrt/Öffnungszeiten: Von Silifke ist Uzuncaburç 6-mal tägl. mit **Minibussen** (an Wochenenden nur 3-mal tägl.) zu erreichen. Die angesprochenen Ausgrabungsstätten sind stets zugänglich. Diokaisarea kostet 1,20 € Eintritt, die Ruinen von Olba und Canbazlı können kostenlos besichtigt werden.

Strand von Atakent

Zwischen Silifke und der Çukurova

Nachdem man das Göksu-Delta hinter sich gelassen hat und die Nationalstraße 400 wieder parallel zum Meer verläuft, wechseln Badeorte mit antiken Ausgrabungsstätten ab. Die Kette der internationalen Ferienzentren an der Südküste endet mit Kızkalesi. Der verlockende Dreiklang „Sonne, Strand und Meer" bietet von dort bis zur syrischen Grenze nicht mehr viel Überzeugendes – insbesondere die Strände lassen oft zu wünschen übrig. Je mehr der Taurus sich ins Hinterland verlagert und die kilikische Ebene sich auftut, desto verbauter wird die Küste. Erste Vorboten des türkischen Traums vom Apartment am Meer tauchen zwischen Atakent und Kumkuyu auf. Ab Erdemli erleben Sie, wie sich eine Küste verändern kann, wenn Millionen den gleichen Traum verwirklicht haben. Die nächsten 20 km bis Mersin wird das Ufer von einer geschlossenen Häuserfront gesäumt. Es dominieren zehnstöckige Apartmentbauten, die paar antiken Ruinen dazwischen sind nicht der Rede wert.

Atakent

Rund 16 km östlich von Silifke liegt das aus mehreren Ortsteilen bestehende, gesichtslose Retortenkonglomerat Atakent, eine beliebte Sommeradresse von Familien aus Konya, Karaman, Mersin und Adana. Die Küstenstraße trennt ihre Apartmentblocks von einem gepflegten Sandstrand. Ein wechselwarmes Bad verspricht ein Sprung in die direkt östlich an den Ortsteil Susanoğlu grenzende Bucht **Yapraklı Koy**: zuoberst eine erfrischende, ca. 8 °C kühle Süßwasserschicht, darunter das im Sommer bis zu 28 °C warme Meerwasser. In der Gegend findet man noch weitere Buchten, wo süßes Quellwasser auf salziges Seewasser trifft.

Atakent liegt auf dem Boden des antiken *Korasion*, an das aber so gut wie nichts mehr erinnert. Der Ort bietet sich als Startpunkt für Fahrten ins Hinterland zu den ausgeschilderten antiken Stätten **Paslı** (10 km) und **Mezgit Kalesi** (13 km) an. Beide bieten Tempelgräber, Mezgit Kalesi sogar das größte Kilikiens, allzu imposant sollte man es sich aber trotzdem nicht vorstellen.

Regelmäßige **Dolmuş**verbindungen von und nach Silifke.

Narlıkuyu und Cennet ve Cehennem

Rund 20 km östlich von Silifke, unterhalb der Nationalstraße 400, liegt die schöne Bucht Narlıkuyu. Sie wird von einer ganzen Reihe überaus gemütlicher **Fischrestaurants** gesäumt. Wen man auch fragt, jeder hat einen anderen Favoriten. Empfehlenswert sind auf jeden Fall das „Lagos" (✆ 7233282) und das „Kerim" (✆ 7233295), wo Sie – wie überall – für ein gutes Abendessen inklusive Meze, Wein und Fisch mit mindestens 25 € pro Person rechnen sollten. Zur Verdauung bietet sich ein Besuch des in der Nähe gelegenen kleinen **Museums** an. Das einzige Exponat ist ein römisches Bodenmosaik aus dem 4. Jh., das sich in einem hervorragenden Zustand befindet. Es zeigt die unverhüllten Grazien Aglaia und Euphrosyne sowie die Muse Thalia. Das Mosaik ist der einzige erhalten gebliebene Überrest einer Bäderanlage, die in der Antike in der Bucht betrieben wurde. (Wer es besichtigen will, muss in den Restaurants nach dem Museumswärter fragen; Eintritt frei).

Nördlich der Küstenstraße (ausgeschildert) befinden sich die seit der Antike bekannten Grotten **Cennet ve Cehennem** („Himmel und Hölle"). Erdmutter Gaia brachte hier Typhon zur Welt, ein hundertköpfiges, feuerspeiendes Ungeheuer, das einen langwierigen Kampf gegen Wolkensammler Zeus antrat. Schließlich jagte der Göttervater das Ungetüm ins Meer vor Italien, packte eine Insel und beerdigte es lebend darunter. Die Insel wurde später als Sizilien bekannt und der Feueratem des unsterblichen Typhon zum Ätna. Geologisch handelt es sich bei den „korykischen Grotten" um zwei Einsturzdolinen (*Obruks*). Ihre Entstehung erklärt sich durch einen unterirdischen Fluss, der im Karst ein Höhlensystem bildete, und dessen Decke irgendwann einstürzte.

Unmittelbar nördlich des Parkplatzes liegt der **Himmel** („Cennet Çöküğü"). Er ist begehbar. 290 Stufen führen in die 200 m lange Doline mit paradiesischem Baumbewuchs hinab. Ganz unten am Kesselrand steht eine vermutlich aus dem 5. Jh. stammende Kapelle. Sie markiert zugleich den Eingang ins Innere der Erde. In die Höhle, die sich dort auftut, führen weitere rund 150 glitschige Stufen. Dann können Sie mit ein wenig Glück den unterirdischen Fluss rauschen hören. In trockenen Sommern allerdings herrscht Wassermangel – im Himmel wie auf Erden.

Die 128 m tiefe **Hölle** („Cehennem Çukuru") liegt keine 100 m weiter nördlich des Himmels; sie ist über einen Pfad vom Parkplatz zu erreichen. In der Antike galt das mehr oder weniger runde Loch von 50 m Durchmesser als der Eingang zum Hades. Der Abstieg in die Hölle ist hier selbst für den größten Sünder unmöglich – die senkrecht abfallenden Felswände lassen höchstens einen Sprung zu ...

Südlich des Parkplatzes sind noch die Reste eines **Zeusheiligtums** aus dem 3. Jh. v. Chr. zu sehen, das im 5. Jh. in eine Basilika umgebaut wurde. Vom Parkplatz ist zudem die 300 m weiter gelegene **Astım Mağarası** („Asthmahöhle") ausgeschildert. Die sehenswerte Tropfsteinhöhle besitzt neben ästhetischen Qualitäten angeblich auch therapeutische. Achtung – sie ist schlecht ausgeleuchtet, und die Wege sind glitschig. Wir empfehlen feste Schuhe und eine Taschenlampe.

Verbindung/Öffnungszeiten: Die **Busse** von Silifke nach Kızkalesi passieren die Abzweigung nach Narlıkuyu bzw. Cennet ve Cehennem. Zu den Dolinen sind es von dort noch ca. 2 km zu Fuß. Tägl. 8–20 Uhr, im Winter bis 17 Uhr. Eintritt Cennet ve Cehennem 1,20 €, Asthmahöhle 1,20 € extra.

Kızkalesi

Alles in einem: Landburg, Sandburg, Hotelhochburg und benannt nach der Seeburg Kızkalesi, der „Mädchenburg". Die malerische Inselfestung – weiße Mauern im blauen Wasser – liegt nur 100 m vom Strand entfernt.

Kızkalesi, neben den Ruinen des antiken *Korykos* (→ Sehenswertes) errichtet, ist eine Hochburg des Badetourismus. Es ist keine Stadt, mehr eine Ansammlung von Hotels, Pensionen und Apartmenthäusern, eine Art improvisiertes Klein-Rimini, in dem mehr geklotzt als gekleckert wurde. Flair besitzt Kızkalesi nur in der ersten Reihe – wer ein Zimmer mit Blick auf den feinen, sandburgfreundlichen Strand, das Meer und die malerische Seeburg hat, kann sich glücklich schätzen. Alle anderen beißen die Hunde: Der architektonische Sündenfall hinter dem im Sommer proppevollen Strand ist nur über-, aber kaum anschaubar. Das war noch anders, als 1983 der damalige Bundespräsident Richard von Weizsäcker in Kızkalesi drei Tage Urlaub machte – worauf man übrigens bis heute stolz ist.

Verbindungen/Ausflüge

Telefonvorwahl 0324.

Verbindungen Kızkalesi ist mit **Bussen** und **Dolmuşen** von Silifke und Mersin problemlos mind. alle 20 Min. zu erreichen, gehalten wird an der Durchgangsstraße.

Organisierte Touren/Autovermietung Können auch nach Aufgabe der Villa Nur (→ Übernachten) über **Peter und Nurten Zandonella** gebucht werden. Angeboten werden u. a. Tagestouren in die Umgebung und Bootstrips zu den umliegenden Buchten; die Preise richten sich nach der Teilnehmerzahl. Zudem Autoverleih, billigstes Fahrzeug ab 30 €. ✆ 5232128, www.kizkalesi.de.

Tauchen/Wassersport Tauchmöglichkeiten bestehen über das **Clubhotel Barbarossa** (→ Übernachten), jedoch nur für erfahrene Taucher und nur am Wochenende. Jetski, Parasailing und Bananaboot am Strand.

Übernachten/Camping

Alle hier aufgeführten Unterkünfte besitzen Zimmer mit Meeresblick bzw. auf die nachts malerisch beleuchtete Mädchenburg – Disneyland lässt grüßen. Wer billiger wohnen muss, kann in den hinteren Reihen nach einem Zimmer Ausschau halten, wo es ebenfalls Unterkünfte en masse gibt. Überall ist mit nächtlicher Lärmbelästigung durch Diskotheken und Bars zu rechnen, insbesondere an Hochsommerwochenenden. Im Sommer ist ein Zimmer mit Klimaanlage fast ein Muss. Ab Mitte September werden großzügige Rabatte gewährt (angegeben sind wie immer die HS-Preise).

**** **Clubhotel Barbarossa**, im Westen des Hauptstrandes. Neu restauriertes Haus, helle Zimmer mit Laminatböden – fast alle Balkone blicken zur großen Poolanlage mit dem Meer dahinter. DZ mit HP 100 €. Çetin Özyaran Cad., ✆ 5232364, ✆ 5232090, www.barbarossahotel.com.

*** **Peyda Hotel**, größeres Haus von der Sorte, die von Reiseveranstaltern gerne als „landestypisches 3-Sterne-Hotel" bezeichnet werden. 32 Zimmer mit Fliesenböden und leichten Gebrauchsspuren, alles in allem nichts Besonderes. Lassen Sie sich unbedingt ein Zimmer mit Balkon und Meeres- bzw.

Mädchenburgblick geben. DZ mit HP (obligatorisch) 103 €. In erster Reihe, ✆ 5232607, ℻ 5232082, www.hotel-peyda.com.

Villa Nur, im ehemaligen Sommerhaus einer reichen Mersiner Familie. Empfehlenswerte Adresse unter deutsch-türkischer Leitung – leider gibt das nette Ehepaar Zandonella die Unterkunft nach der Saison 2012 (evtl. 2013) auf. Familiäre Atmosphäre. Nur 3 Zimmer mit Steinböden, Meeresblick und Klimaanlage. Sehr sauber. Große Sonnenterrasse, tolles Frühstück und gutes Restaurant. Von Lesern immer wieder gelobt. Inkl. Frühstück 35 €/Pers., mit HP 45 €. Gegenüber der Mädchenburg, ✆ 5232128, www.kizkalesi.de.

Hotel Hantur, 20 geräumige, saubere, einfache Zimmer, alle mit Fliesenböden, Klimaanlage und Balkon. Eine verlässliche Adresse seit rund 20 Jahren. Freundlicher Wirt. Auch im Winter geöffnet. DZ 45 €. Neben der Villa Nur, ✆ 5232367, ℻ 5232006, www.hotelhantur.com.

Hotel Angel Saadet, sympathische 12-Zimmer-Adresse neben dem Hotel Hantur, eine Leserentdeckung. Zwar nicht in erster Reihe, aber trotzdem viele Zimmer mit Meeresblick, alle mit Balkon. Komfortabel, ausreichend groß, sehr sauber und freundlich, mit Hang zum liebenswerten Kitsch ausgestattet: Die Lobby ist z. B. mit vielen Porzellanfiguren dekoriert. DZ 41 €. Ahmet Erol Cad. 38, ✆ 5232173, www.hotel-saadet.com.

Camping → Ayaş, S. 169.

Essen & Trinken/Nachtleben

Viele Hotels versorgen ihre Gäste mit Halbpension, daher gibt es nur wenige gute, unabhängige Restaurants.

Arif Balık Restaurant, 100 m hinter dem westlichen Ende des Strandes. Eine nette Fischadresse mit Tischen direkt am Wasser. Fischgerichte 6,50–10,50 €, dazu am besten den leckeren Rucolasalat bestellen. Preise vorher klarmachen. ✆ 5232247.

Nur Café Bar, das Restaurant der Villa Nur (→ Übernachten, leider Aufgabe geplant). Lauschiges Gärtchen unter Palmen direkt hinter dem Strand. Sehr gute türkische und internationale Küche – es gibt alles zwischen Spaghetti mit Tomatensoße, Hühnchenschnitzel und türkischer Hausmannskost, auf Wunsch auch Fisch. Hg. 5–14 €.

Hataylı Paşa Restaurant, im Zentrum (kennt jeder). Seit Jahren ein Renner. Das Brot kommt so lang wie der Tisch auf den Tisch, bei türkischen Familien sind zwei Meter locker möglich. Internationales Publikum, viele Deutsche. Fisch- und Fleischküche, gute Meze, tagsüber auch ein paar Topfgerichte. Gute Stimmung und faire Preise: Hg. 3,80–6,50 €. ✆ 5232604.

Kemal's Platz, der Treffpunkt der Deutschen zum Morgen-, Mittags- und Abendbier, schräg gegenüber dem Arif (s. o.). Fisch ab 7,50 €, Grillspieß ab 3,20 €. ✆ 5232530.

Zum Fischessen nach Narlıkuyu (→ S. 165). Die schön gelegenen Restaurants der Bucht verstehen sich aufs Kochen, Grillen und Brutzeln. Taxi ab Kızkalesi ca. 7 €.

Nachtleben Die Post geht ab in der Diskothek **Korikos** an der Hauptdurchgangsstraße (Ortsausgang Richtung Silifke). Hinterm Strand feiert man u. a. in den Discobars **Turkish Turtels** und **Albatros**.

Sehenswertes rund um Kızkalesi

Korykos: Über das antike Korykos ist wenig bekannt, zumal es kaum erforscht und ausgegraben ist. Gegründet wurde die Stadt laut Herodot von einem gleichnamigen zyprischen Prinzen. Anderen Theorien zufolge leitet sich der Name des Ortes von dem einstigen Hauptanbauprodukt der Gegend, dem Safran (griech. *krokos*), ab. Auf jeden Fall war Korykos von der hellenistischen bis weit über die byzantinische Zeit hinaus eine der bedeutendsten Städte des östlichen Kilikiens.

Die meisten Überreste der antiken Stadt schließen sich im Osten an Kızkalesi an. Unübersehbar, direkt am Meer, steht dort die *Landburg*, die früher landeinwärts von einem Wassergraben umgeben war und den heute verlandeten Hafen schützte (tägl. 8–20 Uhr, im Winter bis 17 Uhr, Eintritt 1,20 €). Im 11. und 13. Jh. wurden ihre Mauern verstärkt, insbesondere mit der antiken Bausubstanz von Korykos. So lassen sich in der Nordwand beispielsweise Altarsteine und Säulentrommeln finden. Im Inneren der Burg sind lediglich Reste von Zisternen und dreier Kapellen zu entdecken.

Gegenüber liegt die sagenumwobene *Seeburg*, die sog. *Mädchenburg*, früher trockenen Fußes über eine Mole von der Landburg zu erreichen. Heute müssen Sie hinüberschwimmen (an der engsten Stelle 300 m), ein Tretboot mieten oder sich für einen Obolus übersetzen lassen. Die achttürmige Festung diente ebenfalls zum Schutz des Hafens. Ihre Entstehungslegende geht so: Einem Sultan wurde prophezeit, dass seine Tochter jung an einem Schlangenbiss sterben werde. Aus Sorge errichtete er die Burg auf einem Felsen im Meer, wo sein Kind fernab aller Schlangen aufwachsen sollte. Doch Pustekuchen – eine in einem Obstkorb auf die Insel geschickte Natter erfüllte die Weissagung. Die Legende hört man übrigens in der Türkei fast überall, wo es eine kleine Insel mit einem Turm bzw. einer Burg darauf gibt.

Die Papylos-Kirche von Kanlıdivane

Die Ruinen des Stadtgebiets erstrecken sich östlich der Landburg, im Gestrüpp rechts und links der Ausfallstraße nach Mersin. Auf das weitläufige Gelände verirrt sich selten jemand. Am beeindruckendsten ist die große *Nekropole* mit Sarkophagen und Felsengräbern, dazwischen findet man byzantinische *Kirchenreste.*

Adamkayalar: Rund 7 km nördlich von Kızkalesi liegen die „Menschenfelsen" – hervorragend erhaltene, römische Felsreliefs aus dem 1. Jh. in einer fast senkrechten Felswand am Rande des reizvollen *Şeytan Deresi* („Teufelstal"). Sie stellen Frauen und Männer dar, teilweise als Krieger – keine Szene gleicht der anderen. Die Reliefdarstellungen zeigen sich am Vormittag in ihrem schönsten Licht. Für den lohnenswerten und abenteuerlichen Ausflug sollten Sie absolut trittsicher und schwindelfrei sein, in jedem Fall sollten Sie nicht alleine oder mit Kindern gehen.

Der Weg nach **Adamkayalar** ist von der Nationalstraße 400 in Kızkalesi (bei der einzigen Moschee) ausgeschildert. Dabei folgt man der Straße nach Hüseyinler. Nach ca. 5 km geht es links ab (Hinweisschild). Nach weiteren 700 m (Schotterweg, aber machbar) erreicht man antike Ruinen, dort endet der Schotterweg. Von dort führt ein rot markierter Pfad den Felshang hinab. Bis zu den Reliefs noch ca. 20 Min. Einen Ausflug nach Adamkayalar können Sie auch mit der Rundtour durchs Hinterland von Silifke (→ S. 159) kombinieren.

Ayaş/Elaiussa-Sebaste

Rund 5 km trennen Kızkalesi von Ayaş. Auf dem Weg dahin passiert man zahlreiche Grabbauten, daher wird dieser Abschnitt der Küstenstraße auch *Via Sacra,*

„Heilige Straße“, genannt. Ayaş selbst präsentiert sich als eine weit verstreute Apartmentblock-Feriensiedlung mit mehreren kleinen Stränden direkt neben der Küstenstraße. Die Siedlung erstreckt sich auf dem Boden der antiken Stadt Elaiussa-Sebaste. Vor rund 2000 Jahren, als der hiesige Küstenverlauf noch anders aussah, lagen mehrere Bauten der antiken Stadt auf einer Insel 100 m vor der Küste – heute mit dem Festland verbunden. Viele Ruinen sind noch immer unter Sanddünen begraben, die römische *Università La Sapienza* ist bemüht, dies zu ändern. Auf dem weitläufigen Trümmerfeld im Westen von Ayaş (gut von der Straße zu sehen und toll zum Durchstreifen) kamen u. a. bereits ein **Theater**, mehrere **Tempelanlagen**, **Stadtmauerteile**, Überreste eines **Aquädukts**, **Nekropolen** und eine byzantinische **Basilika** ans Tageslicht. Ein Infoplan am Straßenrand erklärt, was Sie wo entdecken können. Die zwischen Wohnhäusern verstreuten, teils recht imposanten Ruinen sind stets zugänglich und kosten keinen Eintritt.

Verbindungen Alle **Busse** auf der Strecke Kızkalesi – Mersin passieren Ayaş.

Camping **Davut Camping**, in Ayaş direkt am Meer, ausgeschildert. Kleiner, einem Hotel angeschlossener, gepflegter Platz für Wohnmobile und Zelte (saftige Wiese). Nettes Restaurant, Plattform zum Sonnen am Meer, leider kein Sandstrand direkt vor der Nase. Dusche und Toilette in einem Hotelzimmer. Ganzjährig. 2 Pers. mit Wohnmobil 12,50 €. Yemişkumu Mah., ✆/℻ 0324/5222149.

Kanlıdivane

(antike Stätte)

Von Ayaş zweigt eine 3 km lange, z. T. von Sarkophagen gesäumte Straße landeinwärts nach Kanlıdivane ab, dem antiken *Kanytelleis*. Die wildromantische Ruinenstätte mit überwucherten Mauerresten gruppiert sich um eine 60 m tiefe, fußballplatzgroße Doline. Im 2. Jh. gehörte der Ort zum Priesterstaat Olba-Diokaisareia (→ S. 162), im 11. Jh. wurde er vermutlich aufgegeben. Der Parkplatz liegt vor einem noch 17 m hohen, einst dreistöckigen **Wehr- und Wohnturm** mit polygonalem Mauerwerk. Weiter westlich stehen die Reste einer **Basilika**, ein Zwillingsfenster ziert die Apsis. Spaziert man am Rand der Doline weiter, kann man auf der Südseite ihrer Abbruchkante ein Felsrelief mit sechs Personen erkennen. Es stellt die Familie Armaronxas dar – welche Stellung diese je besaß, weiß man allerdings nicht. Auf der Nordseite der Doline fallen die imposanten Reste einer einst dreischiffigen **Basilika** ins Auge – nur die Südwand, das Dach und ein Teil des Narthex sind eingestürzt. Sie ist die jüngste der Basiliken von Kanytelleis, die alle im 5. oder 6. Jh. erbaut wurden. Nach ihrem Stifter (von dem eine Inschrift am Haupttor berichtet) wird sie auch **Papylos-Kirche** genannt. Von ihr führte einst ein Tunnel ins Innere der Doline. Rund um den Ort lassen sich zudem mehrere **Nekropolen** erkunden.

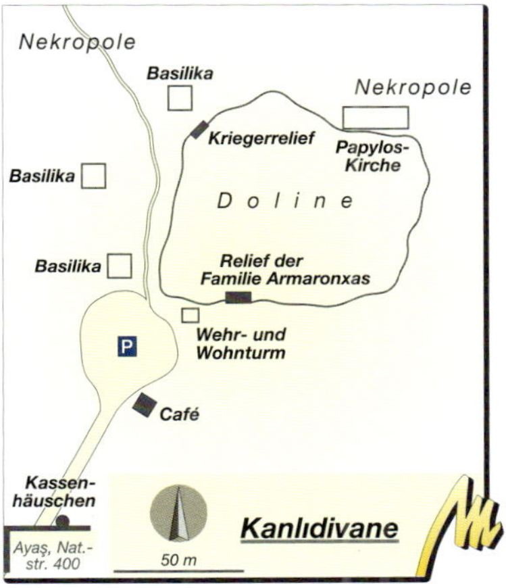

Ohne eigenes Fahrzeug muss man die 3 km von Ayaş zu Fuß zurücklegen. Tägl. 8–20 Uhr, im Winter bis 17 Uhr. Eintritt 1,20 €.

Mersin aus der Vogelperspektive

Durch die Çukurova

Die Çukurova, auch Kilikische Ebene genannt, erstreckt sich von Mersin bis Osmaniye. Die fruchtbare Schwemmlandebene wird geprägt von weiten Obst- und Baumwollfeldern, aber noch viel mehr von boomenden Industriestädten – sollte die Entwicklung der letzten Jahre anhalten, bilden Mersin, Tarsus und Adana irgendwann ein einziges Häusermeer. Es ist noch kein Jahrhundert her, da war die Gegend dünn besiedelt und in erster Linie Überwinterungsplatz von Nomaden, die die Sommermonate in den Bergen des Taurus verbrachten. Denn bis in jüngere Zeit war die Çukurova Brutstätte der Malariafliege. Erst mit der Trockenlegung der Sümpfe änderte sich dies, die Bewässerungskanäle durch die Baumwoll- und Obstplantagen werden überwacht. Von der Malariarisiko-Karte der Weltgesundheitsorganisation ist die Çukurova verschwunden.

Abseits der großen Städte kann man zu Burgen hinaufklettern und antike Ruinenstätten entdecken. Gute Bademöglichkeiten findet man bei Yumurtalık. In manchen Dörfern der Çukurova wird übrigens noch Arabisch gesprochen. Ihre Einwohner stammen von den im 18. Jh. aus Nordsyrien eingewanderten Fellachen ab und gehören der alawitischen Glaubensrichtung an.

Mersin (İçel)

825.000 Einwohner

Mersin ist die wohlhabende Hauptstadt der Provinz İçel. Sie besitzt schnurgerade Straßen und den zweitgrößten Hafen des Landes.

Mersin ist eine junge Großstadt, noch 1890 zählte man lediglich 9000 Einwohner. Der rapide Aufstieg ging mit dem Ausbau des Hafens einher. Dieser wurde seit dem Beginn des 20. Jh. mehrmals erweitert, anfangs um die landwirtschaftlichen

Produkte der Umgebung und des Hinterlandes (v. a. Zitrusfrüchte, Bananen und Baumwolle), später um auch industrielle Güter verschiffen zu können. In der zweiten Hälfte der 1980er erklärte man den Hafen zudem zur größten Freihandelszone der Türkei. Die Boomtown Mersin bekam dadurch ihren letzten Kick. In rasantem Tempo wird seitdem gebaut, die Stadt wuchert nach allen Seiten, an der Straße Richtung Silifke schießen moderne Vorstädte wie Pilze aus dem Boden. Und weit hinter der Küste entstehen unter Regie der staatlichen Wohnungsbaubehörde *TOKI* riesige, gleichförmige Blöcke für all jene, die sich eine anständige Wohnung bisher nicht leisten konnten. Hier leben zugewanderte Arbeiter, vornehmlich Kurden, die in den Raffinerien, Textil- und Düngemittelfabriken ihr Auskommen suchen.

Ein Zwischenstopp in der Metropole Mersin bringt einem die Türkei aber näher als jeder Badeort der Südküste. Das Zentrum ist sympathisch, lebendig und modern, auch wenn es mehr vor architektonischer Ein- als Vielfalt sprüht. Überragt wird es von einem 46-stöckigen Tower mit Hotel und Büros, die Dominante in der Silhouette der Stadt. Weitere Wahrzeichen sind die **Muğdat Camii** mit sechs (!) Minaretten im Osten der Stadt und das Kongresszentrum im golfplatzmäßig begrünten **Atatürk Parkı** an der Uferfront. Dazwischen laden palmengesäumte Fußgängerzonen mit vielen schicken Geschäften und Lokalen zum Bummeln ein.

Alte Bausubstanz hingegen ist rar, nur wenige schöne Stadthäuser aus dem 19. Jh. wurden vor dem Abriss bewahrt. So hat Mersin wenig Kulturhistorisches zu bieten, auch wenn die Gegend, wie Grabungen am 3 km westlich gelegenen Hügel **Yümüktepe** bewiesen, seit 8000 Jahren besiedelt ist. An die Antike erinnern ein paar Säulen des griechischen *Soloi*. Sie liegen in dem zur Trabantenstadt mutierten **Viranşehir** 10 km südwestlich und lohnen – wie Yümüktepe – nicht den Weg. Auch die zwei Museen an der Atatürk Caddesi, das **Atatürk Evi** und das einen Steinwurf entfernte **Archäologische Museum**, beherbergen keine Sensationen. Ersteres zeigt wie alle Atatürk-Museen der Türkei ein paar Erinnerungsstücke an den Staatsgründer, Letzteres Funde aus der Umgebung, insbesondere aus römischer Zeit. Beide Museen sind täglich (außer montags) zwischen 9 und 16.30 Uhr geöffnet und kosten keinen Eintritt.

Information/Verbindungen

Telefonvorwahl 0324.

Information Am Hafen (İsmet İnönü Bul. 5/1), etwas ab vom Schuss in einem großen ockerfarbenen Gebäude. Mo–Fr 8–12 und 13–17 Uhr. ✆ 2371900, www.mersinkulturturizm.gov.tr.

Verbindungen **Bus/Dolmuş**: Busbahnhof 15 Fußmin. östlich des Zentrums. Von dort Verbindungen in alle Landesteile. Stadtbusverbindungen zwischen Busbahnhof und Bahnhof sowie zwischen Busbahnhof und Zentrum. Die Dolmuşe nach Tarsus starten am Busbahnhof. Zum Flughafen Adana → Reisebüros.

Zug: Vom Sackbahnhof (✆ 2311267) nördlich der Touristeninformation regelmäßig über Tarsus nach Adana, 1-mal tägl. nach İskenderun sowie Osmaniye.

Schiff: 4-mal wöchentl. (im Sommer 2011 Di–Do u. So) Autofähren nach Zypern (Famagusta), Ablegestelle nahe der Touristeninformation. Einfache Fahrt 25 €/Pers., Auto 62 €. Dauer ca. 10 Std. Bessere Verbindungen ab Taşucu (→ S. 154). Tickets und Infos bei **Ner-Pa Tur** (→ Reisebüro).

Parken Tiefgarage *(Kapalı Otopark)* unter dem Uluçarşı-Platz bei der unübersehbaren Ulu Cami am Uferboulevard, Einfahrt vom İsmet İnönü Bul.

Adressen/Baden/Veranstaltungen

Ärztliche Versorgung Privates **Doğuş Hastanesi** zentrumsnah im Kiremithane Mah. ✆ 2384949.

Autoverleih Mehrere lokale Autoverleiher am İsmet İnönü Bul. gegenüber dem Kongresszentrum, z. B. **Hitit Rent a Car**, ✆ 2377468. Billigstes Auto ab 29 €.

Baden Durch Hafen und Industrie ist das Wasser rund um Mersin belastet. Mehrere Pools, diverse Sportangebote sowie Restaurants, Bars und einen gemütlichen Bier- und Teegarten bietet der Club Mer Ada nahe dem Hilton westlich des Zentrums.

Einen netten Strandabschnitt weist der Picknickplatz **100. Yıl Gümüşkum Piknik-Mesire Yeri** ca. 14 km westlich von Mersin in Davultepe auf. Aber Achtung – auf türkischen Picknickplätzen fällt viel Müll an! Von Mersin kommend, am Ortseingang von Davultepe links ab, Hinweisschild.

Diplomatische Vertretung **Schweizerisches Honorarkonsulat**, Hanri Atat Sok. 8, Kat 3 (Atako International Transport, Shipping and Trading Co. Ltd.), ✆ 2386830, mersin@honorarvertretung.ch.

Österreichisches Honorarkonsulat, Atatürk Cad. 4302 Sok. Toroğlu Apt. Kat 1/1, ✆ 2313606, mersin@avusturyakonsoloslugu.org.

Einkaufen Die größte Shoppingmall der Stadt nennt sich **Forum Mersin**. Sie liegt im südwestlichen Stadtteil Yenişehir (Dolmuşverbindungen vom Zentrum). Auf 65.000 m²

gibt es alle bekannten türkischen und viele internationale Modemarken, Kinos, Restaurants und Supermärkte.

Reisebüro Ner-Pa Tur, für Flüge und Auskünfte zu den Abfahrtszeiten der Servicebusse zum Flughafen Adana. İsmet İnönü Bul. 78/C, ✆ 2382881, eylem_nerpaturzm@hotmail.com.

Veranstaltungen Größtes Ereignis ist das **Internationale Musikfestival** im Mai.

Übernachten

Mersin ist ein relativ teures Pflaster. Meist nächtigen hier türkische Spesenritter, hinzu kommen wohlhabende Araber.

Hepkon Tower Hotel **1**, untergebracht im Wahrzeichen der Stadt. Das Hotel belegt die 32. bis 45. Etage des Hochhauses, so hat man von allen (schicken) Zimmern eine tolle Aussicht. Man macht auf 5 Sterne. Viel Luxus, wenn auch nicht ganz so viel wie im **Hilton** **10**, das jedoch etwas außerhalb des Zentrums im Westen der Stadt liegt. EZ 91 €, DZ 103 €. Kuvayi Milliye Cad. 107, ✆ 3361010, ℻ 3360722.

**** **Mersin Oteli** **7**, in erster Reihe – alle Zimmer mit Balkon, viele mit Meeresblick! Einige Etagen wurden bereits restauriert (in etwas protzig-elegantem Stil), andere hatten 2011 noch ordentlich Falten und Flecken. Auch die Rezeption könnte ein Facelifting vertragen. Ansonsten aber für den Preis durchaus okay. EZ 41 €, DZ 62 €. İsmet İnönü Bul. 62, ✆ 2381040, ℻ 2312625, www.mersinoteli.com.tr.

*** **Nobel Oteli** **3**, nicht ganz so nobel, wie der Name verspricht, dennoch sehr ordentlich. Alteingesessenes Haus mit neu restaurierten Zimmern, die der Sternezahl voll und ganz entsprechen. Nette Lokanta angegliedert. EZ 37 €, DZ 54 €. İstiklal Cad. 73, ✆ 2377700, ℻ 2313023, www.nobeloteli.com.

Hotel Savran **6**, akzeptable Billigadresse. 28 Zimmer mit Klimaanlage und Kühlschrank, einfache Bäder. Teilrestauriert. EZ 16,50 €, DZ 29 €. Soğuksu Cad. 14, ✆ 2324472, ℻ 2324417.

Essen & Trinken/Nachtleben

(→ Karte S. 172/173)

Lokale Spezialitäten sind *Cezerye*, eine süße, um geschälte Walnüsse gewickelte, feste Möhrenmasse, *Biberli Ekmek*, eine Art Minipizza mit scharfer Paprikasoße, und *Tantuni*, gebratenes Hackfleisch mit Kräutern im Fladenbrot – ein leckerer Snack.

324 **8**, trendiges Lokal. Serviert werden türkische Klassiker und Fisch auf hohem Niveau. Alkohol! Auch höheres Preisniveau. Adnan Menderes Bul. 16/C, ✆ 3250680.

Sabah Lokantası **2**, große, sehr empfehlenswerte und gepflegte Lokanta mit bester Auswahl: leckere Topfgerichte, Spieße, Lahmacun. 24 Std. geöffnet. İstiklal Cad. 55.

Özkan Tantuni Salonu **6**, in dieser einfachen Lokanta schmeckt *Tantuni* besonders lecker. Auch gute Suppen. Direkt hinter der großen Moschee an der Uferstraße.

Balıkçı Yaşar **4**, eine der simplen Fischlokantas im Fischmarkt mit Tischen auf dem Gehweg. Portion Fisch mit Salat ab 5 €.

Leckerer Grillfisch wird auch auf den schaukelnden Restaurantbooten am Fischerhafen etwas westlich des Zentrums serviert. Faire Preise (Fisch im Brot 1,50 €, Portion *Hamsi* 3 €, *Levrek* 6 €), bei manchen gibt es auch Alkohol. Schöne Atmosphäre am Abend – zugleich ein kleines Mersin-Erlebnis. Wir empfehlen das **Mavi Yelken** **9** mit sehr freundlichem Service.

Nachtleben Ein Treffpunkt am Abend ist die **Taş Han Antik Gallery** **5**. Die alte Karawanserei beherbergt Kneipen und Cafés auf 2 Etagen. Viele Studenten. Oft Livemusik. Wer auch noch Hunger bekommt: Das **Piknik Balık Restorant** im Innenhof des Hans serviert frischen Fisch der mittleren Preisklasse. Nahe der Post in der 13. Sok. 23.

Tarsus

238.300 Einwohner

Tarsus ist Ziel von christlichen Glaubenstouristen aus aller Welt und fest mit dem Namen des Apostels Paulus verbunden, der hier das Licht der Welt erblickt haben soll. Weniger Fromme zeigen sich von den hiesigen Sehenswürdigkeiten jedoch meist enttäuscht.

Die rege, recht gepflegte Industriestadt Tarsus, 27 km östlich von Mersin, präsentiert sich – ungeachtet ihrer Einwohnerzahl – kleinstädtisch-hinterwäldlerisch. Durch ein weites Delta ist sie von der Küste getrennt. Im ziemlich unübersichtlichen Zentrum gibt es einige hübsche Ecken mit historischer Bausubstanz, von biblischer Schönheit sind sie jedoch weit entfernt. Das Gleiche gilt für die wenigen Relikte, die an die 3000-jährige Vergangenheit der einst wichtigsten Stadt der Çukurova erinnern. Tarsus, das nie seinen Namen änderte, besaß aufgrund seiner Lage am Fuße der „Kilikischen Pforte" (→ S. 269) – der 1050 m hohe Pass galt im Altertum als wichtigste Taurusüberquerung – eine immense strategische Bedeutung. In der Antike war die Stadt zudem durch den damals noch schiffbaren Tarsus-Fluss (der antike *Kydnos*) mit dem Meer verbunden. Die Geburt jenes Mannes, der vom Christenhasser zum Apostel aufstieg, soll sich im Jahre 10 hier zugetragen haben. Fünf Jahrzehnte zuvor nahm eine weltberühmte Liebesgeschichte in Tarsus ihren Anfang (→ Kasten). Durch Verlandung des Hafens verlor Tarsus nach und nach an Bedeutung, bis es in jüngster Zeit von Mersin und Adana als neue Zentren der Schwemmlandebene abgelöst wurde.

Information Tourist Information in einem Kiosk vor der „Antik Şehir" (→ Sehenswertes). Hält einen brauchbaren Stadtplan parat. Geöffnet eher nach Lust und Laune. ✆ 0324/6141044, www.tarsus.bel.tr.

Verbindungen Busbahnhof TAŞTI, ca. 3,5 km östlich des Zentrums nahe der Verbindungsstraße Mersin – Adana, Minibusverbindungen ins Zentrum. Mit dem **Dolmuş** bestehen vom Busbahnhof alle 10–15 Min.

Hirtenidylle im Hinterland von Tarsus

Verbindungen nach Adana und Mersin. Nach Mersin kann man auch am zentraler gelegenen Kleopatra-Tor zusteigen, nach Adana am Adana Bul. **Zug**verbindungen ebenfalls nach Adana und Mersin.

Übernachten **Konak Efsus**, schön restaurierter, alter Konak, 2010 eröffnet. 9 stilvolle Zimmer, viele mit Holzböden und -decken, moderne Bäder. Nettes Terrassenlokal. Achtung: zuweilen von kleineren Gruppen komplett belegt. DZ 62 €. 2721 Sok. 3 (keine 100 m vom St.-Paul-Brunnen entfernt), ✆ 0324/6140807, www.konakefsus.com.

Cihan Palas Oteli, im Zentrum an der Durchgangsstraße (von Mersin kommend ca. 200 m hinter dem Kleopatra-Tor rechter Hand). Einfach, für eine Nacht okay, wenn man keine großen Ansprüche hat. Düstere Gänge, Zimmer mit Metallbetten, abgewetzten Laminatböden und Klimaanlage. EZ 12,50 €, DZ 21 €. Mersin Cad. 21, ✆ 0324/6241623, 📠 6247334.

Essen & Trinken Gemütliche **Fischlokale** findet man am Wasserfall (s. u.).

Sehenswertes

Museum: Das etwas außerhalb des Zentrums gelegene Museum ist türkeitypisch in eine *archäologische* und eine *ethnografische Abteilung* gegliedert. Während Letztere vorrangig mit den üblichen Kelims aufwartet, ist die archäologische Abteilung recht interessant. Präsentiert werden Funde aus der Umgebung wie z. B. Terrakottasarkophage aus dem 4. Jh. v. Chr., Münzen, Büsten und Torsi aus dem 3. bis 1. Jh. v. Chr. sowie osmanische Grabstelen. Zudem informiert das Museum über Grabungsarbeiten in Tarsus und Umgebung.

Das Museum befindet sich im Kulturzentrum *(Kültür Merkezi)* an der Muvaffak Uygur Cad. Das Zentrum Richtung Mersin verlassen, beim ersten Kreisverkehr nach dem Kleopatra-Tor rechts ab, nach ca. 500 m linker Hand. Tägl. (außer Mo) 9–12 und 13–16.30 Uhr. Eintritt frei.

St.-Paul-Brunnen (Senpol Kuyusu): So wenig das Kleopatrator mit Kleopatra zu tun hat, so wenig hat vermutlich auch dieser antike Ziehbrunnen mit dem Hl. Paulus zu tun. Ob daneben jemals sein Geburtshaus stand, lässt sich heute nicht mehr nachvollziehen. Und ob Paulus jemals aus dem Brunnen trank, auch nicht. Wer jedoch noch nie in seinem Leben einen Brunnen gesehen haben sollte, hat hier auf jeden Fall beste Gelegenheit dazu, einen Klassiker zu bestaunen: An einer Eisenkette hängt ein Eimer, den man durch Drehen an einem Kutschrad aus einem Wasserloch zieht. Das Wasser im Brunnenloch soll Wunder wirken. Drum herum stehen ein paar schön restaurierte, osmanische Häuser.

Von der Hauptstraße mit „Senpol Kuyusu" ausgeschildert. Tägl. 8–19 Uhr. Eintritt 1,20 €.

Kleopatra und Mark Anton

„Sie kam den Kydnos herauf in einer Galeere mit vergoldetem Heck. Die Ruderstangen bewegten sich zum Klang von Flöten, Pfeifen und Harfen. Die Königin, nach Art der Aphrodite sich kleidend und gehabend, lag hingestreckt auf einer mit Goldbrokat überzogenen Liege wie auf einem Bild, und rings um sie standen als Amoren aufgemachte hübsche Knaben und fächelten ihr zu. Wolken duftender Essenzen trieben vom Schiff her aufs Land, wo am Ufer sich Tausende von Schaulustigen versammelt hatten." So beschrieb Plutarch (46–125) über ein Jahrhundert später die Ankunft der ptolemäischen Königin Kleopatra im Jahr 41 v. Chr. In Tarsus soll sie erstmals auf den römischen Imperator Mark Anton getroffen sein – der Auftakt einer Liebe, auf den vier Jahre später die Heirat folgte. Doch das Liebesglück sollte nicht lange währen. Mark Antons politischer Widersacher Oktavian, der spätere Kaiser August, trieb das Paar mit der Einnahme Alexandrias am 3. August des Jahres 30 v. Chr. in den Freitod. Ganz nebenbei: Münzbilder mit dem Porträt Kleopatras zeigen, dass diese gar keine besonders schöne Frau gewesen war. Ihr Ruhm begründete sich außer durch ihren Charme und Geist v. a. durch ihr vorheriges Verhältnis mit Cäsar. An Kleopatras Tarsusvisite soll heute das *Kleopatra Kapısı* erinnern, ein 8 m hohes Tor, das man (von Westen kommend) auf dem Weg ins Zentrum passiert. Kleopatra durchschritt es jedoch niemals, es entstand erst Jahrhunderte später.

Antik Şehir: Die „Antike Stadt" – etwas hochgegriffen – bezieht sich auf das ausgeschilderte Ausgrabungsgelände am zentralen Cumhuriyet Meydanı. Hier entdeckte man Reste einer römischen Straße. Das Gelände ist umzäunt und war zum Zeitpunkt der letzten Recherche wegen fortlaufender Grabungsarbeiten nur von außen zu besichtigen. Eine weitere römische Pflasterstraße von rund 3 km Länge können Sie übrigens ca. 18 km nördlich von Tarsus nahe dem Dorf Sağlıklı besichtigen. Die einstige „Zufahrtsstraße" in die Stadt schmückt ein kleiner Torbogen (von der Nationalstraße 750 auf dem Weg nach Pozantı mit „Roma Yolu" ausgeschildert, von der Abzweigung noch ca. 3 km).

Eski Cami und Ulu Cami mit Umgebung: Die Gebetsstätten sind bei einem Spaziergang durchs Zentrum kaum zu verfehlen und zudem ausgeschildert. Bei beiden handelt es sich um ursprünglich armenische Gotteshäuser, die nach dem Eroberungszug der muslimischen Mameluken (1359) in Moscheen umgewandelt wurden. Die *Eski Cami (Alte Moschee)* erfuhr in islamischer Zeit nur sehr geringe Umbauten. In Kunstgeschichtlerkreisen gilt sie als einzige noch vollständig erhaltene dreischiffige Kirche des Kleinarmenischen Reiches.

Die *Ulu Cami (Große Moschee)* weist syrischen Einfluss auf und wurde im 19. Jh. mit einem atypischen Uhrturm versehen. Gleich nebenan findet man den sog. *Vierziglöffel-Markt (Kırkkaşık Bedesteni),* der 1579 als Medrese entstand und dann als Armenküche diente, bis er zur Basarhalle wurde. Heute werden darin Kunsthandwerk und Souvenirs verkauft. Ebenfalls in unmittelbarer Nachbarschaft zur Ulu Cami liegt der *Yeni Hamam,* der gar nicht so „neu" ist wie der Name vermuten lässt (erbaut 1785). Frauen baden Do–So 12–17 Uhr, sonst ist der Hamam den Männern vorbehalten (Eintritt mit *Kese* und Massage 10,50 €).

St.-Paul-Kirche (Senpol Kilisesi): Nur fünf Fußminuten sind es von der *Ulu Cami* bis zur ebenfalls ausgeschilderten *St.-Paul-Kirche.* Ihre heutige Gestalt erhielt sie Mitte des 19. Jh., allerdings soll es bereits ab dem 5. Jh. an gleicher Stelle Vorgängerkirchen gegeben haben. Seit ihrer letzten Restaurierung ist sie als „St.-Paul-Museum" zugänglich – allerdings ohne ein einziges Exponat darin. Die Umwandlung von religiösen Stätten in Museen ist ein beliebtes Mittel des türkischen Staates, um den Einfluss der Religionen in Schach zu halten. Nur nach Anmeldung dürfen Pilgermessen in der Kirche stattfinden. Grotesk dabei: Gottesdienstbesuchern wird vor der Messe der fällige Eintrittspreis abgeknöpft (tägl. außer Mo 8–20 Uhr, Eintritt 1,20 €).

Wasserfall (Şelale): Im Nordosten der Stadt laden schattige Restaurants und Parkanlagen am *Tarsus Çayı* zu einer Pause oder einem faulen Nachmittag ein. In mehreren Katarakten rauscht das Wasser hernieder, sonderlich spektakulär ist der Fall dennoch nicht. Alexander der Große holte sich übrigens 333 v. Chr. nach einem Bad im Fluss ein heimtückisches Fieber, das ihn zwei Monate ans Bett fesselte.

Ca. 1 km nördlich des Zentrums, ausgeschildert. **Dolmuşe** von der Durchgangsstraße.

Tarsusdelta: In der Antike lag Tarsus rund 3 km vom Meer entfernt, heute sind es 15 km. Der Tarsus-Fluss sorgte für die weite Schwemmlandebene und dafür, dass große Teile der antiken Stadt heute einige Meter unter der Erde liegen. Das ursprüngliche Sumpfgebiet wurde durch die Kanalisation des Flusses und die Bepflanzung mit Eukalyptusbäumen, die dem Boden viel Feuchtigkeit entziehen, trockengelegt. So verwandelte man das einst malariaverseuchte Delta in ein Naherholungsgebiet. Von den hindurchführenden Wegen lassen sich im Frühjahr und Herbst rastende Zugvögel beobachten. Mit der Ruhe wird es allerdings bald vorbei sein: Hinter den Stränden im Westen des Deltas waren 2011 riesige Hotelprojekte im Bau, noble Unterkünfte für bis zu 8000 Gäste sollen dort entstehen.

Adana

ca. 1.564.300 Einwohner

Touristen sieht man wenige an dem prosperierenden Wirtschafts- und Industriestandort – was nicht nur den erbarmungslosen 45 °C im Sommer geschuldet ist.

So unattraktiv viele Touristen das laute, schwüle und stickige Adana finden, so anziehend ist die Stadt am Seyhan-Fluss für viele Türken, insbesondere aus dem Osten des Landes: Hier gibt es Arbeitsplätze. Die bedeutendsten Industriezweige sind das Textilgewerbe, entstanden vor dem Hintergrund der riesigen Baumwollplantagen der Umgebung, und die Petrochemie – bei Yumurtalık (→ S. 186) enden Erdölpipelines aus Aserbaidschan und dem Irak. Viele ansässige Betriebe gehören einer Frau: Güler Sabancı. Sie trat 2004 die Nachfolge ihres mit 71 Jahren verstorbenen

Frischer Fisch vom Markt

Onkels Sakıp Sabancı an, der bis zu seinem Tod Konzernchef der gleichnamigen Holding und reichster Mann der Türkei war. Dass man den amerikanischen Traum auch in der Türkei träumen kann, erzählt die Familienlegende: Der Vater Sakıps begann als einfacher Baumwollpflücker, bevor er der lukrativeren Tätigkeit des „Importierens" von Tagelöhnern aus dem armen Osten nachging und dann ganz groß in den Baumwollhandel einstieg. Sakıp Sabancı hat sich in der Stadt vielfach verewigt, z. B. als Stifter von Kulturzentren und einer überdimensionierten Moschee (→ Sehenswertes).

Vorwiegend austauschbare Architektur und auf die Schultern tropfende Klimaanlagen an jedem zweiten Fenster prägen das Bild der vor sich hin schwitzenden Großstadt. Mehrstöckige Apartmenthäuser und überbreite Boulevards ersticken unaufhaltsam die Reste ihrer morgenländischen Vergangenheit. Die meisten Touristen passieren den Verkehrsknotenpunkt Adana lediglich auf der Durchreise – viel mehr als ein paar Museen gibt es auch nicht zu sehen. Urlauber, die in Adana landen oder abfliegen, müssen hier jedoch oft eine Nacht verbringen.

Orientierung: Die Nationalstraße 400 von Tarsus nach Osmaniye führt direkt durchs Zentrum. Dort trägt sie den Namen *Turan Cemal Beriker Bul.*, ist tiefergelegt und z. T. überdacht. Der verkehrsreiche Boulevard trennt die Stadt nicht nur geografisch, sondern auch mental. Nördlich davon liegen die modernen Wohn- und Ausgehviertel der „echten" Adaner: gepflegte, palmengesäumte Boulevards mit vielen guten Restaurants, Bars, Cafés und besseren Geschäften. Gen Süden hingegen gelangt man in die älteren und ärmeren Viertel. Sie sind heute vornehmlich von Zuzüglern aus Ostanatolien bewohnt.

Geschichte

Die Geschichte Adanas ist bis zu Beginn des 20. Jh. schnell erzählt. Der Name der Stadt geht auf *Adanija* zurück, eine späthethitische Siedlung – dies bekunden Keilschrifttexte aus dem 8./9. Jh. v. Chr. Bezüglich ihrer politischen Machtverhältnisse teilte Adanija von da an über Jahrhunderte hinweg das Schicksal anderer Städte der Region. Nur stand Adanija stets in deren Schatten: Wer wollte schon abseits jeglichen Windzugs in einem malariaverseuchten Gebiet leben? Die Römer verbannten hierher gar kilikische Seeräuber. Erst im 11. Jh. setzte ein größerer Zuzug nach Adanija ein, es waren vorwiegend Armenier, die die Seldschuken aus Zentralanatolien verdrängt hatten. Doch als die Stadt durch den Bau der Bagdadbahn (ab 1903) endlich zu blühen begann, endete das armenische Leben in Adana: Bei einem Massaker im Jahr 1909 wurden unter Beteiligung von Regierungstruppen binnen zweier Tage 15.000–20.000 Armenier niedergemetzelt (→ Kasten S. 186).

Mit der Trockenlegung der Sümpfe in den 1950ern verwandelte sich die Çukurova in ein riesiges Baumwollfeld. Das neu geschaffene, textilverarbeitende Gewerbe legte den Grundstein für eine moderne Industriestadt, was eine Bevölkerungsexplosion auslöste. Seit Mitte der 1960er hat sich die Einwohnerzahl mehr als verzehnfacht. Heute ist Adana die fünftgrößte Stadt der Türkei, Hauptstadt der Provinz Seyhan und Heimat von rund 35.000 Studenten. Türkeiweit sind die Adaner (die „Alteingesessenen", die sich als die „echten Adaner" verstehen und die konservativen Zuzügler z. T. verwünschen!) bekannt für ihre Liberalität und Lebensfreude. Allerdings werden sie, so heißt es, auch nicht sehr alt – dem vielen Bier und Kebab im heißen Klima geschuldet ...

Information/Verbindungen

Telefonvorwahl 0322.

Information Zentral an der Atatürk Cad. 13. Mo–Fr 8–12 und 13–17 Uhr. ✆ 3631448, www.adanakultur.gov.tr. Eine weitere Touristeninformation befindet sich am Flughafen (s. u.).

Verbindungen Der kleine **Flughafen Şakirpaşa** (www.adanahavaalani.com) liegt ca. 5 km westlich des Zentrums (aufgrund der expandierenden Stadt schon nahezu im Zentrum). Im Ankunftsbereich des internationalen Terminals befinden sich eine Touristeninformation (✆/℻ 4369214, i. d. R. nur zu den Ankunftszeiten der Flugzeuge besetzt) und mehrere Autoverleiher (darunter *Avis*, *Hertz* und *National*, s. u.). Ins Zentrum gelangt man am schnellsten und einfachsten mit dem Taxi (ca. 5 €). Flüge aller Airlines bucht z. B. **Nextur**, Ziyapaşa Bul. 15/C, ✆ 4573771, www.nextour.com.tr.

Bus: Großer Busbahnhof 7 km außerhalb an der Nationalstraße 400 Richtung Tarsus. Von dort sehr gute Verbindungen in alle Landesteile, insbesondere entlang der Küste: Alanya 10 Std., Antakya 3:30 Std., Inlandroute nach Antalya 11 Std. Nach Niğde (3 Std.) und weiter nach Kappadokien 4-mal tägl. (5 Std.). Büros der Busgesellschaften im Zentrum an der Ecke Atatürk Cad./Turhan Cemal Beriker Bul., von dort Zubringerbusse zum Busbahnhof.

Dolmuş: Dolmuşe nach Karataş fahren von der Karataş Cad. südlich des Hilton ab, Dolmuşe nach Yakapınar, Yumurtalık und Ceyhan vom *Yüreğir Otogar*. Dieser zweite, kleinere Busbahnhof Adanas liegt im Osten der Stadt, Dolmuşe dahin starten im Zentrum z. B. an der İnönü Cad. schräg gegenüber dem Gümüş Hotel.

Metro: Die neue „Metro" (sie ist nur in kleinen Teilen unterirdisch) führt in die Vororte und ist für Touristen uninteressant.

Zug: Der schöne, nachts illuminierte alte Bahnhof (✆ 4533172) liegt ca. 15 Gehmin. nördlich des Zentrums. Regelmäßig über Tarsus nach Mersin, 1-mal tägl. nach İskenderun sowie (über Pozantı) nach Karaman und Konya, 2-mal (ebenfalls über Pozantı) nach Kayseri.

Parken Gebührenpflichtige Parkplätze im Zentrum, auf die Beschilderung „Otopark" achten.

Mit der Bahn von Adana über den Taurus nach Pozantı: Auf dieser schönen, knapp zweistündigen Fahrt passieren Sie Burgruinen und kleine Dörfer, zu denen kaum eine Teerstraße führt, die aber Bahnhöfe im deutschen Stil besitzen. Der Streckenabschnitt ist Teil der legendären, von İstanbul über Konya führenden Bagdadbahn, an deren Bau zu Beginn des 20. Jh. viele deutsche Ingenieure und Unternehmen (Philipp Holzmann AG, Friedrich Krupp AG, Hanomag, Henschel u. a.) beteiligt waren. Daran erinnert auch die imposante *Alman Köprüsü*, die „Deutsche Brücke", auf welcher der Zug bei Hacıkırı eine wilde Schlucht überquert. Bald darauf folgt Tunnel auf Tunnel, 20 km lang, darunter Galerietunnel, die in eine senkrechte Felswand geschlagen sind und immer wieder atemberaubende Ausblicke bieten. Am Ende der Tunnelstrecke liegt die Ortschaft Belemedik. Hier wohnten die deutschen Ingenieure während des Baus dieses Streckenabschnitts. Nicht wenige ließen dabei ihr Leben.

Adressen/Baden/Einkaufen

Ärztliche Versorgung Das neue private Krankenhaus **Alman Hastanesi** etwas zurückversetzt von der Gazipaşa Cad. sollte bis zu Ihrem Besuch geöffnet haben. Die Telefonnummer war z. Z. d. Drucklegung noch nicht bekannt.

Autoverleih Ab ca. 45 €/Tag z. B. bei **National/Alamo**, Ziyapaşa Bul. 48, ✆ 4530987 (am Flughafen ✆ 4322743), www.yesnational.com. **Avis** (✆ 4314606, www.avis.com.tr) und **Hertz** (✆ 4320074, www.hertz.com.tr) befinden sich nur am Flughafen.

Baden Aqualand mit etlichen Pools und Rutschen östlich des Seyhan-Flusses nahe dem Orhan Kemal Bul. Wer ins Meer springen will, fährt nach Karataş (50 km, → S. 185).

Diplomatische Vertretung **Deutsches Honorarkonsulat** am Karataş Yolu 184, ✆ 3114353, adana@hk-diplo.de.

Einkaufen **Schicke Klamotten- und Schuhläden** gibt es in der Ramazanoğlu Cad., im nördlichen Bereich des Ziyapaşa Bul. und an der Valiyolu Cad. Das alte Basarviertel liegt südlich des modernen Geschäftszentrums beim Uhrturm aus dem 19. Jh. Ein netter Spaziergang führt vorbei an Hanen und überdachten Gässchen. Adana gilt übrigens als „Stadt des Goldes". Vor allem Araber sind hier als Goldschmiede tätig. Die Goldhändler haben ihre Geschäfte beim S. Ocak Meydanı **17**.

Ein großes Outlet-Shoppingcenter ist das **Optimum** **9** am Girne Bul. nahe dem Fluss.

Post Unter anderem schräg gegenüber dem Bahnhof und an der Postane Cad.

Polizei Hauptdienststelle an der Bakımyurdu Cad. südwestl. des Zentrums. ✆ 155.

Türkisches Bad (Hamam) **Mestan Hamamı**, osmanisches Bad mit 300-jähriger Geschichte. Nur für Männer! Tägl. 6–23 Uhr. Eintritt mit *Kese* (zuletzt keine Massage) 8 €. Pazarlar Cad. 3 (am großen Platz am Südende der Çakmak Cad.).

Erst 1945 wurde das **Çarşı Hamamı** erbaut, hier können auch Frauen ein Bad nehmen (tägl. 9–15 Uhr, danach sind die Männer dran). Ulucami Cad. (beim Uhrturm). Eintritt mit *Kese* und Massage 7,50 €.

Übernachten

Adana weist viele gepflegte 4- und 5-Sterne-Hotels auf, dazu viele abgewirtschaftete 2- und 3-Sterne-Häuser – es herrscht ein Mangel an empfehlenswerten Mittelklassehotels. Prüfen Sie, ob die Klimaanlage funktioniert – ohne diese schmelzen Sie im sommerlichen Adana wie Schokolade! Die ausgehängten Tarife der meisten Hotels gelten nur bei großen Kongressen in der Stadt, ansonsten liegen die Preise weit darunter.

***** **Adana Hilton SA** **14**, bestes Haus der Stadt. Viel Schnickschnack und jeglicher Luxus. DZ ab ca. 130 €. Am östlichen Zentrumsrand (nahe der Abzweigung nach Karataş), ✆ 3555000, www.hilton.com.

Auf ebenfalls hohem Niveau, aber preiswerter und zentraler nächtigt man in folgenden 4- und 5-Sterne- Hotels: ***** **Otel Seyhan** **8**, mit Pool. DZ 100 €. Turhan Cemal Beriker Bul. 18, ✆ 4553030, www.otelseyhan.com.tr. **** **Çukurova Park Hotel** **12**, DZ 62 €. İnönü Cad. 99, ✆ 3633777, www.cukurovaparkotel.com.tr. **** **Hotel Mavi Sürmeli** **12**, eine Tür weiter. DZ 73 €. İnönü Cad. 109, ✆ 3633437, www.mavisurmeli.com.tr.

Hotel Bosnalı **15**, das Hotel in einem historischen Stadthaus ist eine der atmosphärischsten Adressen Adanas. Nur 12 Zimmer; freundlich und komfortabel. Toll die Dachterrasse mit Restaurant. Die Straße davor ist etwas laut, aber weniger laut als manch andere Straße Adanas. EZ 53 €, DZ 66 €. Seyhan Cad. 29, ✆ 3598000, 📠 3596059, www.hotelbosnali.com.

**** **Otel İnci** **10**, älteres 4-Sterne-Haus mit restaurierten und unrestaurierten Zimmern. DZ bereits ab 45 €. Kurtuluş Cad., ✆ 4358234, 📠 4358368, www.otelinci.com.

Villa Otel **11**, neueres türkisfarbenes Gebäude mit winzigen Teppichbodenzimmern auf 2-Sterne-Niveau. DZ 37 €. İnönü Cad. 34, ✆ 3632920, 📠 3632922, www.otelvilla.com.

Hosta Hotel 13, älteres, abgewohntes und etwas düsteres, aber sauberes Haus der unteren Mittelklasse. Zum Teil recht große Zimmer mit der Einrichtung von vorvorgestern, aber das Wichtigste ist vorhanden: eine funktionierende Klimaanlage, Lärmschutzfenster, saubere Laken und fließendes Wasser. Freundlicher Service. DZ mit schlechtem Frühstück 33 €. Bakımyurdu Cad. 11, ✆ 3525241, 📠 3523700.

Außerhalb **Green Club**, eine der nettesten und originellsten Adressen der Stadt, dazu ideal für Durchreisende mit Auto, die sich die Innenstadt von Adana nicht antun wollen. Üppig grüne, fast tropische Anlage mit mehreren Gebäuden, die teils über Stege miteinander verbunden sind. Darin verteilen sich 83 schicke Zimmer verschiedener Kategorien. Die nahe Straße ist zu hören, der Straßenlärm hält sich jedoch v. a. im hinteren Bereich in Grenzen. Restaurant, Pool. Zuvorkommender Service. DZ je nach Kategorie 45–78 €. Girne Bul. 144/A (an der 400 Richtung Ceyhan, ca. 2 km östlich der Abzweigung nach Karataş). ✆ 3215060, 📠 3212775, www.cetineltesisleri.com.

İncirlik – Amerika in Adana

Rund 10 km östlich von Adana liegt İncirlik, der einzige US-Luftwaffenstützpunkt in der Türkei. Er diente zuletzt als Drehscheibe für Versorgungsflüge vom und in den Irak und nach Afghanistan. Im Kalten Krieg starteten von hier Spionageflugzeuge in die Sowjetunion, seit jener Zeit lagern auf dem Stützpunkt auch Atomsprengköpfe. Für Angriffsflüge im 3. Golfkrieg durfte der Stützpunkt nicht genutzt werden. Die US-Militärplaner zogen daraufhin verärgert das Gros ihrer Truppen ab, nur 1500 Mann blieben. Mit dem Abzug der Soldaten endete auch İncirliks Ära als wildeste Partymeile zwischen Antalya und Gaziantep. Bars und Läden (es gab mal über 450) schlossen – so mancher türkische Händler und Kneipier folgte den Soldaten in den Irak und verkauft dort nun Bermudashorts oder *Efes* in Dosen (in kein anderes Land der Welt exportiert die Türkei mehr Bier als in den Irak!). Die wenigen noch verbliebenen Kneipen mit Namen wie „Turkish Turtle“ oder „Bunker Bar“ sind mittlerweile meist leer, da sich die Soldaten aus Angst vor Anschlägen kaum mehr aus ihrer Kaserne trauen. Wie lange die Militärbasis noch Bestand haben wird, ist fraglich. Immer wieder droht Ankara, den Amerikanern die Lizenz für İncirlik zu entziehen.

Essen & Trinken/Nachtleben

(→ Karte S. 181)

Etliche schicke Cafés und Fast-Food-Läden befinden sich im nördlichen Bereich des Ziyapaşa Bul., einfache, ordentliche Lokantas in den Vierteln südlich des Turan Cemal Beriker Bul. Die Küche Adanas ist wesentlich schärfer als in der Türkei sonst üblich, der arabische Einfluss schlägt sich nieder. Berühmteste Spezialität der Stadt ist der *Adana Kebap:* Das Hackfleisch wird dünn um einen flachen Metallspieß geknetet, über Holzkohle gegrillt (ohnehin wird viel gegrillt in Adana!) und anschließend abgezogen. Bekannt ist die Gegend um Adana auch für den *Tereyağlı Ayran*, eine mit Butter versehene Variante des türkischen Joghurtgetränks.

Kebap 52 6, Kebab, alle möglichen leckeren Sorten, dazu Meze. Sehr sauber. Von Lesern sehr gelobt. Mittlere Preisklasse. Ramazanoğlu Cad., ✆ 4586452.

Dost Balıkçılık 7, gleich nebenan. Seit Jahrzehnten sorgt dieses (mittlerweile recht moderne) große Fischlokal für besten Fisch und beste Meeresfrüchte. So beliebt, dass am Abend ohne Reservierung kaum etwas zu machen ist (für Touristen findet man jedoch noch den einen oder anderen Katzentisch). Es wird fleißig gepichelt. Gehobenes Preisniveau. Ramazanoğlu Cad., ✆ 4537179.

Yüzevler 3, von 8 (!) Brüdern betriebenes, äußerst gepflegtes Kebablokal – die Anlaufstelle für den allerbesten *Adana Kebap*. Dafür kommen Berühmtheiten aus der ganzen Türkei, die Fotos an den Wänden erzählen nichts anderes. Es gibt auch Alkohol. Mittlere Preisklasse. Ziyapaşa Bul. Yüzevler Apt. Zemin Kat 25/A, ✆ 4547513.

››› Unser Tipp: **Kazancılar Tarihi İstanbul Kebap ve Lahmacun Salonu** 18, ein Grund, um eine Nacht in Adana zu verbringen! Eine halbe Gasse voller Tische. Meze, die aus großen Blechgefäßen geschöpft werden. Ein mächtiger, stets rauchender Grill und hin und wieder Livemusik. Der Tipp für ein fröhliches Abendessen mit viel Rakı oder Bier in einfachem Ambiente. Nicht teuer. Sarıyakup Mah. 6. Sok. 53 (im Wirrwarr des Basarviertels nicht ganz einfach zu finden – kennt aber jeder, durchfragen), ✆ 3513512. ‹‹‹

Akoluk 16, gemütlicher, einfacher Fischimbiss auf 2 Etagen. Riesenportion Fisch im Brot 3 €. Cemal Gürsel Cad. 27001 Sok. 10/B (Seitengasse gegenüber dem UY-Kaufhaus).

Mükerrem 2, wer in der Ecke unterwegs ist und Lust auf einen leckeren Snack hat, kann in diese recht schlichte Burgerbraterei einkehren, eine Adaner Institution. Frische Zutaten, sehr aromatisch (Minze!) – das einmal andere Burgererlebnis. Fein auch das Sandwich mit Huhn und Käse. Şinasi Efendi Cad. 25.

Raus zum Stausee: Am Seyhan-Stausee im Norden Adanas gibt es etliche nette Lokale, an Wochenenden wird dort ausgiebigst gebruncht. Busse zum See starten gegenüber der Touristeninformation (Aufschrift „Baraj Yolu").

Adana bei Night

Güllüoğlu Baklavacı 1, lichtes Café. Hier serviert man mit die beste Baklava des Landes in zig Variationen. Dazu die lokale Leckerei *Künefe*. Ecke Gazipaşa Bul./Valiyolu Cad.

Time Out 5, nettes, fast europäisch wirkendes Café in einer ruhigen Seitengasse. Außenbereiche. Gute Kuchen, dazu Sandwichs. 62029 Sok.

Nachtleben Etliche Bars in den Straßenzügen nördlich des Turan Cemal Beriker Bul. Wer auch noch laute Musik braucht, geht in die **Pick Up Rockbar** 4 in der Valiyolu Cad. Originelle Deko, wechselndes Programm zwischen Alternative Rock, Metal oder türkischen Oldies, mal live und mal vom Plattenteller.

Sehenswertes

An Überbleibseln aus der Antike kann Adana nur noch eine robuste **Steinbrücke** aus der Zeit Kaiser Hadrians (2. Jh. n. Chr.) vorweisen: Die 14-bogige *Taş Köprü* ist 319 m lang und überspannt östlich des Zentrums den Seyhan, einen im Altertum schiffbaren Fluss. Passieren dürfen sie heute nur noch Fußgänger.

Museen: Das sehenswerteste ist das *Archäologische Museum (Adana Bölge Müzesi)* an der Fuzuli Caddesi. Es präsentiert beachtliche Funde der Umgebung, vorrangig aus hethitischer und römischer Zeit. Prunkstück ist ein Bronzestandbild im ersten Stock (aufgrund der Kleidung vermutlich ein römischer Senator), das ein Taucher bei Karataş (→ Umgebung) in 15 m Tiefe entdeckte. Des Weiteren sieht man eine Steintafel (5. Jh.) aus Anavarza (→ S. 189) mit Steuerangaben für Wein, Salz oder Safran, ein Orpheus-Mosaik, antiken Goldschmuck, hethitische Statuetten u. v. m. (tägl. außer Mo 8–12 und 13–16.30 Uhr, Eintritt 2 €).

Das *Ethnografische Museum (Etnoğrafya Müzesi)* am Ziyapaşa Bulvarı unterscheidet sich kaum von den 1001 anderen türkischen Museen dieser Art. Im kleinen Garten stehen ein paar osmanische Grabstelen und Schrifttafeln, im Inneren werden hauptsächlich Teppiche und osmanische Gebrauchsgegenstände ausgestellt. Einzige Abwechslung: ein vollständig eingerichtetes Nomadenzelt (tägl. außer Mo 8.30–12 und 13.30–17.30 Uhr, Eintritt frei).

Weißes Gold für harte Arbeit – Baumwollernte in der Çukurova

Baumwollernte in der Çukurova

Die Çukurova ist noch immer eines der größten Baumwollanbaugebiete der Türkei, die Türkei selbst der siebtgrößte Baumwollproduzent der Welt (ca. 500.000 t/Jahr) und nach Indien der führende Hersteller von Baumwolle aus ökologischem Anbau. Zwischen August und Oktober wird das weiche weiße Gold geerntet – teils maschinell, teils aber noch wie von alters her per Hand. Entlang der Plantagen fallen dann zuweilen Zeltstädte ins Auge – vorübergehende Behausungen kurdischer Baumwollpflücker (insbesondere Frauen) aus Ostanatolien. Sie arbeiten für einen Hungerlohn (ca. 10 €/Tag) und müssen oft noch einen Teil ihres Soldes an die Dorfältesten daheim abtreten, welche die Arbeitskontrakte für sie unterzeichnet haben. Während in der Çukurova die Baumwollproduktion seit Jahren rückläufig ist, steigt sie an der Ägäisküste und in der GAP-Region (Südostanatolien).

Wie jede türkische Großstadt besitzt auch Adana ein *Atatürk-Museum,* das an den großen Staatsmann erinnert. Es befindet sich in jenem schmucken Konak an der Seyhan Caddesi, in dem der Vater der Türken im März 1923 einige Tage verweilte. Zahlreiche vergilbte Zeitungsausschnitte und Fotos erinnern an seinen Aufenthalt (tägl. 8.30–12 und 13–16.30 Uhr, Eintritt frei). Rund um das Museum sind noch mehrere alte Konaks, wie sie einst typisch für Adana waren, zu entdecken. Viele davon befinden sich noch in einem ruinösen Zustand, andere wurden bereits behutsam restauriert.

Moscheen: 25.000 Menschen passen in die *Sabancı Merkez Camii,* die größte Moschee der Stadt, die unübersehbar am westlichen Ufer des Seyhan liegt. Das 1998 fertig gestellte, überdimensionierte Bauwerk – es besitzt 6 (!) Minarette und die mit 56 m höchste Kuppel des Landes – stiftete die Sabancı-Holding für die Zuzügler aus dem Osten, wie Spötter meinen. Die *Ulu Cami (Große Moschee)* in der Kızılay Caddesi macht seitdem ihrem Namen keine Ehre mehr. Die Fassade des etwas gedrungenen Baus aus dem 16. Jh. schmücken schwarzweiße, horizontale Muster, ähnlich den Moscheen Nordsyriens. Sehenswert ist der Fliesendekor im Inneren – verwendet wurden feine Fayencen aus İznik und Kütahya. Die Anlage ist von einer hohen Mauer umgeben und beherbergt auch eine Medrese.

Umgebung von Adana

Karataş: Adanas nächstgelegener Badeort (50 km südlich), übrigens eine Partnerstadt von Memmingen im Allgäu, ist ein unspektakuläres und ziemlich ungepflegtes, wild wucherndes 8500-Einwohner-Städtchen. Karataş besitzt einen Hafen und rechts und links davon annehmbare Bademöglichkeiten. Hinter den Stränden entstanden in den letzten Jahren die typisch türkischen Feriendörfer. So viele Häuschen wurden gebaut, dass sich die Einwohnerzahl an Sommerwochenenden vervierfacht. Das Angebot an Unterkünften ist insgesamt bescheiden und das Gros der Pensionen vorrangig auf türkische Familien eingestellt. Ausländer sind dennoch gern gesehene, aber seltene Gäste.

Westlich von Karataş mündet der Seyhan ins Meer, östlich der Ceyhan, die Hauptflüsse der Çukurova. Die Strände nahe den Mündungen sind bevorzugte Brutplätze von Schildkröten. Das Gebiet ist zudem ein Vogelparadies: Ornithologen können westlich von Karataş rund um den *Akyatan-See* z. B. der Graunachtigall nachspüren. Vor dem See lockt ein über 20 km langer Strand, der durch passierbare Flussmündungen unterbrochen wird. Er ist bis auf den ersten Bereich komplett unverbaut, aber leider oft nicht von Müll befreit (Anfahrt: von Adana kommend beim ersten Kreisverkehr hinter der Petrol-Ofisi-Tankstelle rechts ab, exakt 1 km weiter wieder rechts und dann stets der geteerten Straße gen Westen folgen). Für Vogelbeobachtungen in östlicher Richtung → Yumurtalık.

Verbindungen/Anfahrt Regelmäßige **Dolmuşe** von und nach Adana. Karataş ist in Adana auf Höhe des Hotels Hilton ausgeschildert.

Übernachten Keine wirklichen Empfehlungen, probieren Sie Ihr Glück bei folgenden beiden Adressen:

Öyküm Butik Otel, nur nicht vom Namen täuschen lassen! Größere Anlage mit Zimmern und Apartments, dazu ein Garten und ein großer Pool mit Rutsche. Billigst und recht stillos ausgestattet. Zimmer – obwohl erst 2008 eröffnet – mit kräftigen Gebrauchsspuren. DZ 60 €. Am Oststrand, dort ausgeschildert, ✆ 0322/6812508, 📠 6812578, www.oykumbutikotel.com.

Rıhtım Pension, beliebteste Pension vor Ort. 19 simple, aber restaurierte 3-Bett-Zimmer, alle mit Bad, Balkon, Kühlschrank und Klimaanlage, viele mit Meeresblick. Freundliche Bewirtung. Großes Fischrestaurant über dem Meer. DZ 25 € ohne Frühstück. Am Oststrand, dort ausgeschildert, ✆ 0322/6814253.

Essen & Trinken **Mavi Kum Restaurant**, zentral gelegenes, gepflegtes Fischrestaurant direkt am Meer mit schöner Terrasse. Mittlere Preisklasse. ✆ 0322/6812137. Weitere gute Fischlokale sind das **Salim'in Yeri** und das **Yelken Restaurant** ca. 5 km abseits des Zentrums gen Osten, von der Straße nach Adana ausgeschildert.

Yakapınar (Misis)

Der kleine Ort, der heute Yakapınar genannt wird und früher Misis hieß, liegt am Ufer des Ceyhan-Flusses rund 25 km östlich von Adana. An gleicher Stelle befand sich im Altertum die durch ihre günstige Lage an der Seidenstraße recht prosperierende Stadt *Mopsuestia*. An die lange Geschichte des Ortes erinnern heute noch eine byzantinische **Steinbrücke** über den Ceyhan und daneben die Reste einer alten Karawanserei. Des Weiteren besitzt Yakapınar ein **Mosaikenmuseum** (ausgeschildert, tägl. außer Mo 9–17 Uhr, Eintritt frei). Das Ein-Raum-Museum beherbergt das Fußbodenmosaik einer einst dreischiffigen Basilika aus dem 4. Jh. Erhalten blieb zwar nicht besonders viel, das Wenige ist dennoch beeindruckend. Zu sehen sind u. a. Szenen der alttestamentarischen Arche-Noah-Geschichte.

Regelmäßige **Dolmuş**verbindungen von und nach Adana.

Yılan Kalesi und Ceyhan

Die kleinarmenische Festung Yılan Kalesi auf einem felsigen Bergplateau wurde Anfang des 13. Jh. errichtet. Seit hunderten von Jahren beherrscht sie die Ebene drum herum, doch wird sie heute von der Nationalstraße 400 und der Autobahn Adana – Gaziantep unschön umringt. Worauf ihr Name „Schlangenburg" zurückgeht, weiß man nicht. Legenden gibt es viele, von Schlangenplagen bis zu sagenhaften Schlangenkönigen, die hier herrschten. Zumindest sollen einmal Schlangenreliefs den Burgeingang und diverse Räumlichkeiten geziert haben. Der 20-minütige Anstieg bringt Ihnen hoffentlich keinen Schlangenbiss ... (stets zugänglich, Eintritt frei). Das rund 6 km nordöstlich der Burg gelegen **Ceyhan** (105.600 Einwohner) hat für Touristen nur als Minibus-Umsteigestation nach Yumurtalık oder Anavarza Bedeutung.

Anfahrt Die Burg ist von der Landstraße Yakapınar – Ceyhan bereits zu sehen und ausgeschildert.

Verbindungen Von Ceyhan bestehen regelmäßige **Minibus**verbindungen nach Adana, Yumurtalık und Kozan (Richtung Anavarza). Alle Minibusse fahren vom Busbahnhof am östlichen Stadtrand ab.

Yumurtalık

5100 Einwohner

Das Städtchen mit dem seltsamen Namen „Eierbecher" ist eine Mischung aus Fischer- und Badeort und das mit Abstand sympathischste und geruhsamste Fleckchen der Çukurova. Lediglich an Sommerwochenenden ändert sich dieser Sachverhalt, wenn Tausende von Adanalılar die schattigen Teegärten und Restaurants rund um den Fischerhafen sowie den gepflegten Ortsstrand und die dahinterliegenden Apartmentblocks belagern. Ganzjährig kommen Vogelbeobachter – gute Plätze für Birder sind die Lagunen vor Deveciuşağı (ca. 20 km südwestlich).

Ein gebeuteltes Volk – die Geschichte der Armenier

Man schätzt, dass heute rund 140.000 Armenier in der Türkei leben, die Hälfte davon mit türkischem Pass, die andere Hälfte als illegale Arbeiter. Noch vor 100 Jahren, im Osmanischen Reich, stellten die Armenier rund 10 % der Bevölkerung Anatoliens. Ihre Geschichte ist eines der schwärzesten Kapitel des Landes und wird erst langsam enttabuisiert.

Vorfahren des armenischen Volkes siedelten vor etwa 2500 Jahren im Kaukasus und in weiten Teilen Ostanatoliens. Im 1. Jh. v. Chr. schuf Tigranes der Große ein armenisches Großreich, das sich vom Kaukasus über Ost- und Südostanatolien bis ans Mittelmeer erstreckte. 40 Jahre währte es, dann kamen die Römer. Es folgten die Parther, Byzantiner, Sasaniden und Araber – über etliche Jahrhunderte waren die armenischen Siedlungsgebiete Zankapfel der benachbarten Völker. Die Selbstständigkeit der im 3. Jh. zum Christentum übergetretenen Armenier war auf kurze Interimsphasen beschränkt.

Nach der legendären Schlacht von *Manzikert* (dem heutigen Malazgirt in Ostanatolien) flohen 1071 viele Armenier vor den vordringenden Seldschuken nach Kilikien. Hier gründeten sie einen von Byzanz unabhängigen Herrschaftsbereich: das Fürstentum der Rubeniden, Kleinarmenien genannt. Stumme Zeugen dieser Zeit sind neben der Burg Yılan Kalesi u. a. auch Kızkalesi (→ S. 166), Yumurtalık (→ S. 186) und Anavarza (→ S. 189). In der zweiten Hälfte des 14. Jh. brach Kleinarmenien zusammen – dafür sorgten die Flotte König Peters I. von Zypern, die einfallenden ägyptischen Mameluken und die Verwüstungen der Mongolen.

Im Osmanischen Reich waren die Armenier als nichtmuslimische Minderheit bis in die zweite Hälfte des 19. Jh. loyale Untertanen des Sultans und bekleideten vielfach hohe Stellen in Regierung, Verwaltung und Wirtschaft. Doch dann blühte der armenische Wunsch nach nationaler Unabhängigkeit auf. Autonomiebestrebungen mit Terrorakten führten zum Misstrauen zwischen den Volksgruppen und zu ersten Massakern. Als die Armenier von Van 1915 mit einem Aufstand die Einnahme ihrer Stadt durch russische Truppen unterstützten, eskalierte die Situation. Die jungtürkische Regierung, die ebenfalls einen Nationalstaat favorisierte, beschloss die Radikallösung – die kollektive Deportation der armenischen Bevölkerung Süd- und Ostanatoliens in die syrische Wüste. Schätzungsweise 1,5 Mio. Armenier fielen den Verfolgungen zum Opfer. Die armenischen Geschichtsbücher verwenden dafür den Begriff *Mez Eghern* („Das große Gemetzel"). Friedensnobelpreisträger Elie Wiesel sprach vom „Holocaust vor dem Holocaust". Den Vorwurf des Genozids aber wies die Türkei stets vehement zurück. Wer von Genozid sprach, dem drohte Gefängnis. Erst jüngst fand eine Enttabuisierung des Themas statt.

1918, nach dem Ersten Weltkrieg, wurde Armenien unabhängig. Doch schon 1920 annektierten kemalistische Truppen dessen westlichen Teil, den östlichen schnappten sich die Bolschewiki. Erneut starben 30.000 Armenier. Erst der Zusammenbruch der UdSSR brachte den 3 Mio. Armeniern endlich wieder den eigenen Staat, wirklichen Frieden aber nicht: Das Verhältnis zu Aserbaidschan ist infolge des Berg-Karabach-Konflikts angespannt. Und wegen des Berg-Karabach-Konflikts droht Aserbaidschan der verbündeten Türkei wiederum damit, den Gashahn zuzudrehen, sollte es zu einer Annäherung zwischen der Türkei und Armenien kommen. So wurde die 2009 angekündigte Grenzöffnung zwischen beiden Ländern wieder auf unbegrenzte Zeit verschoben.

In und um Yumurtalık bereichern armenische Ruinen aus dem 12. bis 14. Jh. die Badekulisse. Damals hieß das Städtchen noch *Ayas*, besaß den wichtigsten Hafen der Çukurova und war ein bedeutender Handelsstützpunkt der Genuesen und Venezianer. Selbst Marco Polo (1254–1324) kam zweimal vorbei. Wie in Kızkalesi (→ S. 166) standen sich auch in Ayas eine Land- und eine Seeburg gegenüber. Zu den Ruinen der vorgelagerten Inselfestung kann man hinausschwimmen, von der Landburg sind noch vier Türme und angefressene Mauerteile erhalten. Weitere Ruinen dämmern im Ort vor sich hin, findet man als schmückende Säulen in Gärten oder in neuzeitliche Gebäude integriert. Die Bewohner machten sich die alten Brocken zunutze, bevor die ersten Archäologen und Historiker aufkreuzten.

Östlich von Yumurtalık wird das Öl der hier endenden Pipelines aus dem irakischen Kirkuk (900 km) und der aserbaidschanischen Hauptstadt Baku (1760 km) in alle Welt verschifft. Die sog. Baku-Ceyhan-Pipeline gilt als eine der teuersten und technisch aufwendigsten Pipelines der Welt und befördert rund 1 Mio. Barrel pro Jahr.

Verbindungen Regelmäßige **Dolmuş**verbindungen nach Ceyhan und Adana (Yüreğir Otogar).

Auf dem Weg von Ceyhan nach Yumurtalık – 35 km durch Felder und über sanfte Hügel – weist ein Schild zur **Kurtkulağı Kervansarayı** (4 km) im gleichnamigen Ort. In osmanischer Zeit war die Karawanserei ein wichtiger Stopp an der Handelsstraße nach Aleppo, heute führt sie ein recht unbeachtetes Dasein und ist meist verschlossen.

Übernachten Es gibt recht wenige Unterkünfte für den hochsommerlichen Andrang – reservieren Sie an Wochenenden besser im Voraus!

BTC Hotel, neuestes Haus vor Ort. 46 pseudoschicke Zimmer, die nach vorne mit Balkon und Blick auf den Strand. DZ 50 € (Seite) bzw. 57 € (Meeresblick). Atatürk Cad. 33 (Ufer- bzw. Durchgangsstraße direkt hinterm Strand), ✆ 0322/6712277, www.grandbtchotel.com.

Hotel Öztur, älteres, abgewohntes Hotel nur ein paar Häuser weiter. Zweckmäßige Zimmer mit Balkon und Klimaanlage, die nach vorne werden als geräumige Suiten mit Meeresblick verkauft, die zur Seite sind kleiner. DZ ab 28 €. Atatürk Cad., ✆ 0322/6712167.

Fischerstädtchen Yumurtalık

Küçük Aile Pansiyon, im westlichen Ortsteil. Ordentliche Familienpension mit vielen deutschen Gästen. 16 schlichte Zimmer mit Bad, Klimaanlage, TV (deutsche Programme) und Kühlschrank, alle mit Balkon, viele mit schönem Meeresblick. Die Gäste teilen sich 4 saubere Küchen und die Gartenterrasse. Auf Wunsch wird gekocht oder Fisch gegrillt – Herr Küçük ist Fischer. Ganzjährig. DZ 29 €, Familienzimmer für 4 Pers. 40 €. Alparslan Türkeş Cad. 25, ✆ 0322/6712215, 📠 6713215, www.kucukailepansiyonu.com.

Essen & Trinken **Baba'nın Yeri**, freundlich-bescheidenes Fischlokal direkt am Hafen. Die rege Fischfangflotte Yumurtalıks sorgt stets für Nachschub. ✆ 0535/5689568 (mobil).

Anavarza

(antike Stätte)

Die Festungsanlage Anavarza bzw. *Anazarbus* stellt alle anderen Sehenswürdigkeiten der Çukurova in den Schatten. Auf einem 200 m hohen Felsplateau gelegen, dominiert die Burg die weite fruchtbare Ebene, wo im Sommer Abertausende von Sonnenblumen blühen. Yaşar Kemal (→ S. 193), der die Gegend um Anavarza als Heimat des *Ince Memed* literarisch verewigte, gab übrigens einmal lachend zu, niemals auch nur einen Fuß auf den Felsen gesetzt zu haben – er hat etwas verpasst. Schöner liegen Ruinen nur selten.

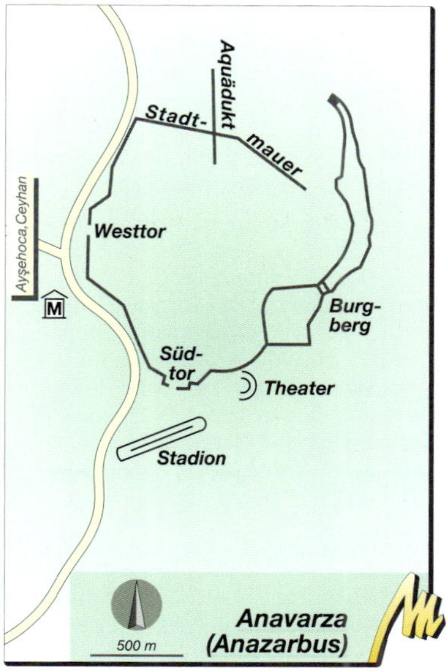

Zu Fuße des Burgbergs, rund um das stille Nachfolgedörfchen Dilekkaya, ruhen weit verstreut die Relikte einer im 1. Jh. v. Chr. gegründeten Stadt. Die meisten stammen aus römischer Zeit – das begehrte Anavarza war später wechselweise auch unter persischer, byzantinischer, arabischer und mamelukischer Herrschaft. Bei der Einfahrt ins Dorf fällt zunächst die **Stadtmauer** mit ihrem schmucklosen **Westtor** auf. Wer sich von hier gen Norden hält, gelangt zu einem noch recht gut erhaltenen **Aquädukt**. In entgegengesetzter Richtung liegt ein kleines aber feines **Museum**, das mit zwei schönen Mosaiken vom Boden eines Badebeckens aus dem 3. Jh. n. Chr. angeben kann – vor Besuchern wird gerne ein Eimer Wasser über die Mosaike gekippt, damit die Farben besser zur Geltung kommen. Wer vom Museum durch das Dorf weiter nach Südosten läuft, sieht vielleicht ein paar Kühe zwischen den Resten des **Stadions**, des triumphbogenartigen **Südtors** und des **Theaters** grasen.

Nördlich des Südtores, bei den letzten Häusern Dilekkayas, beginnt der Aufstieg zur alles überragenden **Zitadelle** (Hinweisschild). Denken Sie an feste Schuhe und genügend Wasser; Trittsicherheit und Schwindelfreiheit sind Voraussetzung! Im Hochsommer kann der halbstündige Aufstieg schnell zur Tortur werden, belohnt aber mit grandiosen Aussichten. Die Ruinen auf dem Burgberg, darunter eine Kirche aus dem frühen 12. Jh., zeugen vorrangig von der Herrschaftsepoche der armenischen Rubeniden, die Anavarza zu ihrer Sommerresidenz wählten. Mit der Er-

Burg Anavarza

oberung der Stadt durch die ägyptischen Mameluken 1375 fiel hier die letzte Bastion des kleinarmenischen Reiches (→ Kasten S. 187).

Anfahrt/Verbindungen Von Ceyhan führt die Nationalstraße 817 Richtung Kozan. Nach ca. 20 km im Dorf Ayşehoca rechts ab (ausgeschildert), nach weiteren 5 km ist man am Ziel. Mit dem **Dolmuş** von Ceyhan Richtung Kozan, an der Abzweigung nach Anavarza aussteigen und ca. 1 Std. etwas für die Beinmuskulatur tun – zusammen mit der Besichtigung der Zitadelle eine schöne, mehrstündige Wanderung.

Tipps für eine Tour, die auch den Karatepe-Nationalpark beinhaltet: → S. 193.

Öffnungszeiten Ruinen und Museum sind tagsüber stets zugänglich. Eintritt frei.

Toprakkale

Die „Lehmburg", ursprünglich von Byzantinern auf einem 60 m hohen Basaltfelsen errichtet, liegt weithin sichtbar mitten im Dreieck der Fernstraßen nach Adana, İskenderun und Gaziantep. Sie hatte aufgrund ihrer exponierten Lage nicht nur Blickkontakt zu den Festungen Yılan Kalesi (→ S. 186) und Anavarza (s. o.), sondern auch eine ähnliche Geschichte. Als Burgherren wechselten sich Byzantiner, Araber, Kreuzritter, Armenier, Mameluken und Osmanen ab. Der größte Teil der recht gut erhaltenen Anlage mit einigen unterirdischen Gängen stammt aus kleinarmenischer Zeit.

Stets zugänglich. Ein selbst ernannter Burgwächter verlangt zuweilen einen kleinen Obolus für seine Führung. Gut ausgeschildert, den braunen Schildern „Toprakkale" folgen, alle anderen führen ins gleichnamige Städtchen. Ohne eigenes Fahrzeug erreicht man die Burg, indem man ein Osmaniye-İskenderun-**Dolmuş** nimmt und unterwegs aussteigt – sagen Sie dem Fahrer Bescheid.

Osmaniye und Karatepe-Nationalpark (Karatepe Milli Parkı)

Osmaniye, eine recht unansehnliche Provinzhauptstadt mit 199.000 Einwohnern, ist Ausgangspunkt für Fahrten in den 34 km nördlich gelegenen Karatepe-Nationalpark, ein 77 km² großes Naherholungsgebiet. Es liegt am **Aslantaş Barajı**, einer künstlichen Stauung des Ceyhan-Flusses. Weite Kiefern- und Eichenwälder prägen den Park, der zugleich Heimat von Wölfen, Schakalen und Wildschweinen ist. Hoch über dem See lassen sich die Ruinen der hethitischen Burganlage **Karatepe-Aslantaş** besichtigen. Vor einigen Jahren geriet die Burganlage in einen wissenschaftlichen Disput, der selbst die Feuilletons der Tageszeitungen weltweit füllte. Grund: Der österreichische Komparatist Raoul Schrott hatte die These aufgestellt, dass Homer ein assyrischer Hofdichter war und Troja nicht an der Ägäis, sondern hier zu suchen sei.

Entdeckt wurde Karatepe-Aslantaş 1946 von dem in İstanbul lehrenden deutschen Archäologen Hellmuth Bossert. Zusammen mit seiner Kollegin Halet Çambel – ganz nebenbei die erste Türkin, die je an Olympischen Spielen teilnahm (1936 in Berlin) – legte er die Ruinen frei. Ihr spektakulärster Fund waren Steinplatten mit zweisprachigen Inschriften, welche eine Gegenüberstellung der bereits bekannten phönizischen Schrift mit hethitischen Hieroglyphen erlaubte. Letztere konnten so erstmals entziffert werden.

Die Festung war vermutlich vom 12. bis zum 8. Jh. v. Chr. bewohnt, zuletzt diente sie als Sommerresidenz des Hethiterkönigs Asitawanda. (Laut Schrott jedoch ereigneten sich hier um 700 v. Chr. die aus der *Ilias* bekannten Geschehnisse). Vom ehemaligen Palast ist kaum mehr etwas erhalten. Sehenswert sind jedoch zwei mittels Dachkonstruktionen geschützte Toranlagen,

Begegnungen im Karatepe-Nationalpark

die von Löwen (*aslantaş* = Löwenstein) und Sphinxen bewacht werden. Beide besitzen fein gearbeitete Reliefs – sie sind einmalig in der hethitischen Welt, da sie keine „langweiligen" Darstellungen des höfischen Lebens, sondern humoristische Szenerien zeigen. Am Südtor ist ein molliger Fürst zu erkennen, dem gerade Essen aufgetragen wird; unter dem Tisch hockt ein Äffchen. Am besser erhaltenen Nordtor – Jahrhunderte lang lag es geschützt unter der Erde – ist die Darstellung einer stillenden Mutter auszumachen, dazu sieht man Flöten- und Harfenspieler sowie Tänzer. Als Wächter des Ganzen fungiert Sturmgott Baal (auch: Tarhunzas), die rund 3 m große Statue ist recht imposant. Zum Schluss besichtigt man das kleine Museum mit seinen interessanten Funden aus der Hethiterzeit, die meisten stammen jedoch aus der nahen Hethiterfestung Domuztepe.

Hethitische Reliefs der Burganlage Karatepe- Aslantaş

Karatepe-Aslantaş ist nicht die einzige Ruinenstätte, die Sie bei einem Ausflug in den Nationalpark besichtigen können. Auf halbem Weg zwischen Osmaniye und dem Nationalpark passiert man das antike **Hierapolis Kastabala**. Es liegt inmitten von Feldern zu Fuße eines Hügels, den die mittelalterliche Burg **Bodrum Kalesi** krönt. In der Antike war Hierapolis, dessen Name im 2. Jh. v. Chr. erstmals auf Münzen auftauchte, bekannt für den hier gepflegten Artemiskult. Der Geograf Strabo (64 v.–23 n. Chr.) berichtet von Zeremonien der Priesterinnen, die nach ausgiebigen Tänzen in Trance fielen und anschließend über glühende Kohlen laufen konnten. Auf dem Ruinengelände geht es heute weit weniger mystisch zu. An Hierapolis, die „Stadt der Tempel", erinnern nur noch spärliche Ruinen. Zu sehen sind u. a. eine 300 m lange Kolonnadenstraße mit 78 Säulen, die teils noch über schöne korinthische Kapitelle verfügen, ein Theater, zudem die Ruinen eines Stadions, zweier Bäder und zweier Kirchen aus dem 5. oder 6. Jh. Das Gelände ist stets zugänglich und kostet keinen Eintritt.

Öffnungszeiten Die Ruinen von Karatepe-Aslantaş sind tägl. 8–17 Uhr zugänglich. Eintritt 1,20 €.

Anfahrt Der Weg zum Nationalpark ist von der Hauptdurchgangsstraße in Osmaniye ausgeschildert. Er führt zunächst Richtung Kadirli, nach ca. 10 km geht es in Çevdetiye rechts ab.

Verbindungen Es fahren keine Busse oder Dolmuşe in den Nationalpark. **Taxi** von Osmaniye retour je nach Wartezeit ab 40 €. Neuer **Bus**bahnhof von Osmaniye ca.

3 km nördlich des Zentrums an der Straße nach Kadirli/Karatepe-Nationalpark, Dolmuşe ins Zentrum. Die **Minibusse** nach Adana und İskenderun verkehren hingegen vom alten Busbahnhof direkt an der Durchgangsstraße im Zentrum.

Hinweis: Vom Nationalpark bietet sich die Weiterfahrt Richtung Norden über die Kleinstadt Kadirli und die Ausgrabungsstätte Anavarza (s. o.) nach Ceyhan an. Eine landschaftlich reizvolle, gut ausgeschilderte Tour.

Übernachten Die Übernachtungssituation ist nicht die beste.

**** **Büyük Osmaniye Oteli**, neuestes und bestes Haus der Stadt in unattraktiver Lage ca. 5 km westlich des Zentrums an der Straße nach Adana. Der Kasten bietet 100 angestylte Zimmer und Suiten auf der Sternezahl entsprechendem Niveau. Dachrestaurant, Sauna, Hamam, Außenpool. EZ 40 €, DZ 60 €. Toprakkale yolu üzeri, ✆ 0328/7770000, www.buyukosmaniyeoteli.com.

Şahin Otel, Mittelklasse im Zentrum. 67 Zimmer mit ordentlichen Bädern, leicht abgeschrammt, aber okay (sofern Sie eines mit Fenster nach außen bekommen!). EZ 25 €, DZ 37 €. Dr. Ahmet Kalkan Cad. 27 (nahe der Durchgangsstraße bzw. dem unübersehbaren Devlet Bahçeli Meydanı, einem Kreisverkehr mit Brunnen), ✆ 0328/8124444, 📠 8138484.

Ansonsten bleiben leider nur Absteigen wie das **Çınar Otel** (im Zentrum gegenüber dem Migros-Supermarkt).

Yaşar Kemal, Persona non grata aus der Çukurova

Yaşar Kemal, einer der bedeutendsten zeitgenössischen Schriftsteller der Türkei, machte die Çukurova zum Schauplatz der Weltliteratur. Sie ist zugleich seine Heimat. Als Kind zugezogener kurdischer Eltern wurde er 1923 in einem kleinen Dorf in der Schwemmlandebene geboren. Mit fünf Jahren musste er mit ansehen, wie sein Vater bei einem Familienstreit in der Moschee erstochen wurde. Später verlor er ein Auge, als seinem Onkel beim Hammelopfer das Messer ausrutschte. Als Hirte und Tagelöhner schlug er sich durch, bevor er zum Journalisten und literarischen Anwalt der Armen und Unterdrückten avancierte. Das Gros seiner Romane ist in der Çukurova angesiedelt, darunter auch sein erfolgreichstes, 1955 erstmals erschienenes und heute in über 40 Sprachen übersetztes Werk *İnce Memed* („Memed mein Falke"). Wer den poetischen Kampf eines anatolischen Robin Hoods gegen erbarmungslose Großgrundbesitzer im Reisegepäck hat, wird die Çukurova mit anderen Augen sehen.

Während Yaşar Kemal in seinen Erzählungen den täglichen Überlebenskampf der Landlosen und ihrer Heimat beraubten Nomaden mit viel Metaphorik beschrieb, übte der bekennende Sozialist im realen Leben offene Kritik an seinem Land und dessen Menschenrechtspolitik. Was ihm im Ausland viele Preise einbrachte (1997 beispielsweise den Friedenspreis des deutschen Buchhandels), bescherte ihm im eigenen Land Gefängnisaufenthalte und Verachtung. Die frühere Ministerpräsidentin Tansu Çiller nannte ihn einen „Strolch", und Burhan Özfatura, Ex-Bürgermeister von İzmir, einen „Halunken, der krumme Bücher schreibt". Erst im Zuge der türkischen EU-Ambitionen änderte sich diese Haltung. 2008 wurde Yaşar Kemal erster Träger des neuen „Kulturpreises des Staatspräsidenten". Den Preis nannte er „ein Zeichen, dass der Weg zum sozialen Frieden geöffnet ist."

Uferpromenade von İskenderun

Durch das Hatay

Abseits der großen Touristenströme liegt die südlichste Provinz der Türkei, das Hatay. Blickt man auf die Landkarte, so sitzt es wie ein Dorn zwischen Syrien und dem Mittelmeer. Nach dem Zusammenbruch des Osmanischen Reiches war das Hatay wie Syrien französisches Protektorat. Erst 1939 fiel es nach einer Volksabstimmung an die Türkei. Bis heute erkennen viele syrische Politiker diese Abstimmung nicht an. Auf manchen arabischen Landkarten verläuft deswegen die syrisch-türkische Grenze zuweilen noch immer nördlich von İskenderun.

Die Landschaft des Hatay ist reizvoll und vielfältig. Schluchtenreiche Gebirgszüge wechseln ab mit fruchtbaren, üppig grünen Talsenken, in denen es im Sommer schwülheiß wird. Abkühlung versprechen die *Yaylas,* Bergalmen im Landesinneren. Klima und Bodenbeschaffenheit erlauben intensiven Ackerbau, diesbezüglich gehört das Hatay zu den reichsten Gebieten der Türkei. Hauptprodukte sind hochwertige Baumwolle, Getreide und vielerlei Sorten von Gemüse. Alawitische Araber und syrisch-orthodoxe Christen machen das Hatay zudem zu einer Multikultiregion. Wer nicht auf einen Badeurlaub aus ist – die Hataykuste gehört leider zu den schmutzigsten Küsten der Türkei –, kann hier viel entdecken: Klöster, Burgen, antike Stätten und mit Antakya eine sympathische Provinzmetropole.

Epiphania/Issos

(antike Stadt)

Drei drei drei – bei Issos Keilerei. Die Eselsbrücke aus dem Geschichtsunterricht verweist auf die legendäre Schlacht von 333 v. Chr., bei der Alexander der Große am Golf von İskenderun dem persischen Großkönig Darius III. eine vernichtende

Niederlage bescherte. Ein Heer aus „nur" 40.000 abendländischen Soldaten kam dabei gegen 500.000 Perser an, so zumindest steht es in den Geschichtsbüchern. Der angebliche Schauplatz der Keilerei ist von der Nationalstraße 817 Osmaniye – Dörtyol (nahe der Autobahn) an einem Kreisverkehr mit „Issos Harabeleri" ausgeschildert – eine gewollte oder ungewollte Irreführung. Wer hier abzweigt, gelangt über Bahngleise und dahinter auf einem Schotterweg zu einem Orangenhain. In diesem liegen ein paar unspektakuläre Ruinen, darunter ein Aquädukt. Sie sind jedoch keine Überreste des geschichtsträchtigen Issos, sondern die einer antiken Stadt namens Epiphania, über die man kaum etwas weiß. Das Schlachtfeld von Issos lag einige Kilometer südlich von Epiphania.

Payas (Yakacık)

Im auch Yakacık genannten Payas, in dem Stahlwerke die Luft verpesten, steht die gut erhaltene **Sokullu Mehmet Paşa Kervansarayı** mit Moschee, Medrese, Hamam und Bedesten (gedeckter Basar) aus dem Jahre 1574. Sie wird dem großen osmanischen Architekten Sinan zugeschrieben. Damals war der Ort eine der Endstationen der Karawanenstraßen von Mesopotamien zum Mittelmeer und ein wichtiger Handelshafen. Zuletzt wurde das Gebäude aufwendig restauriert und war nicht zugänglich. Das **Kastell** gegenüber der Karawanserei wurde von den Kreuzfahrern erbaut und von den Osmanen zum Schutz der Karawanserei restauriert. Fährt man von der Karawanserei noch rund 700 m Richtung Küste und Hafen, kann man zudem die Ruine des **Çin Kulesi** („Geisterturm") besichtigen, eines wahrscheinlich ebenfalls von den Kreuzfahrern errichteten Wachturms.

Die Karawanserei ist von der Nationalstraße 817 ausgeschildert.

İskenderun

ca. 202.000 Einwohner

İskenderun steht für Stahlwerke und Ölraffinerien. Das klingt schlimmer als es ist, zumal man davon im Zentrum nichts mitbekommt. Dort präsentiert sich İskenderun als eine offene, lebenslustige Stadt mit adretten Straßenzügen hinter einem palmengesäumten Uferboulevard.

Das ehemalige *Alexandrette* wurde von Alexander dem Großen (türk. *Büyük İskender*) nach der Schlacht von Issos gegründet. Irgendwelche Schlagzeilen in der Geschichte machte die Stadt allerdings nie. Antike Überbleibsel sind Fehlanzeige, ausgeschilderte Sehenswürdigkeiten und Museen ebenso. Einzig und allein ein paar armenisch-katholische und orthodoxe Kirchen können besichtigt werden (sie werden noch genutzt, einfach klingeln). Vielleicht liegt es am einstigen christlichen Einfluss, dass die Stadt so durch und durch westlich wirkt. Kopftücher sieht man selten, dafür Minikleidchen und Trägertops. Das Zentrum zeigt sich modern und adrett, nett und gemütlich, ohne die typisch türkische Hektik. Beim sommerlichen Einkaufsbummel muss man aufs Windowshopping allerdings verzichten: Damit die Ware nicht ausbleicht, sind die Jalousien der Ladenfronten oft bis auf Kniehöhe hinabgezogen – die stickig-schweißtreibende Stadt zählt zu den heißesten der Türkei. Im Winter, bei stets frühlingshaften Temperaturen, lässt es sich in İskenderun dagegen gut aushalten.

Vom Uferboulevard blickt man auf ein paar Werften in der Ferne, die Bucht von İskenderun ist zudem Heimat bedeutender türkischer Militärhäfen. Drum herum rauchen die Schlote der Stahlindustrie und zahlreicher Ölraffinerien. Baden ist aufgrund fehlender Strände und zweifelhafter Wasserqualität vor Ort unmöglich. Auch die Kiesstrände auf dem Weg nach Arsuz (s. u.) lohnen seit der Verbreiterung der Küstenstraße keinen Stopp mehr.

Im Hinterland von İskenderun – Heimkehr vom Feld

Information/Verbindungen

Telefonvorwahl 0326.

Information Etwas versteckt in einer Gasse hinter dem Uferboulevard, 40. Sok. 6/2. Freundlich und kompetent. Mo–Fr 8–12 und 13–17 Uhr. ✆ 6141620, www.iskenderun.bel.tr.

Verbindungen Bus/Dolmuş: Busbahnhof in Laufnähe südöstlich des Zentrums nahe der Sanayi Cad. Gute Verbindungen nach Adana (2:30 Std.). Die Dolmuşe nach Arsuz und Belen starten vom Dolmuşbahnhof nahe dem Mete Aslan Bul., in die Minibusse nach Antakya, Payas und Osmaniye steigt man am Pac Meydanı nahe dem Hotel Ontur zu.

Zug: Bahnhof (✆ 6140049) ebenfalls in Laufnähe östlich des Zentrums. 1-mal tägl. Züge über Adana nach Mersin.

Übernachten/Essen & Trinken

Die hiesigen Hotels bieten ein recht schlechtes Preis-Leistungs-Verhältnis. Prüfen Sie vorm Einchecken, ob die Klimaanlage funktioniert.

Übernachten *** Hataylı Oteli **2**, gepflegte Mittelklasse nahe der Uferpromenade. 60 komfortable Zimmer mit Klimaanlage, z. T. mit einem Druck von Miró über dem Bett. Dachterrasse. EZ 41 €, DZ 62 €. Mete Aslan Bul. 2, ✆ 6141590, ℻ 6178751, www.hatayliotelі.com.

Hotel Altındişler **5**, ordentliche untere Mittelklasse ohne Sterne. 35 Zimmer mit Laminatböden, funktionalen Bädern, TV und Klimaanlage, 2 davon mit Balkon. Kein Aufzug. DZ 35 €. Şehit Pamir Cad. 11, ✆ 6171011, www.altindislerotel.com.

Essen & Trinken Hasan Baba **4**, sehr gutes Restaurant mit großer, schattiger Terrasse (hinten raus). Kleine Auswahl an Meze, 1a-Salatteller, köstliche Grillspieße. Ulucami Cad. 35, ✆ 6176420.

Denizce Balık Pişirim Evi **3**, kleine, einfache Fischlokanta, von Lesern entdeckt und gelobt. 52. Sok. 23.

»» Unser Tipp: Petek Pastanesi 1, Hochglanzkonditorei mit angeschlossenem Café im Kaffeehausstil. Tolle Torten, etliche Sorten Baklava, dazu hausgemachtes Eis. Mareşal Çakmak Cad. 16. «««

Arsuz

Das einstige Fischerstädtchen 33 km südlich von İskenderun lebt vom nationalen und syrischen Tourismus. Mittlerweile ist es ziemlich verbaut und besteht fast ausschließlich aus Ferienhäusern, zu denen sich etliche Pensionen und Aparthotels gesellen. An Sommerwochenenden avanciert Arsuz zum beliebten Ziel der in der Hitze brütenden Bewohner İskenderuns. Dann ist der Ort restlos überlaufen und dann wird bis spät in den Abend in den hervorragenden Fischrestaurants am Fluss getafelt (Mückenschutz nicht vergessen!). Ziemlich mäßig, dazu recht klein und mit Liegestühlen nur so vollgestellt ist der örtliche Strand *(Halk Plajı)*. Besser weicht man an die Strände aus, die ca. 1 km nordöstlich des Zentrums beginnen.

Von Arsuz führt ein 44 km langes Sträßlein, das bislang jedoch nur zu drei Vierteln geteert ist, weiter nach Çevlik (→ S. 207). Die Strecke ist wildromantisch – mal fährt man hoch über der Küste, mal direkt am Meer entlang –, die verschmutzten Strände unterwegs laden jedoch kaum zu einem Stopp ein.

Verbindungen Regelmäßige **Dolmuş**verbindungen von und nach İskenderun. Die Dolmuşe fahren weiter nach Konacık (Camping).

Übernachten Empfehlenswert sind auch die Bungalows des Orient Campings (s. u.).

*** **Arsuz Otel**, gehobeneres, freundliches Hotel (zwar älteren Datums, aber gepflegt) mit eigenem kleinem Strandabschnitt. Alle Zimmer mit Balkon. Zum Meer hin überdachtes Terrassenrestaurant. Wie die meisten Unterkünfte nur Mai–Okt. geöffnet. Von Lesern gelobt. EZ 53 €, DZ 74 €. Im Zentrum, ☎ 0326/6432444, ℻ 6432448, www.arsuzotel.com.

Hotel Yunus, im Zentrum von Arsuz neben der Moschee. Einfachere Mittelklasse, neu möblierte Zimmer, alle mit Terrasse oder Balkon, von den oberen Meeresblick. Eigene Parkplätze. DZ 31 €. Dz. K. K. Özel Eğt. Mrkz. Bitişiği, ☎ 0326/6432088, ℻ 6433767, www.arsuzyunusotel.com.

Camping Camping Orient, ca. 9 km südlich von Arsuz in der Siedlung Konacık, von Arsuz der Küstenstraße nach Süden folgen, dann bestens ausgeschildert. Liebevoll angelegter, künstlerisch gestalteter Platz. Der freundliche Besitzer Fergini, ein Allroundtalent, hat 19 Jahre in Holland gelebt und spricht gut Deutsch. Üppig grün, Obstbäume en masse, lauschige Sitzecken, Open-Air-Küche etc. Gute Sanitäranlagen. Fergini bastelte zuletzt auch an originellen Bungalows mit und ohne Bad, bis 2012 sind 12 Stück geplant. Zudem soll hier ein Paragliderzentrum entstehen. Leider nicht am Meer gelegen, dafür tolle Berglandschaft drum herum. Zum Strand und zu den nächsten Restaurants ca. 1 km. 2 Pers. mit Wohnmobil 10,50 €, Bungalow für 2 Pers. je nach Größe und Komfort 16,50–62 €. Konacık 64, ☎ 0326/66757670, www.orientcamping.com.

Essen & Trinken **»» Unser Tipp: Derya Restaurant**, großes Restaurant mit weißer Bestuhlung am Fluss und unser Favorit – selten haben wir in der Türkei besser gegessen! Fantastische Meze mit Hatay-Einschlag. Dann in Butter gebratene Garnelen – einfach himmlisch! Mittlere Preisklasse. Kein Schild, es handelt sich um das Terrassenlokal neben dem Çardak Restaurant. ☎ 0326/6432094. «««

Belen

21.800 Einwohner

Den 750 m hohen Belen-Pass und das gleichnamige, am Berg klebende Städtchen 13 km südöstlich von İskenderun passiert man auf dem Weg nach Antakya. Als *Porta Syriae* war der Pass schon im Altertum ein wichtiger Punkt auf der Route von Anatolien nach Syrien. Außer ein paar guten Restaurants (ein Tipp das preiswerte

Im Hafen von Arsuz

„Kurtoğlu“ mit vorzüglicher Mezeauswahl direkt an der Durchgangsstraße, ✆ 0326/ 4412114) bietet der Ort aber nicht viel. Nachdem man den Pass überquert hat, ca. 4 km nach der Abzweigung nach Aleppo (Halep/Syrien), weist ein Schild zur **Bakras Kalesi**. Man erreicht sie nach weiteren 4 km und 20 Fußminuten im Anschluss. Die byzantinische Festung aus dem 10. Jh. wurde zur Sicherung des Passes auf einem Felskegel errichtet. In ihrem Inneren befindet sich eine Kirchenruine. Eintritt frei.

Regelmäßige **Dolmuş**verbindungen nach İskenderun und Antakya.

Antakya (Antiochia)

ca. 213.600 Einwohner

Französischer Kolonialcharme trifft 1001 Nacht. Das geschichtsträchtige Antakya lädt zu einem Besuch seiner pittoresken Altstadt und seines bedeutenden Mosaikenmuseums ein.

Die abgelegene Provinzstadt im fruchtbaren Schwemmland des Hatay ist identisch mit *Antiochia,* das im Altertum eine Weltmetropole war. Von der antiken Bebauung blieb jedoch nichts übrig. Dafür entschädigen arabische Architektur, prächtige osmanische Konaks und selbst Jugendstilfassaden in der enggassigen Altstadt – vieles ist jedoch heute in einem leprösen Zustand. Im orientalisch pulsierenden Labyrinth des Basarviertels macht Umherirren Spaß, herauskommen wird man immer. Ganz anders hingegen das moderne Antakya. Der wenig romantische, fast kloakenhafte Flusslauf des Asi, des antiken Orontes, trennt diesen Teil vom historischen Kern. Hier wechseln türkische Renommierpaläste und die typisch-türkischen Apartmentblocks einander ab.

Morbider Kolonialcharme in der Altstadt von Antakya

Berbersalon in Antakya

In Antakya wird neben Türkisch auch Arabisch gesprochen. Der arabischsprachige Teil der Bevölkerung zählt überwiegend zur Minderheit der Alawiten, einer schiitischen Glaubensrichtung, nicht zu verwechseln mit den Aleviten (→ Islam, S. 49). Den französischen Herren von einst ist es wahrscheinlich zu verdanken, dass sich Antakya eine relative Freizügigkeit und Weltoffenheit bewahrt hat. Kein Wunder also, dass Antakya ein beliebtes Ausflugsziel von Touristen aus den sittenstrengeren arabischen Nachbarländern ist, insbesondere aus Syrien.

Geschichte

Im Jahre 307 v. Chr. gründete hier Antigonos, einer der Feldherren Alexanders des Großen, eine Siedlung namens *Antigoneia*. Nur sieben Jahre später fiel diese in die Hände seines einstigen Weggefährten, des Seleukidenkönigs Seleukos I. Nikator. Dieser machte Antigonos zur Hauptstadt seines Reiches. Die Stadt avancierte in kürzester Zeit zu einem wohlhabenden Handelszentrum, dem die sinnenfrohen Bewohner den Ruf eines Sündenbabels anhefteten. Daran änderte sich nichts, als Antiochia, wie die Stadt nun hieß, 64 v. Chr. Hauptstadt der römischen Provinz Syrien wurde. Eine halbe Million Einwohner zählte man zu jener Zeit, darunter 200.000 Sklaven. Damit war Antiochia nach Rom und Alexandria die drittgrößte Stadt des Imperiums. Nach der Zerstörung Jerusalems 70 n. Chr. stieg sie zudem zum bedeutendsten Zentrum des frühen Christentums auf. Hier nämlich hatten Paulus und Barnabas verweilt, hatte Matthäus sein Evangelium geschrieben und Petrus zu missionieren begonnen. Gott strafte die Stadt dennoch mit mehreren Erdbeben. Das schwerste brach 526 über Antiochia herein, es soll mehr als 250.000 Opfer in der Provinz gefordert haben.

Trotzdem, Antiochia war begehrt. Jahrhundertelang stritten sich Römer, Perser, Byzantiner, Araber und schließlich auch noch die Kreuzfahrer um die Stadt. Erst nachdem die ägyptischen Mameluken Antiochia 1268 vollständig zerstört hatten, wurde die Stadt uninteressant. In osmanischer Zeit duckten sich auf dem Trümmerhaufen der einstigen Weltmetropole nur noch ein paar hundert ärmliche Steinhütten. Nach dem Ersten Weltkrieg schlugen die Siegermächte Antakya dem französischen Protektorat Syrien zu, aus dem es nach einer Volksabstimmung 1939 in die Türkei entlassen wurde. Partnergemeinde der lebenslustigen Provinzhauptstadt ist heute übrigens das exakt 3310 km entfernte Aalen in Baden-Württemberg.

Information/Verbindungen

Telefonvorwahl 0326.

Information Eine Touristeninformation im Herzen der Stadt gab es zuletzt nicht mehr. Mit etwas Infomaterial kann man sich im **Tourismusdirektorat** *(İl Turizm Müdürlüğü)* im Kulturzentrum an der Ecke Adnan Menderes Bul./Şehit Mustafa Sevgi Cad. eindecken. Mo–Fr 8–12 und 13.30–17 Uhr. ✆ 2149217, www.hataykulturturizm.gov.tr.

Weiterreise nach Syrien: Informieren Sie sich vor Antritt der Reise in Ihrem Heimatland über die politische Lage im Land und die Einreiseformalitäten (Visumspflicht). Reise- und Sicherheitshinweise für Syrien unter www.auswaertiges-amt.de, www.bmeia.gv.at bzw. www.eda.admin.ch.

Verbindungen Flugzeug: **Hatay Havaalanı** (www.hatay.dhmi.gov.tr) ca. 25 km nördlich von Antakya, von der Straße nach İskenderun ausgeschildert. Transfer mit Bussen der Gesellschaft *Havaş* (bis zu 10-mal tägl., Dauer 30 Min., 3,60 €, Infos auf www.havas.com.tr). Start in Antakya vor dem Büro von **Antakya Turizm**, Atatürk Cad. (neben dem Büyük Antakya Oteli), ✆/℻ 2157300, www.antakyaturizm.com. Dort auch Infos zu den Abfahrtszeiten und Tickets.

Busbahnhof ca. 5 km nördlich des Zentrums nahe der Straße nach İskenderun, Busse dahin vom Zentrum (s. u.). Gute Verbindungen in alle großen Städte der Türkei. Zudem tägl. mehrmals nach Syrien (Aleppo/Halep ca. 3 Std., Damaskus ca. 7 Std.). Bedenken Sie, dass Grenzformalitäten die Reise deutlich verlängern können.

Dolmuş: Städtische Busse zum Busbahnhof fahren von verschiedenen Stellen im Zentrum ab, u. a. vom Kreisverkehr beim Mosaikenmuseum. Die Dolmuşe nach İskenderun (über Belen), Samandağ und Yayladağı (Grenze zu Syrien) passieren die Yavuz Sultan Selim Cad. im Norden des Zentrums. Die Dolmuşe nach Reyhanlı und Altınözü (Burg) starten nahebei vom Minibusbahnhof etwas nördlich der Yavuz Sultan Selim Cad., lassen Sie sich die Stelle zeigen. In die Dolmuşe nach Harbiye kann man u. a. entlang der Kurtuluş Cad. zusteigen.

Adressen/Einkaufen

Ärztliche Versorgung Privates **Antakya Akademi Hastanesi** ca. 4 km stadtauswärts an der Straße nach İskenderun. ✆ 2292929.

Autoverleih **Gülturizm**, schräg gegenüber dem Hotel Güney. Billigstes Fahrzeug 36 € inkl. Versicherungen. Auch am Flughafen vertreten. Ada Çarşısı 1, ✆ 2134150, www.gulturizm.com.

Diplomatische Vertretungen **Österreichisches Honorarkonsulat**, Çelik Boru San. Tic. Ltd. Sti. Antakya Organize Sanayi Bölgesi Topboğaz Mevkii, ✆ 4512100, suhams@hatboru.com.

Einkaufen Die in der Türkei berühmte **Daphne-Seife** *(defne sabunu)* wird ausschließlich aus Lorbeeröl hergestellt, das im Hatay gewonnen wird. Die Naturseife ist hautschonend und soll gegen piesackende Insekten helfen. U. a. in den engen Gässchen des **Basars** zwischen İstiklal und Kurtuluş Cad. erhältlich. Klamottenläden findet man entlang der Atatürk Cad.

Türkisches Bad (Hamam) Im historischen **Meydan Hamamı** baden nur Männer. Eintritt inkl. *Kese* u. Massage 8 €. Bis spät in den Abend geöffnet. Im Basarviertel hinter dem Hotel Onur.

Übernachten

(→ Karte S. 205)

Savon Hotel 3, niveauvolle Unterkunft in einer stilvoll umgebauten Seifenfabrik aus dem 19. Jh. 43 klassisch-moderne Zimmer und Apartments mit Hang zum Kitschig-Protzigen. Restaurant, Bar mit Kamin. Netter Hof. EZ 60 €, DZ 90 €. Kurtuluş Cad. 192, ✆ 2146355, 📠 2146356, www.savonhotel.com.tr.

The Liwan 14, eine charmante Adresse in einem Stadthaus aus den 1920ern. 24 gepflegte Zimmer mit größtenteils schönen alten Fliesenböden; moderne Bäder. Netter Frühstückshof. Bar, Restaurant. DZ 66 €. Silahlı Kuvvetler Cad. 5, ✆ 2157777, www.theliwanhotel.com.

Antik Beyazıt Hotel 11, familiäres, gut geführtes Hotel in einem über 100 Jahre alten Stadthaus mit Bougainvilleen davor. 27 leicht rustikale Zimmer mit ebenfalls tollen alten Fliesenböden und Klimaanlage. DZ 62 €. Hükümet Cad. 4, ✆ 2162900, 📠 2143089, www.antikbeyazitoteli.com.

Antik Grand Hotel 5, eine gute Wahl in dieser Preisklasse. 27 komfortable, geräumige Zimmer. Von Lesern hochgelobt. DZ ab 48 €. Hürriyet Cad. 10, ✆ 2157575, 📠 2156067, www.antikgrand.com.

Divan 1, frisch restaurierte Zimmer mit Balkon, die besser geputzt sein könnten. Vorteil: leicht anzusteuern. DZ 40 €. İstiklal Cad. 96, ✆ 2140880, 📠 2140902.

Hotel Saray 4, älteres Stadthotel, nicht perfekt, doch recht sauber. Einfache Zimmer, ein paar wenige mit Balkon. EZ 17 €, DZ 28 €. Hürriyet Cad. 3, ✆/📠 2149002.

Haus Barbara 8, das Begegnungszentrum der Kirche vermietet einfache Zimmer (mit Stockbetten), die sich auf 2 historische Gebäude verteilen. Saubere Gemeinschaftssanitäranlagen, Küche. Nette Innenhöfe. Von Lesern gelobt. 12,50 €/Pers. Gazi Cad. 49 (bei der katholischen Kirche; am einfachsten dort nach Schwester Barbara fragen, die deutsche Franziskanerin kennt jeder in der Ecke), ✆ 2142196, barbara.antakya@gmx.net.

Essen & Trinken

(→ Karte S. 205)

Die hervorragende, meist scharf gewürzte Hatay-Küche weist starke arabische Einflüsse auf. Statt dem herkömmlichen Weißbrot kommt hier dünnes Fladenbrot auf den Tisch. *Humus*, ein sämiges Kichererbsen-Sesammus, ist eine beliebte Vorspeise. Zu den Spezialitäten Antakyas zählen zudem *Kağıt Kebap* („Papierkebab"), auf hauchdünnem Teig verteiltes Fleisch, *Peynirli Künefe*, eine mit Käse versetzte, zuckersüße Nachspeise, sowie *Kadayıf*, ein Dessert aus Fadennudeln. Ausgezeichnet isst man übrigens auch in Harbiye (→ S. 206) – die dortigen Restaurants sind bekannt für ihre hervorragenden Meze.

Antakya Evi 13, gediegenere Lokalität im ersten Stock eines alten Kolonialgebäudes mit z. T. herrlichen Fliesenböden. Große Auswahl an leckeren Meze und Kebabspezialitäten, dazu kaltes Efes. Für das Gebotene preislich okay. So geschl. Silahlı Kuvvetler Cad. 3, ✆ 2141350.

Anadolu Restaurant 9, ebenfalls eine der ersten Adressen der Stadt. In einem Konak aus dem frühen 20. Jh. mit palmenbestandenem Hof. Rund 30 verschiedene Meze, dazu köstliche Fleisch- und Fischgerichte. Gehobeneres Preisniveau. Hürriyet Cad. 30/A, ✆ 2153335.

Sveyka Restaurant 12, gepflegtes Ambiente mit weißen Tischdecken im OG eines alten Stadthauses. Neben hervorragender regionaler Küche werden hier auch Gerichte aus dem nahen Aleppo kredenzt. Kurtulus Cad. 58, ✆ 2133947.

Leban Café & Restaurant 10, das „Joghurt" (wie *Leban* im Arabischen heißt) geht über mehrere Etagen, am schönsten sitzt man oben auf der Terrasse mit Blick auf die orthodoxe Kirche nebenan. Wie viele Lokale im Hatay spezialisiert auf feine Meze, im Humus könnte man baden. Dazu auch gutes Frühstück und Fasılabende. Gazipaşa Cad. 5, ✆ 2134255.

Sultan Sofrası 2, gepflegte Lokanta und ebenfalls eine gute Adresse, um lokale Spezialitäten wie *Kağıt Kebap* und *Künefe* zu testen. Bestens besucht, sodass man zur Mittagszeit zuweilen auf einen Tisch warten muss. Faire Preise. İstiklal Cad. 20/A, ✆ 2138759.

Antakya Antik Han Restaurant 6, alteingesessenes Restaurant. Schöne Terrasse und netter Innenhof. Vielfältige Küche: Meze, regionale Hausmannskost, Kebabs, Döner etc. Kein Alkohol. Hürriyet Cad. 19, ✆ 2146833.

Anadolu Antika 7, nettes Hofcafé mit Antiquitäten und Replikaten. Souvenirverkauf (kein Tourikitsch). Etwas versteckt, beim Restaurant Leban, von dort ausgeschildert. Kahraman Sok 37.

Sehenswertes

Mosaikenmuseum: Die Sammlung von Antakya ist weltberühmt und sehenswert, wenn auch nicht mehr die erste Wahl in der Türkei, seitdem das Mosaikenmuseum im südostanatolischen Gaziantep dem hiesigen den Rang abgelaufen hat. In fünf Sälen werden Mosaiken aus dem 2. bis 5. Jh. präsentiert, die einst die Villen reicher Bürger in Antakya und Umgebung zierten. Die Mosaiken, z. T. aus farbigen Flusskieseln entstanden, sind auf hohem künstlerischen Niveau, kaum verblasst und z. T. mehrere Quadratmeter groß. Sie zeigen Szenen aus der Mythologie, aber auch Alltägliches. Dionysos taucht gleich mehrmals auf, und dies stets betrunken. Herkules sieht man als mopsigen Helden mit den Schlangen kämpfen. Auf dem bekannten *Yakto-Mosaik* schlagen sich die mythologischen Heroen mit Löwen, Tigern und Bären herum. Viel Beachtung wird dem *Glücklichen Buckligen* gezollt, dessen Glück auf Hüfthöhe zu erkennen ist ... Neben all den Mosaiken wirken die übrigen archäologischen Exponate zweitklassig.

Gündüz Cad. Im Sommer tägl. (außer Mo) 9–18.30 Uhr, im Winter bis 17 Uhr. Eintritt 3,20 €.

Habib-i Neccar Camii: Antakyas älteste Gebetsstätte an der Kurtuluş Caddesi ist eine ehemals byzantinische Kirche, die wiederum auf antiken Tempelfundamenten entstand. Von den Mameluken wurde sie im 13. Jh. in eine Moschee umgewandelt, das Minarett kam im 17. Jh. hinzu – ein hübsches Beispiel für den türkischen Barock. Seinen Namen erhielt die Moschee von einem Lokalheiligen, der nahe Antakya in einer Höhle lebte.

Kirchen in der Altstadt: Aus kunsthistorischer Sicht sind die Kirchen in Antakyas Altstadt wenig spannend, dafür werden sie noch heute für Gottesdienste genutzt, wie z. B. die *Orthodoxe Kirche* (19. Jh.) im Gassenwirrwarr nahe der Hürriyet Caddesi. Sie ist das Zentrum einer 1500-köpfigen, arabischsprachigen Gemeinde. In ihrem Inneren überraschen ein paar Ikonen aus Russland (i. d. R. immer zugänglich). Nur noch 75 Mitglieder zählt die Gemeinde der *katholischen Kirche* nahe der Kurtuluş Caddesi (von der Prof. Ataman Demir Sok. ausgeschildert). Sie wurde erst in den 1970ern den Aposteln Petrus und Paulus geweiht, zuvor diente das Gebäude anderen Zwecken (12–15 Uhr geschlossen). Die Katholiken feiern seit 1988 übrigens ihr Osterfest am gleichen Tag wie die orthodoxen Christen, um beim Eiersuchen nicht ganz alleine zu sein. Wer aufmerksam umherspaziert, wird noch weitere Kirchen entdecken.

Apostelkirche (Petrus-Grotte): Dass Petrus in Antiochia missionierte, gilt als gesichert. Ob er jedoch gerade hier die erste christliche Gemeinde gegründet hat, ist eher eine Glaubensfrage. Papst Johannes Paul II. sprach die „erste Kathedrale der Welt" 1983 auf jeden Fall heilig. Dabei handelt es sich um eine Grotte, deren Inneres aus nicht viel mehr als nacktem Fels sowie einem Altar und einem Bischofssitz aus Stein besteht. Der Tunnel links des Altars diente den Christen als Fluchtweg bei nahender Gefahr. Die vor der Grotte errichtete Kirchenfassade mit drei großen Bögen ist ein Werk der Kreuzfahrer aus dem ausgehenden 11. Jh. Jährlich am 29. Juni, dem Todestag des Petrus, wird in der Kirche ein Festgottesdienst gehalten, hin und wieder finden hier auch klassische Konzerte statt.

Etwa 200 m nördlich der Apostelkirche lässt sich zudem ein etwa 5 m hohes *Felsrelief* aus hellenistischer Zeit besichtigen, der Trampelpfad dorthin ist ausgeschildert. Unklar ist, ob das Relief den Totenschiffer Charon aus dem Hades oder Stadtgründer Seleukos Nikator darstellen soll. Ganz sicher aber ist es *nicht* die Muttergottes, wie einem minderjährige Führer zuweilen auftischen wollen ...

Die Kirche befindet sich ca. 2 km abseits des Zentrums. Von der Straße nach Reyhanlı mit „St. Pierre Kilisesi" bzw. „St. Peter Church" ausgeschildert. Mit den Reyhanlı-Dolmuşen vom Zentrum zu erreichen. Im Sommer tägl. (außer Mo) 8–12 und 13.30–18.30 Uhr geöffnet. Eintritt 3,20 €.

Burg (Antakya Kalesi): Um zu der Zitadelle auf einem steil abfallenden Bergrücken im Süden der Stadt zu gelangen, muss man bislang einen 14 km langen Umweg auf sich nehmen. In Planung ist jedoch eine Seilbahn, die Stadt und Burg verbinden soll. Allzu viel ist von der ursprünglich hellenistischen Burganlage, die die Römer und Byzantiner erweiterten, nicht mehr übrig. Ein Ausflug lohnt jedoch wegen des phantastischen Panoramas. Antakya liegt Ihnen hier zu Füßen, nachts als funkelndes Häusermeer und im Morgengrauen in seinem besten Licht – ein Leckerbissen für jeden Fotografen!

Mit dem Altınözü-**Dolmuş** bis zur beschilderten Abzweigung zur Burg und die letzten 1,5 km zu Fuß gehen. Mit dem **eigenen Fahrzeug** von Antakya zunächst Richtung Reyhanlı, am Ortsende von Antakya Richtung Altınözü abzweigen, nach 7 km erneut (Schild), ab da noch 2 km.

Harbiye

„Komm, lass uns nach Harbiye gehen!" lautet für viele Bewohner des Hatay die Aufforderung zu einem ganz irdischen Saufgelage im ehemals heiligen „Hain der Daphne". Man setzt dabei eine lange Tradition der Ausschweifung fort: Im Hain jagte der Gott Apollon so liebestoll der Nymphe Daphne hinterher, dass sie sich sicherheitshalber in einen Lorbeerbaum verwandelte (griech. *daphne* = türk. *defne* = Lorbeer). Später feierten die Antiochier hier rauschende Feste zu Ehren diverser Gottheiten. 37 v. Chr. war der Hain schließlich Schauplatz der glamourösen Hochzeitsfeier von Kleopatra und Mark Anton (→ Kasten S. 176). Heute ist die mit Terrassenlokalen bestückte Grünanlage ein lauschiges Ausflugsziel, wenn auch manchmal ein wenig überfüllt. Ein Quellwasser bildet zahlreiche kleine Wasserfälle und Rinnsale in einem Zypressen- und Lorbeerwald, der stufenweise ins Tal abfällt. Der Hain liegt 9 km südlich des Zentrums von Antakya. Antakya und Harbiye sind mittlerweile fast zusammengewachsen.

Anfahrt/Verbindungen Von der Straße nach Yayladağı mit „Şelale" ausgeschildert. Regelmäßige **Dolmuş**verbindungen von und nach Antakya.

Essen & Trinken/Übernachten Die allesamt empfehlenswerten Restaurants an der Straße oberhalb des Hains und im Hain selbst bieten regionale Schmankerln mit besten Meze auf weinumrankten Gartenterrassen. Mittlere Preisklasse. Wo kein Essen serviert wird, darf man sich hinsetzen, das Getränk bestellen und Mitgebrachtes auspacken. Im Oktober sollte man unbedingt die berühmten Harbiye-Datteln kosten. Oberhalb des Hains findet man auch einige Mittelklassehotels.

Simeon-Stylites-Kloster

Der Wunderheiler Simeon der Jüngere (521–592) war ein Säulenheiliger, ein sog. Stylit (griech. *stylos* = Säule) – nach dem Vorbild des Säulenheiligen Simeon des Älteren, der eine Kultstätte im heutigen Nordsyrien besaß. Fast sein ganzes Leben verbrachte der Extremasket auf einer rund 12 m hohen Säule. Der Verkehr mit der Außenwelt – und auch die sagenumwobenen Heilungen durch Handauflegen – erfolgten über eine Leiter, die man an die Säule legte. Das teilweise aus dem Felsen gehauene Kloster Simeons des Jüngeren auf einem Bergrücken zwischen Antakya und Samandağ wurde 541 eingeweiht. Bis zum 13. Jh. war es ein Pilgerziel der Massen. Heute liegen die kläglichen Ruinen in der gebirgig-windigen Einsamkeit des Hatay. Von der berühmten Säule Simeons, dem einstigen Mittelpunkt des Klosters, sind noch 4–5 m der Basis erhalten. Zudem stehen noch die Überreste dreier Kirchen im Osten der Anlage. Die Aussicht von dort ist herrlich.

Anfahrt Von Antakya in Richtung Samandağ, nach ca. 15 km in der Ortschaft Uzunbağ links abzweigen (ca. 400 m hinter dem Hinweisschild „Samandağ 10 km"). Von dort noch 6 km auf einem mit Schlaglöchern gespickten Sträßlein (komplett ausgeschildert). Achtung: 2011 waren an der Straße Antakya – Samandağ umfangreiche

Bauarbeiten im Gange, aufgrund derer sich die Anfahrt evtl. ändern kann (z. B. Abzweigemöglichkeit nur noch in Fahrtrichtung Samandağ – Antakya).

Öffnungszeiten/Eintritt Stets zugänglich. Offiziell kostenlos, allerdings werden Ihnen möglicherweise selbst ernannte Aufseher etwas abknöpfen wollen.

Samandağ/Vakıflı

Samandağ, 26 km südwestlich von Antakya, ist ein schäbiges Kaff mit 42.000 Einwohnern. Es bietet nichts außer langen, aber ungepflegten Sandstränden – Wochenendziele der Antakyalılar. Interessant hingegen ist ein Ausflug in die nördlich von Samandağ gelegenen Bergdörfer rund um den 1281 m hohen *Musa Dağı* (Mosesberg). Leicht zu erreichen ist Vakıflı, das einzige verbliebene, rein armenische Dorf der Türkei. Traurige Berühmtheit erlangte es durch Franz Werfels 1000-seitigen Tatsachenroman *Die 40 Tage des Musa Dagh*. Die Einwohner von Vakıflı (armenisch *Wakef*) gehörten zu jenen rund 5000 Armeniern der sieben christlichen Mosesbergdörfer, die 1915 vor ihrer Deportation in die syrische Wüste (→ Kasten S. 187) auf den Musa Dağı flüchteten und nach 40 Tagen von französischen Schiffen gerettet wurden. Nach Kriegsende kehrten die meisten von ihnen nach Vakıflı zurück. Heute leben in Vakıflı noch rund 130 meist ältere Armenier. Pittoreske Natursteinidylle darf man jedoch nicht erwarten – das herausgeputzte Dorf mit Friedhof und Kirche wirkt sehr modern. An die anderen armenischen Dörfer erinnern in der Einsamkeit der Gegend nur noch wenige traurige Reste.

Regelmäßige **Dolmuş**verbindungen zwischen Samandağ und Antakya. Vakıflı ist von Samandağ (von der Straße nach Çevlik) ausgeschildert, von dort noch ca. 4 km.

Çevlik

Der schäbig-provisorische Low-Budget-Badeort Çevlik ist mit Samandağ mittlerweile fast zusammengewachsen. Viele Syrier und Jordanier machen hier Urlaub. Der Alkohol fließt in Strömen, zum Abendessen wird bisweilen eine Flasche Whiskey geköpft. Tagsüber vertreibt man sich die Zeit am feinen, grauen, aber leider alles andere als gepflegten Sandstrand.

In der Antike lag hier **Seleukeia Pieria**, die Hafenstadt Antiochias mit rund 30.000 Einwohnern und erste Station der Missionsreise des Paulus. Reste der Stadt- und Hafenmauern sowie einige Felsengräber („Kaya Mezarları") sind noch erhalten. Zu besichtigen ist auch ein mit „Titus Tüneli" ausgeschilderter 1300 m langer, in den Fels geschlagener, schluchtartiger **Tunnel**, eine der gewaltigsten Tiefbauarbeiten der Antike. Er entstand unter dem römischen Kaiser Titus im 1. Jh. zur Umleitung eines Wildbaches, der die Stadt immer wieder überschwemmte. Eine Taschenlampe ist empfehlenswert (Eintritt 1,20 € für alle Sehenswürdigkeiten).

Von Çevlik führt eine wildromantische, allerdings nur zu drei Vierteln geteerte Straße nach Arsuz (→ S. 198). Zunächst fährt man direkt am Meer entlang (die Strände unterwegs werden leider nicht vom angeschwemmten Müll befreit), später hoch über der Küste.

Verbindungen **Dolmuş**verbindungen von und nach Samandağ.

Übernachten/Essen & Trinken Etliche einfache, z. T. kakerlakenlastige Pensionen. In den Terrassenlokalen grillt man Fisch, *Harbiye Kebabı* (leckeren Hackfleischspieß mit Tomaten und Zwiebeln) und manchmal auch Wachteln *(bıldırcın)*. Letztere werden auf Wunsch direkt vor den Augen des Gastes geschlachtet!

Ortahisar – ruhiges Landstädchen mit mächtigem Burgfelsen

Kappadokien

Im „Land der schönen Pferde“

Kappadokien

(Kapadokya)

Kappadokien ist ein Weltwunder der Natur im Herzen Anatoliens: eine einzigartige Tuffsteinlandschaft mit bizarren Felsgebilden, unterirdischen Städten und Höhlenkirchen. Was vor Millionen von Jahren Vulkanausbrüche in die Wege leiteten, besuchen heute rund zwei Millionen Touristen jährlich.

Die schönsten Tufflandschaften Kappadokiens liegen im Dreieck Nevşehir – Avanos – Ürgüp. Hier erwartet Sie eine Fülle natürlicher Plastiken, einer Märchenwelt gleich, in der nur noch Kobolde und Feen fehlen, um sie perfekt zu machen. Es gibt nur wenige Gegenden der Welt, die sich schöner durchstreifen lassen. Neben dieser faszinierenden Landschaftsszenerie besitzt die Region auch ein großes kulturgeschichtliches Erbe aus byzantinischer Zeit – mehr als 1000 Höhlenkirchen, nicht wenige davon mit prachtvollen Fresken ausgemalt. Nur ein Bruchteil davon wurde bislang zugänglich gemacht.

Entstehungsgeschichte

Als „Väter Kappadokiens“ kann man die Vulkane *Erciyes Dağı* (3916 m) nahe Kayseri, *Hasan Dağı* (3253 m) nahe Aksaray und *Melendiz Dağı* (2963 m) nahe Niğde bezeichnen. 10 bis 30 Mio. Jahre ist es her, dass sie das Innere der Erde nach außen kehrten: In wiederholten Ausbrüchen schleuderten sie Tuffasche in das umliegende Gebiet, die sich in Schichten von verschiedener Festigkeit und Farbe ablagerte. Durch Witterungseinflüsse wurden diese Schichten aufgespalten und tiefe Schluchten ausgewaschen. Das Tuffmaterial wurde in jahrtausendelanger Arbeit abgetragen, die weichen poröseren Schichten schneller als die wasserundurchlässigen harten. So bildeten sich die charakteristischen Tuffpyramiden, die sog. Feenkamine (türk.

peri bacaları), die der Naturgesetze zu spotten scheinen und die heute den Reiz der kappadokischen Landschaft ausmachen.

Der Erosionsprozess ist noch in vollem Gange, in vielen Tälern findet man Feenkamine im Geburtsstadium, die sich eben erst aus der Tufflandschaft herauszuschälen beginnen. Andernorts stürzen Felsformationen ein – insbesondere solche, die der Mensch aushöhlte und bewohnte. Hier drang Sickerwasser ein, das in den strengen kappadokischen Wintern gefror und die Fassaden wegbrechen ließ. So blickt man dort, wo einst nur ein paar kleine Löcher für den Lichteinfall und zur Belüftung im Fels waren, auf aufgerissene Flächen, die aussehen, als hätte man einen Burgfelsen aufgesägt, um im Querschnitt eine Innenansicht zu präsentieren.

Siedlungsgeschichte

Funde belegen, dass das Gebiet bereits im Neolithikum besiedelt war. In hethitischer Zeit gehörte es zum Kernland des von Hattuşa (nahe dem heutigen Yozgat nördlich von Kappadokien) aus regierten Reiches. Als Kappadokien bzw. *Katpatuka* („Land der schönen Pferde") wurde die Region erstmals unter den Persern erwähnt. Damit war aber ein viel größeres Terrain gemeint, das sich nicht nur auf die Tuffsteinlandschaft beschränkte. In hellenistischer Zeit gab es ein Kappadokisches Königreich, das von *Mazaca,* dem römischen *Caesarea Cappadociae* und heutigen Kayseri, regiert wurde. Bekehrt durch den Apostel Paulus, entwickelten sich schon sehr früh christliche Gemeinden. Bereits im 2. Jh. war Kappadokien überwiegend christlich, im 3. Jh. wurden hiesige Bischöfe gar bis nach Mailand entsandt.

Zum wichtigsten Mann der Region avancierte im 4. Jh. Basilius, der Bischof von Caesarea, der die Liturgie der Ostkirche reformierte. Das entstehende Mönchstum war durch kleine, geschlossene Gemeinschaften gekennzeichnet. Sie nutzten die

Kappadokien → Karte hintere Umschlagklappe

geografische Beschaffenheit der Tuffregion mit ihren natürlichen Verstecken und zogen in die abgeschiedenen Täler. Im 7. Jh. wurde Kappadokien mehrmals Frontgebiet des Byzantinischen Reiches. Auf die Perserkriege folgten die Einfälle der Araber, die *Sebaste* (Sivas) und Gebiete östlich von Caesarea besetzt hielten.

Mit dem Siegeszug des Islam über Vorderasien suchten viele Christen aus Syrien, Palästina und Ägypten in Kappadokien Zuflucht. Der Tuffstein war den Ankömmlingen ein dankbares Material: Es war leicht, Wohnungen in den weichen Stein zu schlagen. Selbst Sitzbänke, Regale und sogar Salatschüsseln haute man gleich mit in den Fels. Zudem hatten die Behausungen den Vorteil, im Sommer kühl und im Winter warm zu sein. Drohte Gefahr, wurden Wohnungen wie Kirchen zu Fluchtburgen und Verstecken, selbst ganze Städte legte man dafür unterirdisch an (→ Kasten S. 253). Sicherer wurde die Lage für das kappadokische Christentum erst wieder, als die in religiösen Fragen toleranten Seldschuken im 11. Jh. große Teile Anatoliens eroberten. Im 13./14. Jh. gesellten sich zu den bereits hier lebenden Christen viele Armenier, die vor den Mongolenheeren im Osten des Landes geflüchtet waren. All die verschiedenen Kulturen, die lediglich das Christentum gemeinsam hatten, haben auf die Vielfalt der hiesigen Kirchenkunst Einfluss genommen.

Wohnen im Tuffstein

Unter osmanischer Herrschaft wurden die Klöster aufgelöst und in Wohnungen bzw. Ställe umgewandelt. Viele Christen verließen die Gegend, die letzten mussten 1923 infolge des Bevölkerungsaustauschs gehen.

Kappadokien heute

Heute bemühen sich die UNESCO und der türkische Staat, die Relikte der reichen Kirchen- und Klosterkultur Kappadokiens zu schützen. Die bedeutendsten Täler im Kerngebiet Kappadokiens wurden zum „Geschichtsnationalpark“ *(Göreme Tarihi Milli Parkı)* zusammengefasst. Doch die Zeiten des sanften Tourismus sind vorbei. Die Besucherzahlen erreichen Jahr für Jahr neue Rekordmarken. Busgruppen aus den Küstenresorts fallen wie Heuschreckenschwärme über Kappadokien her. In Massen gondeln sie am Morgen im Ballon über die Täler, in Massen wandern oder kurven sie in Jeeps tagsüber darin herum, und in Massen werden sie am Abend zu Folkloreveranstaltungen gekarrt. Doch keine Sorge – auch der Individualtourist findet noch genügend schöne Fleckchen und hübsche kleine Unterkünfte für geruhsame Tage.

Kappadokien – ein Wanderparadies im Herzen Anatoliens

Kappadokien im Überblick

Anreise mit dem Bus: Von allen größeren Städten der Südküste gelangen Sie per Bus nach Kappadokien (Fahrtdauer → Nevşehir/Verbindungen, S. 216). Endstation vieler Busse nach Kappadokien ist Nevşehir (von dort Dolmuş-/Busverbindungen ins kappadokische Kerngebiet, → Nevşehir/Verbindungen, S. 216). Direktverbindungen (im Sommer häufig, im Winter stark eingeschränkt) gibt es auch nach Göreme und Ürgüp, und zwar durch die Busgesellschaften Metro, Kent, Süha und Nevşehir Seyahat. Achtung: Manche Gesellschaften werben mit Direktbussen nach Göreme und lassen ihre Passagiere dennoch, oft mitten in der Nacht, an der Fernstraße nahe Nevşehir aussteigen – fragen Sie deswegen explizit nach dem Ankunftsort in Kappadokien! Für ein Taxi von Nevşehir nach Göreme müssen Sie mit ca. 28 € rechnen, nach Uçhisar mit 16 €.

Anreise mit dem Flugzeug: Bislang landen selten mehr als zwei, drei Maschinen pro Tag auf dem **Flughafen Nevşehir Kapadokya** ca. 25 km nördlich von Nevşehir beim Örtchen Tuzköy. Welche Fluggesellschaft den Flughafen außer der THY ansteuert, erfahren Sie unter www.kapadokya.dhmi.gov.tr. Zu den THY-Flügen besteht ein Zubringerservice von und nach Nevşehir (Abfahrt dort vorm *Öğretmen Evi*, Atatürk Bul. 40, kostenlos), zudem bieten Reisebüros Transfers von und nach Ürgüp und Göreme (→ dort). Ein Taxi vom Flughafen nach Nevşehir kostet ca. 37 €, nach Gülşehir (dort Verbindungen mit dem Bus nach Nevşehir) ca. 11 €. In der Ankunftshalle gibt es keine Bankomaten. Vertreter der Autoverleiher sind nur anwesend, wenn eine Reservierung vorliegt.

Der **Flughafen Kayseri** (www.kayseri.dhmi.gov.tr) knapp 70 km nordöstlich des kappadokischen Kerngebiets wird hingegen von diversen türkischen Städten sowie von Deutschland, Österreich und der Schweiz aus direkt angeflogen. Der Flughafen liegt 4 km nördlich des Zentrums von Kayseri. Schalter der Autoverleiher *Hertz* (✆ 0352/3373815, www.hertz.com.tr), *Avis* (✆ 0352/3380594, www.avis.com.tr) und *Sixt* (✆ 4440076, www.sixt.com.tr) sind vorhanden. Ins

Zentrum von Kayseri gelangt man mit Stadtbussen (Ⓑ 100, 101, 270 u. 271) oder – bequemer – mit dem Taxi (ca. 8 €, zum Busbahnhof ca. 10 €, direkt nach Kappadokien ca. 55 €). Transfers von und zum Flughafen organisieren auch Reisebüros in Göreme und Ürgüp (→ dort) – die einfachste Variante.

Drei Übernachtungsadressen für in Kayseri Gestrandete: *** **Bent Hotel**, 40 kleine, aber sehr gepflegte und saubere Zimmer. DZ 57 €. Atatürk Bul. 40, ✆ 0352/2212400, ℻ 2212405, www.benthotel.com. *** **Hotel Çapari**, ein etwas älteres, aber gut geführtes Haus in recht ruhiger Lage. DZ 37 €. Donanma Cad. 12, ✆ 0352/2225278, ℻ 2225282, www.hotelcapari.com. **Hotel Kadıoğlu**, kleine, ordentliche Zimmer mit Laminatböden. DZ 32 €. İnönü Bul. 59, ✆ 0352/2316320, ℻ 2228296, www.hotelkadioglu.com.

Auto- und Zweiradverleih: → Göreme, Ürgüp und Avanos.

Ballonfahrten: → Göreme.

Campingplätze: → Göreme, Soğanlı-Tal und Ihlara-Schlucht. Viele Campingplätze haben nur von Mai–Okt. geöffnet.

Highlights: Zu den großen Attraktionen gehören das Göreme Open-Air-Museum, Zelve, das Paşabağı-Tal und Uçhisar. Zum Pflichtprogramm zählt ferner der Abstieg in eine unterirdische Stadt – es muss dabei nicht unbedingt der Kassenrenner Derinkuyu sein. Personen mit Platzangst ist die kleine unterirdische Stadt von Gaziemir zu empfehlen. Wer etwas mehr Zeit mitbringt, sollte sich die Ihlara-Schlucht nicht entgehen lassen.

Karten: Für eines der meistbesuchten Reisegebiete der Türkei gibt es leider nach wie vor nur wenig gutes Kartenmaterial. Wanderbroschüren bzw. -skizzen halten u. a. die Touristeninformation in Ürgüp (→ S. 242) und das Reisebüro Kirkit in Avanos (→ S. 237) bereit.

Reiten: → Göreme und Avanos.

Reisezeit: → Wissenswertes von A bis Z, S. 51.

Standorte/Übernachten: Die meisten Individualreisenden übernachten in Göreme und Ürgüp. Göreme ist aufgrund seiner zahlreichen Pensionen das Mekka der Rucksacktouristen. Ürgüp besitzt eine Vielzahl gehobenerer Unterkünfte. Von beiden Orten lässt sich das kappadokische Kerngebiet recht gut mit öffentlichen Verkehrsmitteln erkunden. Flair besitzen jedoch auch Uçhisar und Mustafapaşa – wer sich dort niederlässt, sollte jedoch an einen Mietwagen denken. Alle besseren Unterkünfte verfügen über eine Heizung, trotzdem können die romantischen Felsenzimmer bis weit ins Frühjahr hinein feuchtklamm sein.

Verbindungen innerhalb Kappadokiens: Zu fast allen Sehenswürdigkeiten gelangt man (mehr oder minder) mit öffentlichen Verkehrsmitteln. Zwischen den größeren Ortschaften wie Nevşehir, Göreme, Ürgüp und Avanos fahren tagsüber (von 7–18 Uhr regelmäßig, bis 20 Uhr nur noch unregelmäßig) kommunale Busse und Dolmuşe. Schlecht sind die Verbindungen an Sonntagen und im Winter. Ein Moped oder Mietwagen ist stets von Vorteil. Es werden vor Ort auch organisierte Rundreisen angeboten.

Wandern: Feste, knöchelhohe Schuhe mit guter Profilsohle sind empfehlenswert. Zwischen den Feentürmen geht es auf rutschigem Untergrund oft steil bergauf oder bergab. Leider existieren keine topografisch exakten Wanderkarten, zum Glück wird aber die Markierung der Wege von Jahr zu Jahr besser. Die Gegend ist jedoch überschaubar, Orientierungspunkte gibt es viele, und ein Verlaufen ist kaum möglich – an irgendeiner Straße kommt man immer heraus. Im Reiseteil finden Sie Anregungen für Touren. Starten Sie früh, um für den Rückweg noch ein Dolmuş oder einen Bus zu erwischen. Für Wanderführer und Wandertourenanbieter → Uçhisar, Göreme, Ürgüp und Avanos.

Nevşehir

ca. 86.000 Einwohner

Von Süden oder Westen kommend, ist Nevşehir das Tor nach Kappadokien. Zum längeren Verweilen lädt die Provinzhauptstadt jedoch nicht ein.

Nevşehir ist Verkehrsknotenpunkt wie auch Verwaltungs- und Geschäftszentrum der gleichnamigen Provinz, aber mehr auch nicht. Das Bild der auf 1200 m Höhe gelegenen Stadt ist nüchtern, Sehenswürdigkeiten und Unterkünfte sind im Vergleich zu den Tuffsteindörfern der Umgebung zweitklassig.

Das ehemalige *Muşkara* war bis zur Tulpenzeit (ca. 1703–1730), einer Art Belle Époque des Osmanischen Reiches, ein Dorf wie so viele der Gegend. Erst mit der Ernennung des hier geborenen Damat İbrahim Pascha zum Großwesir wurde auf dessen Geheiß das Dorf zur „Neuen Stadt" (= Nevşehir) ausgebaut. Und wer heute in Nevşehir strandet und ein paar Stunden bis zum nächsten Bus verbringen muss, kann ihm danken, dass es so manches, wenn auch nicht gerade Spektakuläres zu besichtigen gibt. Da wäre zum einen die nach dem Großwesir benannte, 1727 errichtete **Damat İbrahim Paşa Külliyesi**. Zu dem Komplex nahe der Lale Caddesi gehört neben einer Moschee eine Medrese (heute eine Bibliothek) und ein noch immer dampfender Hamam (Eintritt inkl. *Kese* und Massage 10 €, tägl. 6–24 Uhr, Frauen baden Sa 10–16 Uhr). Die Moschee selbst ist ein klassisch-osmanischer Zentralkuppelbau, der über einen Vorhof mit einem hübschen Reinigungsbrunnen betreten wird. Im Inneren sieht man die Loge des Großwesirs und die seines Gefolges.

Vom Damat-İbrahim-Paşa-Komplex kann man durch die Gassen der Altstadt zur **Zitadelle** hoch über Nevşehir aufsteigen (Selbstfahrer folgen von der Straße nach Aksaray dem gelben Schild „Kale"). Sie wurde in seldschukischer Zeit errichtet und unter Damat İbrahim Pascha erweitert. So imponierend sie aus der Froschperspektive ist, so enttäuschend ist sie bei näherer Betrachtung: Die Zitadelle präsentiert sich in einem verwahrlosten Zustand und bietet keinen grandiosen Kappadokien-Panoramablick, sondern lediglich die Aussicht über eine nicht besonders schöne Stadt (frei zugänglich). In entgegensetzter Richtung, an der Yeni Kayseri Caddesi, beherbergt ein trister staatlicher Kulturkomplex das städtische **Museum** mit der türkeitypischen Mischung aus archäologischer und ethnografischer Abteilung. Erste zeigt ein buntes Sammelsurium aus allen möglichen Epochen und Gegenden, Exponate aus Mesopotamien und Zypern, von den Urartäern und Phrygern. Die Römer steuerten Terrakotta-Sarkophage und Münzen bei, die Osmanen Handschriften. In der ethnologischen Abteilung sind u. a. Schmuck und Werkzeuge ausgestellt (tägl. außer Mo 8–12 und 13–17 Uhr, Eintritt frei).

Orientierung: Der Atatürk Bulvarı ist die Hauptachse der Stadt und durchschneidet das Zentrum von West nach Ost, der östliche Abschnitt wird auch Yeni Kayseri Caddesi genannt. Am Atatürk Bulvarı liegen die Touristeninformation, die Polizei, das Museum sowie mehrere Hotels. Was noch von der Altstadt erhalten blieb, findet man südlich des Atatürk Bulvarı bzw. westlich der Lale Caddesi.

Kappadokien → Karte hintere Umschlagklappe

Information/Verbindungen/Sonstiges

Telefonvorwahl 0384.

Information Yeni Kayseri Cad., Mo–Fr 8–17 Uhr. ✆ 2134260, www.nevsehirkulturturizm.gov.tr.

Verbindungen **Intercitybus**: Busbahnhof an der Straße nach Aksaray ca. 3 km westlich des Zentrums. Dolmuşe dorthin verkehren entlang der Kayseri Cad., Lale Cad. und Osmanlı Cad. Direktverbindungen nach Kayseri (1:30 Std.), Derinkuyu (45 Min.), Konya (3 Std.), Alanya (10 Std.), Antalya (12 Std.), Mersin (5 Std.) und Adana (5 Std.).

Kommunaler Bus/Dolmuş: Die Dolmuşe bzw. Busse nach Göreme, Ürgüp, Uçhisar, Ortahisar, Avanos, Kaymaklı und Mazıköy starten bislang von der Haltestelle an der Saatçi Hoca Cad. Künftig, so die Planungen, sollen die Busse jedoch vom Busbahnhof (s. o.) abfahren. Die Dolmuşe nach Hacıbektaş (8-mal tägl.) starten gleich ums Eck von der Lale Cad./Ecke Saatçi Hoca Cad. Wer nach Gülşehir oder Çat will, steigt wenige Meter nördlich an der Gülşehir Cad. ein. Die Dolmuşe nach Aksaray, Acıgöl (häufig) und Tatlarin (max. 3-mal tägl.) starten beim Kreisverkehr im Norden des Atatürk Bul.

Ärztliche Versorgung Privates **Versa Hospital** an der Straße nach Uçhisar im Osten der Stadt. ✆ 2143232.

Einkaufen **Markt** So und Mo im Westen des Zentrums.

Übernachten/Essen & Trinken

Gehobenere Hotels ohne Charme am Ortsrand – allesamt auf organisierte Busreisegruppen ausgerichtet. Auch die Hotels im Zentrum sind nicht der Rede wert – fahren Sie besser gleich weiter nach Zentralkappadokien, abends notfalls auch mit dem Taxi. 2 zentrale Adressen für Gestrandete:

**** **Altınöz Hotel** **3**, eine der besten Adressen in der Innenstadt, wenn auch geschmacklos und billig ausgestattet. 120 Zimmer mit lilafarbenem Mobiliar, Teppichböden und Klimaanlage. Hamam, Fitnesscenter, Innenpool. EZ 55 €, DZ 74 €. Ragıp Üner Cad. 23, ✆ 2139961, ℻ 2132817, www.altinozhotel.com.

Hotel Şems **2**, schmales, leicht in die Jahre gekommenes Haus mit 25 Laminatbodenzimmern, sauber und für den Notfall okay. DZ 28 € ohne Frühstück. Atatürk Bul. 27, ✆ 2133597, ℻ 2124967.

Essen & Trinken **Nevşehir Konağı Restaurant** **1**, im Kulturpark etwas außerhalb des Zentrums. Nachgebauter kleiner Han, drum herum eine Grünanlage. Große Auswahl: Gegrilltes, *Mantı* und internationale Gerichte zu fairen Preisen. Kein Alkohol. Von der Touristeninformation dem Atatürk Bul. für rund 700 m bergauf folgen, beim Kreisverkehr links ab Richtung Aksaray, nach weiteren 700 m rechter Hand hinter dem unübersehbaren *Kapadokya Kültür ve Sanat Merkezi*. ✆ 2136183.

Hacıbaba **4**, gehobene Lokanta an der Durchgangsstraße gegenüber der Polizei. Guter *İskender Kebap*, dazu auch andere leckere Kebabs und *Lahmacun* zu 5,30–8,20 €. Yeni Kayseri Cad. 45.

Für zentralkappadokische Ziele wie Uçhisar (8 km) und Göreme (12 km) östlich von Nevşehir lesen Sie weiter ab S. 219, für die unterirdischen Städte von Kaymaklı und Derinkuyu südlich von Nevşehir ab S. 252.

Nördlich von Nevşehir

Im Gegensatz zu den Attraktionen der zentralkappadokischen Tuffsteinlandschaft führen die Sehenswürdigkeiten nördlich von Nevşehir ein eher stiefmütterliches Dasein. Es kommt gar nicht selten vor, dass man der einzige Besucher ist. Dies hat

seinen Reiz, auch wenn die Täler, Felsenkirchen und unterirdischen Städte zugegebenermaßen weit weniger imposant sind.

Çat und Çat Vadisi: Çat (2350 Einwohner), rund 6 km nordwestlich von Nevşehir, ist das, was man ein unverfälschtes Bauerndorf nennt. Ähnlich sah das Gros der Ortschaften Kappadokiens aus, bevor der Massentourismus Einzug hielt. Von Çat kann man einen längeren Spaziergang durch das wildromantische Çat Vadisi unternehmen, ein Tal mit niedrigen, hellen Tuffsteingebilden und Weinreben dazwischen. Wer will, kann auch bis Açıksaray wandern (s. u., ca. 7,5 km). Dafür folgt man vom Dorfplatz der Gülşehir Cad., dann dem Schild „Çat Vadisi“ und hält sich schließlich im Tal stets gen Norden.

Çat ist von der Straße nach Gülşehir ausgeschildert. **Bus**verbindungen ab Nevşehir.

Açıksaray: Bei dem „Offenen Palast“ 15 km nördlich von Nevşehir an der Straße nach Gülşehir handelt es sich um einen verschachtelten, mehrstöckigen Komplex aus Kirchen- und Klosteranlagen. Er gehört zu den ältesten christlichen Relikten Kappadokiens, die Kirchen datieren z. T. aus dem 6. Jh. Keine Freskenkunst, vielmehr schlichte, rote Wandzeichnungen sind hier zu sehen, u. a. Stierdarstellungen. Der Stier, der von vielen Völkern aufgrund seiner Zeugungskraft verehrt wurde, ist in Kappadokien ein selten verwendetes Symbol. Seine Bedeutung für das frühe Christentum ist nicht bekannt. In der Nähe des Palastes befindet sich eine auffällige pilzähnliche Felsformation, die man nach einem staubigen Spaziergang erreicht. Sie ist das Logo der nahen Stadt Gülşehir.

Klosterkomplex Açıksaray

Problemlos mit Gülşehir-**Bussen** von Nevşehir zu erreichen, einfach unterwegs aussteigen. Tägl. 8–17 Uhr. Kein Eintritt.

Johannes-Kirche/Gülşehir: Das 8900 Einwohner zählende Städtchen Gülşehir am Flusslauf des *Kızılırmak* liegt zu Fuße eines breiten Tufffelsen. Am Ortseingang (von Nevşehir kommend) ist die *Johannes-Kirche* mit „St. Jean Church" ausgeschildert. Die aufwendig restaurierte, zweigeschossige Kirche, auch „Karşı Kilise" genannt, gehört zu den Vorzeigekirchen Kappadokiens. Eine Wendeltreppe führt in die gänzlich mit prachtvollen Fresken (vermutlich 13. Jh.) ausgemalte Oberkirche. Mit Ausnahme der Darstellungen in der Apsis ist die Bildergalerie vollständig erhalten. Medaillons mit byzantinischen Heiligen schmücken die Decke, an der Rückwand kämpfen die Heiligen Georg und Theodor gegen zwei Drachen. Eindrucksvoll sind auch die Szenen aus dem Neuen Testament: Letztes Abendmahl, Judaskuss und Auferstehung (tägl. 8–17 Uhr, Eintritt 3,20 €).

Im Zentrum von Gülşehir lässt sich zudem die schmucke *Karavezir-Mehmet-Pascha-Moschee* aus dem 18. Jh. besichtigen, kunstvoll verzierte Koranausgaben werden darin ausgestellt. Der zinnenbewehrte Komplex, der auf dem Tufffelsen hoch über der Stadt thront, war übrigens einst ein Drei-Sterne-Hotel.

Regelmäßige **Bus**verbindungen von und nach Nevşehir.

Längs des Uzunyol

Die Strecke von Nevşehir nach Aksaray war einst ein Teil des *Uzunyol* („Langer Weg"), einer der ältesten Handelsstraßen der Welt. Auf ihr zogen die Karawanen aus Persien in die Seldschukenhauptstadt Konya. Aus jener Zeit zeugen noch einige Karawansereien, so z. B. der **Alayhan** rund 15 km südwestlich von Acıgöl. Der Han entstand in der Mitte des 13. Jh. Zuletzt wurde er komplett restauriert bzw.

mehr rekonstruiert denn restauriert. Das Resultat präsentiert sich als eine Art Plastikburg. Ein Hingucker ist das reich verzierte Portal, das in seiner Ursprungsform zu drei Vierteln erhalten blieb. Noch 2012 soll die Anlage der Öffentlichkeit zugänglich gemacht werden.

Weitestgehend im Originalzustand erhalten ist hingegen der aus der gleichen Zeit stammende **Ağzıkarahan** 15 km weiter Richtung Aksaray. Beachtenswert ist auch hier das Portal, dazu die auf wuchtigen Säulen ruhende Moschee im Innenhof (tägl. 8–19.30 Uhr, Eintritt 0,80 €). Die Busse zwischen Aksaray und Nevşehir passieren beide Karawansereien.

Acıgöl/Tatlarin: Hier gibt bzw. gab es unterirdische Städte (→ Kasten S. 253) zu entdecken. Da diese aber um einiges kleiner sind als z. B. Derinkuyu oder Kaymaklı, kommen nur wenige Besucher hierher. Die unterirdische Stadt von Acıgöl 21 km westlich von Nevşehir ist in Privatbesitz. Der Eigentümer, der sie bei Bauarbeiten auf seinem Grundstück entdeckte und teilweise ausgraben ließ, verstarb 2011. Seitdem ist die Anlage nicht mehr zugänglich, was sich jedoch wieder ändern kann.

Rund 9 km nördlich von Acıgöl liegt das urtümliche Dorf Tatlarin – lohnenswert für alle, die ein bisschen mehr Zeit für Kappadokien haben. Die „unterirdische" Stadt Tatlarins befindet sich in einer Felswand hoch über dem Ort. Das Besondere: eine Toilette. Kaum eine andere unterirdische Stadt Kappadokiens kann eine solche aufweisen, die Toilettenfrage ist bis heute nicht geklärt. Nebenan befindet sich der Eingang zu einer Kirche mit gut erhaltenen Fresken vom Lebens- und Leidensweg Jesu (tägl. 8–17 Uhr, Eintritt frei).

Die Sehenswürdigkeiten sind in bzw. von Acıgöl ausgeschildert. Nach Acıgöl häufige **Dolmuş**verbindungen ab Nevşehir, nach Tatlarin max. 3-mal tägl.

Falls Ihr nächstes Ziel Aksaray ist, lesen Sie weiter ab S. 266. Fahren Sie in die Ihlara-Schlucht, lesen Sie weiter ab S. 257.

Uçhisar

Wie ein Emmentaler ist der gewaltige Burgfels durchlöchert, in dessen Schatten sich das reizvolle Dorf duckt. Uçhisar ist nicht nur eine Stippvisite wert, Uçhisar bietet sich auch als gemütlicher Standort an.

Tagsüber bevölkern Busgruppen das kappadokische Vorzeigedorf und seinen Burgfelsen, einen majestätischen Brocken von 60 m Höhe. Im Inneren ist er zerfressen von Gängen und Räumen, die mittlerweile teils zugeschüttet oder unpassierbar sind. Um die 1000 Menschen wohnten hier einst. Der nicht sehr beschwerliche Aufstieg über Außen- und Innentreppen (Burgeintritt 2 €) belohnt mit einer fantastischen Aussicht über die Täler und Städte Kappadokiens – am schönsten abends zur „Blauen Stunde", wenn sich die Landschaft in bezaubernden pastellfarbenen Tönen zeigt. An klaren Tagen präsentiert sich im Hintergrund – meist mit schneebedecktem Gipfel – der fast 4000 m hohe *Erciyes Dağı*, auf dem man im Winter übrigens Ski fährt.

Viele Einwohner Uçhisars leben heute in Frankreich, so manche Franzosen dafür hier. Kein Wunder also, dass man im Dorf mit Französisch besser als mit Englisch oder Deutsch zurechtkommt. Im unteren, sich gen Göreme erstreckenden Ortsbereich wohnt jedoch kaum noch jemand. Immobilienmakler und Architektenbüros haben

Kappadokien → Karte hintere Umschlagklappe

Der Burgfelsen von Uçhisar

sich hier eingekauft und verhökern die Häuser – fast allesamt mit tollen Ausblicken – an künftige Pensionsbesitzer und Hoteliers aus aller Welt weiter. Der beschaulich-friedfertigen Atmosphäre tut dies keinen Abbruch, doch verwandelt sich Uçhisar dadurch mehr und mehr zu einem sterilen Museumsdorf ohne Alltagsleben. Für Kappadokienbesucher, denen Ürgüp und Göreme zu laut und zu voll sind, ist Uçhisars jedoch nach wie vor ein guter Standort – v. a. dann, wenn man niveauvoll-gepflegte Unterkünfte zu schätzen weiß. Nahe Uçhisar laden das **Taubental** und das **Liebestal** zu ausgedehnten Spaziergängen ein (→ Wandern).

Verbindungen/Autoverleih/Einkaufen

Telefonvorwahl 0384.

Verbindungen Die **Dolmuşe** von Göreme nach Nevşehir passieren Uçhisar, nicht alle fahren ins Zentrum.

Autoverleih Autoverleiher (in manchen Jahren mehrere, in manchen nur einer) rund um den Hauptplatz, z. B. **Serhat Rent a Car**. Billigstes Auto ab 35 €. Belediye Meydanı 5, ✆ 2192125, www.uchisarinformation.com.

Einkaufen **Kappadokische Weine** (rot, weiß und rosé) kann man in der Weinkellerei **Kocabağ** ca. 1,5 km außerhalb an der Umgehungsstraße nach Göreme kosten und erstehen. **Onyxprodukte** bieten die ortsansässigen Fabriken, z. B. **Özler**, ebenfalls an der Straße nach Göreme (→ Kasten). **Deutsche Zeitungen** (teuer!) verkauft mit etwas Verspätung **Kemal'ın Yeri** am Dorfplatz.

Übernachten/Essen & Trinken

Rucksacktouristen mit kleinem Budget übernachten besser in Göreme. Wer bereit ist, etwas mehr auszugeben, findet in Uçhisar jedoch herrliche Unterkünfte, jedes Jahr werden es mehr. Die meisten Hotels, Pensionen und Restaurants sind vom Dorfplatz ausgeschildert.

Museum Hotel, klassisches Boutiquehotel mit viel Charme und Komfort. Folkloristisch-stilvolle, luxuriöse Zimmer in gemütlichen Höhlen, kostbare Antiquitäten und Teppiche, Terrasse mit Wahnsinnsblick auf die Tufflandschaft, ein Bonus ist zudem der Pool. Sehr gutes Restaurant mit regionalen Spezialitäten auf Fine-Dining-Niveau. DZ 225–1200 €. Tekelli Mah. 1, ✆ 2192220, 📠 2192444, www.museum-hotel.com.

Les Maisons de Cappadoce, ebenfalls eine außergewöhnliche Adresse. 16 auf das Dorf verteilte Ferienhäuser und -wohnungen für 2–9 Pers. im traditionellen Stil, die ein französischer Architekt mit viel Liebe zum Detail in die Felslandschaft integrierte. Keine Wohnung gleicht der anderen, z. T. mit traumhaften Gärten. Nur nach Vorreservierung. Für 2 Pers. ab 140 €. Uçhisar, kein Telefon, 📠 2192782, www.cappadoce.com.

››› Unser Tipp: **Taşkonaklar**, nahe dem Hauptplatz. Terrassenartig angelegter Komplex aus denkmalschutzgerecht restaurierten Höhlenwohnungen. Darin 17 Zimmer und Suiten, stilvoll mit Antiquitäten bestückt, geräumig und komfortabel und teilweise mit herrlichen privaten Außenbereichen. Restaurant mit Panoramaterrasse. Sehr guter Service. Von Lesern entdeckt und hochgelobt. Für 2 Pers. je nach Zimmer 90–150 €. Gedik Sok. 8, ✆ 2193001, 📠 2193002, www.taskonaklar.com. ‹‹‹

Kandil House, ebenfalls von Lesern sehr gelobte, gehobene Pension. 7 sehr freundliche Zimmer, z. T. mit offenem Kamin, z. T. in den Felsen. Mehrere Terrassen mit tollem Ausblick, die untere wird als gemütliches Restaurant genutzt (gute Hausmannskost). Der liebenswerte Hausherr Suat Akbay spricht gut Deutsch. EZ 33 €, DZ 62 €. Göreme Cad. 54, ✆ 2193191, 📠 2193192, www.kandilhouse.com.

Position Uçhisar, verschachtelter Komplex, zugleich Wohnhaus, alternatives Gästehaus und Galerie. Von der deutschen Künstlerin Almut Wegner ins Leben gerufen und mit viel Liebe und Fantasie in Eigenarbeit ausgebaut. Tolle Terrasse mit unverbautem Blick auf das Taubental, Zimmer z. T. mit Tonnengewölben und moderner Kunst. Für ältere und/oder fußkranke Gäste werden Führungen in Sänften (!) angeboten. Sehr familiäre Atmosphäre. 40 €/Pers. mit HP. Konak Sok. 1 (nicht ausgeschildert; vom Hauptplatz Richtung Göreme blickend im unteren Ortsteil gleich rechts der Moschee; wer's nicht findet, fragt nach Almut), ✆ 2192172, www.projekt-uchisar.org.

Kilim Pansiyon, 21 freundliche Zimmer auf 3 Gebäude verteilt, darunter recht komfortable mit eigener Terrasse und einfachere (mit Bad) um einen traubenüberrankten Innenhof. Dazu Terrassen mit herrlichem Ausblick. Von Lesern hochgelobt. DZ 47–70 €. Tekelli Mah., ✆ 2192774, 📠 2192660, www.sisik.com.

Onyx – Stein des Reichtums und der Alpträume

Kein Souvenirshop in Kappadokien, der nicht eine breite Palette an Onyxprodukten anzubieten hätte. Dabei handelt es sich genau genommen um Onyxmarmor, der nicht ganz so kostbar ist wie echter Onyx und v. a. in der Gegend um Hacıbektaş (50 km nördlich von Nevşehir) in verschiedenen Farbtönen abgebaut wird. Der Stein wird zu Aschenbechern, Vasen, Mörsern, Schachfiguren, Perlenketten oder sinnlosen Eiern (na ja, nicht ganz: man kann sie in die Milch legen, damit diese nicht so schnell überkocht ...) gedrechselt, geschliffen und poliert – eine ziemlich staubige und für die Lungen mörderische Angelegenheit. Wer die Metamorphose vom unbearbeiteten Stein zum Schmuckstück verfolgen will, hat z. B. im „Özler Centre Artisanal“ in Uçhisar (→ Uçhisar/Einkaufen) Gelegenheit dazu. Wer sich anschließend mit Onyxprodukten eindecken will, sollte sich die Eigenschaften des Steins durch den Kopf gehen lassen und abwägen: Angeblich bewirkt er schlechte Träume, gleichzeitig aber auch eine Vermehrung des Vermögens ...

Kappadokien → Karte hintere Umschlagklappe

Wandern im Liebestal – Phalli oder Pilze?

Les Terrasses d'Uçhisar, von einer freundlich-legeren und hilfsbereiten Auswandererfamilie aus Frankreich geführt. 15 schlichte, aber nette Zimmer, darunter auch Felsenzimmer. Von der Terrasse schöner Blick über die Feenkamine im Tal. Angeschlossen ein Restaurant mit französisch-türkischer Küche (4-gängiges Menü 11,50 €). EZ 39 €, DZ 45 €. Eski Göreme Yolu, ✆ 2192792, 📠 2192762, www.terrassespension.com.

Uçhisar Pension, eine günstigere Adresse: 8 einfache, saubere Zimmer, z. T. in den Felsen. 2 Terrassen mit tollem Ausblick. DZ 33 €. Kale Yanı 5, ✆ 2192662, www.uchisar pension.com.

Essen & Trinken **Elai Restaurant**, eine sehr gediegene und für hiesige Verhältnisse sehr teure Angelegenheit, dennoch ausgesprochen populär. Tolle Terrasse und erlesene internationale Küche mit stark italienischem Einschlag (Steaks, Risotto, Caprese, Carpaccio), Hg. 12,50–21 €. Nur mittags und abends. Nahe der Pension Terrasses d'Uçhisar, ✆ 2193181.

Le Mouton Rouge, am Hauptplatz, nicht zu verfehlen. Mal keine Aussicht, dafür ein hübsch-idyllischer Innenhof mit bunten, wackligen Holzstühlen. Entgegen dem Namen wird hier türkische Küche serviert: *Mantı*, *Şiş Kebap* oder Köfte. Hg. 7–10,50 €. ✆ 2193000.

Wandern

Von Uçhisar kann man durch das weiße **Taubental** (mit „Güvercin Vadisi" ausgeschildert) in 1:30 Std. nach Göreme wandern. Das Tal erhielt seinen Namen von den vielen Taubenschlägen in den Felsen. Der Einstieg ist an der Straße nach Ürgüp (vom Zentrum der Beschilderung zum „Kaya Hotel" folgen) bei der Göreme Onyx Factory mit „Hiking Trail Pidgeon Valley" ausgeschildert und weitestgehend orange markiert. Sollte Ihr Weg nach ca. 40 Min., wenn sich das Tal in einen kleinen aber imposanten Cañon verwandelt, an einer steil abfallenden Felswand enden, dann müssen Sie für ca. 100 m zurückgehen und dann dem breitesten Pfad bergauf folgen (dabei hat man zuweilen das Gefühl, Richtung Uçhisar zurückzulaufen). Man umgeht so den nicht begehbaren Abschnitt an seiner höchsten Stelle. Dabei müssen Sie nicht kraxeln! Die Markierungen sind hier spärlich.

Zudem bietet sich eine kleine Wanderung durch das **Liebestal** *(Aşk Vadisi* bzw. *Bağlı Dere)* an. Anfangs ist es recht eng, später wird es weiter und überrascht mit seltsamen phallusartigen Tuffformationen. Den Einstieg finden Sie am nördlichen Ortsende von Uçhisar an der Straße nach Göreme. Dort den Feldweg links an der Onyxfabrik Özler vorbei nehmen, nach ca. 250 m bei der ersten Möglichkeit rechts ab. Nach weiteren 5 Min. erblickt man das Tal, durch das ein Pfad führt. Ca. 1:30 Std. kann man hindurchwandern, bis man am Ende des Tals ein geteertes Sträßchen erreicht, das nach rechts zur Verbindungsstraße Göreme – Avanos führt. Von dort bestehen Dolmuşverbindungen in beide Richtungen.

Geführte Wanderungen Wanderungen zu versteckten Kirchen abseits der ausgetretenen Pfade bietet der deutsche „Wandercharismatiker" **Bernd Junghans** an, der sich der Erforschung der kappadokischen Felsenkirchen widmet. Tagestouren für max. 4 Pers. 80 €/Tag. Zu erreichen über die Pension Position Uçhisar (s. o.) bzw. unter ✆ 0538/7405849 (mobil), www.berndputz.de.

Göreme

ca. 2200 Einwohner

Das Touristendorf inmitten einer surrealen Tufflandschaft ist heute fast ein Synonym für Kappadokien. Es lockt die meisten Besucher an, zumal die kulturhistorischen Hotspots der Gegend in Laufweite liegen, allen voran das Göreme Open-Air-Museum.

Als Göreme noch Avcılar hieß, war es ein verträumtes Bauerndorf inmitten einer bizarren Ansammlung von Feenkaminen, Tuffkegeln und Höhlenwohnungen. Mit den großen Touristenströmen in den 1980ern änderte sich vieles für die Einwohner, selbst der Name ihres Dorfes. Auch wenn hier heute fast jedes zweite Haus eine Pension ist und nahezu jeder Bewohner in irgendeiner Weise vom Tourismusgeschäft abhängig ist – dem genialen Gesamtkunstwerk Göreme, einem ineinander greifenden Triumph von Natur und Architektur, ist kaum etwas anzuhaben. Felsenwohnungen und Tuffsteinhäuser fügen sich zu einem Gesamtbild zusammen, als hätte das Amt für Landschaftsschutz unter der Regie von Friedensreich Hundertwasser die Bauaufsicht geführt.

Göremes Beliebtheit resultiert v. a. aus der Tatsache, dass man rund um den Ort die meisten und besterhaltenen Felsenkirchen Kappadokiens findet. Das Kirchental rund 1,5 km südöstlich von Göreme, heute ein Open-Air-Museum, deklarierte die UNESCO zum Welterbe. Göreme selbst besitzt hingegen kaum Sehenswürdigkeiten. Die Überreste eines antiken Felsengrabes mit zwei dorischen Säulenstümpfen kann man an der sog. **Roma Kalesi** („Römische Burg") entdecken, dem auffälligsten Tuffsteinkegel Göremes – auf ihm weht stets eine türkische Flagge. Das Grab gehört zu den wenigen erhaltenen Zeugnissen aus vorchristlicher Zeit. Ansonsten lässt man sich am besten durch das Gassenwirrwarr treiben. Schauen Sie sich beispielsweise östlich der Orta-Mahallesi-Moschee um – dort, wo noch ein bisschen traditionelles Leben herrscht, alte Herren Tavla spielen und dunkel gekleidete Bäuerinnen vor ihren Häusern ein Schwätzchen halten. Einen tollen Blick über Göreme genießt man von der Aussichtsplattform im Westen des Städtchens.

Information/Verbindungen/Ausflüge

Telefonvorwahl 0384.

Information Es gibt keine Touristeninformation, lediglich ein kleines kommunales **Accomodation Office** am Busbahnhof, das (wenn überhaupt besetzt) bei der Zimmersuche weiterhilft.

Verbindungen Vom zentralen **Bus**bahnhof im Sommer gute Verbindungen in fast alle Landesteile (→ Kappadokien im Überblick/Anreise mit dem Bus).

Halbstündl. **Bus**verbindungen über Uçhisar nach Nevşehir, mind. stündl. kommunale **Busse** nach Çavuşin und Avanos (für Busse

Kappadokien → Karte hintere Umschlagklappe

Göreme – ein Treffpunkt von Rucksacktouristen

über Zelve nach Avanos → Zelve) sowie alle 2 Std. nach Ürgüp und Ortahisar.

Organisierte Touren Angeboten werden diverse Tagestouren (21–33 €) zu den Topzielen Kappadokiens, Ausflüge zu Esel und zu Pferd, geführte Wanderungen oder Busreisen zu entfernteren Zielen. Langweilig sind die häufigen Stopps bei Teppichknüpfvorführungen und anderen Verkaufsveranstaltungen – lassen Sie sich genau sagen, wohin die Tour führt und wie lange wo gehalten wird. Über 20 Agenturen sind im Geschäft. Unsere Empfehlung:

Middle Earth Travel, professionelle Agentur. Der Schwerpunkt liegt auf Adventure und Trekking. Neben Tageswanderungen durch Kappadokien (ab 35 €) werden auch Besteigungen des Hasan Dağı und des Erciyes Dağı angeboten (2-Tages-Trip ab 175 €). Cevizler Sok. 20, ✆ 2712559, www.middleearthtravel.com.

Adressen

(→ Karte S. 227)

Ärztliche Versorgung Krankenstation nahe der Post. ✆ 2712126.

Auto- und Zweiradverleih Jede Reiseagentur besorgt Ihnen ein Auto, bei **Neşe Tour** (s. u.) bekommen Sie z. B. ein Fahrzeug ab 45 €. Für international operierende Verleiher → Ürgüp, S. 243.

Beim Busbahnhof werden Scooter (z. B. bei **Hitchhiker Tour**, ✆/✆ 2712169, www.cappadociahitchhiker.com) für 16,50–21 € und Fahrräder (je nach Qualität für 6–12 €) vermietet. Schauen Sie sich um, welcher Anbieter die neuesten Modelle hat.

Reisebüro **Neşe Tour**, seit Langem im Geschäft. Neben Flugtickets und Transfers zu den Flughäfen Kayseri und Nevşehir (8,50 €/Pers.) auch diverse Touren durch Kappadokien. Avanos Yolu, ✆ 2712525, www.nesetour.com.

Reiten **The Dalton Brothers**, auf dem Weg zum Göreme Open-Air-Museum, über diverse Agenturen vor Ort zu buchen. 2-stündige Ausritte durch die umliegenden Täler (schön!) 33 €. ✆ 2712840.

Türkisches Bad **Elis Hamam**, gepflegter Hamam nahe dem Busbahnhof. Getrennte Trakte. Eintritt inkl. *Kese* 25 €, diverse Massagen extra. Tägl. 10–22 Uhr.

Waschsalon Einen Laundryservice bietet u. a. der **Berbersalon Maccan** nahe der Roma Kalesi. 6 €/Maschine.

Zeitungen In deutscher Sprache beim **Ali Baba Market** **14** an der İsalı Cad.

Mit dem Heißluftballon über eine Märchenlandschaft!

16 Gesellschaften offerieren in Kappadokien Ballonfahrten, die meisten von April bis Oktober, ein paar wenige auch ganzjährig, sofern das Wetter mitspielt. Gestartet wird bei Sonnenaufgang – frühmorgens sind die Windverhältnisse am besten. Das bedeutet auch: Warme Kleidung anziehen, zudem ist festes Schuhwerk ratsam. Alle Veranstalter bieten einen Pickup-Service vom Hotel. Die Cracks unter den Piloten schweben mit ihren kleinen Gondeln entlang der Tuffsteintäler, die Dilettanten fahren mit ihren Megagondeln gen Himmel und plumpsen wieder hinab. Traditionell gibt es im Anschluss ein Glas Sekt und eine Urkunde, so mancher Billig- und Massenveranstalter verzichtet aber mittlerweile darauf. Ohnehin gilt: Wer bei diesem Abenteuer spart, hat keinen Spaß! Wählen Sie eine kleine Montgolfiere! Es gibt Anbieter, die 40 Leute in eine Gondel quetschen, die nur für 30 Pers. zugelassen ist. Wer dann einen Platz in der Mitte hat ... Anbieter, die von Lesern gelobt werden, sind:

Kaya Ballooning (✆ 3433100, www.kayaballooning.com), buchbar über diverse Agenturen in Göreme und Ürgüp, am besten aber über den gleichnamigen Campingplatz in Göreme (fragen Sie dort nach Yaşar, er spricht fließend Deutsch und wird darauf achten, dass Sie in einer kleinen Gondel unterkommen). Kaya Ballooning hat Gondeln für 12 (selten im Einsatz), 20 und 26 Pers., die Fahrtdauer beträgt ca. 1 Std., Kostenpunkt 120 € inkl. Pickup-Service.

Butterfly Balloons (✆ 2713010, www.butterflyballoons.com), zum Kelebek Hotel in Göreme gehörend. Hierher wechselten mehrere Piloten von Kapadokya Balloons, dem einstigen Wegbereiter des kappadokischen Ballonfliegens (heute unter neuer Leitung und laut Leserzuschriften nicht mehr zu empfehlen). Die Piloten nahmen die Philosophie der Gründer mit und setzen auf Klasse statt Masse. Butterfly betreibt bislang nur 4 Ballons mit Gondeln für 12–16 Pers. Flugdauer 70–80 Min., Kostenpunkt 175 €. Wer direkt im Kelebek Hotel bucht, bezahlt cash 150 €.

Auch **Göreme Balloons** (✆ 3415662, www.goremeballoons.com) bietet Flüge in kleinen Montgolfieren für 12 Pers., die als Deluxe Flights vermarktet werden. Flugdauer 80–90 Min, 210 €, dazu (weniger empfehlenswert) 40- bis 60-minütige Flüge in 28er-Gondeln für 150 €. Buchungsbüro in Göreme (→ Karte), Hauptsitz jedoch in Ürgüp (ca. 15 Fußmin. vom Zentrum entfernt, der Straße nach Soğanlı folgen und vor der Tankstelle links ab).

Übernachten/Camping

(→ Karte S. 227)

Göreme bietet gemütliche Travellerpensionen (oft mit Felsenzimmern), anständige Mittelklassehäuser und einige luxuriöse Unterkünfte – für jeden ist etwas dabei. Das Accomodation Office (→ Information) kann Unentschlossenen weiterhelfen. Eine Auswahl:

Anatolian Houses **9**, die erste First-Class-Unterkunft Göremes, auf 5-Sterne-Niveau. Traumhaft schöner und traumhaft komfortabler, aber auch traumhaft teurer in Felshöhlen integrierter Komplex. In den Höfen wurden archäologische Funde schick platziert. Großzügige, individuell eingerichtete Suiten mit jeglichem Schnickschnack. Herrliche Indoor- und Outdoorpoolanlage. Für 2 Pers. 280–800 €. Gaferli Mah., ✆ 2712463, 2712229, www.anatolianhouses.com.tr.

Kelebek **17**, Hotel und Pension, auf 4 Gebäudekomplexe verteilt. 40 Zimmer zwischen eher einfach, sehr komfortabel und

Kappadokien → Karte hintere Umschlagklappe

wunderschön mit sämtlichem Luxus – unbedingt vor der Buchung anschauen. Tolle Terrassen. Hamam und Pool. DZ 50–180 €. Yavuz Sok., ☏ 2712531, ℻ 2712763, www.kelebekhotel.com.

»» **Unser Tipp: Fairy Chimney Inn** 18, hoch über Göreme. Einst befand sich hier die Höhlenkelterei eines frühbyzantinischen Klosters. Heute wachen darüber der deutsche Ethnologe Andus Emge (promovierte über kappadokische Höhlenwohnungen), seine türkische Frau Gülcan und Haushund Panda. 10 individuell ausgestattete Zimmer (besonders schön das „Kale") mit z. T. schnuckelig integrierten Bädern samt Fußbodenheizung. Diverse Terrassen mit Top-Ausblicken, stets eine schattig und eine sonnig. Auf Wunsch sachkundige Exkursionen. Am Abend regionale Küche auf Anfrage. DZ je nach Größe und Ausstattung 55–111 €, für Studenten 11 % Ermäßigung. Güvercinlik Sok. 5/7, ☏ 2712655, ℻ 2712862, www.fairychimney.com. «

Local Cave House Hotel 8, kleine Herberge, nur 11 Höhlenzimmer mit Holzböden und z. T. Antiquitäten. Gemütliche Terrasse, Pool, schöne Aussicht. DZ je nach Lage und Ausstattung 40–100 €. Cevizler Sok. 11, ☏ 2712171, ℻ 2712498, www.localcavehouse.com.

Village Cave House Hotel 12, 9 angenehme, sehr saubere Felsenzimmer, recht komfortabel, Wasserkocher für die Teezubereitung, nett möbliert. Herrliche Terrassen mit tollen Ausblicken. Leser bemängelten zuletzt jedoch das Frühstück („langweilig") und die etwas unpersönliche Atmosphäre. DZ 65 €, Suite für 2 Pers. 100 €. Gaferli Sok., ☏ 2712182, ℻ 2712181, www.villagecavehouse.com.

Shoe String Cave Pension 16, eine nette Bleibe, die Leser immer wieder loben. Höhlenzimmer um einen gemütlichen Innenhof, ganz oben eine Terrasse mit Pool. DZ mit Bad 40–65 €, ohne Bad 29 €, Bett im Schlafsaal 9 €, Frühstück extra. Orta Mah., ☏/℻ 2712450, www.shoestringcave.com.

Anatolia Cave Pension 4, ordentliche Zimmer unterschiedlicher Kategorien, alle mit Bad, die schönsten, aber auch teuersten direkt im Feenkamin. Lauschiges Terrassengärtchen, nette Atmosphäre. Unter türkisch-norwegischer Leitung. Simples DZ 25 €, DZ mit besserem Bad (Duschkabine) 30 €, Felsenzimmer 45–55 €. Etwas zurückversetzt von der Müze Cad., ☏ 2712230, ℻ 2712710, www.anatoliacaves.com.

Traveller's Cave Pension 15, gehobenere, sehr saubere Backpackerherberge. Gepflegte, naturgemäß aber ziemlich dunkle Höhlenzimmer (z. T. mit Heizung). Terrasse mit toller Aussicht, Waschservice. Viel japanisches Publikum. DZ 33–41 €. Gaferli Mah. 28, ☏ 2712707, www.travellerscave.com.

Kookaburra Motel & Pansiyon 11, recht zentral gelegen. Freundliche Zimmer mit schmiedeeisernen Betten. Das Schönste aber sind die 3 Terrassen – auf der obersten schwebt man über den Dächern und Feentürmen der Stadt. Wird von Lesern immer wieder gelobt. DZ mit Bad 32 €, ohne 28 €. Orta Mah., ☏ 2712549, www.kookaburramotel.com.

Camping Es gibt mehrere Plätze rund um Göreme:

Panorama Camping 1, recht kleiner Platz, eigene Parzellen für Zelte (jedoch staubig), schöner Blick auf Göreme. Saubere Sanitäranlagen. Kleiner Pool, Lädchen, Cafeteria. 2 Pers. mit Wohnmobil 12,50 €. Ca. 1 km abseits des Zentrums Richtung Uçhisar, ☏ 2712352, ℻ 2712632, panoramacamping@hotmail.com.

Dilek Camping 3, im Osten von Göreme. Der Pluspunkt ist die Zentrumsnähe. Schatten, die Sanitäranlagen sind okay. Außerdem: Küche, Café, Waschmaschine und 8 schlichte Holzbungalows mit TV, Kühlschrank und Bad. 2 Pers. mit Wohnmobil 13 €, Bungalow für 2 Pers. 41 €. Von der Straße zum Open-Air-Museum ausgeschildert, ☏ 2712395, ℻ 2712396, www.dilekcamping.com.

»» **Unser Tipp: Kaya Camping**, traumhaft gelegener Platz (der beste weit und breit) mit Aussicht über ein Tal voller Feenkamine. Sehr gepflegt mit sehr sauberen sanitären Einrichtungen. Waschmaschine, Küche, Laden, Matratzen für Zeltler. Großer Pool. Der liebenswerte Betreiber Yaşar spricht perfekt Deutsch und steht mit Rat und Tat zur Seite. Eigene Agentur für Ballonfahrten. 2 Pers. mit Zelt und Auto oder Wohnmobil 16,50 €, 10 % Rabatt für Müller-Leser. Rund 3,5 km von Göreme entfernt, etwas oberhalb des Open-Air-Museums, ☏ 3433100, kayacamping@www.com (kein Tippfehler!!). «

Essen & Trinken/Nachtleben

Typisch türkische Lokantas gehören in Göreme der Vergangenheit an. Dafür gibt es eine Vielzahl an stilvollen und möchtegern-stilvollen Restaurants, die neben Türkischem auch Porridge, Cheese Toast, Spaghetti, Steaks und andere internationale Backpackergerichte servieren – leider zu Preisen weit über dem Landesdurchschnitt. Ebenfalls alles andere als typisch türkisch ist der oft sehr nachlässige Service. Eine Kostprobe wert: der Schmortopf *Testi Kebap!* Rindfleisch, verschiedene Gemüsesorten, Knoblauch, Zwiebeln und Gewürze schmoren tagsüber etwa 2 Std. in einem Tonkrug. Am Abend wird der Krug aufgewärmt und mit viel Brimborium und großem Hallo am Tisch zerschlagen.

À la Turca 6, das gediegenste Restaurant Göremes, die Adresse für ein romantisches Abendessen. Schöne Einrichtung und gemütliche Terrasse. Gute Meze, dazu diverse anatolische Spezialitäten und Experimente mit der europäischen Küche. Leckeres Brot. Vegetarierfreundlich. Hg. 7,30–15 €, kleines Bier 3,50 €. Müze Cad., ✆ 2712882.

Orient Restaurant 2, sehr gepflegtes Restaurant mit schöner Terrasse. Neben türkischer Küche auch internationale Gerichte wie *Penne Al Arrabiata*. Hg. 5,50–17 €. An der Straße nach Uçhisar, ✆ 2712346.

Nostalji Restaurant 13, Leser entdeckten dieses kleine Hotelrestaurant relativ weit oben im Dorf und meinen: „Sehr empfehlenswert!" Drinnen Wohnzimmeratmosphäre, draußen eine herrliche Terrasse mit Blick auf Göreme. Futtern wie bei Muttern: nur kleine Karte, die beste Hausmannskost bietet, wie z. B. *Mantı* oder gefülltes Gemüse. *Testi Kebap* muss vorbestellt werden. Hg. ab 4,50 €. Kale Sok. 4, ✆ 2712301.

Şafak Café Restaurant 5, nett, klein und etwas verspielt eingerichtet. Betreiber Ali serviert guten Kaffee, Frühstück und kleine Gerichte. Eine empfehlenswerte Frühstücksadresse ist auch **Nazar Börek** nebenan, wo man süß und deftig gefüllte Teigtaschen bekommt. Müze Cad. 28.

Fırın Expres 7, bei der Roma Kalesi auf der anderen Bachseite. Noch eines der authentischeren Lokale vor Ort. Treffpunkt von Travellern mit kleinem Budget. Pide, Lahmacun und ein paar Fleischgerichte zu 2–6 €. Alkoholfrei.

Saray Halk Lokantası 10, die einfache Lokanta ist eine Rarität in Göreme. Kleine Auswahl an Meze, Eintöpfen und gefülltem Gemüse – leider etwas lieblos zubereitet, dafür sind die Gerichte aber auch frischer als in vielen Touristenlokalen. Preise vorher erfragen. Emin Bey Sok.

Wandern

Göreme ist dank seiner zahlreichen Täler in der nächsten Umgebung ein idealer Ausgangspunkt für kleine Wanderungen und längere Spaziergänge. Eine knapp zweistündige Wanderung führt z. B. durch das **Taubental** *(Güvercinlik Vadisi)* nach Uçhisar. Um den Einstieg zu finden, folgt man der Uzundere Cad. gen Südwesten und wandert, wenn es nach links zum Göreme Kaya Hotel bergauf geht, einfach geradeaus weiter, Verlaufen unmöglich. Von Uçhisar gelangen Sie mit dem Dolmuş wieder zurück. In entgegengesetzter Richtung, also von Uçhisar nach Göreme, ist der Weg weniger anstrengend (→ Uçhisar/Wandern, S. 222), aber nicht immer so einfach zu finden.

Westlich des Open-Air-Museums erstreckt sich das **Zemi-Tal** (→ El-Nazar-Kirche) mit vielen phallusartigen Feentürmen – herrlich zum Durchstreifen! Den Einstieg finden Sie nahe den Tourist Hotels auf der Straße zum Museum.

Ins **Schwertertal** *(Kılıçlar Vadisi)* gelangt man, wenn man zwischen dem Hinweisschild zur *Saklı Kilise* (→ s. u.) und dem untersten Parkplatz des Göreme Open-Air-Museums links abzweigt. Der Pfad durch das Tal führt vorbei an vielen spitz zulaufenden Felsgebilden und endet in Çavuşin. In dem Tal versteckt sich die gleichnamige Felsenkirche (Taschenlampe mitnehmen!).

Geführte Wanderungen → Organisierte Touren.

Zwischen Göreme und dem Open-Air-Museum

Die Täler rund um Göreme waren den frühen Christen willkommen – hier konnten sie ungestört eine fromme Existenz führen, und wurden sie doch gestört, so war die Natur das beste Versteck. Die wichtigsten Kirchen an und abseits der Straße von Göreme zum Open-Air-Museum machen Appetit auf Letzteres.

El-Nazar-Kirche: Im 10. Jh. schlug man sie mit dem Grundriss eines griechischen Kreuzes mit drei Apsiden in einen Tuffkegel. Irgendwann brach ein Teil ihrer Außenwand weg, sodass die Sonne ihre Fresken, darunter den ikonongrafischen Zyklus über das Leben Christi, etwas ausbleichten. Der Kirchentorso war eines der beliebtesten Plakatmotive Kappadokiens. Vor wenigen Jahren wurde die Kirche überaus aufwendig restauriert, die fehlenden Tuffsteinwände wurden künstlich wieder geschlossen. Hinter der Kirche erstreckt sich das *Zemi-Tal*, durchsetzt von Weingärten und Aprikosenbäumen. Die Form der dortigen Feenkamine soll schon so mancher züchtigen Besucherin die Schamröte ins Gesicht getrieben haben ...

Wegbeschreibung/Öffnungszeiten: Am Ortsausgang von Göreme, kurz hinter den Tourist Hotels, zweigt rechter Hand ein befahrbarer Schotterweg zur El-Nazar-Kirche ab (beschildert). Nach ca. 400 m links halten. Tägl. 8–18.30 Uhr, im Winter bis 16.30 Uhr. Eintritt 3,20 € – falls Wärter Hüseyin gut gelaunt ist, gibt's eine Führung.

Saklı Kilise („Versteckte Kirche"): Die Kirche am Abschluss einer Bergwand entstand vermutlich im 11. Jh. und wurde erst 1957 entdeckt. Ihre reiche Ikonografie illustriert die klassischen Themen: Entschlafung der Jungfrau, Taufe im Jordan und den Hl. Michael beim Bezwingen des Drachen. Auf den Fresken in auffällig hellen Farben entdeckt man auch Feenkamine – der Maler verwendete die kappadokische Landschaft als Bühnenbild für biblische Szenen. Dass die Ausschmückung noch so gut erhalten ist, führt man darauf zurück, dass die Kirche bereits kurz nach ihrer Fertigstellung wegen Einsturzgefahr aufgegeben wurde und in Vergessenheit geriet.

Wegbeschreibung/Öffnungszeiten: Auf halbem Weg zwischen Göreme und dem Open-Air-Museum weist ein Schild beim (von Lesern übrigens sehr gelobten) Seyyah Han Restaurant nach rechts zur Kirche, dort parken. Den Weg am Restaurant vorbei bergauf nehmen und dem Pfad stets bergauf folgen, bis man in das dahinter liegende Zemi-Tal mit seinen phallusartigen Feenkaminen blicken kann. Auf dem Kamm wiederum bergauf halten und rechter Hand nach einem bergab führenden Treppchen Ausschau halten. Die Kirche ist mit einer Gittertür versperrt, aber einsehbar. Kein Eintritt.

Kirchenkunst in Kappadokien

Das Gros der Klöster, Kapellen und Einsiedeleien Kappadokiens, Bauten ohne strenge Statik, wurde zwischen dem 8. und 13. Jh. in den weichen Tuffstein gehauen. Vielerorts beeindrucken großartige, teils auch filigran ausgeführte Malereien mit sakralen Themen. Andere Kirchen zeigen hingegen nur ein paar Symbole und geometrische Muster – Kreuze, Zickzacklinien, Rosetten, Rauten oder einfache Ornamente, die mit roter Farbe auf den Stein aufgetragen wurden.

Der Grund dafür liegt im Ikonoklasmus (Bilderstreit), der im 8. und 9. Jh. das Byzantinische Reich erschütterte. Unter dem Einfluss jüdischer und arabischer Anschauungen wurde unter Leo III. (717–741) die bildliche Darstellung von Christus, den Aposteln und Heiligen als Sünde angesehen und die Verehrung von Heiligenfiguren verboten. Sämtliche Ikonen wurden aus den Kirchen entfernt, unzählige Kunstwerke zerstört – eines der wenigen Beispiele vorikonoklastischer Kirchenkunst findet man in der Ağaçaltı Kilisesi im Ihlara-Tal (→ S. 262). Erst in der Mitte des 9. Jh. fand die kulturelle Stagnation ihr Ende, viele Kirchen wurden mit umso prächtigeren figurativen Ausdrucksformen neu geschmückt. In manchen Kirchen, in denen der Putz bröckelt, sieht man hinter schönen Fresken noch die alten ikonoklastischen Verzierungen.

Anhand der Malereien ist eine ungefähre Datierung somit auch für Laien möglich. Die mit Pinseln sehr detailliert ausgeführten Fresken sind die jüngsten und entstanden ab dem 11. Jh. Man nimmt an, dass es Kartonsammlungen für Künstler gab, welche die Anbringung der ersten Umrisse ermöglichte. Diese mussten später nur noch ausgemalt werden. Beabsichtigt war eine klare, grafische Interpretation der heiligen Texte, also eine stereotypisierte, didaktische Kunst, die eine einfache Auffassung der Bilder ermöglichte. Die Zyklen hatten den Prediger in seiner Aufgabe zu unterstützen, Analphabeten zu belehren. Die gängigsten Themen waren die Kindheit Marias, die Verkündigung, Christi Geburt, die Taufe Jesu durch Johannes, die Wunder Jesu, der Verrat des Judas, die Verleugnung Petrus', das Abendmahl, die Kreuzigung, die Grablegung, die Auferstehung und Pfingsten. Viele Fresken wurden durch Steinwürfe – mit Vorliebe wurde auf die Augen gezielt – stark in Mitleidenschaft gezogen. Dies geschah durch eine spätere, islamisch begründete Bilderstürmerei.

Kappadokien → Karte hintere Umschlagklappe

Tokalı Kilise („Kirche mit der Schnalle"): Die Kirche, ca. 100 m unterhalb des Eingangs zum Open-Air-Museum, gehört zu den größten Felsenkirchen Kappadokiens. Ihre farbenfrohen Fresken aus dem 10. Jh., z. T. sehr feine, aristokratisch anmutende Malereien, sind ungewöhnlich gut erhalten und nicht verblasst. Der Grund: Die Bauern der Gegend nutzten die Kirche einst als Taubenschlag und mauerten den tonnengewölbten Eingang bis auf ein kleines Flugloch zu. Nur einmal im Jahr öffneten sie ihn, um den Dung abzutransportieren. Benannt wurde die Kirche nach ihrem schnallenförmigen Dekor im Gewölbe. Im Tuffhügel über der Tokalı Kilise verstecken sich weitere Kirchen. Leider ist die mit den schönsten Fresken, die *Meryem Ana Kilisesi (Marienkirche)* aus dem 11. Jh., wegen Einsturzgefahr nicht mehr zugänglich.

→ Open-Air-Museum. Eintritt nur mit Ticket des Open-Air-Museums.

Göreme Open-Air-Museum

Göreme Açık Hava Müzesi)

Kappadokiens Welterbe ist ein Tal voller Kirchen und Kapellen. Als man sie schuf, führte der Weg ins Himmelreich durch die Erde. Heute steht man trotz satter Eintrittspreise vor vielen Kircheneingängen zuweilen Schlange.

Die besondere Geologie der Region hat die Entwicklung einer Felsenarchitektur ermöglicht, bei welcher die Formen von Gebäuden im Negativen – also nicht durch Aufbau, sondern durch Aushöhlung – reproduziert wurden. Im Göreme Open-Air-Museum handelt es sich dabei insbesondere um Kirchen und Kapellen – zu besichtigen sind hier einige der schönsten Kappadokiens. Diese waren aber nicht nur Stätten des Gebets und der Meditation, auch Trauerfeierlichkeiten wurden darin abgehalten. Die zahlreichen Gräber (Steinmulden) in den Kirchen lassen darauf schließen, dass das kappadokische Christentum einen ausgeprägten Totenkult pflegte. In den Felsen der Umgebung kann man zudem Räumlichkeiten entdecken, die den Mönchen als Scheunen, Ställe für Ziegen und Schafe, Refektorien und Klosterzellen dienten. Auf dem vulkanischen, fruchtbaren Boden der Umgebung baute man Getreide, Wein und Gemüse an. Arg viel mehr ist über die Lebens- und Überlebensweise der christlichen Gemeinden Kappadokiens leider nicht bekannt. Das gilt auch für die ursprünglichen Namen der Kirchen. Ihre heutigen Bezeichnungen entspringen größtenteils dem einfachen Wortschatz der hier später ansässig gewordenen türkischen Bauern, die die Kirchen nach ganz simplen Kriterien unterschieden.

Im Göreme Open-Air-Museum

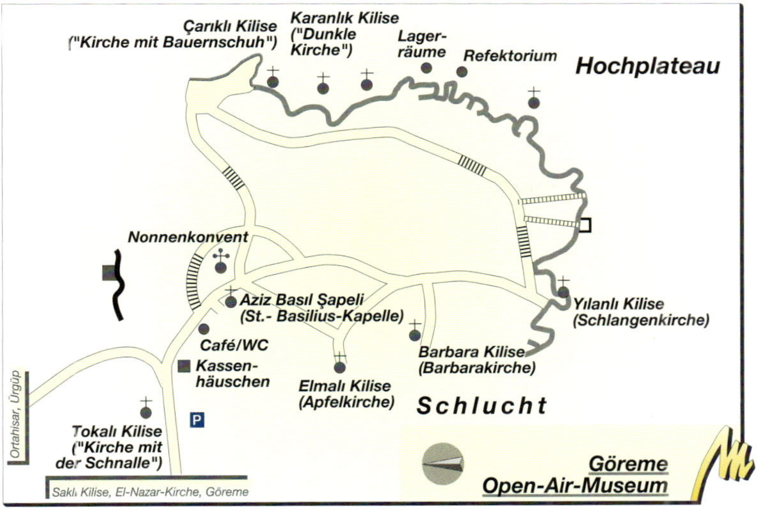

Gleich linker Hand hinter dem Eingang führen Stufen zum Rahibeler Manastırı (Nonnenkonvent) – er ist am Ende des Rundgangs beschrieben. Geradeaus gelangt man an einem Café und einem öffentlichen WC vorbei zur **Aziz Basil Şapeli (St.-Basilius-Kapelle)**, die einen kleinen Vorgeschmack auf das gibt, was Sie noch erwartet. In ihr Inneres fällt nur wenig Licht, die Fresken in den drei Apsiden, darunter Maria mit Jesus, lassen sich ohne Taschenlampe nur schwerlich ausmachen. In den Mulden am Boden des Vorraumes wurden einst Verstorbene beigesetzt.

Von hier führt der Weg weiter zur **Elmalı Kilise (Apfelkirche)**, einer kleinen Kreuzkuppelkirche, die zugleich eine der berühmtesten des Tals ist. Durch einen schmalen Gang gelangt man in den vollständig ausgemalten Innenraum. Die Kirche besitzt neun Kuppeln, die mittlere zeigt Jesus Pantokrator, drum herum Heilige, Engel (darunter können Sie Gabriel mit dem Apfel suchen) und Märtyrer. Die Fresken, einst durch mutwillige Zerstörung und Besuchermonogramme schwer in Mitleidenschaft gezogen, wurden jahrelang mühevoll restauriert. Stellenweise sieht man noch die alte, nichtfigurative Bemalung.

Im gleichen Felsblock befindet sich die **Barbara Kilise (Barbarakirche)**. Das vorrangig nichtfigurative Dekor dieser Kirche spricht für die Entstehung in der Zeit des Bilderstreits. Später wurden die Ornamente z. T. farbig übermalt. Das große axialsymmetrisch angeordnete Reiterbild stellt Georg und Theodor dar, die mit der Tötung des Drachens beschäftigt sind – dieses Bild findet man noch in weiteren hiesigen Kapellen. Auf der anderen Seite der Hauptapsis, die Jesus Pantokrator zeigt, sieht man die Schutzherrin der Kirche.

Die **Yılanlı Kilise (Schlangenkirche)** war ursprünglich eine Grabkammer, die später zur Kirche ausgebaut wurde. Die Apsis ist unvollendet. Auch hier lassen sich noch die alten geometrischen Muster in roter Farbe erkennen, und auch hier taucht wieder ein Fresko mit der Darstellung Georgs und Theodors im Kampf mit einem reptilienartigen Drachen auf – daher übrigens auch der Name der Kapelle. Beachtenswert ist das Fresko mit den Heiligen Basilius, Thomas und Onuphrius – Letzterer, übri-

Kappadokien → Karte hintere Umschlagklappe

gens Schutzpatron der Stadt München, steht nackt, mit stattlichem Bart und weiblicher Statur samt Brüsten vor einer Palme. Zu dieser seltsamen Figur gibt es mehrere Legenden. Es heißt, Onuphrius sei eine Frau gewesen und zwar von so hinreißender Schönheit, dass sie sich wünschte, Gott möge sich ihrer erbarmen und sie vor den Nachstellungen der Männer schützen. Gott kam ihrem Wunsch nach, entstellte ihr zum Schutze das Gesicht und ließ ihr einen Bart wachsen. Bösere Zungen behaupten, Onuphrius sei als Frau eine hemmungslose Sünderin gewesen und habe Gott gebeten, ihr noch mehr Gelegenheit zu geben, ihrem lasterhaften Lebenswandel zu frönen. Dieser verwandelte sie daraufhin aus Zorn in einen alten Mann.

Auf dem Weg weiter zur Karanlık Kilise passiert man ein **Refektorium** (Speisesaal) mit einem aus dem Fels gehauenen Tisch, der 40 bis 50 Personen Platz bot. Anbei sind in den Fels noch Lagerräume und Küchen geschlagen.

Über eine Treppe gelangt man schließlich zur **Karanlık Kilise („Dunkle Kirche")**, für die ein separater Eintritt zu zahlen ist. Die Kirche hält, was ihr Name verspricht: Die Augen müssen sich erst an die Dunkelheit gewöhnen, bevor man die auf nachtblauen Hintergrund gemalten Fresken wahrnehmen kann. Diese zählen mit denen der Elmalı Kilise zu den vollkommensten Kappadokiens, wahrscheinlich wurden sie auch von dem gleichen Künstler im 11. Jh. gemalt. Dieser, so vermutet man, kam aus Konstantinopel, denn die Gewänder der Heiligen entsprechen der damaligen Mode am byzantinischen Hofe. Die Fresken, die vorrangig Szenen aus dem Leben Christi zeigen, sind dank dem geringen Lichteinfall und einer Restauration in einem sehr guten Zustand.

Vorbei an weiteren kleinen Kirchen (z. T. mit vielen Grabnischen) gelangt man zur – 2011 wegen Gefahr von Felsrutschen nicht zugänglichen – **Çarıklı Kilise** (auch: **Sandal Kilise; „Kirche mit dem Bauernschuh"**). Ihren Namen verdankt sie einer Mulde in Form eines Schuhabdrucks unter dem Himmelfahrtsbild. Obwohl nur mit zwei Säulen ausgestattet, ist sie ebenfalls eine Kreuzkuppelkirche. Sofern die Kirche wieder geöffnet ist, sieht man darin Jesus Pantokrator in der Zentralkuppel, die Deesis (Christus-Darstellung beim Jüngsten Gericht) ziert die Hauptapsis.

Auf dem Weg zurück zum Eingang passiert man noch den bereits angesprochenen **Rahibeler Manastırı (Nonnenkonvent)**. In das Felsgebilde wurden mehrere Etagen gegraben, die unterste diente vermutlich als Speisesaal, darüber befinden sich Kapellen. Durch tunnelartige Gänge sind die Etagen miteinander verbunden. Bei Gefahr konnten sie durch Steinplatten verschlossen werden.

Tägl. 8–19 Uhr, im Winter bis 17 Uhr. Open-Air-Museum 6,10 €, Karanlık Kilise zusätzliche 3,20 €, Audioguide zusätzliche 4,10 €. Parken extra.

Aynalı Kilise („Kirche mit Spiegel"): Dieses kaum ausgeschmückte Felsenkirchlein befindet sich ober- und außerhalb des Open-Air-Museums. Es besitzt eine sehr symmetrische Form, daher auch der Name. Der Besuch des Areals rund um die Kirche ist nichts für Leute mit Platzangst. Es geht über enge, stockdunkle Gänge und Schächte hinauf und hinab – ohne Taschenlampe gefährlich! Prüfen Sie vor dem Betreten den Zustand der Batterien, v. a. dann, wenn Sie sich einer Taschenlampe des Aufsehers bedienen.

Von Göreme kommend das Open-Air-Museum passieren. Wenn auf der Anhöhe linker Hand der Kaya Camping auftaucht, ist die Kirche rechter Hand ausgeschildert. Von dort dem Feldweg folgen. In den Wintermonaten geschl. Eintritt 1,60 €.

Sie wollen weiter gen Osten? Ortahisar finden Sie auf S. 239, Ürgüp auf S. 242.

Çavuşin

4 km nördlich von Göreme, an der Straße nach Avanos, liegt Çavuşin, ein guter Ausgangspunkt für Wanderungen. Das bäuerlich geprägte Dorf breitet sich zu Fuße einer großen, eingestürzten Felswand aus. Das Unglück, das mehrere Tote kostete, ereignete sich 1963 und raubte dem Ort zugleich seine größte Attraktion: Denn mit dem Felssturz brachen Säle der berühmten **Täuferkirche** weg, eine der ältesten Kirchen Kappadokiens (vermutlich 5. Jh.). Die noch verbliebenen Säulen und Fresken in der Felswand sind eigentlich keinen Besuch wert. Trotzdem steigen viele zur Kirche auf und genießen von dort den Anblick Çavuşins aus der Vogelperspektive. Der Pfad hinauf beginnt gegenüber dem Eingang zum Hotel Green im oberen Ortsbereich. Er führt über den Bergfelsen. Auf der anderen Seite müssen Sie nach einem Holzsteg in der Felswand Ausschau halten. Nach dem Felssturz wanderten übrigens viele Dorfbewohner nach Deutschland ab, insbesondere in den Raum Göppingen und Esslingen. Andere bauten sich neue Häuser in sicherer Entfernung zur Felswand.

Zum Glück hat man mit Kirchen in Kappadokien nicht gespart, und so besitzt Çavuşin auch noch eine sehenswerte: die **Çavuşin Güvercinlik Kilisesi („Taubenschlagkirche")** etwas nördlich des Dorfes, rechts der Straße nach Avanos. Hier ist lediglich der Kirchenvorraum eingestürzt, sodass die dort noch verbliebenen Fresken – die heute gesichtslosen Erzengel Gabriel und Michael – gänzlich dem Sonnenlicht ausgesetzt sind. Über eine Eisentreppe tritt man direkt ins hintere Kircheninnere, ein Tonnengewölbe mit drei Apsiden, das im 10. und 11. Jh. vollständig ausgemalt wurde. Dem Betrachter bietet sich ein ausführlicher Bilderzyklus von der Verkündigung der Geburt Christi bis zur Himmelfahrt. Ein Plan am Eingang gibt Auskunft über die einzelnen Bilder, mehrere haben die Zeiten ganz gut überstanden (tägl. 8–19 Uhr, Eintritt 3,20 €).

Verbindungen Mind. stündl. ein **Bus** nach Göreme und Avanos.

Übernachten Mehr und mehr Unterkünfte sind im Entstehen – neben den hier aufgeführten gibt es auch noch einfache Pensionen.

The Village Cave, Anlage mit 6 Zimmern in einem ehemaligen Kloster, 3 davon im Fels, 4 weitere Superluxuszimmer sollen folgen. Sehr charmant. Schöne Terrasse mit Blick auf den Burgberg. DZ 70–120 €. Im Ort ausgeschildert, ✆ 0384/5327197, ℻ 5327144, www.thevillagecave.com.

Canela Cave Hotel, in unmittelbarer Nähe der Dorfmoschee und eine Alternative, falls das Village Cave ausgebucht sein sollte. Kleines, von Lesern sehr gelobtes Haus mit 7 komfortablen, traditionell eingerichteten Felsenzimmern und 2 Suiten. Kaminzimmer für kalte Tage. Die Terrasse (grandiose Aussicht) wäre schöner ohne die minderwertige Plastikbestuhlung. Restaurant. Standard-DZ 72 €, Suiten 82–123 €. Çavuşin, ✆ 0384/5327060, ℻ 5327177, www.canelahotel.com.

Wandern Folgt man vom Dorfplatz der Straße vorbei am Hotel Green bis zu ihrem Ende, findet man bei der dortigen Moschee die ersten Hinweisschilder zum **Rosental** (mit „Rose Valley" und „Güllüdere" ausgeschildert), das seinen Namen von den rosafarbenen Felsformationen erhielt. Im Tal passiert man ein paar Kirchen, darunter die *Ayvalı Kilise* (Quittenkirche), wo man im Sommer meist einen Getränkeverkäufer findet. Vom Rosental führt ein Pfad weiter zur **Kızılçukur** (Roten Schlucht → S. 241) und dem darüber liegenden Aussichtspunkt.

Von Çavuşin bietet sich auch die Möglichkeit einer Durchquerung des **Meskendir-Tals** an (erst der Beschilderung Richtung Rosental folgen, dann dem Hinweisschild „Meskendir Vadisi"). Dabei gelangt man vorbei am Kaya Camping (→ S. 226) zur Verbindungsstraße Göreme – Ürgüp. Keine Angst vorm Verlaufen – der 1320 m hohe Akdağ (auch *Boztepe* genannt) zur Linken hilft als Orientierungspunkt. Umrundet man den Boztepe von Çavuşin übrigens entlang

Kappadokien → Karte hintere Umschlagklappe

Bizarre Felsformationen im Paşabağı-Tal

seiner Nordwestflanke, gelangt man über das **Paşabağı-Tal** nach **Zelve**.

Zudem kann man von Çavuşin über das **Liebestal** *(Aşk Vadisi* bzw. *Bağlı Dere)* nach **Uçhisar** wandern. Um den Einstieg zu finden, verlässt man Çavuşin in Richtung Göreme und zweigt knapp 1 km nach dem Ortsausgangsschild bei einem Brunnen nach rechts auf ein asphaltiertes Sträßchen ab. Nach ca. 200 m geht es von dort links ab auf einen Feldweg (2. Möglichkeit, rechts eine Tuffsteinformation). Bis hierher kann man auch mit dem Auto fahren.

Paşabağı-Tal

Das Paşabağı-Tal beherbergt die höchsten und imposantesten Feenkamine Kappadokiens. Die Natur hat hier eine besondere Posse gerissen. Umgeben von Weingärten und Souvenirshops stehen die Riesen teils zu Zwillingen und Drillingen zusammengewachsen in der Landschaft. Einige von ihnen wurden schon vor Jahrhunderten ausgehöhlt und fanden Verwendung als Mönchszellen, Kapellen, Grabkammern oder mehrstöckige Wohnungen. Selbst die Jandarma hat sich hier in einem Tuffsteinkegel einquartiert. Vor allem zum Sonnenuntergang wird das Tal von Busgruppen nur so überrannt. Um es zu erreichen, zweigt man von der Verbindungsstraße Göreme – Avanos rund 2 km nördlich von Çavuşin Richtung Zelve (ausgeschildert) ab – man passiert das Tal kurz darauf automatisch. Die Avanos-Ürgüp-Busse fahren alle zwei Stunden am Tal vorbei.

Zelve

Im rötlichen Tuffstein Zelves wohnten Römer, Byzantiner, Seldschuken, Osmanen, Griechen und Türken. Das Dorf wurde erst 1953 aufgegeben, nachdem die Felsen reihenweise einzustürzen begannen.

Das heute zum Museum erschlossene Areal ähnelt dem Göreme Open-Air-Museum (→ S. 230). Seine Felsenkirchen sind zwar weniger kunstvoll ausgemalt, dafür ist

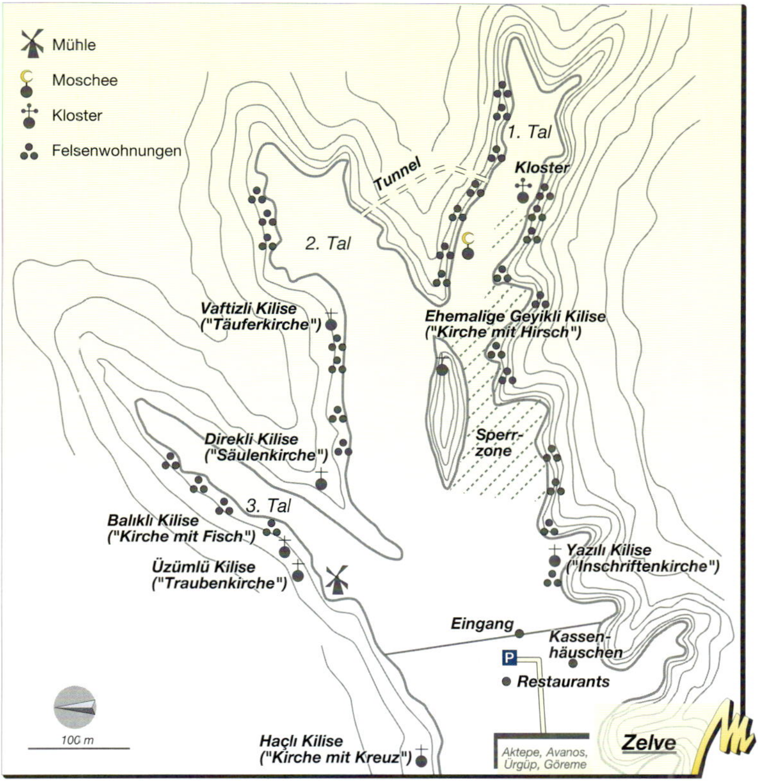

Zelve erheblich größer und landschaftlich reizvoller, außerdem weniger überlaufen. Es umfasst drei durchlöcherte Täler, die zu den ältesten besiedelten Gegenden Kappadokiens zählen. Mehrere tausend Jahre lang lebten hier Menschen. Erst als das Wohnen in den Höhlen Mitte des 20. Jh. immer riskanter wurde, entstand mit staatlichen Mitteln 2 km nördlich Yeni Zelve (Neu-Zelve, heute Aktepe). Bis in die Gegenwart rutschen in Alt-Zelve Felswände ab, zuletzt traf es den freistehenden Felskoloss mit der **Geyikli Kilise („Kirche mit dem Hirsch")** zwischen dem ersten und dem zweiten Tal – er brach bereits 2002 auseinander, 2008 zerfiel er in weitere Stücke. Die dreieckigen Schilder entlang der Fußwege, die sonst in den Alpen vor Steinschlag warnen, sind also durchaus ernst gemeint, die riskantesten Ecken sind aber abgesperrt. Die drei Täler verlocken zu Streifzügen. Man kann Felsenwohnungen erklettern, ein **Kloster** erblicken, dessen Fassade wegbrach und von dessen Decke ein Baum erdwärts wächst, man kann alte **Mühlen** erkunden und eine **Felsenmoschee** mit einem typisch kappadokischen Mini-Minarett besichtigen: Zwischen den vier Säulen blieb dem Muezzin gerade noch genug Platz zur Erfüllung seiner Pflichten. Von den Kirchen ist die **Üzümlü Kilise („Traubenkirche")** die am besten erhaltene. Aufgrund ihres Dekors wird sie in die Zeit des Bilderstreites (8./9. Jh.)

Kappadokien → Karte hintere Umschlagklappe

Höhlenklettern in Zelve

datiert. Abenteuerlich ist schließlich der Tunnel, der das erste und das zweite Tal verbindet. Der Eingang ist im zweiten Tal anhand einer auffälligen Eisentreppe leicht zu finden, im ersten Tal ist es schwieriger. In jedem Falle sollten Sie für die Durchquerung eine Taschenlampe zur Hand haben.

Anfahrt Von der Straße Göreme – Avanos zweigt man 2 km hinter Çavuşin rechts ab, von da noch weitere 3 km bis Zelve (ausgeschildert). Auch die Avanos-Göreme-Ürgüp-**Busse** passieren Zelve. Abfahrt von Avanos um 9, 11, 13, 15 und 17 Uhr, Abfahrt von Ürgüp um 8, 10, 12, 14 und 16 Uhr, Abfahrt in Göreme jeweils 15 Min. später (Stand: 2011).

Öffnungszeiten Im Sommer tägl. 8–19 Uhr, im Winter bis 17 Uhr. Eintritt 3,20 €.

Falls Sie von Zelve weiter nach Ürgüp wollen, passieren Sie das Devrent-Tal, einen versteinerten Zaubergarten. Lesen Sie dazu weiter ab S. 246.

Avanos

ca. 12.300 Einwohner

„Selbst ein Blinder findet den Weg nach Avanos", sagen die Einheimischen, „er folgt den Scherben zerbrochener Tonkrüge". Avanos ist das Zentrum des kappadokischen Töpferhandwerks.

Avanos besitzt zwar eine bis in die Hethiterzeit zurückreichende Siedlungsgeschichte, nahezu sämtliche Spuren davon sind jedoch verwischt. Nur die Tradition des Töpferhandwerks hat die Jahrtausende überlebt. Die Tonerde dazu gewinnt man aus den roten Hügeln der Umgebung und aus dem Bett des *Kızılırmak* („Roter Fluss"), an dem sich die Stadt erstreckt. Der Fluss ist mit 1355 km der längste der Türkei und Avanos selbst wohl eines der zersiedeltsten, auseinandergezogensten Städtchen des Landes. Es liegt abseits der Feentürme und des kappadokischen Trubels. Dennoch kommen viele Touristen – v. a. bei Busgruppen ist Avanos als Standort und Durchgangsstation beliebt: Die Tourenanbieter haben Verträge mit den rund 50 Töpfereien des Ortes, mit dem örtlichen Hamam, mit einigen Großrestaurants und den charakterlosen Komforthotels am Stadtrand. Selbst ein *Hilton*-Ableger ist hier mittlerweile zu finden.

Das Zentrum ist nett, ruhig und unspektakulär. Seine Hauptachse ist die Atatürk Caddesi, die parallel zum begrünten Ufer des *Kızılırmak* verläuft. Nordöstlich des Cumhuriyet Meydanı – den Hauptplatz ziert ausnahmsweise keine Atatürkstatue, sondern die eines unbekannten Töpfers – erstreckt sich die Altstadt. Viele der schönen, wenn auch heute renovierungsbedürftigen alten Steinhäuser gehörten einst Armeniern. Hier findet man auch Kappadokiens kuriosestes Museum, das **Haarmuseum** des Töpfers Galip („Chez Galip"), der seit über 25 Jahren Frauenhaar aus aller Welt sammelt. Etliche tausend Exemplare baumeln hier von der Gewölbedecke. Für Männer ist der Eintritt frei, Frauen müssen Haar lassen.

Information/Verbindungen/Ausflüge/Adressen

Telefonvorwahl 0384.

Information Ein neues **Infohäuschen** soll bis zu Ihrem Besuch an der Autobrücke über den Fluss entstehen. www.avanos.bel.tr. Für Informationen jeglicher Art kann man sich auch an das **Reisebüro Kirkit** (→ Organisierte Touren) wenden.

Verbindungen **Bus**bahnhof ca. 2,5 km außerhalb des Zentrums an der Kapadokya Cad. Direktbusse (z. B. *Metro*) in alle größeren Städte an der Küste und nach Konya. Auf die kommunalen Busse und Dolmuşe kann man am Hauptplatz zusteigen: stündl. nach Özkonak (nur Mo–Fr!), halbstündl. direkt nach Nevşehir, jede volle Std. über Çavuşin, Göreme und Uçhisar nach Nevşehir sowie alle 2 Std. über das Zelve-Tal nach Ürgüp (für die Abfahrtszeiten → Zelve).

Organisierte Touren/Geführte Wanderungen Freundlich, deutschsprachig und sehr hilfsbereit wird man im Reisebüro **Kirkit** beraten. Breites Programm: Tageswandertouren 30 €/Pers. mit Lunch, Ausritte (halber Tag 35 €, ganzer 50 €, 7 Tage inkl. allem 750 €), Sightseeingtouren mit dem Minibus ca. 40 € mit Lunch. Atatürk Cad. 50, ✆ 5113259, www.kirkit.com.

Ärztliche Versorgung **Krankenstation** nahe dem Busbahnhof an der Straße zum Sarıhan. ✆ 5114021.

Auto- und Zweiradverleih Über das Reisebüro **Kirkit** (s. o.). Autos ab 45 €/Tag, Fahrräder 15 €.

Einkaufen Neben der Töpferei (für Busgruppen bieten viele Töpfer eine Kurzdemonstration ihrer Kunst) haben in Avanos zudem die **Teppich**knüpferei und -weberei eine lange Tradition. Freitags ist **Markt**.

Töpferkurse Kann man in der Werkstatt von **Galip** (→ Avanos/Einleitung) belegen. Preise sind Verhandlungssache.

Türkisches Bad (Hamam) **Alaaddin Hamamı** ganz im Westen der Stadt. Gemischtes Bad, finnische Holz- und türkische Steinsauna! Oft von Busgruppen reserviert. Eintritt teure 25 € mit *Kese* und Massage. Tägl. 10–22 Uhr.

Kappadokien → Karte hintere Umschlagklappe

Übernachten/Essen & Trinken

(→ Karte S. 237)

»» **Unser Tipp: Sofa Hotel 5**, schöner, verwinkelter Komplex aus mehreren alten Häusern und einem idyllischen, begrünten Innenhof. Mit sehr viel Liebe gestaltet, teils herrliche Decken, trödeliges Mobiliar. 30 urgemütliche Zimmer. Leser loben das ausgezeichnete Frühstück und das hilfsbereite Personal. DZ je nach Zimmer 50–90 €. Im Westen des Städtchens, ✆ 5115186, ℻ 5114489, www.sofa-hotel.com. ««

Kirkit Pension 6, 17 unterschiedliche Zimmer, alle freundlich-stilvoll eingerichtet. Sie verteilen sich auf mehrere an den Fels gedrückte alte Häuschen. Schöner Innenhof zum Frühstücken für warme Tage und ein Felsenrestaurant für kalte. Ganzjährig. DZ mit Bad 45 €, Abendessen (mit Livemusik) 9 €. Genç Ağa Sok. 40, ✆ 5113148, ℻ 5112135, www.kirkit.com.

Venessa Pansiyon 2, nette Pension in einem historischen Gebäude in zentraler Lage. 7 liebevoll gestaltete Zimmer auf mehrere Etagen verteilt. Hübsche Terrasse, Kunstgalerie und -atelier in einer ehemaligen Höhlenwohnung unter dem Haus. DZ 32–62 €. Hafızağa Sok. 21, ✆ 5113840.

Tokmak Konuk Evi 1, unter Leitung des freundlichen Ömer Tokmak und seiner Frau, die in München gelebt haben. 14 Zimmer unterschiedlicher Größe und Ausstattung, doch insgesamt eher einfach. Netter Hof. Hauseigener Wein. DZ 33–67 €. Cami Sok. 11 (neben der Moschee), ✆ 0543/7678881 (mobil), www.tokmakkonukevi.com.

Essen & Trinken Die meisten Lokale richten sich an größere oder kleinere Gruppen, schön sitzt man in jenen am Fluss.

Restaurant Bizim Ev 4, direkt oberhalb des Sofa-Hotels. Traditionell-gemütlich eingerichtet, im Sommer wird auf der Dachterrasse getafelt. Als Hauptgang empfehlen wir *Bostan Kebap* (ein Kebab mit dreierlei Sorten Fleisch), die Spezialität des Hauses. Gute Weine der Umgebung. Hg. 4,10–9,50 €. ✆ 5115525.

Tafana Restaurant 3, nahe dem zentralen Platz und ebenfalls zu empfehlen. Vorrangig Pide und Kebab, Hg. 3–9,50 €. Holzigwarme Einrichtung, innen wie außen ziemlich verspielt. Atatürk Cad. 31, ✆ 5114862.

Urfa Sofrası, dieser zentral gelegene Lesertipp ging erst nach unserer Recherchereise ein und konnte von uns deswegen nicht mehr überprüft werden (daher auch kein Eintrag in der Karte). Schmackhafte, preiswerte Kebabs und als Nachspeise *Künefe* (eine Süßspeise aus Fadennudeln und Käse).

Umgebung von Avanos

Sarıhan: 6 km östlich von Avanos liegt der Sarıhan (auch: Saruhan), der „gelbe Han", eine seldschukische Karawanserei aus dem Jahre 1249. Bei dessen Restaurierung vor rund 30 Jahren wurde darauf geachtet, denselben gelblichen Stein wie im 13. Jh. zu verwenden. Seitdem sieht der Han wieder aus, als wäre er erst gestern gebaut worden. Tagsüber ist er als Museum zugänglich (Eintritt 1,20 €). Sehenswert ist das reich dekorierte Eingangsportal mit einer kleinen Moschee darüber. Allabendlich (um 17.30 und 21 Uhr) finden im großen Hof, wo einst Kamele be- und entladen wurden, Derwischzeremonien für Busgruppen statt. Die 50-minütigen Vorführungen kosten 25 € pro Person.

Der Weg nach Sarıhan ist ausgeschildert. Keine Dolmuşanbindung. **Taxi** von Avanos retour ca. 11 €.

Özkonak: Die unterirdische Stadt im Dorf Özkonak 21 km nördlich von Avanos ist weit weniger imposant als jene von Derinkuyu oder Kaymaklı – was jedoch nicht heißt, dass Sie hier der einzige Tourist sein werden. Entdeckt hat die Stadt, die – wie man vermutet – einst mehreren tausend Menschen Unterschlupf bieten konnte, übrigens der Dorfmuezzin, der bei Arbeiten auf seinem Grundstück 1972 zu tief stocherte. Mitte der 1980er folgten offizielle Grabungsarbeiten, bei denen man einen Weinkeller, eine Küche sowie Kindergräber fand. Von den vermuteten 19 (!) Stockwerken, die einst mit bis zu 500 kg schweren Rollsteinen geschlossen werden konnten, sind momentan erst fünf zugänglich. Die Gänge sind trotz Elektrifizierung ziemlich dunkel.

Mo–Fr stündl. ein Bus nach Özkonak, Sa/So keine Verbindungen. Im Dorf Özkonak mit „Yeraltı Şehri" ausgeschildert. Tägl. 8–19 Uhr. Nur mit Führung. Eintritt 3,20 €.

Von Avanos nach Ürgüp? Auf dem Weg dorthin passieren Sie das bizarre Devrent-Tal (→ S. 246). Für Ürgüp lesen Sie weiter ab S. 242.

Ortahisar

Der Koloss von Ortahisar ist ein 90 m hoher Burgfels, der sich wie die Nadel einer Sonnenuhr über den Häusern des Ortes erhebt und zu gegebener Zeit Schatten spendet. Das ruhige Landstädtchen ist nebenbei eines der größten Obst- und Gemüselager der Türkei.

Ortahisar ist ein gemütlicher Ort, in dem man auch länger bleiben kann. Busgruppen übernachten in den großen Hotels am Ortsrand, Individualreisende im holprigen Auf und Ab des morbid-idyllischen Alt-Ortahisars. Dort entstanden in den letzten Jahren hübsche Unterkünfte für eine anspruchsvollere Klientel auf der Suche nach Ruhe.
Die Einwohner von Ortahisar leben in erster Linie von den rund 600 riesigen Tuffsteinhöhlen der Umgebung, natürliche Kühlräume mit einer Durchschnittstemperatur von 10 °C. Vor allem Zitronen und Orangen (aus der Gegend um Mersin), aber auch Lkw-Ladungen voller Kartoffeln, Äpfel oder Zwiebeln werden nach ihrer Ernte vor die Höhlen gekarrt. In Kisten verpackt, warten die Früchte dann auf den Weitertransport. Die halbe Türkei wird von Ortahisar beliefert, und es wird auch nach Europa exportiert.

Nach Feierabend spielt sich das Leben auf dem Platz vor der Burg ab, wo die Männer im Teegarten die Zeit beim Tavlaspiel totschlagen oder den Touristen beim Erkraxeln der Burg zuschauen: Der majestätische **Burgfels**, der den kappadokischen Christen einst als Versteck vor den Arabern diente, ist Ortahisars Attraktion. Die Höhlenwohnungen waren bis weit ins 20. Jh. noch bewohnt. Der Aufstieg über Gänge, Treppen und Leitern ist nicht gerade bequem, aber die Anstrengung wird mit einem Panoramablick auf das landwirtschaftlich genutzte Umland belohnt (stets zugänglich, kein Eintritt, zuletzt jedoch wegen Restaurierungsarbeiten geschlossen).

Wer mag, kann anschließend dem ehemaligen Rathaus am Dorfplatz einen Besuch abstatten. Von dessen Balkon sprach einst Atatürk zum kappadokischen Volk. Heute befindet sich darin ein großes und nettes Touristenlokal – stolz ist man darauf, 2007 Königin Sophie von Spanien bewirtet zu haben. Im Obergeschoss richtete man ein **Museum** ein – keine Atatürkgedenkstätte, sondern eine ethnografische Exposition mit rund 30 lebensgroßen Figuren, die den Besuchern kappadokische Traditionen näherbringen sollen (vom Spannungsgrad aber Atatürkmuseen ähnlich, tägl. 9–19 Uhr, Eintritt 2 €).

Kappadokien → Karte hintere Umschlagklappe

Beim verrückten Ali: Schauen Sie mal bei **Crazy Ali** vorbei, der am Marktplatz in unmittelbarer Nähe zum Burgberg eine Mischung aus Trödel- und Souvenirladen betreibt. Ali ist eine Institution im Ort und eine echte Marke. Er schreibt nette Gedichte, hilft Touristen in jeglicher Hinsicht weiter und unternimmt mit ihnen auf Wunsch mystische Nachtwanderungen durch kappadokische Täler. Tägl. 10–19 Uhr. ✆ 3433071.

Telefonvorwahl 0384.

Verbindungen Regelmäßig **Busse** nach Nevşehir, zudem jede halbe Std. **Dolmuşe** nach Ürgüp.

Hamam (Türkisches Bad) **Ortahisar Hamamı**, ca. 150 m unterhalb des Marktplatzes, sporadisch ausgeschildert. Winzig. Gemischtes Bad ist kein Problem. Tägl. 10–23 Uhr. Eintritt mit *Kese* und Massage 11 €.

Wandern Bei einem Über-Stock-und-Stein-Spaziergang kann man das **Balkan-Tal** *(Balkan Deresi)* mit mehreren abgeschiedenen Kirchen entdecken. Um dahin zu gelangen, läuft man links des Ladens von Crazy Ali (s. o.) bergab, bis ein Fahrweg über ein Tal mit einem meist ausgetrockneten Bachbett beginnt. Hier dreht man bei einem vierbeinigen Stromverteiler eine 180°-Kurve nach links und nimmt die kleine Unterführung. Dahinter führt der Weg ins Tal, die ersten Kirchen erreichen Sie bereits nach ca. 15 Min.

Eine kleine 45-minütige Wanderung führt zudem ins **Pancarlık-Tal** (→ S. 247). Dafür überquert man das oben erwähnte Tal mit dem meist ausgetrockneten Bachbett, folgt dahinter der Straße und hält sich 600 m weiter bei einem Brunnen links (von da an auch ausgeschildert).

Übernachten **Alkabris**, feinfühlig restauriertes Felsenhaus, das Luxus in dörflicher Idylle bietet. Nur 5 geschmackvolle Zimmer. Bäder mit Jacuzzi oder Hydromassage-Duschen. Traumterrasse mit Blick bis zum Erciyes Dağı. Die freundlichen Wirtsleute sprechen Französisch. DZ 100–140 €. Im alten Ortsteil unterhalb des Burgfelsens (ausgeschildert), ✆ 3433433, www.alkabris.com.

Mantar Evi, ein Tipp für alle, die ländliches Leben hautnah kennenlernen möchten. Die gastfreundliche Familie Mantar vermietet 2 hübsche, folkloristisch eingerichtete und geräumige Zimmer mit Bad in ihrem Wohnhaus. Leckeres Abendessen auf Wunsch.

Ohne Aufzug – Burgfels von Ortahisar

DZ 41 €. In unmittelbarer Nähe zum ausgeschilderten Hezen Hotel, ✆ 3433687, www.mantarevi.net.

Atılgan Kapadokya Hotel, simple Adresse am Dorfplatz. Die Hauptkundschaft besteht aus Obst- und Gemüsehändlern. 36 überwiegend einfache, kleine Zimmer mit ebensolchen Bädern. DZ 25 €, kein Frühstück. Ulus Meydanı, ✆ 3432220, ✆ 3432249, www.atilganotel.com.

Essen & Trinken Neben dem Restaurant im alten Rathaus (s. o.) nur wenige einfache Lokantas.

Umgebung von Ortahisar

Hospital-Kloster: Die wenig besuchte, einst riesige Klosteranlage hat im Laufe der Jahrhunderte unter der Erosion stark gelitten. Was heute wie ein Hof aussieht, waren einst überdachte Kirchenräume. In der noch zugänglichen, dreischiffigen Hauptkirche des früher mehrstöckigen Komplexes sind Darstellungen aus der Ikonoklastenzeit zu erkennen. Etliche Reliefs an verschiedenen Stellen lassen vermuten, dass hier später auch armenische Steinmetzen Hand anlegten. Wie das Kloster zu seinem seltsamen Namen kam, ist nicht bekannt.

Anfahrt/Öffnungszeiten: Der Weg zum Kloster ist sowohl von der östlichen Zufahrtsstraße nach Ortahisar als auch von der Straße Nevşehir – Ürgüp mit „Hospital Monastery" ausgeschildert. Frei zugänglich. Kein Eintritt.

Panoramic View Point/Rote Schlucht (Kızılçukur): Rund 4 km nördlich von Ortahisar erstreckt sich die von hohen Felswänden eingebettete, rosafarbene Tuffschlucht. Über dieser, auf der Südwestseite des 1320 m hohen *Akdağ* (auch *Boztepe* genannt), liegt der „Panoramic View Point". Der Aussichtspunkt ist einer der beliebtesten Orte für den Sonnenuntergang über Kappadokien – mit etlichen Busladungen teilen Sie die romantische Stimmung. Am Aussichtspunkt beginnt ein schöner, 4,5 km langer Rundwanderweg (ca. 2 Std.) durch die Rote Schlucht und das Rosental *(Güllü Dere)*. Dabei passiert man mehrere Kirchen, u. a. die *Üzümlü Kilise („Weinkirche")* wenige hundert Meter nach Beginn der Wanderung. Sie besitzt Wandmalereien in Form von Weinornamenten aus dem 9. Jh. Außerdem kann man vom Aussichtspunkt auf einem schmalen Pfad mit herrlichen Ausblicken, der ungefähr auf halber Höhe des Bozdağ verläuft, in ca. 2 Stunden nach Çavuşin wandern – feste Schuhe sind Voraussetzung.

Anfahrt/Verbindungen Der „Panoramic View Point" ist von der Straße Nevşehir – Ürgüp bei Ortahisar ausgeschildert. Von der Kreuzung noch ca. 2,5 km auf einem Asphaltsträßchen – wer mit dem Nevşehir-Ürgüp-**Dolmuş** kommt, muss die 2,5 km laufen oder trampen.

Öffnungszeiten Der Aussichtspunkt ist tägl. von Sonnenauf- bis nach Sonnenuntergang geöffnet. Wer den regulären asphaltierten Weg zum Aussichtspunkt wählt (Autofahrer haben keine andere Möglichkeit), findet sich bald vor einer Schranke: Eintritt 0,80 €/Pers.

Kappadokien → Karte hintere Umschlagklappe

Ürgüp

ca. 18.600 Einwohner

Ein zweitklassiges Ausflugsziel, aber ein erstklassiger Ausgangspunkt: Das lebendige Städtchen bietet stilvolle Unterkünfte und ist zudem bekannt für seine guten Weine.

Zu Fuße eines markanten, hoch aufragenden Felsens liegt Ürgüp, eine der Hotelhochburgen Kappadokiens. Im Gegensatz zu Göreme lebt man hier aber nicht ausschließlich vom Tourismus, Ürgüp ist nach wie vor auch ein wichtiges Marktzentrum für die Bauern der Umgebung. Der älteste Teil des Städtchens erstreckt sich westlich des Hauptplatzes. Malerische Steinhäuser aus der Zeit vor dem Bevölkerungsaustausch erinnern hier an die griechische Vergangenheit des Ortes. Auch die Tradition der Weinkelterei (→ Kasten) wurde von den Griechen übernommen.

Der Stadtfelsen, auch **Temenni** („Hügel der Wünsche") genannt, wird nachts in Flutlicht getaucht. Auf den Felsen gelangt man von der Ahmet Refik Caddesi vorbei an vielen Souvenirständen (tägl. 8.30–19 Uhr, im Hochsommer bis 23 Uhr, Eintritt frei). Auf der lieblos betonierten Fläche oben findet man neben einem Terrassencafé mit Panoramablick die Türbe des Seldschukenfürsten Kılıçaslan IV., der 1266 ermordet wurde.

Ein etwas langweiliges Unterfangen ist der Besuch des örtlichen **Museums** an der Kayseri Caddesi. Hier werden wenig spektakuläre Funde aus der Region präsentiert: Schmuck, Kandelaber, Waffen, Grabstelen und Keramik aus prähistorischer, hellenistischer und römischer Zeit. Das überraschendste Exponat ist der riesige Stoßzahn eines Mammuts, der angeblich 10 Mio. Jahre alt ist (tägl. außer Mo 8–17 Uhr, Eintritt frei).

Information/Verbindungen/Ausflüge

Telefonvorwahl 0384.

Information Tourist Information neben dem Museum an der Kayseri Cad. Tägl. 9–17 Uhr. ✆/℻ 3414059, www.urgup.gov.tr. Man stellt eine Wanderbroschüre und einen Stadtplan zur Verfügung.

Verbindungen Bus/Dolmuş: Vom kleinen zentralen Busbahnhof mind. 1-mal tägl. (über Nevşehir oder Göreme) in alle größeren Touristenzentren der Südküste, zudem nach Konya und Kayseri. Bessere Verbindungen von Göreme.

Jede halbe Std. Dolmuşe bzw. Busse nach Ortahisar und Mustafapaşa (So sehr eingeschränkt), alle 2 Std. über Göreme und Zelve nach Avanos (für die Abfahrtszeiten → Zelve) sowie alle 30 Min. nach Nevşehir.

Taxi: Einen guten Ruf besitzt Göreme Taxi am Busbahnhof, ✆ 3414193. Kappadokienrundfahrten 55–65 €.

Organisierte Touren Diverse Veranstalter bieten Ausflüge zu den Hauptattraktionen Kappadokiens an. Unterwegs stoppt man bei Onyxfabriken, Teppichknüpfereien usw. – je billiger das Angebot, desto mehr derartige Stopps. Eine gute Adresse ist das Reisebüro Argeus, mit Glück kann man sich hier einer Tagestour anschließen (finden stets in kleinen Gruppen statt, keine Einkaufsstopps, ab 55 €/Pers., Eintrittsgelder und Mittagessen in kleinen Lokalen inkl.). Zudem Flugbuchungen und Flughafentransfers nach Kayseri und Nevşehir für 8 €/Pers., Reservierungen telefonisch oder über inform@argeus.com.tr mind. einen Tag im Voraus. İstiklal Cad. 7, ✆ 3414688, www.argeus.com.tr.

Adressen

Ärztliche Versorgung Staatliches Krankenhaus **Devlet Hastanesi** nördlich des Zentrums. ✆ 3414031.

Autoverleih Vertretungen diverser internationaler Verleiher vor Ort, z. B.: **Avis**, İstiklal Cad. 19, ✆ 3412177, www.avis.com.tr. **National/Alamo**, Cumhuriyet Meydanı 4, ✆ 3416541, www.cappadociarentacar.org. **Europcar**, gegenüber von Avis an der İstiklal Cad. 10, ✆ 3418855, www.europcar.com.tr. Billigste Autos je nach Saison 33–50 €. Daneben betätigen sich auch die lokalen Reiseagenturen als Verleiher, hier bekommt man ein Auto rund 30 % billiger.

Einkaufen Entlang der Kayseri Cad., der Haupteinkaufsstraße, findet man Antiquitäten, Schmuck (großes Angebot an Silber) und Teppiche. **Kappadokische Weine** bekommt man bei der Kelterei **Turasan** am Ortsende an der Straße nach Nevşehir. Im Angebot sind Weiß-, Rot- und Roséweine zu einem Flaschenpreis von 5–16,50 €. Am besten sind die auch international preisgekrönten Rotweine „Kalecik Karası" und „Seneler". Winzereibesichtigung mit Degustation 5 €.

Wochenmarkt samstags an der Straße nach Mustafapaşa.

Reisebüro → Organisierte Touren.

Türkisches Bad (Hamam) Der kleine, aber gepflegte Hamam Ürgüps liegt am Cumhuriyet Meydanı und wurde 1900 errichtet. Tägl. 7–23 Uhr, keine Geschlechtertrennung. Eintritt mit Massage und *Kese* 10 €.

Geführte Wanderungen Der deutschsprachige **Fevzi Tekin** (✆ 0536/6594499, mobil, tekings@mynet.com, vor Ort über das kleine Sport- und Wandergeschäft *Nike Sportif* an der Kayseri Cad. zu erreichen) bietet Tagestouren für 100 € an. Von Lesern hochgelobt. Terminvereinbahrung vorab empfohlen.

Zweiradverleih Zweiräder verleiht **Elit** am Hauptplatz. Scooter 8 Std. 30 €, Fahrrad 8 Std. 10 €, Quad 4 Std. 58 €. Kein Service, nur geldgierig. Ürgüplü Cad. 15, ✆ 3418022.

Tröpfchen aus dem Tuff: Kappadokische Weine

Kappadokien steht in der Türkei nicht nur für Feenkamine und Felsenkirchen, sondern auch für trockene, erfrischende Weine. Vor allem in der Umgebung von Ürgüp und Ortahisar wird Weinanbau auf dem äußerst fruchtbaren vulkanischen Boden betrieben. Die Reben werden dabei jedoch nicht wie bei uns hochgezogen, sondern machen sich am Grund breit. Auf die Winzereien der Gegend wird mit „Şarap Fabrikası" oder einfach „Wine Factory" hingewiesen; sie können u. a. in Ürgüp, Uçhisar (→ S. 220) und Mustafapaşa (→ S. 249) besichtigt werden. Turasan, Kappadokiens größte Winzerei, liegt in Ürgüp (→ Einkaufen). Über 2 Mio. Liter werden hier jährlich gekeltert und in Tuffsteinkellern zur Reife (6–18 Monate) gelagert. Da man mit den lokalen Reben die Nachfrage gar nicht decken kann, werden Trauben aus Ostanatolien hinzugekauft und mitgekeltert.

Übernachten

(→ Karte S. 243)

Ürgüp bietet überaus stilvolle kleine Herbergen und dazu große 08/15-Hotels für Gruppen (v. a. im Osten der Stadt). Einfachere Hotels und Pensionen gibt es nur wenige – diesbezüglich bietet Göreme die bessere Auswahl. Dafür kann man in Ürgüp besser essen gehen!

Yunak Evleri **1**, ein Kappadokientraum. 5-Sterne-Komfort in einem der Natur angepassten Fels- und Häuserkomplex. Terrassen mit herrlichen Panoramen, enge Passagen und kleine Innenhöfe verleihen dieser Unterkunft etwas Märchenhaftes. 30 stilvoll-elegante Zimmer. Gutes Restaurant. DZ 130–181 €. Von der Straße nach Nevşehir ausgeschildert, ✆ 3416920, ℻ 3416924, www.yunak.com.

Für Soapfans ganz nebenbei: In der Nähe des Selçuklu Evi steht das **Asmalı Konak** – keine feine Übernachtungsadresse, sondern Schauplatz und Namengeber der erfolgreichsten türkischen Fernsehserie aller Zeiten und seitdem ein Pilgerziel. Die Seifenoper über eine wohlhabende kappadokische Familie fand ihren krönenden Abschluss mit dem Kinofilm *Asmalı Konak – Villa mit Weintrauben* (2003).

Melekler Evi **4**, das von einem İstanbuler Architektenpaar geführte Höhlenhotel „Haus der Engel" entdeckten Leser und waren begeistert. Nur 7 stilvoll und mit viel Fingerspitzengefühl eingerichtete Zimmer, eines schöner als das andere. Die Zimmer (Nichtraucher) tragen Namen wie „Liebe" oder „Hoffnung" und besitzen teils offene Kamine. Antiquitäten treffen auf modernen Wohlfühlluxus. DZ 120–180 €. Dere Sok. 59 (5 Fußmin. ins Zentrum), ✆ 3417131, ℻ 3417105, www.meleklerevi.com.tr.

Selçuklu Evi **2**, 20 unterschiedliche Zimmer mit folkloristischem Touch und viel Komfort (Wasserkocher mit Teebeuteln, Pantoffel etc.). Tolle geschnitzte Türen und Holzdecken, ein Zimmer mit privatem Hamam. Restaurant mit landestypischer Küche, netter kleiner Innenhofgarten mit Weinbrunnen (!). Erstklassiger Service. DZ 82–240 €. Yunak Mah., ✆ 3417460, ℻ 3417463, www.selcukluevi.com.

Hotel Cave Konak **13**, in zentralster Lage, unter türkisch-englischer Leitung. Nur 4

Ballonfahrten sind in Kappadokien mittlerweile zum Massenspektakel geworden

stilvolle Zimmer, z. T. recht groß und über 2 Stockwerke, 2 Zimmer im Felsen. DZ 80 €. Am Hauptplatz, ✆ 3414322, www.cavekonak.com.

Hotel Akuzun 11, kein Altbau und keine Höhlenräume, sondern ein ganz normales Hotel. Freundlicher Familienbetrieb, hilfsbereiter, deutschsprachiger Service, von Lesern stets gelobt. Gepflegte Zimmer, lassen Sie sich eines mit Balkon geben (am schönsten sind die mit Naturstein renovierten). Gemütliche Dachterrasse. DZ offiziell 40–60 €, MMV-Leser bekommen 20 % Rabatt. İstiklal Cad., ✆ 3413869, 3413785, www.hotelakuzun.com.

Hotel Elvan 14, kleines, einfaches, familiäres Haus. Saubere Zimmer mit TV und Bad, z. T. unter schönem Gewölbe. 2 nette Terrassen. DZ für das Gebotene nicht ganz billige 37 €. Barbaros Hayrettin Sok. 11, ✆ 3414191, 3413455, www.hotelelvan.com.

Essen & Trinken/Nachtleben

(→ Karte S. 243)

In Ürgüp gibt es zum Glück noch ein paar einfache, kleine Lokantas (insbesondere beim Busbahnhof), die in Göreme bereits verschwunden sind.

Musa Efendi 1, den Yunak Evleri (→ Übernachten) angegeliedert. Feine Küche, tägl. ein wechselndes Menü mit mehreren Gängen für 18,50 € ohne Getränke (teuer!). Traumterrasse. Reservierung empfohlen, ✆ 3416920.

Ziggy's 3, schönes und extrem beliebtes Caférestaurant, für das man am Abend ebenfalls besser reservieren sollte. Innen Wohnzimmeratmosphäre, draußen tolle Terrasse. Steaks, Pasta, verfeinerte türkische Klassiker, große Salate, auch an Vegetarier wird gedacht. Leser loben die hervorragenden Mehr-Gänge-Menüs zu 14,50–16,50 €. Aufmerksamer Service. Tevfik Fikret Cad., ✆ 3417107.

Şömine Restaurant 9, gepflegtes Lokal mit Terrasse im hinteren Bereich des Cumhuriyet Meydanı – nicht mit den „vorderen" Restaurants verwechseln, die teils einen ziemlich schlechten Ruf besitzen. Große Auswahl an Meze, Pizza, Kebabs, Pide und selbst Meeresfrüchten. Hg. 5,50–12,50 €. ✆ 3418442.

Han Çırağan Restaurant 8, außen (2 Terrassen) wie innen recht nett. Exzellente Küche, die Spezialität des Hauses sind *Mantı*. Auch das *Güveç* wird hier sehr zart zubereitet.

Kappadokien → Karte hintere Umschlagklappe

Huhn oder Kamel – im Devrent-Tal können Sie Ihrer Fantasie freien Lauf lassen

Wer sich nach europäischer Küche sehnt, kann zu diversen Steaks greifen. Auch für Vegetarier gibt's etwas auf der Karte. Gute kappadokische Weine. Hg. 5–8,50 €. Cumhuriyet Meydanı 4, ☎ 3412566.

Restaurant Ocakbaşı **7**, am Busbahnhof. In Bezug auf Fleischgerichte gilt das Restaurant mit großem Grill als Spitzenreiter. Faire Preise, Dachterrasse, großer Speisesaal mit Teppichboden. Eher etwas für den Abend. Güllüce Cad. 2, ☎ 3413277.

Deringöller Kebap Salonu **12**, neben guter Pide und Grillvariationen ist hier der *Kiremit Kebabı*, eine Kebabspezialität aus dem Tontöpfchen, zu empfehlen. Terrasse. Dumlupınar Cad.

Şükrüoğulları Pastanesi **5** & **6**, zweimal vertreten, am Busbahnhof (Güllüce Cad.) und am Hauptplatz. Gute Konditorei. Der Renner ist das hausgemachte Eis – unbedingt das dunkle Maulbeereis *(Karadut dondurması)* kosten!

Nachtleben Es gibt mehrere Discos, die z. T. in Felshöhlen untergebracht sind. Etabliert ist das **Armağan** **10** an der Straße nach Mustafapaşa, wo in den Räumen eines alten Kamelstalls türkische Folklore und der bei uns bekannte Sound serviert werden.

Nett für ein Bier ist der Hof des Café & Pub **La Rocca** **6** am Cumhuriyet Meydanı. Hin und wieder Livemusik.

Devrent-Tal

Auch hier scheint sich die Natur wie im Paşabağı-Tal (→ S. 234) künstlerisch betätigt zu haben. Das Devrent-Tal gleicht einem Wildpark versteinerter Ungetüme, die Darstellungen sind verblüffend: ein neugieriger Seelöwe, ein Hase, ein Kamel usw. Von einigen Feenkaminen ist der Basalthut bereits heruntergefallen, andere halten gerade noch die Balance. Der aberwitzige Skulpturengarten ist ein beliebter Busgruppenstopp, zumal er keinen Eintritt kostet.

Durch das Tal führt die Straße von Ürgüp nach Zelve/Avanos. Es passieren daher auch die Ürgüp-Avanos-**Busse**.

Falls Sie von Ürgüp (vorbei am Devrent-Tal) weiter nach Zelve fahren, lesen Sie weiter ab S. 234, für Avanos auf S. 236.

Pancarlık-Tal

Ein Abstecher ins Pancarlık-Tal führt Sie zu alten Felsenkirchen. Noch auf dem Weg dahin passiert man die mit roten, geometrischen Mustern verzierte **Sarıca-Kirche**, die zwischen dem 10. und 13. Jh. entstand. Nahebei liegen die zwei ruinösen sog. **Kepez-Kirchen**. Rund einen Kilometer weiter steht die sehenswertere und nach dem Tal benannte **Pancarlık-Kirche**. Ihren Besuchern offenbart sie ein recht gut erhaltenes, farbenfrohes Deckenfresko sowie Heiligenfresken aus dem 10. und 11. Jh., deren Gesichter gelangweilten Schäfern z. T. als Zielscheiben dienten. Außerhalb der Öffnungszeiten kann man durch ein Gitter hineinblicken.

Das Kirchental bietet sich auch als Ziel eines netten längeren Spaziergangs von Ürgüp oder Ortahisar an (→ Ortahisar/Wandern, S. 240).

Anfahrt Von der Straße Ürgüp – Mustafapaşa exakt 1,2 km nach dem Ortsschild von Ürgüp auf einen Schotterweg rechts ab, beschildert. Ca. 2 km weiter liegt bereits linker Hand die Sarıca-Kirche.

Öffnungszeiten/Eintritt Die Kirchen sind tägl. 8–17 Uhr geöffnet (die Sarıca-Kirche offiziell nur April–Okt.). Eintritt Sarıca-Kirche und Pancarlık-Kirche jeweils 1,60 €, Kepez-Kirchen frei.

Gomeda Harabeleri

Die Tuffruinen des byzantinischen Dorfes Gomeda präsentieren sich als Kleinausgabe von Zelve (→ S. 234) – zwar sind sie weniger spektakulär, dafür hat man sie auch meist für sich alleine. Einsame Spaziergänge, begleitet von Vogelgezwitscher, führen zu Höhlenwohnungen und Felskirchen. Von den Kirchen Gomedas ist die **Timos-Stavros-Kirche** mit einigen Fresken aus dem 7. Jh. am interessantesten.

Anfahrt Ca. 3 km hinter dem Ortsschild von Ürgüp, an der Straße nach Mustafapaşa, rechts ab Richtung Ayvalı. Nach weiteren 3 km wieder rechts ab (beschildert), nach ca. 1,5 km (erst Kopfsteinpflaster, dann Schotterpiste und bei der Gabelung dort wieder rechts halten) parken und zu Fuß entdecken.

Übernachten »» Unser Tipp: **Gamirasu Cave Hotel**, in Ayvalı, einem abgeschiedenen Tuffsteindorf ca. 11 km südwestlich von Ürgüp. Ein kleines Paradies. 30 komfortabel eingerichtete, teils enorm große Felsenzimmer, über mehrere Etagen verteilt. Lauschig-idyllischer Innenhof. Abgesehen vom Ruf des Muezzins absolute Ruhe. In der Anlage befindet sich auch eine Höhlenkirche aus dem 12. Jh. samt Freskenresten. Restaurant. DZ 145–240 €. Von der Straße nach Mustafapaşa ausgeschildert, ✆ 0384/3545815, ℻ 3545864, www.gamirasu.com. ««

Mustafapaşa

ca. 2500 Einwohner

Das Bilderbuchdorf lädt auf erholsam-ruhige Tage ein. Allabendlich, nach dem letzten Tourenbus, bleibt in Mustafapaşa nichts anderes als ländlich-verschlafenes Kappadokien zurück.

Als das 5 km südlich von Ürgüp gelegene Dorf noch Sinasos hieß, wohnten hier überwiegend Griechen, die weit über die Grenzen Kappadokiens hinaus als kunstfertige Steinmetzen bekannt waren. 1923 musste die angestammte Bevölkerung ihre Heimat verlassen, Türken aus Griechenland übernahmen ihre prächtigen Häuser und Anwesen. Viele davon sind heute liebevoll restauriert. Entlang den Pflastergässchen und in den Tufffelsen der Umgebung verstecken sich weitere Zeugen der

Kappadokien → Karte hintere Umschlagklappe

Griechische Architektur in Mustafapaşa

griechischen Vergangenheit – nichts anderes als Kirchen und Klöster, das Gros davon ist ausgeschildert. Wer schon zu viele davon gesehen hat, kann den Tag in Mustafapaşa auch mit einem gemütlichen Glas Wein „ausfuseln" lassen (→ Einkaufen).

Im Zentrum selbst steht die dreischiffige **Ayios-Konstantinos-Kirche** (auch: **Eleni-Kirche**) aus dem Jahre 1729. Sie ist eine der wenigen Kirchen Kappadokiens, die nicht in den Tuff geschlagen wurde (Eintritt 1,20 €). Rund 1 km nördlich des Dorfes kann man die unterirdische **Ayios-Vasilios-Kirche** am Rande eines Plateaus besichtigen – sie ist zwar über 1000 Jahre alt, ihre Fresken stammen jedoch aus dem 19. Jh. (Eintritt ebenfalls 1,20 €). Für beide Kirchen braucht man eine Begleitperson von der Touristeninformation (s. u.).

In entgegengesetzter Richtung gibt es gleich drei christliche Felsenstätten zu besichtigen: die **Ayios-Stefanos-Kirche**, das **Ayios Nikolaos Manastırı**, ein ehemaliges Felsenkloster, und die **Sinasos-Kirche**. Um sie zu finden, folgt man der anfänglichen Beschilderung dahin und parkt bei den letzten Häusern an der gepflasterten Wendeplatte. Nun heißt es, den Text genau zu lesen, denn fortan fehlt jede weitere Ausschilderung: Die mit Seitenaltären ausgestattete Ayios-Stefanos-Kirche (durch ein Gitter einsehbar) liegt gleich rechter Hand hinter der Wendeplatte. Folgt man dem mit Naturstein gepflasterten Weg von dort für ca. 100 m und hält sich dann rechts, taucht gleich linker Hand das große Ayios Nikolaos Manastırı auf (wurde zuletzt aufwendig restauriert). Am Ayios Nikolaos Manastırı vorbei, liegt nochmals 150 m weiter linker Hand die Sinasos-Kirche mit zerstörten Fresken. Ihre Decke droht komplett einzustürzen.

Information/Verbindungen/Sonstiges

Vorwahl 0384.

Information Tourist Information mit Ticketverkauf am zentralen Platz beim Rathaus *(Belediye)*. Tägl. 8.30–12 und 13–17.30 Uhr.

Verbindungen Halbstündl. ein **Bus** nach Ürgüp (So sehr eingeschränkt).

Wandern Von Mustafapaşa besteht die Möglichkeit, ins Dorf **Ayvalı** (→ Gomeda

Harabeleri/Übernachten) oder nach **Gomeda** (s. o.) zu wandern – schöne Strecken über Wiesen und Felder. Folgen Sie dem bergauf führenden Sträßchen gegenüber dem Rathaus *(Belediye)* im Zentrum und wählen Sie, wenn das Sträßchen bei einem Friedhof endet, den rechts davon verlaufenden Feldweg. So erreichen Sie nach ca. 1 km die Straße von Ayvalı nach Ürgüp, auf der anderen Straßenseite geht der Weg weiter. Bei der Weggabelung nach weiteren ca. 400 m, also nachdem man ein Tal passiert hat, geht es rechts nach Gomeda, links nach Ayvalı.

Einkaufen Wein! In der **Winzerei Kapadokya** (ausgeschildert), einem über 50 Jahre alten Familienbetrieb mit ca. 15 Beschäftigten, werden jährlich rund 1,5 Mio. Liter Wein gekeltert. Mit 11 € Flaschenpreis ist der 5 Jahre alte „Kapadokya" am teuersten und in einigermaßen trinkbarem Zustand. Eine Kostprobe wert ist auch der Kirschlikörwein.

Übernachten/Essen & Trinken

> Alle Hotels und Pensionen sind ausgeschildert.

»» **Unser Tipp: Old Greek House**, charmantes griechisches Landhaus mit herrlichem Innenhof. 13 schlicht-geschmackvolle Zimmer drum herum und darüber, teilweise sehr geräumig, mit schönen Holzböden, handbestickten Tagesdecken, altem Mobiliar, Zentralheizung und Tonnengewölbe. Eigener kleiner Hamam. Der freundliche Inhaber Süleyman Öztürk spricht gut Englisch. Seine Frau kocht hervorragend. Von Lesern seit Jahren hochgelobt. Im Ort werden noch weitere schöne Zimmer vermietet. DZ 50 €. Mustafapaşa, ✆ 3535306, ℻ 3535141, www.oldgreekhouse.com. ««

Monastery Hotel, an und in den Felsen. 13 eher schlichte Zimmer von unterschiedlicher Größe. Betreiber wie Atmosphäre sehr freundlich. Restaurant. DZ 35–45 €. Mustafapaşa, ✆ 3535005, ℻ 3535344, www.monasteryhotel.com.

Pacha Hotel, 12 ordentliche Zimmer mit Bad. Begrünter Innenhof. Restaurant mit schöner Aussicht. Auch mit diesem Haus sind Leser immer wieder zufrieden. DZ 32 €. Zentrale Lage beim Kreisverkehr, ✆/℻ 3535331, www.pachahotel.com.

Von Mustafapaşa weiter gen Süden

Rund 40 schmale Landstraßenkilometer trennen Mustafapaşa vom Soğanlı-Tal. Nackte Felslandschaften wechseln mit sanften Hügeln und bewaldete Täler mit im Sommer trockenen Flussläufen ab. Ca. 5 km südlich von Mustafapaşa weist ein Schild zum **Damsa-Stausee** (Damsa Barajı). Hier kann man picknicken (kleine Gebühr), Baden ist leider verboten.

Etwas weiter südlich passiert man **Cemil**, ein terrassenförmig angelegtes, malerisches Dorf mit einer großen, freistehenden griechischen Kirche. Das Innere des dreischiffigen Gotteshauses war einst überaus farbenfroh ausgeschmückt, heute erinnern daran nur noch ein paar schöne Fresken im Chor (frei zugänglich, kein Eintritt).

2 km hinter Cemil befinden sich ca. 200 m abseits der Straße die Ruinen des **Keşlik-Klosters** (ausgeschildert). Früher wurde es von den Bauern der Gegend als Stall genutzt, heute ist das kleine Kirchenareal teilweise restauriert und gebührenpflichtig (tägl. 9–19.30 Uhr, Eintritt 1,60 €). Besucht werden kann das Refektorium, die St.-Stephanos-Kirche und die Archendos-Kirche, die einstige Hauptkirche. In Letzterer gibt es – sobald sich das Auge an die Lichtverhältnisse gewöhnt hat – noch gut erhaltene, wenn auch vom Vandalismus mitgenommene Fresken zu entdecken.

Kappadokien → Karte hintere Umschlagklappe

Über **Taşkınpaşa** geht es nach **Şahinefendi**. Hier kann man sich die Überreste der antiken Siedlung **Sebastos** anschauen (türk. *Sobesos*, ausgeschildert, von der Abzweigung noch 1,5 km, Wächter vor Ort, kein Eintritt). Ihre Entdeckung 2002 war dem Zufall bzw. der erfolglosen Suche nach Gold zu verdanken. Heute gräbt hier das Museum Nevşehir; ans Tageslicht kamen bislang ein römisches Mosaik, über das die Byzantiner eine Kirche setzten, ein Versammlungssaal, ein Badehaus, Wohnhäuser und ein Grab mit einem Skelett.

Südlich von Şahinefendi taucht nach einem Hochplateau das Dorf **Güzelöz** auf. Von dort sind es noch rund 10 km, bis es nach rechts ins Soğanlı-Tal abgeht. Auf der gesamten Strecke fahren nur sehr unregelmäßig Dolmuşe. Trampen ist wegen geringen Verkehrsaufkommens schwierig, ein eigenes Fahrzeug daher empfehlenswert.

Sie wollen weiter zu den unterirdischen Städten? Von der Straße ins Soğanlı-Tal zweigt 2 km südlich von Şahinefendi eine Straße nach Mazıköy (→ S. 255) ab, von wo Sie zu den unterirdischen Städten von Kaymaklı (→ S. 254), Özlüce (→ S. 254) und Derinkuyu (→ S. 252) gelangen. Derinkuyu erreicht man auch über Güzelöz.

Soğanlı-Tal

Durch fehlende Dolmuşverbindungen ist das Soğanlı-Tal vom restlichen Kappadokien etwas isoliert. Das gleichnamige Dorf darin besteht aus zwei Siedlungen: Auf der Stichstraße ins Kirchental passiert man zunächst **Aşağı Soğanlı** („Unteres Soğanlı") mit vielen uniformen Häuschen. Diese Siedlung entstand, nachdem Felseinstürze das Leben in **Yukarı Soğanlı** („Oberes Soğanlı") unsicher gemacht hatten. Dort gibt es heute nur noch ein paar Ställe, wohnen will dort niemand mehr.

Die Karabaş Kilisesi im Soğanlı-Tal

Der Besuch von Yukarı Soğanlı ist gebührenpflichtig. Hier gabelt sich das Tal. In seinen beiden Armen sollen sich einst – je nach Schätzung – zwischen 100 und 200 Kirchen befunden haben. Viele sind eingestürzt, manche vergessen, andere nur den einheimischen, verschwiegenen Hirten bekannt, die die ehemaligen Kirchen und Kapellen als Ställe nutzen und nicht wollen, dass sich daran etwas ändert.

Auffällig sind die zahlreichen, mit weißer Farbe gekennzeichneten Taubenschläge an den Talhängen. Noch heute wird hier wie seit Hunderten von Jahren Taubenmist gesammelt und als Düngemittel verwendet. Schon die Mönche von einst gaben den Mist ihren Rebstöcken bei, und kelterten aus den Trauben den angeblich besten Wein weit und breit. Als Kloster- und Kirchenzentrum diente das romantische Zwillingstal bis ins 13. Jh. Auf dem Weg durchs Tal – man kann auch mit dem Auto hindurchfahren – begegnet man Dörflerinnen, die den Winter über kleine, possierliche Stoffpuppen anfertigen, um sie im Sommer an die Touristen zu verkaufen. Die bedeutendsten Kirchen sind ausgeschildert, hier ein kleiner Überblick:

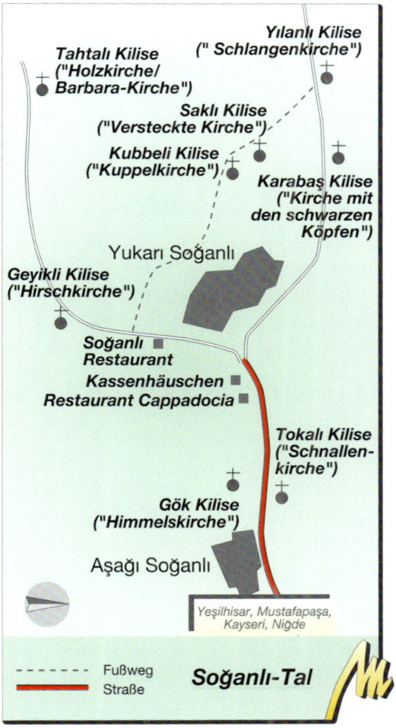

Kirchen zwischen Aşağı und Yukarı Soğanlı (gebührenfrei): Rechts der Straße liegt die *Tokalı Kilise (Schnallenkirche)*. 50 in den Fels gehauene Stufen führen zu ihr. Vor dem Eingang, an dem sich schon griechische Besucher aus dem 19. Jh. mit Monogramm und Jahreszahl verewigt haben, kann man mehrere Grabmulden erkennen. Innen überrascht die großräumige Felsarchitektur mit drei sehr langen, hohen Schiffen. Leider sind sämtliche Fresken bis zur Unkenntlichkeit zerstört. Auf der anderen Straßenseite ist die *Gök Kilise (Himmelskirche)* zu besichtigen.

Kirchen im nördlichen Tal: Die nördliche Talhälfte (hinter dem Kassenhäuschen nach rechts abbiegen) beherbergt die interessantesten Kirchen Soğanlıs. Zunächst erreicht man rechter Hand die *Karabaş Kilisesi,* die „Kirche mit den schwarzen Köpfen". Sie besteht aus einem Schiff mit Tonnengewölbe. Ihre Fresken zeigen vorrangig Szenen aus dem Leben Jesu, aber der Name der Kirche trügt: Nicht die Köpfe sind schwarz, sondern ihr Hintergrund.

Viele Fresken der *Yılanlı Kilise (Schlangenkirche),* etwas weiter auf der gleichen Seite, wurden irgendwann – vielleicht zum Schutz – mit schwarzer Farbe übermalt, sind aber größtenteils noch zu erkennen. Schräg gegenüber der Yılanlı Kilise führt ein Pfad zu zwei weiteren Kirchen. Die *Kubbeli Kilise (Kuppelkirche)* aus dem 10. Jh. ist v. a. wegen ihrer eigenartigen Kuppel interessant, bei der die Baumeister den Fels zu einem runden Turm geformt haben. Nahebei findet man die *Saklı Kilise („Versteckte Kirche"),* die ihrem Namen alle Ehren macht: Man entdeckt sie erst, wenn man mehr oder minder davor steht.

Hinweis: Wer zu Fuß unterwegs ist und nicht den gleichen Weg, den er gekommen ist, wieder zurücklaufen will, folgt dem Pfad vorbei an der Saklı und Kubbeli Kilise zurück nach Yukarı Soğanlı.

Kirchen im südlichen Tal: Neben der *Geyikli Kilise (Hirschkirche)* ist hier v. a. die *Tahtalı Kilise (Holzkirche)* sehenswert. Ihren Namen erhielt sie von einer

Kappadokien → Karte hintere Umschlagklappe

Holzbrücke, über die sie bis heute erreichbar ist. Zuweilen wird die Kirche auch *Barbara-Kirche* genannt.

Anfahrt/Öffnungszeiten Soğanlı ist von der Straße Mustafapaşa – Yeşilhisar ausgeschildert (von dort noch 5 km). Wer nicht individuell motorisiert ist, schließt sich am besten einer organisierten Tour an, die das Kirchental mit einschließt. Tägl. 8–17 Uhr. Eintritt für Yukarı Soğanlı 1,20 €.

Übernachten/Camping/Essen Mehrere Restaurants und 2 einfache Pensionen vor Ort.

Überaus idyllisch ist das **Restaurant Cappadocia** vor dem Eingang ins gebührenpflichtige Gelände. Allerdings gibt's nur liebloses Busgruppenfutter. Man kann auch campen (Duschen vorhanden), muss dann aber auch essen: für 2 Pers. mit HP 21 €. ✆/📠 0352/6531045.

Gut isst man im **Soğanlı Restaurant**, das sich bereits im gebührenpflichtigen Teil befindet. Unbedingt kosten: den hauseigenen Yoghurt mit Honig aus der eigenen Imkerei.

Das Kirchental von Erdemli

In das elegische kleine Kirchental beim 290-Seelen-Dorf Erdemli ca. 20 km nordöstlich des Soğanlı-Tals verirrt sich nur selten ein Tourist. Auch Wissenschaftler ignorierten das Tal lange Zeit. Erst jüngst kam ein Team der Universität von Kayseri vorbei und zählte 22 byzantinische Kirchen und Kapellen, 138 Wohnungen, 13 Ställe und 48 Weinkeller. Leider wurde die Forschungsarbeit beendet, ohne einen Übersichtsplan herauszugeben, sodass Sie sich nun selbst auf die Suche nach den Kirchen machen müssen. Manche sind ausgebrannt, andere besitzen noch Freskenreste und interessante Reliefs, die imposantesten ähneln kleinen Kathedralen. Nehmen Sie für Ihre Entdeckungstour Taschenlampe und Picknickkorb mit, in dem geruhsamen Tal kann man einen ganzen Tag verbringen.

Anfahrt/Öffnungszeiten: Von der Nationalstraße 805 Niğde – Kayseri 1,5 km nördlich von Yeşilhisar (Ortsausgangsschild) mit „Kaya Kiliseleri" ausgeschildert. Nach 4 km erreicht man Erdemli, wo ein weiteres Schild den Einstieg in den Fußweg ins Kirchental markiert. Dem Bachbett für 200–300 m folgen, bei einem Staubecken kann man nach den ersten Kirchen Ausschau halten. Nur für Selbstfahrer. Stets zugänglich, kein Eintritt.

Weiter Richtung Süden, knapp 10 km vor Niğde, befindet sich mit dem **Gümüşler Manastırı** das besterhaltene Felsenkloster Kappadokiens (→ S. 270).

Derinkuyu

Wer Derinkuyu nicht gesehen hat, hat Kappadokien nur zur Hälfte gesehen, heißt es. Kappadokiens berühmteste unterirdische Stadt entstand aus dem Entschluss von Menschen, es den Maulwürfen gleichzutun.

Oberirdisch präsentiert sich der zersiedelte 11.000-Einwohner-Ort 29 km südlich von Nevşehir als ein ödes, graubraunes, anatolisches Städtchen. Lediglich die bunten Tourenbusse bringen etwas Farbe in die Eintönigkeit. Nach dem Besuch der **unterirdischen Stadt** (s. u.) gibt es kaum einen Grund zum Bleiben. Klaustrophoben, die ihrem Partner nicht folgen, können einen Blick auf die **armenische Basilika** 100 m südlich des Eingangs zur unterirdischen Stadt werfen. Der wuchtige, von einer

Mauer umgebene, dreischiffige Bau aus dem Jahr 1858 wurde im frühen 20. Jh. von griechischen Christen übernommen und nach deren Vertreibung als Mühle und Lagerhaus verwendet. Die Kirche wurde von außen zwar umfangreich restauriert, ist Besuchern jedoch nicht zugänglich. Abgetrennt von der Basilika steht der Glockenturm, auf dem hin und wieder Störche nisten. Die **Cumhuriyet Camii (Republiksmoschee)** nördlich der unterirdischen Stadt war einst ebenfalls eine Kirche (19. Jh.). Mitte des 20. Jh. versah man sie mit einem Minarett. Eine rein islamische Geburt hingegen ist die **Park Camii**, ein geradezu kühner architektonischer Entwurf (man beachte das dreiseitig-pyramidale Minarett) aus den Jahren 1971–89 ca. 150 m südlich der armenischen Basilika.

Verbindungen Derinkuyu erreichen Sie alle 30 Min. von Nevşehirs Busbahnhof, entweder mit einem kommunalen **Bus** oder einem Reisebus nach Niğde (dann unterwegs abspringen).

Öffnungszeiten Unterirdischen Stadt tägl. 8–19 Uhr, im Winter kürzer. Eintritt 6,10 €.

Unterirdische Städte – Wunder im Untergrund

Rund 50 unterirdische Städte werden in Kappadokien vermutet, 36 wurden bereits entdeckt, aber nur die wenigsten sind bislang dem Fremdenverkehr zugänglich gemacht worden. Ein Abstieg in die Unterwelt gehört zum Pflichtprogramm eines Kappadokienbesuchs.

Bestsellerautor und Pseudowissenschaftler Erich von Däniken vermutete, unterirdische Städte könnten einst irdischen Bewohnern als Fluchtburgen vor außerirdischen Bedrohern gedient haben. Schon eher belegt ist, dass die ersten kappadokischen Siedlungen im Untergrund bereits vor rund 4000 Jahren entstanden. Infolge der Christenverfolgungen durch die Römer und im Zuge der Arabereinfälle im 7. Jh. wurden sie, als Fluchtstätten der kappadokischen Christen, über mehrere Stockwerke ausgebaut. Beim geringsten Anzeichen einer Gefahr packten die christlichen Bewohner des Umlands Kind, Kegel und Proviant und verschwanden – teilweise bis zu sechs Monate – in die Unterwelt. Noch 1838 brachte man sich so vor den ägyptischen Truppen in Sicherheit. Zugänglich waren die riesigen unterirdischen Städte, in denen meist mehrere tausend Menschen unterkamen, durch gut getarnte Höhleneingänge. Ein ausgeklügeltes Belüftungssystem sorgte für Frischluft. Es gab Lager für Wein, Öl und Wasser, noch heute sind rußgeschwärzte Küchen zu sehen.

Die Besichtung einer unterirdischen Stadt hat etwas Abenteuerliches: Man kraxelt durch ein Labyrinth aus schmalen Gängen mit ausgetretenen Stufen, durch unzählige Löcher und Durchbrüche. Ein aufrechtes Gehen ist oft nicht möglich. Wer Neigungen zur Platzangst hat, sollte insbesondere Derinkuyu und Kaymaklı mehr als alle anderen unterirdischen Städte meiden. In der Hochsaison stecken hier die Gruppen in den niedrigen Gängen zuweilen fest. So kann man sich zumindest die Situation der Bewohner von einst vorstellen, die darin eng auf eng und monatelang hausten. Grundsätzlich empfiehlt sich ein Führer und – obwohl die Gänge i. d. R. beleuchtet sind – die Mitnahme einer Taschenlampe. Und noch etwas: Auch wenn draußen die Sonne brennt – die Räume unter Tag haben eine gleichbleibende Temperatur von 7–8 °C.

Kappadokien → Karte hintere Umschlagklappe

Unterirdische Stadt (Yeraltı Şehri): Acht Stockwerke wurden seit der zufälligen Entdeckung der unterirdischen Stadt 1963 freigelegt. Die oberen Stockwerke waren als *Wohn- und Schlafräume* eingerichtet, aber auch Tiere, eine *Weinpresse* und selbst ein ganzer *Klosterkomplex* fanden hier Platz. Angeblich war diesem Kloster die erste Nervenheilanstalt der Welt angeschlossen, in dem psychisch Kranke zur Therapie an Säulen gebunden wurden (!). In den unteren Stockwerken befanden sich *Versammlungs-* und *Lagerräume* sowie ein *Kerker* für kriminelle Unterweltler. Durch einen *Tunnel,* so vermutet man, war Derinkuyu mit der 9 km entfernten Nachbarstadt Kaymaklı (s. u.) verbunden. Bemerkenswert sind zudem die sog. *Rollsteintüren,* die wie Mühlsteine aussehen. Sie wurden bei Gefahr – von innen vor den Eingang gerollt – ein unüberwindbares Hindernis. Die Kommunikation mit der Außenwelt wurde dann über 3–4 m lange Kanäle von 10 cm Durchmesser aufrecht erhalten, die von den ersten beiden Stockwerken ins Freie führten.

Am imposantesten ist das *Belüftungssystem.* Von der ersten unterirdischen Ebene sollen insgesamt über 15.000 kleine Schächte nach oben geführt haben. In den tieferen Etagen sind es weniger, aber die Luftzirkulation funktioniert noch heute bis zum achten Stockwerk hinunter. Hielte man dort eine brennende Zigarette an den zuführenden Luftschacht, so zöge der Rauch nach unten, wechselte man zum luftabführenden Schacht, nach oben – doch herrscht striktes Rauchverbot. Das Belüftungssystem mit seinen 70–85 m tiefen Schächten diente gleichzeitig dem Wassertransport. Noch bis kurz vor der Entdeckung der unterirdischen Stadt schöpfte die Bevölkerung Derinkuyus (*derin kuyu* = tiefer Brunnen) ihr Wasser aus diesen Schächten – ohne von dem dazugehörigen, künstlichen Höhlensystem zu wissen.

Kaymaklı und Umgebung

Auch der kleine Ort Kaymaklı 9 km nördlich von Derinkuyu besitzt eine unterirdische Stadt. Vorbei an einer Rampe mit aufdringlichen Souvenirhändlern gelangt man zu einem schlichten Höhleneingang, der in ein Labyrinth aus Tunneln und Räumen in bis zu 35 m Tiefe führt. Die Anlage ist nicht so groß wie die von Derinkuyu – in Kaymaklı sind von acht Stockwerken nur fünf freigelegt –, in ihrem Aufbau aber ähnlich. Man schätzt, dass hier einst bis zu 3000 Menschen unterkommen konnten. Rechnen Sie für den Rundgang mit ca. 20 Min. – auf die vor dem Eingang lauernden, teuren Führer kann man verzichten.

Alle **Busse** von Nevşehir nach Derinkuyu passieren Kaymaklı. Die unterirdische Stadt ist mit „Yeraltı Şehri" ausgeschildert. Tägl. 8–19 Uhr, im Winter kürzer. Eintritt 6,10 €.

Unterwegs in einer bizarren Tufflandschaft

Özlüce: Das von Kürbisfeldern umrahmte Dorf Özlüce 7 km westlich von Kaymaklı (ausgeschildert) ist mit öffentlichen Verkehrsmitteln nicht erreichbar. Die Ausgrabung der hiesigen unterirdischen Stadt steckt noch in den Kinderschuhen – bislang wurde nur ein

Stockwerk freigelegt. Einen kleinen Einblick in das Leben unter der Erde von einst vermittelt Özlüce aber auch. Und im Früh- und Spätsommer, wenn sich vor den Eingängen zu den unterirdischen Städten von Derinkuyu und Kaymaklı lange Schlangen bilden, ist das tagsüber stets zugängliche Özlüce gar eine Alternative. Für die Reise in die Unterwelt zahlt man einen kleinen Unkostenbeitrag für die Beleuchtung.

Mazıköy: In Mazıköy, einem Dorf 10 km östlich von Kaymaklı (ausgeschildert), wurde die christliche Zufluchtsstätte nicht ausschließlich unter der Erde angelegt, sondern auch in einen aufsteigenden Tuffsteinfelsen gegraben. Die Besichtigung der spannenden Anlage ist ein Erlebnis, erfordert aber sportliches Geschick, da es einige senkrechte Röhren zu durchklettern gilt. Insgesamt gibt es zwölf Stockwerke, sieben kann man bislang besichtigen. Vor Ort warten Führer, die entlohnt werden wollen. Auf dem Felsen findet man Gräber.

Bis zu 9-mal tägl. Busse von Nevşehir (→ Abfahrtsstelle dort).

Richtung Süden, knapp 10 km vor Niğde, befindet sich mit dem **Gümüşler Manastırı** das besterhaltene Felsenkloster Kappadokiens (→ S. 270). **Weiter gen Westen**, auf dem Weg von Derinkuyu nach Güzelyurt, passieren Sie die unterirdische Stadt von **Gaziemir** (→ S. 257).

Güzelyurt

2700 Einwohner

In Güzelyurt, einem beschaulichen Städtchen – oder übergroßen Dorf, trifft man auf Altherrenrunden in den Kaffeehäusern am Marktplatz, aber auch auf unterirdische Städte und ein Klostertal.

Güzelyurt liegt in der kappadokischen Peripherie zwischen Derinkuyu und dem Ihlara-Tal inmitten einer einsamen Höhenlandschaft auf 1485 m ü. d. M. Es blickt auf eine lange Geschichte zurück, stummen Zeugen der Vergangenheit begegnet man an jeder Ecke und vielerorts in der Umgebung. Hier war die Heimat des Heiligen Gregor von Nazianz, dessen Geburtsort Arianzos (= Sivrihisar) nur einige Kilometer entfernt liegt. Der berühmte griechische Theologe, Bischof und Literat (330–390) machte *Karballa,* wie der Ort damals hieß, zu einem religiösen Zentrum. Mehr als 100 Kirchen und Kapellen entstanden. Bis in die osmanische Zeit war der Ort vornehmlich griechisch besiedelt und bekannt für seine Töpferkunst und Goldschmiede. Noch Anfang des 20. Jh. lebten hier rund 1000 griechische Familien, unter die sich rund 50 muslimische mischten. Die Türken, die nach dem Bevölkerungsaustausch von 1923 zuzogen, nannten Karballa fortan Güzelyurt, „schöne Heimat". Touristen lockt die „schöne Heimat" nur mäßig an, zumal das Städtchen eher entspannt als spannend ist, sofern man bereits diverse Höhlenkirchen und unterirdische Stätten Kappadokiens gesehen hat. Dennoch oder gerade deswegen haben Güzelyurt und v. a. dessen Umgebung ihre Reize.

Verbindungen 7-mal tägl. (Sa/So nur 5-mal!) ein **Dolmuş** vom und zum *Eski Terminal* in Aksaray (→ Routen nach Kappadokien/Aksaray, S. 267).

Einkaufen Güzelyurt ist bekannt für seine Töpferwaren. Montags findet ein bunter Wochenmarkt statt.

Veranstaltung Zum **Dorffest** Ende August reisen auch viele Griechen an, Nachfahren der ehemaligen Bewohner.

Übernachten/Essen & Trinken Außer den aufgeführten Unterkünften findet man noch eine Reihe simpler Familienpensionen – vom Zimmer mit eigenem Bad bis zur

Kappadokien → Karte hintere Umschlagklappe

Schlafstelle auf dem Sofa reicht die Palette. Achtung: Es gibt nur sehr wenige einfache Lokantas vor Ort!

Hotel Karballa, untergebracht in einem ehemaligen Kloster aus dem 19. Jh. Herrliche Anlage mit z. T. jedoch etwas lieblos eingerichteten Zimmern. Pool. DZ 55–70 €. Über dem Dorfplatz, ✆ 0382/4512103, www.kirkit.com.

Asrav Pansiyon, von der Durchgangsstraße ausgeschildert. Schöne, sehr gepflegte Unterkunft in einem Natursteinhaus. 7 freundliche und große, sehr saubere Zimmer mit Holzböden und nettem Mobiliar. Vom kleinen Gemeinschaftsbalkon toller Blick auf den Hasan Dağı. Freundlicher Hausherr. DZ 41 €. Sağlık Sok. 24, ✆ 0382/4512501, www.asravkonak.com.

Kadir's Antique Gelveri Houses, von Ilhara oder Derinkuyu kommend am Ortseingang rechter Hand. Nur 3 überaus geräumige, schöne Zimmer hinter dicken Steinmauern und unter hohen Gewölben, hübsch dekoriert, aber naturgemäß recht dunkel. Dafür gibt es eine gemütliche Terrasse, auf der auch Alkohol ausgeschenkt wird. Restaurantbetrieb. Englischsprachig. Gutes Preis-Leistungs-Verhältnis: DZ 33–41 €. Aksaray Cad. 37, ✆/📠 0382/4512089, www.cappadociakadirshouses.com.

Falls ausgebucht: Auch das neu eröffnete **Ancient House Osmanoğlu** gleich nebenan ist okay. 4 nette Zimmer, ebensolcher Hof. 33 €/Zimmer (für 1–3 Pers.). ✆ 0382/4512767, osmanoglukonak@hotmail.com.

Sehenswertes

Klostertal: Die ersten Klostergemeinschaften in dem 6 km langen, anfangs zwischen steil aufragenden Felswänden eingebetteten Tal, wurden im 3. Jh. gegründet. Bereits im 4. Jh. sollen hier angeblich rund 60.000 (!) Menschen gelebt haben, heute sind es etwa 50 Familien. Von den über 100 Kirchen und Kapellen sind nur rund 15 zugänglich (auch wenn man mit 54 Kirchen wirbt). Die ehemalige Hauptkirche des Klosterzentrums, die *St.-Gregor-Kirche*, steht nur wenige Meter unterhalb des Kassenhäuschens rechter Hand. Sie entstand bereits Ende des 4. Jh., wurde mehrmals renoviert und umgebaut, heute dient sie als Moschee. Leider ist sie von außen viel ansehnlicher als von innen. Ihre Fresken sind übertüncht. Was sich hinter der weißen Farbe befindet, weiß der freundliche, leider nur Türkisch sprechende Imam, der nebenan wohnt und gerne durch seine Moschee führt. Im Kirchengarten befindet sich eine unterirdische „Heilige Quelle“, deren Wasser gegen allerlei Zipperlein helfen soll. Von den anderen Kirchen im Tal sei noch die *Çömlekçi Kilisesi* („Töpferkirche“, ausgeschildert) erwähnt. Ihre Fresken im Kirchenschiff besitzen noch kräftige, klare Farben.

Wegbeschreibung/Öffnungszeiten: Folgt man im Ort der Beschilderung zum „Monastery Valley“ (zu Fuß ca. 10 Min.), gelangt man automatisch zum Kassenhäuschen. Motorisierte können von dort noch ca. 2 km ins Tal fahren, danach heißt es laufen. Das Tal lädt zum Durchwandern ein. Tägl. 8.30–19 Uhr, im Winter bis 17 Uhr. Eintritt 2 €.

Unterirdische Städte: Davon besitzt Güzelyurt gleich drei – eine im Zentrum, eine auf dem Weg zum Klostertal und eine im Tal selbst (ausgeschildert). Die unterirdischen Städte sind bislang nur ansatzweise ausgegraben und ähneln eher Höhlenwohnungen mit unterkellerten Stockwerken. Für die Erkundung der unterirdischen Stadt im Zentrum und für die auf dem Weg ins Tal bieten sich selbst ernannte Führer an, die entlohnt werden wollen (kein Licht – Taschenlampe!). Der Besuch der dritten unterirdischen Stadt ist im Eintritt für das Klostertal enthalten.

Umgebung von Güzelyurt

Kızıl Kilise: Einsam erhebt sie sich in der kargen Landschaft. Allein die Anfahrt ist ein Erlebnis. Die frei stehende, kreuzförmige Langbaukirche entstand irgendwann zwischen dem 5. und dem 7. Jh. Ihren Namen hat die „Rote Kirche“ von der roten

Färbung ihres Mauerwerks. Sie gehört zu den besterhaltenen und schönsten byzantinischen Bauwerken Kappadokiens, leider ist von ihrem Freskenschmuck kaum mehr etwas erhalten.

Anfahrt: Man verlässt Güzelyurt in Richtung Osten (Çiftlik) und sieht die Kirche, nachdem man den 1770 m hohen Sivrihisar-Pass (5 km hinter Güzelyurt) überwunden hat, von der Straße aus linker Hand auf freiem Feld. Im spitzen Winkel zweigt ein Sträßlein ab, das zu ihr führt.

Yüksek Kilise: Die ebenfalls freistehende „Hohe Kirche" (auch: Analipsis-Kirche) aus dem Ende des 19. Jh. liegt 5 km südwestlich von Güzelyurt und ist auf dem Weg nach Ihlara linker Hand kaum zu übersehen. Der imposante burgähnliche Bau ist eine Dominante in der Landschaft, aus der Ferne jedoch imposanter anzusehen als aus der Nähe. Die Fresken der Kirche wurden von den Bewohnern Güzelyurts übermalt – islamisch fundierter Ikonoklasmus der Neuzeit. Zur Kirche gehören zwölf zellenartige Zimmer, in denen einst Mönche lebten. Die Anlage wurde ansatzweise restauriert, die Tür steht meist offen.

Güzelyurt Richtung Ihlara/Aksaray verlassen, 1,5 km nach dem Ortsschild links ab (Hinweisschild), von dort noch 2 km.

Unterirdische Stadt von Gaziemir: Die unterirdische Stadt von Gaziemir, einem Dorf ca. 18 km nördlich von Güzelyurt, gehört zu den jüngsten Attraktionen Kappadokiens – 2006 entdeckt (weil ein Anwohner zu tief im Boden stocherte) und bereits 2007 der Öffentlichkeit zugänglich gemacht. Touristen kommen bislang nur wenige, oft ist man der einzige Besucher, den der freundliche deutschsprachige Pächter Kadır Gök herumführt. Zu besichtigen ist nur ein Stockwerk, das aber außergewöhnlich groß ist. Da zudem Teile der Decken eingestürzt sind, kann die luftige unterirdische Stadt auch problemlos mit Krücke und Platzangst besucht werden. Zu sehen gibt es u. a. einen großen subterranen Kamelstall (!), eine Weinfabrik sowie Schlaf- und Vorratsräume.

Von der Straße Derinkuyu – Güzelyurt mit „Gaziemir Yeraltı Şehri" ausgeschildert, von dort noch 1 km. Keine Verbindung mit öffentlichen Verkehrsmitteln. Tägl. 9–19 Uhr, im Winter bis 17 Uhr. Eintritt 4,10 €.

Ihlara-Schlucht

Die 15 km lange Schlucht wird auch als „Grand Canyon der Türkei" bezeichnet. Die Wanderung hindurch, vorbei an mittelalterlichen Felsenkirchen, zählt zu den schönsten Kappadokiens.

Die imposante, bis zu 150 m hohe Schlucht entstand wahrscheinlich durch den unterirdisch fließenden *Melendiz*, der das felsige Terrain so lange unterhöhlte, bis es irgendwann einstürzte. Zahlreiche Felsbrocken im Tal stimmen für diese Entstehungstheorie.

Im 8. Jh. wurde das *Peristrema-Tal*, so der frühere Name der Schlucht, zum Rückzugsgebiet byzantinischer Mönche. In Zeiten der Verfolgung bot die schwer zugängliche Schlucht ein ideales Versteck. Von Abgeschiedenheit kann heute keine Rede mehr sein – alle kappadokischen Tourenveranstalter haben den Cañon im Programm. Trotzdem ist die Erkundung des Tals mit seiner üppigen Vegetation und den schroff aufsteigenden Felswänden noch immer ein einmaliges Erlebnis.

Von Derinkuyu bzw. Güzelyurt kommend, erreicht man zunächst das zwischen Felsen eingequetschte gleichnamige Dorf **Ihlara** am Südende der Schlucht. Eine gut

Kappadokien → Karte hintere Umschlagklappe

Blick auf die Ihlara-Schlucht

ausgebaute Straße führt von Ihlara in weitem Abstand zum Westrand des Cañons gen Norden, Richtung Aksaray. Wer aus Aksaray anreist, muss die folgenden Abschnitte von hinten aufrollen.

Folgt man am nördlichen Ortsende von Ihlara der Abzweigung zum **Ihlara Vadisi**, gelangt man über eine Stichstraße zum Haupteingang des Cañons.

Hinweis: Steigt man vom Haupteingang beim Lokal *Ihlara Vadibaşı Tesisleri* in die Schlucht hinab, stößt man am unteren Ende der Treppe auf die *Ağaçaltı Kilisesi* („Kirche unter dem Baum"). Links der Treppe führt ein Weg zur *Sümbüllü Kilise* (Hyazinthenkirche). Über eine Brücke gelangen Sie auf die andere Flussseite zur *Yılanlı Kilise* (Schlangenkirche). Damit haben Sie die wichtigsten Kirchen der Schlucht gesehen (für eine detaillierte Beschreibung der Kirchen s. u.). Kalkulieren Sie für den Weg hinab in die Schlucht (382 Treppenstufen), inklusive Besichtigung und Wiederaufstieg, rund 2 Std. ein.

Ein paar Kilometer weiter nördlich zweigt wieder eine Stichstraße nach rechts ab, diesmal nach **Belisırma**, ein in die Schlucht gepresstes Bilderbuchdörfchen mit ein paar einladenden, aber oft von Busgruppen in Beschlag genommenen Restaurants am Fluss. Auf dem Weg in den Ort passiert man zwei einst reich ausgeschmückte Felsenkirchen (mit „Direkli Kilise" und „Bahattin Samanlığı Kilise" ausgeschildert), deren Fresken heute jedoch arg in Mitleidenschaft gezogen sind.

Zurück auf der Straße nach Aksaray, folgen die 47 °C warmen **Thermalquellen von Ziga**. Schon die Römer wussten sie zu schätzen, heute tun dies konservative Türken. Das Wasser hilft angeblich bei Rheuma-, Frauen- und Hautkrankheiten, gebadet wird in nach Geschlechtern getrennten Becken.

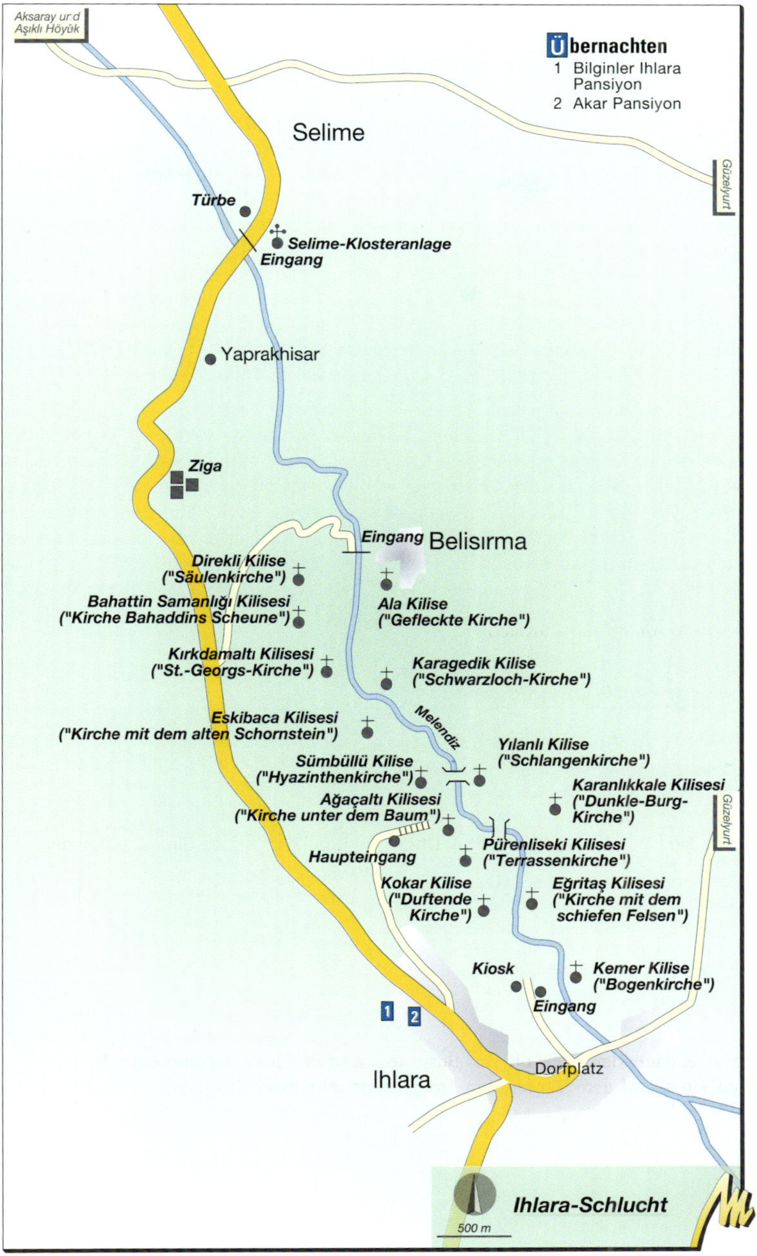

Kappadokien → Karte hintere Umschlagklappe

Im Felsendorf **Yaprakhisar** stößt man – weitab vom kappadokischen Kerngebiet – wieder auf Tuffsteinformationen. Hier war es insbesondere der über 3200 m hohe *Hasan Dağı* südlich der Ihlara-Schlucht, der die Landschaft unter seinem Ascheregen versenkte.

Noch vor der Häuseransammlung Selime, gegenüber einer kleinen seldschukischen Türbe, versteckt sich im Tuffsteinabhang der Eingang zu einer Klosteranlage aus dem 8. Jh. **(Selime Katedralı)**. Reiseführer binden ihren Gruppen gerne den Bären auf, dass das Kloster bereits als Kulisse für eine *Star Wars*-Episode diente. Auf jeden Fall zählt der über mehrere Etagen angelegte Komplex zu den größten Klosteranlagen Kappadokiens. Recht weit oben am Hang – der Weg durch kleine Tunnel und Bögen ist für jeden zu meistern – versteckt sich die dreischiffige Hauptkirche mit schlecht erhaltenen Fresken aus dem 10. oder 11. Jh. Durch einen engen, steilen und nicht bis zum Ende erkraxelbaren Tunnelstieg (gefährlich!) ist das Kloster zudem mit dem darüber liegenden Felsplateau verbunden (im Sommer tägl. 8–18.30 Uhr, im Winter bis 17 Uhr, Eintritt 2 €, mit dem Ticket für das Ihlara-Tal kostenlos).

Auf dem weiteren Weg nach Aksaray – die Schlucht liegt mittlerweile weit hinter einem – taucht nach ca. 7 km die Abzweigung zum **Aşıklı Höyük** auf. Der neolithische Siedlungshügel, mit dem sich Archäologen der İstanbul-Universität seit Jahren beschäftigen, sieht für den Laien zwar wenig spektakulär aus, birgt aber eine spannende Geschichte: Aşıklı Höyük gilt als eine der ersten dorfähnlichen Siedlungen überhaupt. Schon vor 10.000 Jahren lebten hier Menschen, die im Durchschnitt kaum älter als 32 Jahre wurden. Zu sehen sind deren rekonstruierte Lehmbauten, in denen auch die Grabungsgeschichte erläutert wird (tagsüber ist i. d. R. ein Wächter vor Ort, kein Eintritt).

Information/Verbindungen

Telefonvorwahl 0382.

Verbindungen Von Ihlara fahren 5-mal tägl. Minibusse über Yaprakhisar nach Aksaray (45 km nordwestlich der Schlucht, → Routen nach Kappadokien/Aksaray, S. 267), So nur 1-mal. Die Minibusse fahren nicht hinab nach **Belisırma**! Nach Güzelyurt nur 1-mal wöchentl. (zuletzt Mi) ein Dolmuş von Ihlara. Wer aus Zentralkappadokien anreisen möchte, leiht sich am besten ein Fahrzeug oder schließt sich einer organisierten Tour an.

Öffnungszeiten/Zugänge Tägl. 8–19 Uhr, im Winter bis 17 Uhr. Bei Dunkelheit darf sich niemand in der Schlucht aufhalten – die Jandarma patrouilliert! Es gibt **vier Eingänge**, die allesamt gebührenpflichtig sind. Der südlichste befindet sich im **Dorf Ihlara**. Um ihn zu finden, nimmt man vom Dorfplatz bei der hinteren Atatürkbüste (der Platz hat zwei!) den schmalen Weg links am Star-Restaurant vorbei bergauf (anfangs betoniert, dann gepflastert). Er verläuft stets parallel zur Schlucht. Nach ca. 450 m erreicht man einen Kiosk. An ihm führt eine Treppe vorbei am Kassenhäuschen hinab in die Schlucht. Der **Haupteingang** ist von Ihlara-Dorf mit „Ihlara Vadisi" ausgeschildert.

Weitere Eingänge befinden sich in **Belisırma** etwa in der Mitte der Schlucht und nahe der Brücke in **Yaprakhisar** am Nordende des Cañon. Eintritt stets 2 €.

Übernachten/Camping/Essen & Trinken

(→ Karte S. 259)

Es gibt nur wenige Unterkünfte (vorrangig in Ihlara-Dorf), und die sind generell recht schlicht. Deutlich netter übernachtet man in Güzelyurt (s. o.) – für Selbstfahrer der bessere Standort. In Belisırma bieten mehrere Restaurants gutes Essen

Kappadokische Kirchenkunst

und Campingmöglichkeiten – simpel, aber günstig und von Lesern wegen der Idylle immer wieder gelobt.

Akar Pansiyon 2, 27 einfache, aber geräumige und saubere Zimmer, alle mit Balkon/Terrasse, hinten raus im motelähnlichen Anbau ruhiger (zuletzt wurde aufgestockt, die dortigen Zimmer im OG sind also die neuesten). Lebensmittelladen und kleines Restaurant für die Gäste. Kostenloser Transfer zu den Taleingängen bei Ihlara, für die anderen Eingänge wird ein Unkostenbeitrag erhoben – ideal für Wanderer. DZ 25 €. Am Ortsrand von Ihlara-Dorf in Richtung Aksaray, ✆ 4537018, www.ihlara-akarmotel.com.

Bişginler Ihlara Pansiyon 1, etwas kleiner: 14 einfache, aber saubere Teppichbodenzimmer mit Balkon. Wohnmobilstellplatz davor. DZ 29 €, Campen für 2 Pers. 8,50 €. Ebenfalls am Ortsrand von Ihlara-Dorf in Richtung Aksaray, ✆/📠 0382/4537077.

Durch die Schlucht – die interessantesten Kirchen

Für eine gemütliche Durchwanderung der gesamten Schlucht, begleitet von Vogelgezwitscher und Froschgequake, sollte man mit Kirchenbesichtigungen rund einen Tag einkalkulieren. Ein Verlaufen ist schlicht unmöglich. Wer in Ihlara-Dorf Quartier bezogen hat, fährt am besten mit dem morgendlichen Aksaray-Bus (erkundigen Sie sich nach der genauen Abfahrtszeit!) bis Yaprakhisar und läuft von dort durch die Schlucht zurück. Ein Taxi kostet für die gleiche Strecke ca. 10 €. Für die Besichtigung der Kirchen empfiehlt sich eine Taschenlampe.

Um die 150 Kirchen und Kapellen werden rechts und links des Melendiz-Flusses zwischen Ihlara und Selime vermutet, bislang wurde jedoch erst ein kleiner Teil davon entdeckt. So manche Kirchen sind mit Fresken geschmückt, ihre Pracht reicht jedoch nicht an die Kirchen im Göreme Open-Air-Museum heran. Da es nicht allzu viele Brücken über den Fluss gibt, muss man – will man die Kirchen in ihrer Reihenfolge von Süd nach Nord bzw. andersrum abklappern – immer wieder ein Stück

Kappadokien → Karte hintere Umschlagklappe

auf der einen Flussseite vor- oder zurücklaufen, um mit den Kirchen auf der anderen Seite fortfahren zu können. Die sehenswertesten Kirchen sind ausgeschildert, die wichtigsten im Überblick:

Ağaçaltı Kilisesi („Kirche unter dem Baum"): Sie gilt als die älteste Kirche des Tals. Ihre Kuppel, vermutlich im 7. Jh. von einer noch ungeübten Hand in Pastellfarben ausgemalt, zeigt die Auferstehungsszene – es handelt sich dabei also um ein vorikonoklastisches Werk, das den Bilderstreit überdauert hat. Dies lässt vermuten, dass das abgeschiedene Tal in den Kirchenstreit weniger involviert war, zumal die Fresken in keiner Beziehung zur zeitgenössischen Kunst Konstantinopels stehen.

Sümbüllü Kilise (Hyazinthenkirche): Sie ist eine der wenigen Kirchen des Tals, die eine in den Fels gemeißelte, breite Fassade besitzt. Im Parterre war sie einst mit nichtfigurativer Malerei ausgeschmückt. Im eigentlichen Kirchenraum darüber – den Gang hinauf müssen Sie sich mit der Taschenlampe suchen – findet man auch Reste figurativer Fresken aus dem 10. Jh.

Yılanlı Kilise (Schlangenkirche): Dabei handelt es sich um die größte und aufgrund der gut erhaltenen, farbenfrohen Fresken auch um die schönste Kirche des Tals. Die Fresken stammen aus der zweiten Hälfte des 9. Jh., dem Ende der ikonoklastischen Krise. Neben zahlreichen Heiligen und Märtyrern erkennt man eine Engelsgestalt mit einer Waage, mit der das Gewicht der Sünden gemessen wird. Das mögliche Urteil wird auf Augenhöhe linker Hand präsentiert: Vier nackte Sünderinnen werden von Schlangen umzingelt. Von dieser Darstellung erhielt die Kirche ihren Namen.

Kokar Kilise („Duftende Kirche"): Diese besitzt Fresken, die auf das Ende des 9. Jh. datiert werden. In der Mitte der bemalten Decke erkennt man ein großes Kreuz mit der segnenden Hand Gottes. Etwas nördlich der Kirche, auf der gleichen Flussseite, liegt die *Pürenliseki Kilise (Terrassenkirche)*, deren Fresken jedoch schon stark in Mitleidenschaft gezogen sind.

Kırkdamaltı Kilisesi (St.-Georgs-Kirche): Sie ist eine der wenigen Kirchen des Tals, deren Entstehungszeit (1283–1295) aufgrund von Inschriften genau datiert werden konnte. Unter den Darstellungen findet sich auch die Abbildung eines byzantinischen Geistlichen in seldschukischer Tracht. Dies wird als Zeugnis für die wechselseitige Toleranz der Religionen in damaliger Zeit interpretiert.

Der Weg ist das Ziel – Routen nach Kappadokien

Die meisten Individualreisenden, die von der Südküste einen Ausflug nach Kappadokien unternehmen, wünschen sich einen abwechslungsreichen Rundkurs. Kappadokien ist aber nicht Rom, und kaum eine Route führt direkt ans Ziel. Lassen Sie also den Weg das Ziel sein – alle vorgeschlagenen Routen sind landschaftlich überaus reizvoll, führen über Pässe, durch enge Täler und weite Ebenen. Unterkunftsmöglichkeiten finden Sie in allen größeren Städten. Falls man eine Übernachtung einplant, sollte man jedoch bedenken, dass die motorisierte Hotelsuche in türkischen Großstädten nach Einbruch der Dunkelheit mehr als nur nervenaufreibend sein kann.

Gläubige am Grab von Celaleddin Rumi

Route 1: Manavgat – Tinaztepe Mağarası (Seydişehir) – Konya – Aksaray – Nevşehir

Die Standardroute von den Touristenzentren der Riviera nach Kappadokien beträgt rund 460 km. Sehenswertes unterwegs:

Tinaztepe Mağarası: Die Tropfsteinhöhle liegt rund 110 km nordöstlich von Manavgat nahe der Nationalstraße 696 Richtung Seydişehir/Konya und ist ein Wunder aus Stalagmiten und Stalaktiten. Sie wurde 1970 von einem Team um den französischen Meeresforscher Jacques Cousteau und den Bergsteiger Reinhold Messner erforscht. 230 Mio. Jahre brauchte die Höhle, um so auszusehen wie heute. Begehbar ist sie auf einer Länge von 1,5 km, Stege führen über einen unterirdischen See (tägl. 8.30–22 Uhr, im Winter bis 20 Uhr, Eintritt 4 €, Türken zahlen die Hälfte, ausgeschildert).

Konya (ca. 1.037.000 Einwohner): Die religiös-konservative „Sittenwächterin" des Landes macht den Eindruck, als wäre sie von der freizügig-liberalen Küstenregion nicht knapp 250, sondern mehrere Tausend Kilometer entfernt.

Konya, auf über 1000 m Höhe gelegen, ist eine Industrie- und Messestadt und besitzt als Wirtschaftszentrum eines weiten Umlands auch einen besuchenswerten Basar. Dazu ist Konya ein Pilgerziel. Gläubige zieht es v. a. in das *Mevlana-Kloster*, die bedeutendste Sehenswürdigkeit Konyas. Hier steht der Sarg des Mystikers Mevlana Celaleddin Rumi (1207–1273), Gründer des auch „Orden der Tanzenden Derwische“ genannten Mevlanaordens. Seine Lehre umfasste hellenistisches, christliches, buddhistisches und v. a. islamisches Gedankengut. Höchstes religiöses Ziel der Mevlevis ist die Vereinigung der Seele mit dem Göttlichen, mit Allah. Dieses Ziel wird durch einen ekstatischen, „Sema“ genannten Tanz erreicht, der von einem kleinen Orchester und einem Männerchor begleitet wird. Dabei drehen sich die

Kappadokien → Karte hintere Umschlagklappe

Überlandfahrt per Bus

Derwische in wallender Tracht (die weißen Gewänder symbolisieren Leichentücher, die roten, nach oben verjüngten Hüte Grabsteine) um den Vortänzer und um die eigene Achse. Der Vortänzer dreht sich in die andere Richtung. So entsteht ein sich bewegendes „Sternbild", das man in Konya, von Folkloretänzern vorgeführt, beim Mevlanafestival Mitte Dezember und bei den kostenlosen samstäglichen Derwischzeremonien sehen kann (zuletzt stets um 21 Uhr, im Winter um 20 Uhr, im *Mevlana Kültür Merkezi* 15 Fußminuten östlich des Mevlana-Museums). 1925 wurde der Orden unter Atatürk verboten, das Kloster säkularisiert und zum Museum deklariert. Ein heiliger Ort, in dem der Geist der Derwische weiterlebt, ist es für viele Gläubige geblieben: Fromme Muslime küssen das Portal des sakralen Grabbaus und knien vor dem versilberten Türchen nieder, das den Besucher von Mevlanas Sarkophag trennt (tägl. 9–17.30 Uhr, in Zukunft evtl. Mo geschl., Eintritt 2 €). Direkt neben dem Kloster befindet sich die *Selimiye-Moschee,* eine klassisch-osmanische Kuppelmoschee mit zwei schlanken Minaretten. Gebetsnische und Kanzel der zwischen 1566 und 1574 errichteten Moschee sind aus massivem Marmor.

Wie das Mevlanakloster stammen auch viele weitere Bauwerke der Stadt aus seldschukischer Zeit, als Konya Hauptstadt des Sultanats der Rum-Seldschuken war. Insbesondere auf und rund um den Burghügel im Westen der Stadt sind diese zu finden. Zu den interessantesten Sehenswürdigkeiten gehören die *Alaeddin-Moschee* direkt auf dem Hügel, westlich davon die *İnce-Minare-Medrese,* heute ein Museum für seldschukische Bildhauerei und Schnitzkunst (tägl. außer Mo 8.30–12.30 und 13.30–17 Uhr, Eintritt 1,20 €) und nördlich davon die *Büyük-Karatay-Medrese,* welche ein sehenswertes Fayencenmuseum beherbergt (tägl. außer Mo 9–17 Uhr, Eintritt 1,20 €).

Das *Archäologische Museum* Konyas findet man neben der *Sahip-Ata-Moschee* an der gleichnamigen Straße südlich des Burghügels. Es besitzt u. a. ein paar sehenswerte römische Sarkophage und interessante Funde aus Çatalhüyük 50 km südöstlich

von Konya, einem Schutthügel, der ähnlich wie Aşıklı Höyük (→ S. 260) aus jahrtausendelanger Besiedelung entstand. Çatalhüyük wurde als einer der ersten Hüyüks auf anatolischem Boden erforscht (Grabungsarbeiten finden bereits seit den 1960ern statt) – spektakuläre Funde und neue Erkenntnisse über die Sesshaftwerdung der Menschen machten diese Grabungsstätte weltberühmt (tägl. außer Mo 9–12.30 und 13.30–17 Uhr, Eintritt 1,20 €).

Information An der Aslanlıkışla Cad. 8 (hinter dem Mevlana-Museum). Englischsprachig und sehr hilfsbereit. Im Sommer Mo–Sa 8.30–17.30 Uhr, im Winter verkürzt und Sa geschl. ✆ 3534020, www.konyakulturturizm.gov.tr.

Verbindungen **Bus:** Busbahnhof ca. 10 km nördlich des Zentrums. Die Straßenbahn (*tramvay*, Abfahrtsstelle ca. 300 m abseits des Busbahnhofs) mit der Aufschrift „Alaaddin" bringt Sie in ca. 30 Min. zum Burghügel. Busse fahren von Konya in alle größeren Städte der Türkei.

Zug: Bahnhof (✆ 0332/3223670) ab vom Schuss im Südwesten der Stadt, Stadtbusverbindungen vom Alaaddin Bul. südwestlich des Burghügels, Aufschrift „İstasyon". Anschlüsse nach Adana, Karaman und İstanbul.

Übernachten **Hotel Rumi** **2**, gepflegtes Haus mit blauer Fassade. 30 klassische, recht kleine Stadthotelzimmer. Gefrühstückt wird auf der Dachterrasse mit Blick auf das Mevlana-Kloster. Von Lesern gelobt. Parkplätze. DZ 80 €. Durakfakıh Sok. 5, ✆ 0332/3531121, 3535366, www.rumihotel.com.

Hotel Derya **1**, Zimmer in Braun-Rot-Tönen auf 2-Sterne-Niveau. Minibar (ohne Bier) und Klimaanlage. Parkplätze nahebei. EZ 23 €, DZ 37 €. Ayanbey Cad. 18, ✆ 0332/3520154, 3520156, www.otelderya.com.

Essen & Trinken **Özel Ciğerci** **4**, Spieße vom offenen Grill, selbst gebackene Fladen, Spezialität: Leber. Recht beliebt. Alaaddin Bul. 57/A, ✆ 3535868.

Şifa Lokantası **3**, große, helle Lokanta, tagsüber bei Locals beliebt, abends auch

Kappadokien → Karte hintere Umschlagklappe

Am Sultanhanı

bei Touristen. Neben herkömmlichen Grills, Topfgerichten und Döner kann man auch hier *Etli Ekmek* oder *Fırın Kebap* kosten. Von Lesern gelobt. Trotzdem: Preise vorab erfragen und Rechnung überprüfen. Mevlana Cad.

Sultanhanı: Inmitten der öden Hochebene zwischen Konya und Aksaray, einer einstigen Karawanenroute, liegen mehrere Hane. Der größte und besterhaltene ist der 1229 erbaute *Sultanhanı,* benannt nach dem seldschukischen Sultan Alaeddin Keykobat (tägl. 8–18 Uhr, Eintritt zuletzt frei, was sich jedoch wieder ändern kann). Durch ein prächtiges, mit Ornamenten geschmücktes Portal betritt man den Innenhof, in dessen Mitte sich eine Moschee auf vier Pfeilern erhebt. In den Hallen links waren Küchen, das Bad und Verkaufsläden untergebracht. Die drei Räumlichkeiten rechts des Hofes sowie der gewaltige, fünfschiffige Wintersaal mit seinen 32 Säulen dienten u. a. den Tieren als Nachtlager. Das heutige große Dorf um die Karawanserei ist alles andere als spannend.

Übernachten/Camping **Kervan Pansion-Camping**, familiengeführte Pension mit sehr einfachen, bunt gestrichenen, sauberen Zimmern, alle mit privaten Bädern. Achtung: Der Besitzer ist Teppichhändler und schwatzt seinen Gästen gerne auch einen solchen auf. Auf der gepflegten, aber schattenlosen Wiese dahinter kann gecampt werden, ordentliche Sanitäranlagen. Nicht mit der „Kervansaray Pension" verwechseln. DZ bei unserer Recherche 20 € (zuweilen werden auch 40 € verlangt!), Campen für 2 Pers. mit Wohnmobil 10 €. Ausgeschildert, ✆ 0382/2422325, kervancamping@mnyet.com.

Aksaray (ca. 177.000 Einwohner): Die verkehrsgünstig gelegene Stadt bietet wenig Attraktives. Das Gros der ausländischen Besucher stellen Ingenieure aus Wörth, die für die Lkw-Produktion von *Mercedes Benz Türk* entsandt wurden. Wer ein paar Stunden zu überbrücken hat, kann das hiesige *Museum* besuchen; es liegt rund 800 m vom Busbahnhof entfernt an der Straße nach Konya. Die Highlights sind Kindermumien und eine Katzenmumie aus dem Ihlara-Tal (tägl. außer Mo 8.30–12 und 13–17 Uhr, Eintritt frei).

Im Stadtzentrum selbst gibt es nur wenig Spannendes zu entdecken. Die *Zinciriye-Medrese* aus dem Jahr 1345 mit einem beachtenswerten Portal wurde zuletzt umfangreich restauriert und war geschlossen. Einen Blick kann man in die *Ulu Cami* gegenüber dem Rathaus *(Belediye)* werfen. Im Inneren der Moschee, die zu Anfang des 15. Jh. errichtet wurde, ist ein fein aus Holz gearbeiteter Minbar zu sehen. Das *Eğri Minare* („Schiefes Minarett") scheint wie der berühmte italienische Turm die Gesetze der Statik zu verhöhnen. Das 1221 bis 1236 errichtete Ziegelsteinminarett mit Fayencendekor ist eines der wenigen Zeugnisse seldschukischer Baukunst in Aksaray – die Moschee daneben ist neueren Datums. Man findet das schiefe Minarett, indem man vom Rathaus auf das *Aksaray Lisesi,* einen großen Natursteinbau inmitten eines Parks, zuläuft und diesen auf seiner rechten Seite umgeht. Schon kurz darauf sieht man die Minarettspitze.

Information Zentral in einem alten Stadthaus in der 800 Sok. 1, vom Hauptplatz ausgeschildert. Uninformierter geht's nicht. Mo–Fr 8–17 Uhr. ✆ 0382/2132474, www.aksaraykulturturizm.gov.tr.

Verbindungen **Bus**bahnhof ca. 5 km außerhalb an der Straße nach Konya. Direktbusse nach Nevşehir (1 Std.) und Konya (über Sultanhanı, 2 Std.). Die **Minibusse** nach Selime, Ihlara, Güzelyurt (nur bis zum Spätnachmittag) und Sultanhanı starten beim zentrumsnahen Supermarkt Migros (durchfragen).

Übernachten/Camping **Ağaçlı Turistik Tesisleri**, außerhalb. Einer Raststätte angegliedertes Areal, besser als der erste Eindruck vermuten lässt. Älteres, aber sehr gepflegtes, von viel Grün umgebenes Hotel auf recht hohem Niveau. 2 Restaurants (eines davon ein sehr gutes Self-Service-Restaurant). Das Campingareal ist zwar nicht idyllisch, aber es gibt Strom, Küche und akzeptable Sanitäranlagen mit vielen Spinnen. DZ 74 €, 2 Pers. mit Wohnmobil 11 €. Ankara-Adana-Asfaltı (an der Straßenkreuzung Ankara/Nevşehir), ✆ 0382/2152400, ℻ 2152410, www.agacliotel.com.

* **Otel Vadi**, ca. 150 m vom Hauptplatz entfernt, hinter der dortigen Moschee schräg rechts halten. Kleines Haus mit 33 sauberen Teppichbodenzimmern, etwas in die Jahre gekommen, aber okay. EZ 20 €, DZ 32 €. Kurşunlu Camii Arkası 13, ✆ 0382/2128200, ℻ 2128232.

Essen & Trinken Hervorragenden İskender Kebap, Pide- und Grillvariationen bekommt man im einfachen **Şamdan İskender Kebap Salonu** in der Coğlakı Cad. Zentral gelegen, ca. 200 m vom Hotel Üçyıldız entfernt. Alkohol in wenig ansprechendem Ambiente serviert das Restaurant des **Hotels Üçyıldız**.

Für Sehenswürdigkeiten auf der Strecke zwischen Aksaray und Nevşehir → Längs des Uzunyol, S. 218.

Route 2: Silifke – Mut – Karaman – Konya/ Niğde –Nevşehir

Die Sehenswürdigkeiten auf dem ersten Abschnitt dieser Route von Silifke bis Karaman (ca. 150 km) sind im Reiseteil unter „Im Hinterland von Silifke" (→ S. 159) beschrieben. Von Karaman bietet sich sowohl eine Fahrt über Konya (insgesamt ca. 475 km) als auch über Ereğli und Niğde ins Zielgebiet an (ca. 400 km). Für die Weiterfahrt über Konya → Route 1, für die über Niğde → Route 2.

Karaman/Binbirkilise: Karaman (136.000 Einwohner) ist ein angenehmer Ort für einen Zwischenstopp: Die Stadt ist wegen ihrer Lage auf rund 1000 m Höhe selbst im Sommer nicht allzu heiß. An oder nahe ihrer Hauptachse, der İsmetpaşa Caddesi,

Kappadokien → Karte hintere Umschlagklappe

Binbirkilise – tausendundeine Kirche

findet man nahezu alle Hotels, Restaurants und Sehenswürdigkeiten – vom einzigen *Museum* bis zu den schönsten *Moscheen*. Rund 35 km nördlich von Karaman liegen die *Binbirkilise* („1001 Kirchen"). Die Anzahl der byzantinischen Kirchenruinen in einsamer Lage ist zwar märchenhaft übertrieben, ein Abstecher lohnt dennoch über alle Maßen. Nicht die Ruinen sind spektakulär, sondern ihre Lage auf einem Bergmassiv umgeben von einer weiten Ebene. Grandiosere Aussichten hat man nur selten.

Verbindungen **Bus**bahnhof außerhalb des Zentrums nahe der Straße nach Konya, mit Dolmuşen vom Zentrum zu erreichen. Regelmäßig nach Konya, Silifke und Ereğli, von wo man weiter nach Niğde gelangt. Bahnhof ca. 1 km außerhalb des Zentrums, die Dolmuşe zum Busbahnhof passieren ihn. **Zug**verbindungen nach Konya und Adana.

Anfahrt zu den Binbirkilise Von Karaman Richtung Karapınar. Im Örtchen Dinek, ca. 25 km nördlich von Karaman, sind die Binbirkilise bereits ausgeschildert – und zwar gleich doppelt in unterschiedliche Richtungen. Wer sich links hält und dem alten gelben Schild „Binbirkilise" folgt, gelangt auf einem schmalen asphaltierten Sträßchen nach ca. 10 km ins Dorf Madenşehri, wo die erste Kirchenruine unübersehbar hervorragt. Von Madenşehri bis zum einsamen Winzigdorf Üçkuyu (ausgeschildert) mit den Resten einer weiteren Kirche sind es noch 8 km. Von hier können Sie auf die Suche nach den 999 anderen Kirchen gehen. Keine Verbindung mit öffentlichen Verkehrsmitteln von Karaman.

Tipp für Selbstfahrer: Folgen Sie der Beschilderung zum Museum *(Müze)* und parken Sie beim Uhrturm. Von dort erreichen Sie die aufgeführten Hotels auch zu Fuß. Haben Sie die Hotels erst einmal lokalisiert, fällt es leichter, einen Weg durch das Einbahnstraßensystem zu finden.

Übernachten in Karaman **Dilkent Otel**, etwas zurückversetzt von der Hauptstraße.

Neueres Haus. 20 beigefarbene, große Zimmer mit Laminatböden auf 2-Sterne-Niveau. Freundlicher Service, von Lesern sehr gelobt. EZ 22 €, DZ 32 €. 31. Sok. 21, ✆ 0338/2133900, 📠 2139415.

** **Nas Otel**, gleich daneben. Etabliertes, von Grund auf restauriertes Haus, ebenfalls eine gute Wahl. 44 sehr saubere Zimmer mit TV, Minibar, Klimaanlage und guten Bädern, z. T. recht geräumig. Der Muezzin ruft nebenan. Gleiche Preise wie Dilkent Otel. İsmetpaşa Cad. 30, ✆ 0338/2138200, 📠 2129240, www.nasotel.com.

Ebenfalls an der Hauptstraße liegt das **Saray Otel**, eine wenig empfehlenswerte Billigabsteige.

Essen & Trinken in Karaman **Akdeniz Dostlar**, in der schmalen Gasse gegenüber dem Saray Otel. Innen wie außen Korbmöbelbestuhlung, dazu gemütliche orientalische Ecken. Riesige Auswahl: Eintöpfe, verschiedene Gerichte in der Tonpfanne *(Kiremit)*, *Saç Kavurma*, Kebabs etc. Teuerstes Hg. 6 €. ✆ 0388/2128753.

Route 3: Tarsus – Pozantı – Niğde – Derinkuyu/ Soğanlı-Tal

Die Route über die sog. **Kilikische Pforte** beträgt rund 250 km. Schon im Altertum galt sie als eine der wichtigsten Taurusüberquerungen, auch Alexander der Große nutzte sie. Die legendäre Schlucht trägt heute den Namen *Gülek Boğazı* und liegt auf 1050 m Höhe etwa 65 km nördlich von Tarsus. Wählt man nicht die Autobahn nach Pozantı/Niğde (gebührenpflichtig, → Unterwegs mit dem Auto), sondern die alte Landstraße, passiert man noch vor der Schlucht, in der Nähe des Örtchens Çamalan, den **Alman Mezarlığı** („Deutscher Friedhof"). Ein Gedenkstein erinnert hier an die 41 Deutschen, die beim Bau der durch den Taurus führenden Bagdadbahn (→ S. 180) ihr Leben ließen. Die meisten Reisenden entscheiden sich heute jedoch für die parallel zur Landstraße verlaufende Autobahn, die 2011 bereits bis kurz vor Niğde führte. Durch ihren Bau hat die wildromantische Berglandschaft leider viel an Charme verloren.

Niğde (ca. 110.000 Einwohner): Die Provinzhauptstadt am südlichen Rand Kappadokiens spielt nicht Großstadt, sondern präsentiert sich als ein grünes, ruhiges und freundliches Städtchen. Die Hauptachse Niğdes ist die İstiklal Caddesi, die in die Bankalar Caddesi übergeht. Das Zentrum wird von einer seldschukischen *Befestigungsanlage* überragt. Im Süden des Zitadellenhügels liegt die *Alaeddin-Moschee* aus dem Jahre 1223 mit einem reich verzierten Portal, das – eine Rarität in der islamischen Kunst – auch figürliche Darstellungen aufweist. Kunsthistoriker interpretieren den langhaarigen Frauenkopf (nur bei speziellem Lichteinfall zu sehen) als personifiziertes Planetenzeichen.

Die *Hüdavent-Hatun-Türbe*, 1312 für die Tochter des Seldschukenfürsten Kılıçaslan IV. erbaut, befindet sich westlich der Bankalar Caddesi. Sie gilt als eines der schönsten seldschukischen Grabmäler überhaupt. Der oktogonale Bau wird mittels einer eleganten Zwischenstufe in ein Pyramidendach übergeführt. Das Dekor zeigt neben geometrischen Formen auch Darstellungen von Pflanzen und Tieren. Einen Besuch wert ist zudem das *Museum* mit Funden aus der Umgebung, die bis ins Neolithikum zurückreichen. Es liegt westlich der İstiklal Caddesi und ist ausgeschildert (tägl. außer Mo 8–12 und 13–16.45 Uhr, Eintritt 1,20 €).

Information Für Fragen jeder Art wendet man sich am besten an das freundliche englischsprachige Personal der **Sobek Travel Agency** an der Bor Cad. 70 im Süden des Zentrums. ✆ 0388/2321507, www.sobektrekking.com.

Verbindungen **Bus/Dolmuş**: Busbahnhof an der Verbindungsstraße Mersin –

Kappadokien → Karte hintere Umschlagklappe

Kayseri ca. 2 km abseits des Zentrums. Busverbindung vom Zentrum (Aufschrift „Yeni Terminal"). Regelmäßig nach Adana und Nevşehir. **Dolmuşe** nach Eski Gümüş (s. u.) starten von der *Köy Garajı* im Norden des Zentrums.

Zug: Bahnhof (✆ 0388/2339476) ca. 10–15 Geh-min. östlich des Zentrums. Verbindungen nach Adana und Kayseri.

Übernachten **** **Grand Hotel Niğde**, bestes Haus der Stadt. Der Sternezahl entsprechender Schnickschnack (Sauna, Fitnesscenter, Hamam, Tiefgarage) und Zimmer, aber ohne besondere Note. EZ 37 €, DZ 52 €. Hükümet Meydanı, ✆ 0388/2327000, ℻ 2321010, www.grandhotelnigde.com.

*** **Otel Şahiner**, 35 ordentliche, sehr saubere Zimmer unterschiedlicher Größe mit TV, Minibar und Klimaanlage. Restaurant, Fitnessraum. Sehr gutes Preis-Leistungs-Verhältnis. EZ 21 €, DZ 33 €. Gegenüber der Ziraat Bankası, ✆ 0388/2322121, ℻ 2331402, www.hotelsahiner.com.

Essen & Trinken **Arısoylar Restaurant**, pseudoschickes Restaurant mit guten Grillgerichten, *İskender Kebap* und Lahmacun. Bor Cad. 8, ✆ 0388/2325035.

Gümüşler Manastırı: 9 km nordöstlich von Niğde beim Ort Eski Gümüş („Altes Silber") liegt das besterhaltene Felsenkloster des kappadokischen Christentums. Man betritt es durch ein schmales Tor, das bei Gefahr mit einem Stein geschlossen wurde. Der Innenhof, der sich im Felsgestein wie ein gewaltiger Lichtschacht ausnimmt, war früher vermutlich überdacht. Lisenen (pfeilerartige Mauerstreifen) und Kreuze gliedern die Wände. Vom Innenhof gelangt man zum Refektorium und zu diversen Lagerräumen – Wasser-, Wein- und Öldepots. Hauptattraktion ist die Klosterkirche. Vier mächtige, zylindrische und mit Blumenmotiven versehene Säulen tragen die Zentralkuppel. Einen statischen Zweck erfüllen diese Säulen nicht, sie dienen rein der Dekoration und sollen die Höhle kirchenähnlicher machen. Die Fresken stammen aus dem 10. und 11. Jh., wurden in der zweiten Hälfte des 20. Jh. restauriert und besitzen daher kräftige Farben. Schöne Malereien findet man insbesondere in der Apsis, darunter die Brustbilder der zwölf Apostel, deren Gesichter und Gewänder nahezu stereotyp sind (tägl. 8–12 und 13–18 Uhr, Eintritt 1,20 €).

Über die Nationalstraße 765 gelangen Sie von Niğde zur unterirdischen Stadt Derinkuyu (→ S. 252) und von dort weiter ins kappadokische Kerngebiet. Alternativ kann man über Yeşilhisar und das Soğanlı-Tal (→ S. 250) nach Zentralkappadokien gelangen.

Was haben Sie entdeckt?

Wenn Sie ein empfehlenswertes Hotel, ein gutes Restaurant oder einen idyllischen Strand entdeckt haben, lassen Sie es uns wissen. Auch für Kritik und Verbesserungsvorschläge sind wir dankbar.

Schreiben Sie an:

Michael Bussmann/Gabriele Tröger, Stichwort „Türkische Riviera – Kappadokien"
c/o Michael Müller Verlag GmbH | Gerberei 19, D – 91054 Erlangen
michael.bussmann@michael-mueller-verlag.de

Forellenrestaurant im Dimçayı-Tal

Kleiner Sprachführer

Die türkische Schrift verwendet lateinische Buchstaben. Allerdings existieren einige Buchstaben, die es entweder im deutschen Alphabet gar nicht gibt oder die anders als bei uns ausgesprochen werden.

Aussprache

c dsch;

ç tsch;

ğ längt den vorstehenden dunklen Vokal und wird nicht ausgesprochen;

h zwischen zwei Vokalen wie h, sonst wie ch;

ı ein i ohne Punkt wird als nichtbetontes e ausgesprochen (groß: I, dagegen großes i: İ);

j sch (stimmhaft);

s s (stimmlos);

ş sch (stimmlos);

v w;

z s (stimmhaft).

Die türkische Rechtschreibung gibt im allgemeinen den Wortklang wieder; der geschriebene Text ist daher leicht auszusprechen. Die Grammatik ist äußerst logisch aufgebaut, aber von derjenigen der indoeuropäischen Sprachen grundverschieden. Kennzeichen der ural-altaischen Sprachgruppe, zu der neben Finnisch, Ungarisch und Mongolisch auch das Türkische gehört, ist das agglutinierende (=anfügende) Prinzip. Die grammatischen Beziehungen, die ein Wort eingeht, werden durch Anfügung von Suffixen (Nachsilben) an den stets unveränderlichen Wortstamm ausgedrückt. Diese Suffixe unterliegen zudem in den meisten Fällen einer so genannten Vokalharmonie, d. h. ihr Vokal passt sich der Lautfarbe der vorhergehenden Silbe an. Als dunkel gelten die Vokale a, ı, o, u, als hell die Vokale e, i ö, ü.

Beispiele für Suffixe (Nachsilben)

Wortstamm + Plural-Nachsilbe „-ler/-lar“ + Possessiv-Nachsilbe

1. Person Singular „ - (i/ı/u/ü)m“

kitap – Buch

kitaplar – Bücher

kitaplarım – meine Bücher

Ortsfälle

Auf die Frage „wo?“ („nerede?“) antwortet die Nachsilbe „-de/-da“.

Auf die Frage „wohin?“ („nereye?“) antwortet die Nachsilbe „-e/-a“.

Auf die Frage „woher?“ („nereden?“) antwortet die Nachsilbe „-den/-dan“. Also:

in İstanbul	İstanbul'da
im Hotel	otelde
nach İstanbul	İstanbul'a
in das Hotel	otele
von İstanbul	İstanbul'dan
aus dem Hotel	otelden

„mit“ wird mit der Nachsilbe „-li/-lı/-lu/-lü“, „ohne“ mit der Nachsilbe „-siz/-sız/-suz/-süz“ ausgedrückt. Also:

şeker	Zucker
şekerli	mit Zucker
iş	Arbeit
işsiz	arbeitslos (ohne Arbeit)

Allgemeine Redewendungen

Danke	*teşekkürler/mersi*
Herzlich willkommen	*hoş geldiniz*
Antwort	*hoş bulduk*
Guten Tag	*merhaba*
Auf Wiedersehen	*allaha ısmarladık; sagt der Weggehende* *güle güle, sagt der Bleibende*
Guten Morgen	*günaydın*
Guten Abend	*iyi akşamlar*
Gute Nacht	*iyi geceler*
Alles Gute	*bol şans*
Selbstverständlich	*tabii*
In Ordnung, o.k.	*tamam*
Nein, danke	*hayır, teşekkür ederim!*
Vielleicht	*belki*
Ja	*evet*
Ja, es gibt	*var*
Nein	*hayır*
Nein, es gibt nicht	*yok*
Gibt es ...?	*... var mı?*
Gut	*iyi*
Schlecht	*fena*
Schön	*güzel*
Groß	*büyük*
Bitte	*lütfen*
Wie bitte?	*efendim?*
Verzeihung	*pardon (wenn man jemandem auf den Fuß getreten ist)*
Verzeihen Sie (Einleitung vor einer Bitte)	*affedersiniz*
Wie geht es Ihnen?	*Nasılsınız?*
Sehr gut	*çok iyiyim*
Klein	*küçük*
Wie heißt das auf Türkisch?	*Bunun Türkçesi ne?*
Sprechen Sie Deutsch (Englisch)?	*Almanca (İngilizce) bilir misiniz?*
Ich habe nicht verstanden	*anlamadım*
Wieviel Lira?	*kaç lira?*
Ich möchte ...	*istiyorum*

Zahlen

0 = sıfır, 1/2 = yarım (isoliert), buçuk (z. B. in 1 1/2 etc.)

1 = *bir*	11 = *on bir*	101 = *yüz bir*
2 = *iki*	20 = *yirmi*	200 = *iki yüz*
3 = *üç*	30 = *otuz*	300 = *üç yüz*
4 = *dört*	40 = *kırk*	1000 = *bin*
5 = *beş*	50 = *elli*	2000 = *iki bin*
6 = *altı*	60 = *altmış*	10.000 = *on bin*
7 = *yedi*	70 = *yetmiş*	100.000 = *yüz bin*
8 = *sekiz*	80 = *seksen*	500.000 = *Beş yüz bin*
9 = *dokuz*	90 = *doksan*	1.000.000 = *Bir milyon*
10 = *on*	100 = *yüz*	

Allgemeine Zeitbegriffe

Gestern	*dün*
Heute	*bugün*
Morgen	*yarın*
Tag	*gün*
Woche	*hafta*
Monat	*ay*
Jahr	*sene, yıl*

Auf der Reise

Flughafen	*havaalanı/ havalimanı*
Hafen	*liman*
Stadtzentrum	*şehir merkezi*
Touristeninformation	*turizm bürosu/turizm danışması*
Meer	*deniz*
Ein gutes Hotel	*iyi bir otel*
Platz	*meydan*
Straße	*cadde*
Straße, Gasse	*sokak*
Wo?	*nerede?*
Wohin?	*nereye?*

Fragen nach dem Weg

Wo ist ein/ der Bahnhof	*nerede gar/? tren istasyonu?*
Busbahnhof	*otogar/ terminal/garaj*
Billiges Hotel	*ucuz bir otel*
Polizeistation	*karakol/polis*
Postamt	*postane*
Bank	*banka*
Türk. Bad	*hamam*
Toilette	*tuvalet*
Links	*sol*
Rechts	*sağ*
Geradeaus	*doğru*
Zurück	*geri*
Hier	*burada*
Dort	*orada*
Nächste(r), örtl.	*en yakın*
Ist es weit?	*uzak mı?*
Straße, Weg	*yol*

Eisenbahn / Busse / Taxi

Bahnhof	*gar, tren istasyon*
Zug	*tren*
Liegewagen	*kuşet*
Schaffner	*biletçi*
Busbahnhof	*otogar/terminal/garaj*
Bus	*otobüs*
Gepäck	*bagaj*
Bahnsteig	*peron*
Abfahrt	*hareket, kalkış*
Ankunft	*varış*
Fahrkarte	*bilet*
Fahrplan	*tarife*
Haltestelle	*durak*
Schalter	*gişe*
Sammeltaxi	*dolmuş*
Taxi	*taksi*

Flug / Schiffe

Flughafen	*havaalanı/havalimanı*
Flug	*uçuş*
Flugzeug	*uçak*
Schiff	*gemi*
Fähre	*feribot*
Anlegestelle	*iskele*
kleines Ruder-/ Segelboot	*kayık*

Für Autofahrer

Ich möchte 15 Liter Super	*15 litre süper i stiyorum*
Wo ist eine Werkstatt?	*tamirhane nerede?*
Wieviel kostet es?	*ne kadar/ kaç para?*
Führerschein	*ehliyet*
Tankstelle	*benzin istasyonu/ benzinci/benzinhane*
Panne	*arıza*

Allgemein

Benzin	*Benzin*
Diesel	*motorin/dizel*
Motoröl	*motör yağı*
Ölen	*yağlamak*
Unfall	*kaza*
Reparaturwerkstatt	*tamirhane/ tamirci*
Es funktioniert nicht	*çalışmıyor*
… tropft/läuft aus	*… damlıyor*

Fahrzeugteile

Anlasser	*marş*
Autobatterie	*akü*
Blinker	*sinyal*
Bremsen	*frenler*
Bremslichter	*stop lambaları*
Getriebe	*şanjman*
Kühler	*radyatör*
Kupplung	*debreyaj*
Lichtmaschine	*şarj dinamosu*
Motor	*motör*
Reifen	*lastik*
Vergaser	*karbüratör*
Zündkerzen	*bujiler*
Leerlauf	*boş vites*
Gang einlegen	*vitese takmak*
Rückwärtsgang	*geri vites*

Übernachten

Gibt es heißes Wasser?	*Sıcak su var mı?*
Wieviel kostet es?	*Ne kadar?*
Ein Zimmer	*bir oda*
Zwei Personen	*iki kişi*
Ein Doppelzimmer	*iki kişilik oda*
Vollpension	*tam pansiyon*
Halbpension	*yarım pansiyon*

Im Hotel

Ein Zimmer mit Bad	*banyolu bir oda*
Ein Zimmer mit Dusche	*duşlu bir oda*
Sehr teuer	*çok pahalı*
Billiger	*daha ucuz*
Einverstanden	*tamam*
Rechnung	*hesap*
Frühstück	*kahvaltı*
Butter	*tereyağı*
Kaffee	*kahve*
Tee	*çay*
Milch	*süt*
Zucker	*şeker*

Camping

Campingplatz	*kamp yeri*
Zelt	*çadır*
Dusche	*duş*
Platz	*yer*
schattig	*gölgeli*
Küche	*mutfak*

Einkäufe

Wieviel kostet das?	*Bu ne kadar?*
Das ist sehr teuer!	*Çok pahalı!*
Buch	*kitap*
Teppich	*halı*
Messing	*pirinç*
Gold	*altın*
Silber	*gümüş*
Leder	*deri*
Kupfer	*bakır*
Laden, Geschäft	*dükkân*
Geld	*para*
Kleingeld	*para*
Türkische Lira	*lira*
Dollar	*dolar*
Straßenkarte	*yol haritası*
Stadtplan	*şehir planı*

An den weiten Stränden bei Side findet jeder ein nettes Plätzchen an der Sonne

Kugelschreiber	*kalem*	Ein Päckchen	*bir paket*
Feuerzeug	*çakmak*	Zigaretten mit Filter	*filtreli sigara*
Streichhölzer	*kibrit*	Zigaretten ohne Filter	*filtresiz sigara*

Geschäfte

Markt	*pazar*	Buchhandlung	*kitapçı*
Basar	*çarşı*	Lebensmittelgeschäft	*bakkal*
Apotheke	*eczane*	Reisebüro	*seyahat acentası*

Auf der Post

offen	*açık*	Postkarte	*kartpostal*
geschlossen	*kapalı*	Brief	*mektup*
Eilpost	*kapalı*	Briefmarke	*pul*
Zoll	*gümrük*	Luftpost	*uçakla*
Telefonmünze	*jeton*		

Gesundheit

Arzt	*doktor*	Zahn	*diş*
Krankenhaus	*hastane*	Hals	*boğaz*
Kohletabletten	*karbon tableti*	Brust	*göğüs*
Schmerztabletten	*ağrı hapı*	Magen	*mide*
Schmerzen	*ağrılar*	Herz	*kalp*
Kopf	*baş*	Leber	*karaciğer*
Auge	*göz*	Nieren	*böbrekler*
Ohr	*kulak*	Insektenstich	*böcek sokması*

Im Restaurant

Frühstück	*kahvaltı*	Eis (nur Kühleis!)	*buz*
Mittagessen	*öğle yemeği*	Fleisch	*et*
Abendessen	*akşam yemeği*	Hammelfleisch	*koyun eti*
Portion	*porsyon*	Lammfleisch	*kuzu eti*
Gabel	*çatal*	Rindfleisch	*sığır eti*
Messer	*bıçak*	Kalbfleisch	*dana eti*
Löffel	*kaşık*	Huhn	*piliç*
Teller	*tabak*	Fisch	*balık*
Glas	*bardak*	Rechnung, bitte	*hesap, lütfen*
Brot	*ekmek*	Bedienungsgeld	*servis ücreti*
Wasser	*su*	Trinkgeld	*bahşiş*
Mineralwasser	*madensuyu*		

Kleines Speiselexikon

Vorspeisen („mezeler")

Arnavut ciğeri	*gebratene Leberstückchen mit Zwiebeln*
Beyaz peynir	*Schafskäse*
Börek	*Blätterteigpastete*
Çerkes tavuğu	*Hühnerfleisch in Sauce aus Walnüssen*
Kabak dolması	*gefüllter Kürbis*
Midye dolması	*gefüllte Miesmuscheln*
Patlıcan salatası	*Auberginenpüree*
Yaprak dolması	*gefüllte Weinblätter*
Beyin	*Hirn*

Suppen („çorbalar")

Düğün çorbası	*Suppe mit Hammel- Ei und Zitrone*
Haşlama	*Brühe mit Hammelfleisch*
İşkembe çorbası	*Kuttelsuppe*
Yayla çorbası	*Suppe mit Joghurt*

Fleischgerichte („etli yemekler")

Bonfile	*Beefsteak*
Döner kebap	*Hammelfleisch vom Drehspieß*
Kuzu dolması	*mit Reis gefülltes Lammfleisch*
Pirzola	*Lammkotelett*
Şiş kebap	*gegrillte Lammstücke*
Şiş köfte	*gegrillte Hackfleischbällchen*
Çiğ köfte	*scharfgewürzte Fleischbällchen aus rohem Hack*
Lahmacun	*Hackfleisch auf Fladenbrot („türkische Pizza")*
Güveç	*Fleisch-/Gemüseeintopf*
Tas kebap	*Lammfleisch-Eintopf*
Tavuk	*Suppenhuhn*

Reisgerichte („pilav")

İç pilav	*Reis mit Leber Reis mit Auberginen*
Bulgur pilavı	*Weizengrütze*
Patlıcanlı pilav	*Reis mit Auberginen*

Kalte Gemüsegerichte in Olivenöl („zeytinyağlılar")

İmam bayıldı	*gefüllte Auberginen in Olivenöl*
Kabak kızartması	*gebratene Zucchinischeiben*
Patlıcan kızartması	*frittierte Auberginenscheiben*
Zeytinyağlı fasulye	*grüne Bohnen in Olivenöl*

Fisch („balık")

Alabalık	*Forelle*
Barbunya	*rote Barbe*
Dil balığı	*Seezunge*
Hamsi	*Schwarzmeersardinen*
Karides	*Garnele*
Kılıç	*Schwertfisch*
Levrek	*Seebarsch*
Midye	*Miesmuscheln*
Tekir	*Rote Meerbarbe*
Palamut	*kleiner Thunfisch, Bonito*
Pisi	*Scholle*
Uskumru	*Makrele*
Yengeç	*Krebs*

Beilagen

Bezelye	*Erbsen*
Salatalık	*Gurke*
Ispanak	*Spinat*
Karnıbahar	*Blumenkohl*
Lahana	*Kohl*

Patates	*Kartoffeln*
Soğan	*Zwiebeln*
Beyaz peynir	*Schafskäse*
Kaşar	*mildgelber Käse*
Sarımsak	*Knoblauch*
Karabiber	*Pfeffer*
Tuz	*Salz*
Zeytin	*Oliven*

Zubereitungsarten

Buğulama	*gedämpft*
Ezme	*Püree*
Fırın	*im Ofen gebacken*
Haşlama	*gekocht*
Izgara	*auf Holzkohlen gegrillt*
Tava	*in der Pfanne*
Pişkin	*durchgegart*
Soslu	*mit Sauce*
Yoğurtlu	*mit Jogurt*
Yumurtalı	*mit Ei*

Salate („salatalar")

Cacık	*Joghurt mit Gurken und Knoblauch*
Çoban salatası	*gemischter Salat mit Tomaten, Gurken, Zwiebeln*
Patlıcan salatası	*Auberginensalat*
Piyaz	*Salat aus weißen Bohnen*
Domates salatası	*Tomatensalat*

Nachspeisen („tatlılar")

Baklava	*mit Walnüssen oder Pistazien gefülltes Blätterteiggebäck*
Helva	*türkischer Honig, Helwa*
Tel kadayıf	*gebackene Teigfäden mit Walnüssen oder Pistazien gefüllt und in Sirup getränkt*
Aşure	*Pudding aus Weizengrütze mit Walnüssen und Rosinen*
Muhallebi	*Pudding aus Reismehl und Rosenwasser*
Sütlaç	*Milchreis*
Dondurma	*Speiseeis*

Obst („meyve")

Armut	*Birne*
Elma	*Apfel*
Erik	*Pflaume*
İncir	*Feige*
Karpuz	*Wassermelone*
Kavun	*Honigmelone*
Kayısı	*Aprikose*
Kiraz	*Kirsche*
Muz	*Banane*
Nar	*Granatapfel*
Portakal	*Orange*
Şeftali	*Pfirsich*
Üzüm	*Weintrauben*

Getränke

Ayran	*Joghurtgetränk*
Madensuyu	*Mineralwasser*
Su	*Wasser*
Meyve suyu	*Fruchtsaft*
Elma suyu	*Apfelsaft*
Portakal suyu	*Orangensaft*
Şeftali suyu	*Pfirsichsaft*
Limonata	*Limonade*
Süt	*Milch*
Çay	*schwarzer Tee*
Adaçayı	*Salbeitee*
Kahve	*Kaffee, Mokka*
Şekerli	*süß*
Az şekerli	*schwach gesüßt*
Bira	*Bier*
Şarap	*Wein*
Beyaz	*weiß*
Kırmızı	*rot*
Rakı	*Anisschnaps*

Abruzzen • Ägypten • Algarve • Allgäu • Allgäuer Alpen *MM-Wandern* • Altmühltal & Fränk. Seenland • Amsterdam *MM-City* • Andalusien • Andalusien *MM-Wandern* • Apulien • Athen & Attika • Australien – der Osten • Azoren • Bali & Lombok • Baltische Länder • Bamberg *MM-City* • Barcelona *MM-City* • Bayerischer Wald • Bayerischer Wald *MM-Wandern* • Berlin *MM-City* • Berlin & Umgebung • Bodensee • Bretagne • Brüssel *MM-City* • Budapest *MM-City* • Bulgarien – Schwarzmeerküste • Chalkidiki • Cilento • Cornwall & Devon • Dresden *MM-City* • Dublin *MM-City* • Comer See • Costa Brava • Costa de la Luz • Côte d'Azur • Cuba • Dolomiten – Südtirol Ost • Dominikanische Republik • Ecuador • Elba • Elsass • Elsass *MM-Wandern* • England • Fehmarn • Franken • Fränkische Schweiz • Fränkische Schweiz *MM-Wandern* • Friaul-Julisch Venetien • Gardasee • Gardasee *MM-Wandern* • Genferseeregion • Golf von Neapel • Gomera • Gomera *MM-Wandern* • Gran Canaria • Graubünden • Griechenland • Griechische Inseln • Hamburg *MM-City* • Harz • Haute-Provence • Havanna *MM-City* • Ibiza • Irland • Island • Istanbul *MM-City* • Istrien • Italien • Italienische Adriaküste • Kalabrien & Basilikata • Kanada – Atlantische Provinzen • Kanada – der Westen • Karpathos • Katalonien • Kefalonia & Ithaka • Köln *MM-City* • Kopenhagen *MM-City* • Korfu • Korsika • Korsika Fernwanderwege *MM-Wandern* • Korsika *MM-Wandern* • Kos • Krakau *MM-City* • Kreta • Kreta *MM-Wandern* • Kroatische Inseln & Küstenstädte • Kykladen • Lago Maggiore • La Palma • La Palma *MM-Wandern* • Languedoc-Roussillon • Lanzarote • Lesbos • Ligurien – Italienische Riviera, Genua, Cinque Terre • Ligurien & Cinque Terre *MM-Wandern* • Liparische Inseln • Lissabon & Umgebung • Lissabon *MM-City* • London *MM-City* • Lübeck *MM-City* • Madeira • Madeira *MM-Wandern* • Madrid *MM-City* • Mainfranken • Mallorca • Mallorca *MM-Wandern* • Malta, Gozo, Comino • Marken • Mecklenburgische Seenplatte • Mecklenburg-Vorpommern • Menorca • Mittel- und Süddalmatien • Mittelitalien • Montenegro • Moskau *MM-City* • München *MM-City* • Münchner Ausflugsberge *MM-Wandern* • Naxos • Neuseeland • New York *MM-City* • Niederlande • Niltal • Nord- u. Mittelgriechenland • Nordkroatien – Zagreb & Kvarner Bucht • Nördliche Sporaden – Skiathos, Skopelos, Alonnisos, Skyros • Nordportugal • Nordspanien • Normandie • Norwegen • Nürnberg, Fürth, Erlangen • Oberbayerische Seen • Oberitalien • Oberitalienische Seen • Odenwald • Ostfriesland & Ostfriesische Inseln • Ostseeküste – Mecklenburg-Vorpommern • Ostseeküste – von Lübeck bis Kiel • Östliche Allgäuer Alpen *MM-Wandern* • Paris *MM-City* • Peloponnes • Pfalz • Pfalz *MM-Wandern* • Piemont & Aostatal • Piemont *MM-Wandern* • Polnische Ostseeküste • Portugal • Prag *MM-City* • Provence & Côte d'Azur • Provence *MM-Wandern* • Rhodos • Rom & Latium • Rom *MM-City* • Rügen, Stralsund, Hiddensee • Rumänien • Rund um Meran *MM-Wandern* • Sächsische Schweiz *MM-Wandern* • Salzburg & Salzkammergut • Samos • Santorini • Sardinien • Sardinien *MM-Wandern* • Schleswig-Holstein – Nordseeküste • Schottland • Schwarzwald Mitte/Nord *MM-Wandern* • Schwäbische Alb • Shanghai *MM-City* • Sinai & Rotes Meer • Sizilien • Sizilien *MM-Wandern* • Slowakei • Slowenien • Spanien • Span. Jakobsweg *MM-Wandern* • St. Petersburg *MM-City* • Südböhmen • Südengland • Südfrankreich • Südmarokko • Südnorwegen • Südschwarzwald • Südschwarzwald *MM-Wandern* • Südschweden • Südtirol • Südtoscana • Südwestfrankreich • Sylt • Teneriffa • Teneriffa *MM-Wandern* • Thassos & Samothraki • Toscana • Toscana *MM-Wandern* • Tschechien • Tunesien • Türkei • Türkei – Lykische Küste • Türkei – Mittelmeerküste • Türkei – Südägäis • Türkische Riviera – Kappadokien • Umbrien • Usedom • Venedig *MM-City* • Venetien • Wachau, Wald- u. Weinviertel • Westböhmen & Bäderdreieck • Warschau *MM-City* • Westliche Allgäuer Alpen und Kleinwalsertal *MM-Wandern* • Westungarn, Budapest, Pécs, Plattensee • Wien *MM-City* • Zakynthos • Zentrale Allgäuer Alpen *MM-Wandern* • Zypern

Ein Wahnsinnserlebnis –
mit dem Heißluftballon über Kappadoki

Register

Bislang noch recht einsam – Strand von Gazipaşa

Die in diesem Reisebuch enthaltenen Informationen wurden vom Autor nach bestem Wissen erstellt und von ihm und dem Verlag mit größtmöglicher Sorgfalt überprüft. Dennoch sind, wie wir im Sinne des Produkthaftungsrechts betonen müssen, inhaltliche Fehler nicht mit letzter Gewissheit auszuschließen. Daher erfolgen die Angaben ohne jegliche Verpflichtung oder Garantie des Autors bzw. des Verlags. Autor und Verlag übernehmen keinerlei Verantwortung bzw. Haftung für mögliche Unstimmigkeiten. Wir bitten um Verständnis und sind jederzeit für Anregungen und Verbesserungsvorschläge dankbar.

ISBN 978-3-89953-729-1

 Druck: Druck: Wilhelm & Adam, Heusenstamm.

Aktuelle Infos zu unseren Titeln, Hintergrundgeschichten zu unseren Reisezielen sowie brandneue Tipps erhalten Sie in unserem regelmäßig erscheinenden Newsletter, den Sie im Internet unter **www.michael-mueller-verlag.de** kostenlos abonnieren können.